高职高专"十二五"建筑及工程管理类专业系列规划教材

建筑工程经济与管理 （第2版）

主　编　姜　波

副主编　陈兴平

Construction
Project

西安交通大学出版社
XI'AN JIAOTONG UNIVERSITY PRESS

内 容 提 要

本书依据高等职业教育课程建设和课程改革的要求，以实现高等职业教育"以能力为本位，以应用为目的"的目标，注重实用性和实践性，全面系统地阐述了建筑工程项目中常用的经济分析方法和建筑企业管理中常规的经营管理理论。另外，为了适应当前我国对建筑行业从业人员实行执业资格认证的需要，本书遵照建造师执业资格考试的要求，在内容和体系框架方面作了精心的编排，以开阔学生视野，为学生走上工作岗位后的职业发展提供支撑。

全书共分十三章，主要内容包括绪论、建筑工程技术经济基础、资金的时间价值计算、工程技术经济分析方法、价值工程、建设项目工程技术经济分析与评价、设备更新的技术经济分析、建筑企业经营管理、经营预测与决策、建筑工程会计基础与财务管理、建设工程项目估价、建筑企业招标与投标、建筑工程项目管理概述与项目融资。

本书可作为高职高专建筑工程、工程造价、工程管理、工程监理等相关专业的教材，也可作为建筑工程管理人员的参考用书，还可作为注册建造师、注册造价工程师、注册监理工程师、注册咨询工程师等资格认证考试的参考用书。

前 言

在建设单位和施工企业主要的生产经营活动中，建筑工程经济分析与管理工作至关重要。而建筑工程经济分析与管理又包括工程经济学和建筑企业管理两个方面的内容，工程经济学从经济学的角度来分析建筑工程，而建筑企业管理则从管理学的角度来管理建筑企业及工程项目，其根本目的都是为了确保工程项目和建筑企业的经济效益，在这一点上，二者相互贯通。本教材首先以工程项目为研究对象，运用建筑工程技术经济学的方法，从技术经济角度对工程项目的技术方案与措施的经济效果进行分析和评价，力求达到技术先进性与经济合理性的有机统一。建筑企业的经营管理则是以建筑企业为对象，从管理入手，运用管理学的方法，对建筑企业的生产经营活动进行科学管理，力求达到人、财、物的合理消耗，努力实现低成本、高质量的工程项目管理目标。本书依据高等职业教育课程建设和课程改革的要求，以实现高等职业教育"以能力为本位，以应用为目的"的目标，注重实用性和实践性，全面系统地阐述了建筑工程项目中常用的经济分析方法和建筑企业管理中常规的经营管理理论。另外，为了适应当前我国对建筑行业从业人员实行执业资格认证的需要，本书遵照建造师执业资格考试的要求，在内容和体系框架方面作了精心的编排，以开阔学生视野，为学生走上工作岗位后的职业发展提供支撑。

全书共十三章，第 1 章全面介绍了基本建设、建筑业和建筑市场的相关概念，为后续内容的展开提供铺垫；其后内容分别介绍了建筑工程技术经济基础、资金时间价值计算、工程技术经济分析方法、价值工程、建设项目工程技术经济分析与评价、设备更新的技术经济分析、建筑企业经营管理、经营预测与决策、建筑工程会计基础与财务管理、建筑工程项目估价、建筑企业招标与投标、建筑工程项目管理概述与项目融资概述。本教材全面系统地阐述了建筑工程经济中常用的分析方法和技术，具有较强实用性和专业性，每章后均配有相应的思考与练习题。本书可作为高职高专院校建筑工程、工程造价、工程管理、工程监理等相关专业的教材，也可作为建筑工程管理人员的工作参考用书,还可作为注册建造师、注册造价工程师、注册监理工程师、注册咨询工程师等资格认证考试的参考用书。

本教材由姜波主编,陈兴平担任副主编,王华、袁晓文、王书鹏、崔会芝参与了教材的编写工作。具体分工如下:第一章、第四章、第七章、第八章、第九章由石家庄铁路职业技术学院姜波编写;第五章、第十章、第十三章由安康学院陈兴平编写;第二章、第三章由杨凌职业技术学院王华编写;第六章由石家庄铁路职业技术学院袁晓文编写;第十一章由石家庄铁路职业技术学院王书鹏编写;第十二章由石家庄铁道学院四方学院崔会芝编写。全书由姜波进行统稿。

本书在编写过程中参考了大量的文献资料,在此向各位作者致以诚挚的感谢。同时,对为本书的出版付出辛勤劳动的工作人员表示衷心的感谢!

由于时间和编者水平及经验所限,教材中不足之处在所难免,恳请广大读者批评指正。

编 者

2014 年 8 月

目录

第1章 绪论

本章学习要点

1. 了解基本建设的概念、内容以及基本建设项目的分类
2. 熟悉基本建设项目周期的阶段划分及其工作内容
3. 熟悉基本建设项目周期各阶段对投资的影响
4. 了解建筑业的概念及其范围
5. 熟悉建筑产品的价格及成本的定义与构成
6. 了解建筑市场的概念及其主、客体
7. 了解建筑市场的结构特征与运行机制
8. 了解建筑市场的管理范围
9. 熟悉建筑市场的资质管理
10. 了解国际建筑市场及其管理体制

1.1 基本建设

1.1.1 基本建设的概念

社会发展的主要条件是物质资料的再生产,而物质资料再生产的主要手段则是靠社会固定资产的再生产。固定资产再生产通常包括简单再生产和扩大再生产两种,如果固定资产每经过一次周转,其生产能力维持在原有的水平上,则称作简单再生产;如果原有生产能力在周转过程中不仅得到维持,而且还有扩大,则称作扩大再生产。

固定资产的扩大再生产有两种类型,即外延型扩大再生产和内涵型扩大再生产;从社会的观点看,如果是生产场所扩大了,就是在外延上扩大,如果生产效率提高了,就是内涵上的扩大。固定资产扩大再生产主要形式有新建、扩建、改建和技术改造四种,前三种主要属于外延型扩大再生产,后一种则主要属于内涵型扩大再生产。固定资产外延与内涵扩大再生产在投资建设活动中往往是相互交叉、相互结合进行的,固定资产的扩大再生产和简单再生产也是相互交织在一起进行的。如一座矿山因资源枯竭而报废,在另一地区新建一座矿山以恢复生产的能力。从微观来看,新建矿山属于扩大再生产,若从宏观来考察,则是简单再生产。

基本建设是国民经济各部门为了扩大再生产而进行的增加固定资产的建设工作,也就是指建造、购置和安装固定资产的活动以及与此有关的其他工作。基本建设在国民经济中具有十分重要的作用,它是发展社会生产力、推动国民经济、满足人民日益增长的物质文化需求以及增强综合国力的重要手段。同时通过基本建设还可以调整社会的产业结构,合理配置社会生产力。

1.1.2 基本建设的内容

按照我国相关规定,基本建设的内容一般包括以下几个方面:

(1)建筑工程。建筑工程包括：各种厂房、仓库、住宅、商店、宾馆、影剧院、教学楼、写字楼、办公楼等建筑物和矿井、公路、铁路、码头、桥梁等构筑物的建筑工程；各种管道、电力和电信导线的敷设工程；设备基础、各种工业炉砌筑、金属结构工程；水利工程和其他特殊工程。

(2)设备安装工程。设备安装工程包括：动力、电信、起重运输、医疗、实验等各种设备的装配、安装工程；与设备相连的金属工作台、梯子等的安装工程；附属于被安装设备的管线敷设工程；被安装设备的绝缘、保温和油漆工程；安装设备的测试和无荷试车等。

(3)设备购置。设备购置包括一切需要安装和不需要安装的设备、工具和器具等。

(4)其他基本建设工作。其他基本建设工作包括上述内容以外的基本建设工作，如勘察设计、土地征用、建设场地原有建筑物的拆除赔偿、机构筹建、联合试车、职工培训等。

▶ 1.1.3 基本建设项目的含义及分类

基本建设项目一般是指经批准包含在一个总体设计范围内进行建设，经济上统一核算，行政上有独立组织形式，实行统一管理的建设工程总体，一般由若干个有内在联系的单项工程或是一个独立的工程所构成。设计文件规定分期建设的，每一期工程都是作为一个基建项目，此时一个基建单位就包含不止一个基建项目。建设项目可以从不同角度进行如下分类：

(1)按项目的目标，基本建设项目可分为经营性项目和非经营性项目。

经营性项目是通过投资以实现所有者权益的市场价值最大化为目标，以投资谋利为行为趋向，绝大多数生产流通领域的投资项目都属于这一类；非经营性项目是不以追求盈利为目标，本身无经营活动、没有收益的项目，如城市道路、路灯、公共绿化、水利灌溉、植树造林等项目，这类项目投资一般由政府安排。

(2)按项目的投资管理形式，基本建设项目可分为政府投资项目和企业投资项目。

政府投资项目是指使用政府性资金的建设项目以及有关的投资活动；不使用政府性资金的投资项目则统称企业投资项目。

(3)按项目的产品属性，基本建设项目可分为公共项目和非公共项目。

公共项目是指为满足社会公众需要，生产或提供公共物品(包括服务)的项目；而非公共项目则是指除公共项目以外的其他项目。

(4)按项目与企业原有资产的关系，基本建设项目可分为新建项目和改扩建项目。

新建项目是新开始建设的项目，即在原有固定资产为零的基础上投资建设的项目；改扩建项目则是在企业原有资产的基础上进行建设的，在不同程度上利用了原有企业的资源，以增量带动存量，以较小的新增投入取得较大的新增效益。

基本建设项目还可以从其他角度进行分类。如：按项目的用途可分为生产性项目和非生产性项目；按建设规模大小可分为大型项目、中型项目、小型项目等。

另外，基本建设项目按建设性质可分为：新建项目，即从无到有新开始建设的项目；扩建项目，即企事业单位为扩大原有产品的生产能力或效益，或增加新的产品生产能力和效益而扩建的生产车间、生产线或工程；改建项目，即企事业单位为了提高生产效率、改进产品质量或改变产品方向，对原有设备、工艺流程进行技术改造的项目；恢复项目，即企事业单位的固定资产因自然灾害、战争、人为灾害等原因部分或全部被破坏报废，而后又投资恢复建设的项目；迁建项目，即企事业单位由于各种原因迁到另一地方建设的项目。

➢ 1.1.4 基本建设项目周期

基本建设的每个建设项目都是从酝酿、构想开始,通过可行性研究决策之后,进入项目设计和施工阶段,直至竣工验收、交付使用或生产运营。

1. 基本建设项目周期的阶段划分及其工作内容

基本建设项目周期是指建设项目从投资意向开始到投资终结的全过程。依据我国2004年发布的《国务院关于投资体制改革的决定》的有关规定,基本建设项目在其周期内一般可以划分为四个阶段,即建设项目决策阶段、建设项目设计阶段、建设项目施工阶段和投资项目总结评价阶段。

(1)建设项目决策阶段。建设项目决策阶段通常也称为项目建设前期工作阶段。建设项目决策阶段的主要任务是进行一系列调查与研究,为投资行为作出正确的决策。建设项目的决策工作并不是一次完成,而是由粗到细、由浅入深地进行。一般又可分为以下几点:

①投资意向。产生投资意向的主体有政府部门、企业、事业单位和家庭(个人)等。

②市场研究与投资机会分析。市场研究与投资机会分析是研究投资机会与投资主体自身的条件是否相适应,以及具体投资机会如何落实。一般可从投资环境、企业经营目标和战略、企业内外部资源条件三个方面入手。市场研究与投资机会分析的着重点是投资环境分析,目的和作用是鉴别投资方向,选择建设项目,为下一步的研究打基础。

③项目建议书。项目建议书是要求建设某一具体项目的建议文件,是基本建设程序中最初阶段的工作,是投资决策前对拟建项目的轮廓设想。项目建议书的主要作用是为了推荐一个拟进行建设的项目的初步说明,论述其建设的必要性、条件的可行性和获得的可能性,供决策人参考。

④初步可行性研究。初步可行性研究是对决策者接受的项目建议书所提出的投资构想进行初步的论证分析,并将项目投资方案进一步具体化。初步可行性研究并不是必不可少的,如果项目的机会研究有足够的数据,也可越过初步可行性研究,直接进入可行性研究。

初步可行性研究的主要目的是:分析机会研究的结论,并在占有较详细资料的基础上做出是否需要进行下一步的可行性研究;确定哪些关键问题需要进行辅助性的专题研究等。初步可行性研究的着重点是项目建设的必要性和项目建设的可能性。

⑤可行性研究。可行性研究又称详细可行性研究,是对初步可行性研究提出的一个或几个项目的若干种可能方案分析论证,实质上是投资方案的具体确立和构造,它从拟建项目建设和生产经营的全过程考察分析项目在技术、经济、工程、社会、环境和外部协作条件等方面的可行性和合理性。

可行性研究是决定一个项目投资与否的最重要的一个环节,是项目决策的直接依据。建设项目的可行性研究工作一般是由投资者委托工程咨询机构或工程设计机构来完成的。

⑥建设项目决策。建设项目决策对建设项目的长远经济效益和战略方向起着决定性的作用。其工作的重点主要是对可行性研究的精确性、可靠性和全面性进行评估,决定项目可行性研究报告提出的方案是否可行,并根据投资主体的目标、战略和内外条件作出最终选择。

(2)建设项目设计阶段。建设项目的工程设计是分阶段逐步深化的。我国对于一般项目进行两阶段设计,即工程的初步设计和施工图设计;对重大项目和技术上比较复杂而又缺乏设计经验的项目,在初步设计后还增加了一项技术设计。

①初步设计。初步设计是根据批准的可行性研究报告和必要的设计基础资料,对设计对象进行通盘研究,具体地构造工程投资方案,并作出工程的初步设计概算。

初步设计的内容一般是项目的宏观设计,即项目总体设计、布局设计、主要工艺流程、设备的选型和安装设计、土建工程量及费用的估算等。初步设计文件应当满足编制施工招标文件、主要设备材料订货和编制施工图设计文件的需要,是下一阶段施工图设计的基础。

②投资准备。投资准备指项目在开工之前要切实做好的各项准备工作。初步设计完成后,投资方案的要点就确定了,就可进行投资准备工作。

③技术设计。技术设计是初步设计的深化,是针对重大项目或特殊项目,为解决具体的技术问题所进行的设计,同时编制出修正总概算,修正总概算的造价一般不得超过初步设计的控制数额。

④施工图设计。施工图设计是初步设计和技术设计的具体化。根据批准的初步设计进行施工图设计,施工图设计应绘制出准确、完整、详细的建筑、安装图纸并加以详细的施工说明,以能够满足和指导施工为准。在施工图设计阶段,一般要编制工程预算。

上述工作主要是确定拟定项目具体方案,是选择和设计实现项目投资构想的优化实施方案的过程。

(3)建设项目施工阶段。建设项目施工阶段主要指按合同要求完成项目的施工、竣工和投产,达到项目预期目标,实现投资效益。主要包括以下几方面的内容:

①施工组织设计。施工组织设计是落实设计文件的规划手段,是连接设计阶段和施工活动的桥梁。

②施工准备。施工准备是根据施工图设计和施工组织设计,由施工企业进行的第一项具体工作,包括项目建设开工前的准备工作和项目开工报告审批。建设开工前的准备工作主要内容包括:征地、拆迁和场地平整;完成施工用水、电、路等工程;组织设备、材料订货;准备必要的施工图样;组织招标投标(包括监理、施工、设备采购、设备安装等方面的招标投标),签订相关合同。建设单位在工程建设项目可行性研究报告获得批准、建设资金已经落实、各项准备工作就绪后,向当地建设行政主管部门或项目主管部门及其授权机构申请项目开工审批。

③组织施工。组织施工是具体地配置各种施工要素形成投资产品的过程,是投入劳动量大、耗费时期长的工作,这是施工企业管理的基本任务。所有建设项目,都必须在列入年度计划、做好施工准备、签订施工合同、具备开工条件的前提下,经有关机关审核、批准后方能组织施工。项目建设开工许可审批之后即进入项目建设施工阶段。

④生产准备。生产准备是施工项目投产前所要进行的一项重要工作,是为项目及时投产使用所进行的生产组织、技术和物质准备工作。它是衔接建设和生产的桥梁,是建设阶段转入生产经营的必要条件。因此,应根据工程进度,做好生产准备,这一步工作主要应由投资者进行。生产准备工作的内容根据企业的不同而存在差异,一般包括组织准备、技术准备、物资准备等。

⑤竣工验收。在解决了影响项目投产的问题后,就可以移交固定资产,交付生产或使用。所有建设项目,按批准的设计文件内容建完,都应及时办理竣工验收手续。

上述工作是一种具体的资源组合性质的工作,其主要任务是在确定性约束条件下优化实施过程。

(4)投资项目总结评价阶段。投资项目总结评价阶段是在项目投产或运营一段时间之后,对项目建设的全过程、项目目标的实现情况,特别是项目的经验和教训进行总结与评价。一般包括三个层次,即项目单位的自我评价、项目所在行业的评价和各级发展计划部门(或主要投资方)的评价。

①投产运营和投资回收。这是投资的资金回收过程和投资效果的实践检验过程。

②投资项目后评价。投资项目后评价是在项目投入使用阶段,根据实际的结果和各种数据对投资项目进行的综合评价,它应与建设项目决策阶段的经济评价工作相对应进行。

上述工作是一种总结评价性质的工作,是依托于生产经营过程的一种分析研究工作。

2. 基本建设项目周期各阶段对投资的影响

(1)建设项目决策阶段的影响。项目决策阶段的基本特征是智力化或称知识密集性。其主要投入是投资机会分析费、市场调查分析费和可行性研究费等,一般工业建设项目的这类费用约为投资的1%左右。在项目决策结果没有得出之前,一般不会进行土地、材料、设备等要素的投入,这表明在项目决策阶段,工作成本对投资影响极小,对要素成本不构成影响。

项目决策阶段的产出是决策结果,是对投资活动的成果目标(使用功能)、基本实施方案和主要投入要素(品种、数量、质量、价格、取得形式)作出总体策划。

这个阶段的产出对总投资影响,一般工业建设项目的经验数据为60%~70%;估计产出对项目使用功能影响为70%~80%。这表明项目决策阶段对项目投资和使用功能具有决定性影响。

(2)建设项目设计阶段的影响。项目设计阶段的基本特征是智力和技术的双重性。这个阶段的投入包括两方面:一是设计人员的工作报酬,一般工业建设项目的经验数据为2%~10%;二是某些重要建设要素的预订和购置,一般工业建设项目的经验数据为10%~20%,主要订购的是土地和特殊材料设备。这表明在项目规划设计阶段,工作成本对投资影响较小,要素成本是一个重要控制因素。

项目设计阶段的产出,一般是用图纸表示的具体设计方案。在这个阶段项目成果的功能、基本实施方案和主要投入要素(品种、数量、质量和取得形式)就基本确定了。

这个阶段的产出对总投资的影响,一般工业建设项目的经验数据为20%~30%;对项目使用功能的影响估计为10%~20%。这表明项目设计阶段对项目投资和使用功能具有重要影响。

(3)建设项目施工阶段的影响。项目施工阶段的基本特征是资金和劳动的双重性。这个阶段的投入包括两方面:一是建筑施工人员的工作报酬,一般工业建设项目的经验数据为10%~20%;二是建筑施工要素的投入,一般工业建设项目的经验数据为50%~60%。这表明在项目施工阶段,成本已经成为项目投资的重要影响因素。

项目施工阶段的产出就是投资活动的最终成果——投资产品。由于投资的主要因素在此之前已基本确定下来,所以这个阶段对产出的影响较小,对总投资的影响一般工业建设项目的经验数据为10%~15%,对项目使用功能的影响估计为5%~10%。

(4)建设项目总结评价阶段的影响。这一阶段是一种探索项目投资的事后控制和检验评价的规律和方法。

从以上分析不难看到,随着项目周期的阶段性变化,影响项目投资的前三种因素有一定的变化规律:工作费用是从小到大的变化趋势,变化程度很大;项目要素费用也是从小到大的变化趋势,变化程度居中;产出对总投资和项目使用功能的影响是从大到小的变化趋势,变化程度很大。

由此可见,建设项目最后实现的经济效果,很大程度是由设计工作决定的,而设计工作又是体现和贯彻项目决策意图的,所以在项目决策和设计上的失误是重大的失误。为此,必须重视和加强建设项目的决策和设计工作,这对于提高建设项目投资的经济效益,起着极其重要的作用。此外,为了缩短项目周期,尽快发挥建设项目投资的经济效益和社会效益,应该着眼于建设项目各阶段所需时间的缩短和建设项目各阶段工作质量的提高。

1.2　建筑业

▶ 1.2.1　建筑业的概念

建筑业是以建筑产品生产为对象的物质生产部门,是从事建筑生产经营活动的行业。

《辞海》中称:"建筑业是国民经济的一个物质生产部门。主要从事建筑安装工程的生产活动,为国民经济各部门建造房屋和构筑物,并安装机器设备。建筑业的生产活动包括建筑工业和自营建设单位的建筑生产活动以及有关的勘察设计工作。"

《经济大辞典》中称:"建筑业是国民经济中专门从事建筑安装工程施工的物质生产部门。其生产活动范围是:①各种生产和非生产用的房屋、建筑物和构筑物的建造;②各种机械设备的安装;③各种房屋、建筑物和构筑物的大修理;④某些非标准设备的现场制作。"

德国《迈依尔斯百科全书》中称:"建筑业是从事建筑工程的行业,其任务是使建造的房屋和建筑物,尽可能符合用途并纳入规划。"

由此可见,建筑业从事建筑产品的生产,是一种物质生产活动,已是世界各国公认的。在联合国的《经济活动的国际标准产业分类》中,也把它列入物质生产部门。

▶ 1.2.2　建筑业的分类

按照我国国家标准《国民经济行业分类与代码》(GB/T 4754-2002)的规定,将我国国民经济行业分类构成分为四个等级:门类、大类、中类、小类。其中门类 20 个,大类 95 个,中类 394 个,小类 915 个。门类包括:A. 农、林、牧、渔业;B. 采矿业;C. 制造业;D. 电力、燃气及水的生产和供应业;E. 建筑业;F. 交通运输、仓储和邮政业;G. 信息传输、计算机服务和软件业;H. 批发和零售业;I. 住宿和餐饮业;J. 金融业;K. 房地产业;L. 租赁和商务服务业;M. 科学研究、技术服务和地质勘查业;N. 水利、环境和公共设施管理业;O. 居民服务和其他服务业;P. 教育;Q. 卫生、社会保障和社会福利业;R. 文化、体育和娱乐业;S. 公共管理与社会组织;T. 国际组织。

建筑业门类包括四个大类,分别为房屋和土木工程建筑业、建筑安装业、建筑装饰业和其他建筑业。其中,房屋和土木工程建筑业大类分两个中类,建筑安装业、建筑装饰业各有一个中类,其他建筑业有三个中类。

1. 房屋和土木工程建筑业

房屋和土木工程建筑业指建筑工程从破土动工到工程主体结构竣工(或封顶)的活动过程,不包括工程的内部安装和装饰活动,又分为房屋工程建筑和土木工程建筑,共两个中类。

房屋工程建筑,指房屋主体工程的施工活动,不包括主体工程施工前的工程准备活动。其包括一个小类,即房屋工程建筑。

土木工程建筑,指土木工程主体的施工活动,不包括施工前的工程准备活动,又分为:铁路、道路、隧道和桥梁工程建筑,水利和港口工程建筑,工矿工程建筑,架线和管道工程建筑,其他土木工程建筑,共五个小类。其中,工矿工程建筑是指除厂房外的矿山和工厂生产设施、设备的施工和安装,以及海洋石油平台的施工;架线和管道工程建筑指建筑物外的架线、管道和设备的施工。

2. 建筑安装业

建筑安装业指建筑物主体工程竣工后,建筑物内各种设备的安装活动,以及施工中的线路敷设和管道安装,不包括工程收尾的装饰,如对墙面、地板、天花板、门窗等处理活动,共一个小类,即建筑安装业。

3. 建筑装饰业

建筑装饰业指对建筑工程后期的装饰、装修和清理活动,以及对居室的装修活动,共一个小类,即建筑装饰业。

4. 其他建筑业

其他建筑业包括工程准备、提供施工设备服务以及其他未列明的建筑活动,共三个中类。

工程准备,指房屋、土木工程建筑施工前的准备活动;提供施工设备服务,指为建筑工程提供配有操作人员的施工设备的服务;其他未列明的建筑活动,指上述未列明的其他工程建筑活动。其他建筑业又分三个小类,即工程准备、提供施工设备服务、其他未列明的建筑活动。

➤ 1.2.3 建筑产品的价格和成本

1. 建筑产品的价格

(1)概念。建筑产品是指通过建筑安装等生产活动所完成的符合设计要求和质量标准,能够独立发挥使用价值的建筑物与构筑物。由于建筑产品及其生产的技术经济特点,建筑产品的生产是以承包的经营方式进行的。建筑安装企业往往不是完成产品生产的全过程,建设单位作为投资者或用户代表,一般都要组成一个专门的班子负责工程建筑的统筹安排、组织和协调工作,并且直接参与一部分具体生产工作,如征地拆迁、现场准备、委托设计、设备的采购保管和联动试车等。在这种情况下,建筑产品价值构成中相当一部分费用要素是发包人自己支付的(例如土地费用、勘察设计费用等),可见建筑产品的价格是由建筑产品的发包方费用、承包方费用及新创造的价值三方面所构成。建设单位向建筑安装企业支付的全部费用并非是建筑产品的最终产品价格,而只是建筑安装企业产品的"出厂价格"。

(2)价格计算。建筑产品的实际价格,是以施工图定额预算形式或工程量清单形式所表现的建筑产品的价格,由直接费、间接费、利润和税金四部分组成的。具体内容参考建筑工程造价相关章节。

2. 建筑产品的成本

(1)概念。建筑产品的成本,是指该产品施工中所发生的一切费用的总和。建筑产品的成本是建筑企业在生产和销售建筑产品过程中的费用支出,体现了建筑企业在生产活动各个环节、各个方面的工作质量和经营管理水平,集中反映了企业全部工作的经济效果。劳动生产率的高低、建筑材料消耗的多少、建筑机械设备的利用程度、施工进度的快慢、质量的优劣、施工技术水平和组织状况,以及企业各部门生产经营管理水平,都会直接、间接地影响建筑产品的成本,并由成本这一指标反映出来。

(2)成本构成。建筑产品成本构成是指形成成本的各个费用项目在总成本中所占的比重。建安产品按现行成本核算制度的规定,建安工程成本具体分为两类八个成本项目。两类即直接工程费和间接费;八个成本项目:分为人工费、材料费、施工机械使用费、其他直接费、现场经费及企业管理费、财务费、其他费用。

对于建筑产品,不同的建筑物的建筑安装工程直接费用的构成比例也是不同的。直接费构成了建筑安装工程的直接成本,直接费和间接费之和构成了建筑安装工程的总成本。一般土建工程的总成本中,费用构成的比例大体是:人工费占 $8\%\sim12\%$,材料费占 $60\%\sim65\%$,机械使用费占 $4\%\sim8\%$,间接费占 $18\%\sim22\%$。从成本结构中可以提示我们找出降低成本的重点,但并不是说,不是主要的成本构成项目,就不需要设法降低成本了。降低成本应该是全面地、从各个方面、各个环节设法降低,并订出具体的降低成本的措施计划。

（3）降低建筑产品成本的途径。在建筑产品价格保持不变的情况下，产品成本越低，企业的盈利就越多，上交给国家的税收和企业留用的利润就越多，为建筑业本身的扩大再生产创造有利条件。降低成本的途径是多样而复杂的，仅以建筑企业内部因素对降低成本的影响，可以考虑以下几个方面，如改善施工组织设计，提高机械利用率，提高劳动生产率，减少非生产性开支，减少运输费用等。

1.3 建筑市场

➤ 1.3.1 建筑市场的概念

建筑市场是指以建筑工程承发包交易活动为主要内容的市场，亦称建设市场。建筑市场分为狭义的建筑市场和广义的建筑市场两种。狭义的建筑市场是指有形的建筑市场，并有固定的交易场所。广义的建筑市场包括有形的建筑市场和无形的建筑市场，即包括与工程建设有关的技术、租赁、劳务等各种要素的市场，以及包括依靠广告、通讯、中介机构或经纪人等为工程建设提供专业服务的有关组织体系，另外还包括建筑商品生产过程及流通过程中的经济联系和经济关系等。因此，可以说广义的建筑市场是工程建设生产和工程承发包交易关系的总和。

由于建筑产品具有生产周期长、价值量大、生产过程的不同阶段对建筑承包企业要求不同的特点，决定了建筑市场交易贯穿于建筑产品生产的整个过程。从建设工程项目的咨询、设计、施工任务的发包开始，到工程竣工保修期结束为止，业主与承包商、分包商进行的各种交易，以及建筑施工、商品混凝土供应、构配件生产、建筑机械租赁等活动，都是在建筑市场中进行的。

参与建筑生产交易过程的各方即构成建筑市场的主体；作为不同阶段的生产成果和交易内容的各种形态的建筑产品、工程设备、构配件，以及各种图纸和报告等非物化的劳动即构成建筑市场的客体。

1. 建筑市场的主体

（1）业主。业主是指既有某项工程建设需求，又具有该项工程建设相应的建设资金和各种准建手续，在建筑市场中发包工程建设的勘察、设计、施工任务，并最终得到建筑产品的政府部门、企事业单位或个人。在我国工程建设中，业主也称为建设单位业主，只有在发包工程或组织工程建设时才成为市场主体，因此，业主方作为市场主体具有不确定性。

项目法人责任制，又称业主责任制，是我国市场经济体制条件下，根据公有制部门占主体的情况，为了建立投资责任约束机制、规范项目法人行为，由项目法人对工程项目建设全过程负责管理，主要包括进度控制、质量控制、投资控制、合同管理和组织协调等内容。

业主在工程项目建设过程中的主要职能是：建设项目可行性研究与决策；建设项目的资金筹措与管理；建设项目的招标与合同管理；建设项目的施工与质量管理；建设项目的竣工验收和试运行；建设项目的统计与文档管理。

（2）承包商。承包商是指拥有一定数量的建筑装备、流动资金、工程技术经济管理人员，取得建设资质证书和营业执照的，能够按照业主的要求提供不同形态的建筑产品，并最终得到相应工程价款的建筑施工企业。

承包商可分为不同的专业，如建筑、水电、铁路、市政工程等专业公司。按照承包方式，也可分为总承包商和分包商。相对于业主，承包商作为建筑市场主体是长期和持续存在的。因此，无论是国内还是国际，对承包商一般都要实行从业资格管理。承包商从事建设生产，一般需要具备以下三个方面的条件：有符合国家规定的注册资本；有与其从事的建筑活动相适应的具有法定执业资格的专业技术人员;有从事相应建筑活动所应有的技术装备。经资格审查合格,取得资质证书和营业执照的承包商,方可在批准的范围内承包工程。

(3)咨询服务机构。咨询服务机构是指具有一定注册资金和工程技术、经济管理人员,取得建设咨询证书和营业执照,能对工程建设提供估算测量、管理咨询、建设监理等智力型服务并获取相应费用的企业。

工程咨询服务包括勘察设计、工程造价(造价测量)、工程管理、招标代理、工程监理等多种业务。这类服务企业主要是向业主提供工程咨询和管理服务,弥补业主对工程建设过程不熟悉的缺陷,在国际上一般称其为咨询公司。在我国,目前数量最多并有明确资质标准的是工程设计院、建设监理公司和工程造价(造价测量)事务所。招标代理、工程管理和其他咨询类企业近年来也逐渐增多。咨询单位虽然不是工程承发包的当事人,但其受业主聘用对工程项目的实施负有相当重要的责任。此外,咨询单位还因其独特的职业特点和在工程项目实施中所处的地位要承担相应的风险。

2. 建筑市场的客体

建筑市场的客体,一般称为建筑产品,是建筑市场的交易对象,它既包括有形建筑产品,也包括无形产品——各类智力型服务。

建筑产品不同于一般工业产品。建筑产品本身及其生产过程,具有不同于其他工业产品的特点。在不同的生产交易阶段,建筑产品表现为不同的形态,可以是咨询公司提供的咨询报告、咨询意见或其他服务,可以是勘察设计单位提供的设计方案、施工图纸、勘察报,可以是生产厂家提供的混凝土构件,也可以是承包商建造的房屋和各类构筑物。

▷ 1.3.2 建筑市场的特点

建筑市场的特点是依据建筑产品的特点而产生的,因而在描述建筑市场的特点之前必须首先了解建筑产品的特点。

1. 建筑产品的特点

(1)建筑产品的生产和交易过程相互交叉联系。从工程的勘察、设计、施工任务的发包,到工程竣工,发包方与承包方、咨询方进行的各种交易与生产活动交织在一起。建筑产品的生产和交易过程均包含于建筑市场之中。

(2)建筑产品的单件性和不确定性。由于业主对建筑产品的用途、性能要求不同,以及建设地点的差异,决定了多数建筑产品不能批量生产,建筑市场的买方只能通过选择建筑产品的生产单位来完成交易。无论是设计、施工、管理服务,发包方都只能以招标要约的方式向一个或一个以上的承包商提出自己对建筑产品的要求,并通过承包方之间在价格及其他条件上的竞争,确定承发包关系。业主选择的不是产品,而是产品的生产单位。

(3)建筑产品的整体性和分部分项工程的相对独立性。这一特点决定了总包和分包相结合的特殊承包形式。随着经济的发展和建筑技术的进步,施工生产的专业性越来越强。在建筑生产中,由各种专业施工企业分别承担工程的土建、安装、装饰、劳务分包,有利于施工生产技术和效率的提高。

(4)建筑产品生产过程的不可逆性。建筑产品一旦进入生产阶段,其产品不可能退换,也难以重新建造,否则双方都将承受极大的损失。所以,建筑最终产品的质量是由各阶段成果的质量决定的,设计、施工必须按照规范和标准进行,才能保证生产出合格的建筑产品。

(5)建筑产品建设标准的法定性。建筑产品的质量不仅关系承发包双方的利益,也关系到国家和社会的公共利益,正是由于建筑产品的这种特殊性,其质量标准是以国家标准、国家规范等形式颁布实施的。从事建筑产品生产必须遵守这些标准规范的规定,违反这些标准规范将受到国家法律的制裁。

工程建设标准涉及面很宽,包括房屋建筑、交通运输、水利、电力、通讯、采矿冶炼、石油化工、市政公用设施等诸方面。工程建设标准的对象是工程勘察、设计、施工、验收、质量检验等各个环节中需要统一的技术要求。在具体形式上,工程建设标准包括了标准、规范、规程等。工程建设标准的独特作用在于,一方面通过有关的标准规范为相应的专业技术人员提供了需要遵循的技术要求和方法;另一方面,由于标准的法律属性和权威属性,保证了从事工程建设的有关人员按照规定去执行,从而为保证工程质量打下了基础。

2. 建筑市场的结构特征

建筑市场是整个国民经济大市场中的有机组成部分。市场结构是指市场的组织特征,主要包括:买主和卖主的集中程度,即卖主或买主的数目和交易的规模;产品的差别程度,或买主对不同卖主的产品质量和声誉的鉴别程度等。建筑市场表现为建筑产品、建筑生产活动和与建筑生产活动有关的机构三个方面之间的相互联系和相互作用。

与一般市场相比,建筑市场结构具有许多特点,主要表现在以下几方面:

(1)建筑市场中需求者和生产者交易的特殊性。由于在建筑市场中并不以具有实物形态的建筑产品作为交换对象,而是就拟建建筑产品的质量、标准、功能、价格、交货时间、付款方式与时间等内容,由需求者和生产者达成交易条件,从而确立双方之间的交换关系。经双方达成一致的这些交易条件,不仅规定了生产者今后的生产活动,同时也明确了需求者的权利和义务,对供求双方都具有约束作用。因此,建筑市场上的交易是需求者和生产者的直接交易,即先成交后生产。

(2)建筑产品的交易周期长。一般商品的交换基本上都是"一手交钱、一手交货",是一次完成的。但建筑产品的交换则不是以具有实物形态的建筑产品作为交换对象,因而无法进行一般商品的快速交易。而且,由于建筑产品价值巨大,生产周期长,因而在确定交易条件时,生产者不可能接受先垫付资金进行生产、在交货后由需求者全额付款的结算方式;同样,需求者也不可能接受先支付全部工程款、待工程完全建成后才由生产者向需求者交货的交易方式。因此,建筑产品的交换基本上都是采用分期交货(中间产品或部分产品)、分期付款的方式,通常是按月度进行结算。这样,从货款支付和交货过程(即建筑产品实物形成的过程)来看,建筑产品的交换就表现为一个很长的过程。

(3)建筑市场具有明显的地域性。由于建筑产品的固定性,建筑产品的生产地点和消费地点是一致的。对于生产者来说,无权选择特定建筑产品的具体生产地点;从需求者来看,一旦选定了拟建建筑产品的建造地点,也就在一定程度上限制了对生产者的选择范围。这意味着,建筑产品生产者和需求者相互之间的选择都有一定的局限性,只能在一定范围内确定相互之间的交换关系,表现出明显的地域性。

(4)建筑市场竞争激烈。建筑业生产要素的集中程度远远低于资金、技术密集型产业,不可能采用生产要素高度集中的生产方式,而是采用生产要素相对分散的生产方式,大型企业的市场占有率较低。因此,在建筑市场中,建筑产品生产者之间的竞争较为激烈。而且,由于建筑产品的不可替代性,生产者基本上是被动地去适应需求者的需要,需求者相对而言处于主导地位,甚至处于相对垄断的地位,这也加剧了建筑市场竞争的激烈程度。另外,由于不同的生产者在专业特长、管理和技术水平、生产组织的具体方式、对建筑产品所在地各方面情况的了解和市场熟悉程度以及竞争策略等方面有较大的差异,因而他们之间的生产价格会有较大差异,从而使价格竞争更加激烈。

(5)建筑市场风险较大。对建筑产品生产者来说,建筑市场的风险主要表现在:一是定价风险。由于建筑市场中的竞争主要表现为价格竞争,定价过高就意味着竞争失败,招揽不到工程任务;定价过低则可能亏本,甚至导致破产。二是生产过程中的风险。由于建筑产品的生产周期长,在生产过程中会遇到许多干扰因素,如气候条件、地质条件、环境条件的变化等。不仅直接影响到生产成本,而且会影响生产周期,甚至影响到建筑产品的质量与功能。三是需求者支付能力的风险。建筑产品的价值巨大,其生产过程中的干扰因素可能使生产成本和价格升高,从而超过需求者的支付能力,或因付款条件变化而使需求者筹措资金发生困难,甚至有可能需求者一开始就不具备足够的支付能力。

对建筑产品需求者来说,建筑市场的风险主要表现在:一是价格与质量的矛盾。需求者希望在产品功能和质量一定的条件下价格尽可能低,而生产者则希望在价格确定的情况下尽量减小生产成本,从而导致在既定的价格条件下难以达到需求者预期的质量标准。二是价格与交货时间的矛盾。需求者从投资尽快产生效益角度出发提出较为苛刻的生产工期,而生产者由于建筑产品生产的各种干扰因素的影响而难以达到,但为获得生产任务通常接受需求者的工期条件,最终却无法按期交货,使需求者陷入"骑虎难下"的境地。三是大型工程开展一般需由需求者先期支付巨额预付款,然后根据工程进度逐步扣回。这可能给某些作风不正的生产者可乘之机,从而给需求者带来严重的经济损失。

3. 我国建筑市场的运行机制

建筑市场运行机制是指建筑市场中经济活动关系的总和,即将建筑市场中经济活动视为一个有机体,其各个组成部分之间相互联系、相互制约、自我控制、自我平衡,使得建筑市场的经济活动不断运转与发展。

建筑市场经济活动的关系有:建筑企业与市场,建筑企业与政府,建筑企业与用户,建筑企业与生产要素供应企业,建筑企业相互之间,建筑企业对海外承发包,建筑企业内部职工之间的关系等。上述这些关系的总和构成建筑市场经济运行机制。实行市场经济后,建筑市场运行机制的模式应由以政府为主体转向以企业和个人为主体的格局,企业、个人应成为决策执行主体和利益主体;决策风险也应由政府和社会承担转向由企业和个人承担;企业应由依附政府型向自主自我发展型转变;价格由行政性定价向市场定价转变,建立起以市场形成价格的价格机制,政府依法治价,对低价抢标高价抬标者依法管理。这一运行模式即为"国家调控市场,市场引导企业"的体现,是以企业为本位,以市场为基础,以国家为领导,实行国家—市场—企业双向调节的社会主义市场运行机制。

▷ 1.3.3 建筑市场管理

1. 建筑市场的管理范围

不同国家由于体制的差异,建设行政主管部门的设置不同,其管理范围和管理内容也各不相同。但基本都包括以下几个方面内容:制定建筑法律、法规;制定建筑规范与标准;对承包商、专业人员的资质管理;安全和质量管理;行业资料统计;公共工程管理;国际合作和开拓国际市场。

2. 建筑市场从业企业资质管理

建筑活动的专业性、技术性都很强,而且建设工程投资大、周期长,一旦发生问题,将给社会和人民的生命财产造成极大损失。因此,为保证建设工程的质量和安全,对从事建设活动的单位和专业技术人员必须实行从业资格审查,即资质管理制度。

建筑市场中的资质管理包括两类：一类是对从业企业的资质管理；另一类是对专业人员的资格管理。在资质管理上，我国和欧美等发达国家有很大差别。我国侧重对从业企业的资质管理，发达国家则侧重对专业人员的从业资格管理。近年来，对专业人员的从业资格管理在我国也开始得到重视。

在建筑市场中，围绕工程建设活动的主体主要有三方，即业主方、承包方（包括供应商）和工程咨询方（包括勘察设计单位）。我国《建筑法》规定，对从事建筑活动的施工企业、勘察单位、设计单位和工程监理单位实行资质管理。

对承包商的资质管理，亚洲国家和欧美国家做法不同。亚洲国家包括日本、韩国、新加坡，以及我国的香港、台湾地区均对承包商资质的评定有着严格的规定。按照其拥有注册资本、专业技术人员、技术装备和已完成建筑工程的业绩等资质条件，将承包商按工程专业划分为不同的资质等级。承包商承担工程必须与其评审的资质等级和专业范围相一致。而在欧美国家则没有关于承包商资质的评定制度，在工程发包时由业主对承包商的承包能力进行审查。无论是由政府对承包商的资质进行评定，还是由业主对承包商的承包能力进行审查，重点都是对承包商的技术能力、施工经验、人力资源和财务状况进行考察。

我国《建筑法》对承包商资质等级评定的基本条件明确为企业注册资本、专业技术人员、技术装备和工程业绩四项内容，并由建设行政主管部门对不同等级的资质条件规定具体的划分标准。

对工程咨询单位的资质管理，发达国家和我国也有所不同。发达国家的工程咨询单位具有民营化、专业化、小规模的特点。许多工程咨询单位都是以专业人员个人名义进行注册。由于工程咨询单位一般规模很小，很难承担咨询错误造成的经济风险，所以国际上通行的做法是让其购买专项责任保险，在管理上则通过实行专业人员执业制度实现对工程咨询从业人员的管理，一般不对咨询单位实行资质管理制度。

我国对工程咨询单位也逐步实行资质管理。目前，已明确资质等级评定条件的有：勘察设计、工程监理、工程造价、招标代理等咨询专业。工程咨询单位的资质评定条件包括注册资金、专业技术人员和业绩三个方面的内容，不同资质等级的标准均有具体规定。

3. 建筑市场专业人员资格管理

在建筑市场中，把具有从事工程咨询资格的专业工程师称为专业人员。专业人员在建筑市场管理中起着非常重要的作用。由于他们的工作水平对工程项目建设成败具有重要的影响，因此对专业人员的资格条件要求很高。从某种意义上说，政府对建筑市场的管理，一方面要靠完善的建筑法规，另一方面要依靠专业人员。英国、德国、日本、新加坡等国家的法规甚至规定，业主和承包商向政府申报建筑许可、施工许可、使用许可等手续，必须由专业人员提出，申报手续除应符合有关法律规定，还要有相应资格的专业人员签章，可见专业人员在建筑市场中的地位和作用很不一般。

在西方发达国家中，对专业人员的执业行为进行监督管理是专业人员组织的主要职能之一。由于各国情况不同，专业人员的资格有的由学会或协会负责（以欧洲一些国家为代表）授予和管理，有的由政府负责确认和管理。一般情况下，专业工程师要成为专业人员，首先要通过由专业人员组织（学会）的考试才能取得专业人员执业资格。同时，各国的专业人员组织均对专业人员的执业行为规定了严格的职业道德标准。专业人员违背了这些标准，就违反了公共利益，就要受到制裁乃至取消其资格，不能在社会上继续从事其专业工作。专业人员对民事责任的承担方式，国际上通行的做法是让其购买专业责任保险，因为专业人员即使是附属于咨询单位从事工程咨询工作，由于咨询单位一般规模较小，资金有限，很难承担因其工作失误造成的经济风险。

我国的专业人员制度是近几年才从发达国家引入的。目前,已经确定和将要确定的专业人员有五种:建筑师、结构工程师、监理工程师、造价工程师和建造(营造)工程师。资格和注册条件为:具有大专以上的专业学历;参加全国统一考试,成绩合格;具有相关专业的实践经验。

思考与练习

1. 什么是基本建设?

2. 基本建设的内容有哪些?

3. 基本建设项目周期的划分及其各阶段对投资的影响如何?

4. 什么是建筑业? 建筑业的分类有哪些?

5. 什么是建筑产品价格? 建筑产品价格构成有哪些?

6. 什么是建筑产品成本? 建筑产品成本构成有哪些?

7. 什么是建筑市场? 建筑市场的主客体有哪些?

8. 建筑产品的特点有哪些?

9. 建筑市场的结构特征是什么?

10. 我国建筑市场的管理范围如何划分?

11. 我国建筑市场的资质管理都包括哪些?

第 2 章　建筑工程技术经济基础

本章学习要点

1. 了解技术经济效果的概念
2. 了解技术经济效果评价的原则和程序
3. 熟悉建设项目经济评价的基本要素

2.1　技术经济分析的基础

对一个建设项目的评价,不仅要权衡其技术的先进性与完善程度,更重要的是权衡其投入使用后的经济效果。耗费大而经济效果差的项目,无论其技术如何先进与完善,都不能对社会做出应有的贡献。建设项目类型繁多,如工业项目、农林水利项目、文化教育项目、住宅项目等,这些项目的建设目标各异,因此它们各自经济效果的含义也有很大差别。本书主要介绍生产性建设项目的经济效果评价。

2.1.1　经济效果的概念

技术方案、技术措施、技术政策及新材料、新工艺等一切新技术的成败均取决于技术的先进性和经济的合理性。一般来说,技术的先进性和经济的合理性是一致的,但它们之间又存在着一定的矛盾。因此,为了保证技术很好地服务于生产活动和经济活动,就必须研究在具体条件下采取哪一种技术才能收到较好的经济效果。

技术经济效果是采用新技术所获得的物质财富(或使用价值)同所花费的社会劳动消耗之比,即在企业的经营活动或技术改革活动中劳动耗费(或劳动占用)与取得的劳动成果的比较。劳动耗费是指技术活动、生产活动中活劳动和物化劳动的耗费;劳动占用指生产活动、技术改革活动过程中厂房设备、工具和原材料等的占用;劳动成果指从事生产经营与技术革新等活动所得到的结果,如产量、利润、各项费用与材料的节约等。

技术经济效果可以用实物形式表示,如生产单位产品消耗原材料的数量、单位设备的产品率;也可以用价值形式表示,如利润、成本利润率、资金利润率等。总之,经济效果是衡量人们从事生产经营活动和技术革新活动成果如何的重要标志。为了获得一定的使用价值或劳动成果,需要耗用的劳动越少越好。

2.1.2　经济评价的内容及原则

对生产性建设项目的经济评价,可分为企业经济评价(微观评价)和国民经济评价(宏观评价)两种。

企业经济评价是以项目自身作为一个独立系统,对项目的盈利性进行分析。如果一个项目的产出大于投入,就意味着该项目是盈利的,可以被采纳,反之则应放弃这个项目。因为企业经济评价的系统范围比较狭窄,故它的投入与产出较易计算。凡是流出这个系统的现金款项都属于项目支出,如原始投资、生产中的经营费用等,而流入这个系统的现金款项都属于项目收益,如销售收入、劳务收入等。

国民经济评价则与企业经济评价不同,它的系统范围涉及整个社会,它是从整个国民经济出发,对项目实施取得的国家效益进行分析。在这里,凡是对增加国民收入所做出的贡献都属于国民经济效益,而为减少国民收入所付出的代价称为费用。在国民经济评价中,不仅要考虑项目自身的效益与费用,还需考虑项目的外部效益与费用,而只有总的效益大于费用的项目才是可行的。

对于中小型建设项目,一般只进行企业经济评价,即认为项目的宏观经济效果基本上可以通过微观效果反映出来。但是,对于严重影响国计民生的重大项目、涉及进出口贸易的项目、中外合资项目、有关稀缺资源开发和利用的项目以及产品和原料价格明显失真的项目,除需进行企业经济评价外,还必须进行国民经济评价,并且前者服从后者。

1. 经济评价的内容

任何工程项目,总是通过投资活动方得以实现,因此从资金运动来看,对建设项目的经济效果评价,实际上是对一项投资活动的评价。经济效果评价的内容一般包括以下三个方面:

(1)通过经济评价,确定投资方向的合理性。在一定的地区或部门,根据国家当前的经济发展策略、自然资源条件以及市场的需求预测等,寻求最有利的投资机会,选择最合适的建设项目,保证国家有限的建设资金能够发挥出最大的经济效果。

(2)通过经济评价,确定实现建设项目的最优路径。这就要求在列举一切可行的技术方案基础上,通过比较分析,选择最经济有利的方案,保证以最小的资源消耗满足预期的目标要求。有了技术上可行且能互相替换的方案,为了更加细致地进行分析比较,还必须以经济效果作为评价的基础。但是,这并不等于说,投资最小,经济效益最大的方案就一定是最优方案而被选择。

经济效益是种可以计量的因素,我们不仅要重视项目的直接经济效益,而且还要重视项目外部的间接经济效益。例如,对于铁路、水利和港口等公益工程,有时从一个项目本身来看直接效益可能不大,然而对促进某一地区或部门的发展,它的间接效益可能会十分显著。此外,还应将局部的经济效益与整体的经济效益相结合起来考虑,当一个企业的局部经济效益与整个国民经济效益发生矛盾时,局部的经济效益应该服从整体的经济效益。再者,还应该将当前的经济效益与长远的经济效益结合起来考虑,一般情况下二者是一致的,但是如果两者发生矛盾时,当前的经济效益应该服从长远的经济效益。当然,长远的经济效益不能脱离当前的经济条件。

(3)通过经济评价,确定实施建设工程的投资来源。也就是说,要考虑资金如何筹措,投资的数量以多少为宜,为取得该项投资而付出的代价限度是多少,以及投资的最有利偿还方式等。投资来源有时是取舍技术方案的决定性因素。例如某项经济效益高、投资大的方案,可能会因为资金来源所限而被放弃,反而采用效益低而投资小的方案;有时某项投资方案在利用国内资金的情况下是有利的,而利用高息的外资时则是无利可图的等。

2. 经济评价的原则

对于各种建设项目进行经济效果评价时,要保证评价的客观性、科学性、公正性,并应遵循以下几项基本的原则:

(1)技术、经济、政策相结合。某个技术方案是否能得到采用并不完全取决于技术的先进性,还要考查它是否具备生产上的适用性和经济上的合理性,并且还要分析它对发展经济的促进作用。同时,还要注意符合党和国家的技术政策和经济政策,有时还需要满足特定政策的要求,做到技术、经济、政策相结合。

(2)宏观经济效益与微观经济效益相结合。宏观经济效益是指国民经济效益或社会经济效益,微观经济效益是指一个企业或一个项目的具体经济效益,两者实质上是整体利益和局部利益的关系。一般情况下,微观经济效益和宏观经济效益是一致的,但是出现矛盾时必须从整体利益出发,即从整个国民经济的利益出发,选择使得宏观经济效益好的方案。

(3)远期经济效益与近期经济效益相结合。进行经济评价不仅要注意近期经济效益,还要分析和考虑长远经济效益,也就是说从经济发展的角度进行动态分析,克服贪图眼前利益而失掉长远利益的片面性,为社会主义经济持续发展创造良好的条件。

(4)直接经济效益和间接经济效益相结合。技术经济评价除了考虑项目自身的经济效益外,还应考虑项目给其他相关项目和部门发展创造的有利条件及经济效益。

(5)定量的经济效益与定性的经济效益相结合。经济效益根据影响经济效果的因素分为可定量的和不可定量的两个方面,其中对不可定量因素的分析非常重要,即要求在评价时不仅从定量的方面衡量其经济效益的高低,而且还要从定性方面分析经济效益的优劣,并使得两者有机结合,以有利于正确选择最优方案。

(6)经济效益评价与综合效益评价相结合。经济效益评价主要是分析经济合理性,但对技术方案的评价和优选不能单独从经济因素这一方面做出最终结论。在此过程中,还要从社会因素、政治因素、自然因素、生态环境等诸多方面进行分析,并以国家政治经济形势和政策要求为依据,针对方案自身的技术经济特点,作出综合的效益评价,从而为正确进行决策提供全面、客观的依据。

▷ 2.1.3 经济评价的基本程序

建筑工程项目经济评价的基本程序为:

(1)根据评价的目的,明确方案评价的任务和范围。只有明确了技术经济评价的目的,确定了评价的内容和范围,才能保证方案评价的有效性。

(2)探讨和建立可能的技术方案。在评价前,要对技术方案进行审查,只有在技术过关和产品质量达到基本要求的前提下,才能列为对比方案。

(3)确定反映方案特征的技术经济指标体系。技术经济评价所采用的指标体系,一般可分为技术指标、经济指标、其他因素或指标三类。①技术指标是指反映技术方案的技术特征和工艺特征的指标,用以说明方案适用的技术条件和范围。②经济指标是指用以反映方案的经济性和经济效果的指标,如劳动消耗指标、效益指标、经济效果指标等。③其他因素或指标是指除了技术指标和经济指标以外,还要考虑的因素或指标,如社会因素、政治因素、国防因素等。对评价方案的指标体系的要求是:能全面反映方案的主要方面或基本特征;指标的概念确切;指标要容易计算。因此,评价每一个技术方案,都应有一套指标体系。

(4)对方案的各种指标进行计算。指标的计算要按规则和要求进行,为了使指标具有可比性,计算时应按照相同的计算规则和计算方法。对不同方案中可计量的数量指标分别进行计算和分析,得出定量的分析结果。对不同方案中不可计量的指标(包括质量)也要通过分析和判断,得出定性分析的结果。对于经济现象比较复杂的技术方案,必须根据经济指标和各参数、变量之间的函数关系,列出相应的经济数学模型,最后求解。

(5)方案的分析和评价。根据评价的目的,将方案的指标分为主要(基本)指标和一般(辅助)指标。评价时,这两类指标不能等同视之,应根据方案的特征突出主要指标,确定评价的标准(或基础),通过对比指标的分析,排出方案的优劣顺序,并提出推荐方案的建议。

(6)综合论证,选择方案。对技术方案进行全面分析、论证和综合评价,作出最终结论,选择最优方案。

2.2 建设工程项目经济分析的基本要素

对于一般的建设工程项目财务评价来说,投资、经营成本、营业收入和税金等经济数据本身既是经济指标,又是导出其他财务评价指标的依据,所以它们是构成经济系统财务现金流量的基本要素,也是进行技术经济分析最重要的基础数据。

▶ 2.2.1 建设项目总投资

建设项目的总投资是指为了使建设项目达到预定设计生产能力而需要预先垫付的资金总额,主要包括建设投资、流动资金投资和建设期利息之和。

1. 建设投资

建设投资是指固定资产、无形资产和其他资产的投资。建设投资中形成的固定资产的支出叫做固定资产的投资。形成的固定资产原值可用于计算折旧费,即项目寿命期结束时,投资者在期末可回收的固定资产残余价值,可计入现金流入。形成的无形资产和其他资产原值可用于计算摊销费。

(1)固定资产。固定资产是指使用期限超过一年,单位价值在规定标准以上,使用过程中保持原有物质形态的资产,如房屋、机械、运输工具及生产经营活动有关的设备、工具等。固定资产投资是指建造和购置固定资产的经济活动即固定资产再生产活动。

(2)无形资产。无形资产是指能长期使用,使用过程中没有物质形态的资产。无形资产投资是指专利权、商标权、著作权、土地使用权等的投入。

(3)其他资产。其他资产是指固定资产、无形资产、流动资产和长期投资以外的其他资产,包括其他长期资产、递延税款借项和长期待摊费等。①其他资产投资是指在项目评价中开办费的投入。开办费是指企业在筹建期发生的费用,包括筹建人员的工资、办公费、差旅费、培训费、注册登记费等。②递延税款借项是指所得税费小于应交所得税的差额,是采用"纳税影响会计法"进行所得税核算的企业预付所得税款的资产。③长期待摊费是指企业已经支出,但摊销年限在一年以上的各项费用,其中包括开办费、固定资产大修费用等。

2. 流动资金

流动资金是指为维持生产所占用的全部周转资金。它是流动资产与流动负债的差额。流动资产包括各种必要的现金、存款、预付账款及存货;流动负债主要是指应付账款、预收账款。流动资金是运营期内长期占用并周转使用的营运资金,不包括运营中需要的临时性营运资金。

3. 建设期利息

建设期利息是指筹措债务资金时在建设期内发生并按规定允许在投产后计入固定资产原值的利息,即资本化利息。建设期利息包括银行借款和其他债务资金的利息,以及其他融资费用。而其他融资费用是指某些债务融资中发生的手续费、承诺费、管理费、信贷保险费等融资费用,一般情况下应将其单独计算并计入建设期利息。

4. 项目资本金

项目资本金是指在建设项目总投资中,由投资者认缴的出资额。对建设项目而言,项目资本金是非债务性资金,项目法人不承担这部分资金的任何利息和债务;投资者可以按其出资比例依法享有所有者权益,也可以转让其出资,但一般不得以任何方式抽回。它主要强调的是作为项目实体而不是企业所注册的资金。

资本金没有固定的按期还本付息压力,股利是否支付和支付金额多少,视项目投产运营后的实际经营效果而定,因此项目法人的财务负担较小。资本金的出资形式可以是现金,也可以是实物、工业产权、非专利技术、土地使用权、资源开采权作价出资,但必须经过有资格的资产评估机构评估作价。

5. 投资借款

从项目投资主体的角度来看,建设项目投资借款时发生的现金流入,与将借款用于项目投资的现金流出发生在同一时点且流入与流出的现金数额相同,二者相抵,对净现金流量的计算无影响。因此,在项目资本金现金流量表中,投资只计项目资本金。另一方面,现金流入又是因项目全部投资所获得,故应将借款本金的偿还及利息支付计入现金流出。

6. 维持运营投资

维持运营投资是指某些项目在运营期内需要进行一定的固定资产投资才能得以维持正常运营所消耗的费用,如设备更新费用等。根据不同类型和不同行业的项目投资的内容不同,发生维持运营投资时应估算其投资费用,并在现金流量表中将其作为现金流出。

维持运营投资能否资本化,取决于其是否能为企业带来经济利益且该固定资产的成本能否可靠地计量。在项目评价中,如果该投资的投入延长了固定资产的使用寿命,或是使产品质量实质性提高,或是使产品成本实质性降低等,使得可能流入企业的经济利益增加,那么该维持运营投资应予以资本化,即应计入固定资产原值,并计提折旧;否则,该投资只能费用化,不能形成新的固定资产原值。

▶ 2.2.2 经营成本

1. 总成本费用

企业总成本费用是指在项目运营期内,各年的总成本费用之和。按照生产要素的构成划分,总成本费用计算公式如下:

总成本费用＝外购原材料、燃料及动力费＋工资及福利费＋修理费＋

折旧费＋摊销费＋财务费用(利息支出)＋其他费用 (2.1)

(1)外购原材料、燃料及动力费。对于耗用量大的主要原材料、燃料及动力应分别按照其年消耗量和供应单价估算,然后汇总,即计算公式如下:

外购原材料、燃料及动力费＝∑年消耗量×外购原材料、燃料及动力供应单价 (2.2)

对于耗用量不大的外购原材料、燃料及动力成本,可以参照类似企业的统计资料,按比率进行估算。

(2)工资及福利费。工资及福利费是指企业为获得职工提供的服务而给予职工的各种形式的报酬以及其他相关支出,通常包括:职工工资、奖金、津贴和补贴、职工福利费,医疗、养老、失业、工伤、生育等社会保险费和住房公积金中由职工个人缴付的部分。工资及福利费一般按照项目建成投产后各年所需的职工总数即劳动定员数和人均年工资及福利费水平测算。其计算公式如下:

工资及福利费＝企业职工定员数×人均年工资及福利费水平 (2.3)

也可以按不同人员的类型和层次分别估算不同档次职工的工资及福利费,然后汇总,并考虑历史数据和年增长率等因素来确定。

(3)修理费。修理费是指为了保持固定资产的正常运转和使用,充分发挥使用效能,对其进行必要修理所发生的费用。按修理范围和时间间隔,可分为大修理和中小修理。修理费可以直接按照固定资产原值(扣除所含建设期利息)或折旧额的一定百分比来估算,即:

修理费＝固定资产原值×计提比率(%) (2.4)

修理费＝固定资产折旧额×计提比率(%) (2.5)

修理费可以直接在成本中列出,如果当期发生的修理费用数额较大,可采用预提或摊销的方法计提。

(4)折旧费。折旧费就是指在固定资产使用寿命内,由于磨损使其逐渐减少的那部分价值。

影响固定资产折旧的因素有预计净残值、固定资产减值准备和固定资产使用寿命。折旧费的计算方法主要有平均年限法(直线折旧法)、工作量法、双倍余额递减法和年数总和法,具体方法计算见第10章的相关内容。

(5)摊销费。摊销费是指无形资产和其他资产在项目投产后在一定期限内分期摊销的费用。按照规定,无形资产从开始使用之日起,在有效使用期限内平均摊入成本。无形资产的摊销一般采用平均年限法,不计残值。其他资产的摊销可以采用平均年限法,不计残值,摊销年限应注意符合税法的要求。

(6)利息支出。企业为筹集所需资金而发生的费用称为借款费用,又称财务费用,包括利息支出(减利息收入)、汇兑损失(减汇兑收益)以及相关的手续费。在大多数项目的财务分析中,通常只考虑利息支出。利息支出的估算包括长期借款利息、流动资金借款利息和短期借款利息三部分。需要引起注意的是,在生产运营期,利息是可以计入总成本的,因而每年计算的利息不再参与以后各年利息的计算。

(7)其他费用。其他费用包括其他制造费用、其他管理费用和其他营业费用三项费用,具体是指制造费用、管理费用和营业费用中分别扣除工资及福利费、折旧费、摊销费、修理费之后的剩余部分费用,应计入生产总成本费用的其他所有费用。

2. 经营成本

经营成本是指技术经济分析中经济评价的专用术语,用于贷款项目财务评价的现金流量分析。经营成本是总成本费用扣除折旧费、维修费、摊销费和利息支出以后的成本费用。由于建设投资已经按照其发生的时间作为一次性支出被计入现金流出,故在项目建成后,建设投资就形成了固定资产、无形资产和其他资产。折旧是建设投资所形成的固定资产的补偿价值,如果将其随成本计入现金流出,就造成了现金流出的重复计算,故应扣除。同样的,无形资产和其他资产也是建设投资所形成的资产的补偿价值,只是在项目内部的现金转移,而非现金支出,故为避免重复计算,摊销费也应扣除。贷款利息是使用借贷资金所要付出的代价,对于建设项目来说,是实际的现金流出,但在评价项目总投资的经济效果时,并不考虑资金来源问题,故在这种情况下也不考虑贷款利息的支出。在资本金财务现金流量表中,由于已将利息支出单列,因此经营成本中也不包括利息支出。

由此可见,经营成本作为项目现金流量表中运营期现金流出的主体部分,是从投资方案本身考虑的,在一定期间(通常为一年)内由于生产和销售产品及提供服务而实际发生的现金支出。计算公式为:

$$经营成本 = 总成本费用 - 折旧费 - 摊销费 - 利息支出 \tag{2.6}$$

或

$$经营成本 = 外购原材料、燃料及动力费 + 工资及福利费 + 修理费 + 其他费用 \tag{2.7}$$

经营成本涉及产品成本、销售,以及企业管理过程中的人力、物力投入,能准确地反映企业生产和管理水平,与同类产品(服务)的生产企业具有可比性,是经济分析的重要指标。经营成本与融资方案无关,因此在完成建设投资和营业收入估算后,就可以估算经营成本,为项目融资前分析提供数据。

➤ 2.2.3 营业收入

营业收入通常包括营业收入和补贴收入两部分。

(1)营业收入是指项目建成投产后,各年销售产品或提供服务所获得的收入。计算公式为:

$$营业收入 = 产品销售量(或服务量) \times 产品单价(或服务单价) \tag{2.8}$$

主副产品(或不同等级产品)的销售收入应全部计入营业收入;所提供的不同类型服务收入也应同时计入营业收入。营业收入是现金流量表中现金流入的主体,也是利润表的主要科目。

(2)某些经营性的公益事业、基础设施项目,如地铁项目等,政府在运营期给予一定数额的财政补贴,以维持正常运营,是投资者能获得合理的投资收益,称为补贴收入。补贴收入同营业收入一样,应列入项目投资现金流量中。

▷2.2.4 税金

税金是国家凭借政治权力参与国民收入分配和再分配的一种货币形式。在项目财务评价中合理计算各种税费,是正确计算项目效益与费用的重要基础。因此,税金是指工程项目根据国家税法的规定向国家缴纳的各种税款,国家采用筹集税金的手段就是税收。税收是国家向纳税义务人无偿征收财物的一种形式。它具有强制性、无偿性、固定性的特点。

项目评价涉及的税费主要有关税、增值税、营业税、消费税、所得税、资源税、城市维护建设税和教育费附加等,有些行业还包括土地增值税。

税金一般属于财务现金流出。在进行税金计算时,应说明税种、税基、税率、计税额等,这些内容根据相关税法和项目的具体情况而定。

▷2.2.5 利润

利润是企业在一定时期内从事生产经营活动所取得的财务成果。它能够综合地反映企业生产经营各方面的情况,通常利用利润总额和利润率来反映企业的水平。利润包括营业利润、利润总额和净利润。具体见第10章的相关内容。利润率是指利润额与相关指标的比率,用来反映工程项目经济效益的综合水平。

▷2.2.6 其他概念

(1)固定成本。固定成本是指成本总额在一定时期和一定业务量范围内,不受业务量增减变动影响的成本。

(2)可变成本。可变成本是指随产量增减而变化的费用,如直接材料费、直接燃料费和动力费等。

(3)沉没成本。沉没成本是指在决策前就已经发生的费用或成本,而这些费用或成本与决策方案无关可不予考虑。

(4)机会成本。所谓机会成本是指假设将一笔有限资金投资于某一工程项目,那么就必须放弃其他的投资机会,或者说放弃其他取得利润的机会,那么由于放弃其他投资机会所付出的代价,就称为这笔资金的机会成本。

思考与练习

1.对各种建设项目进行经济评价时,应该遵循哪些基本原则?

2.简述建设项目经济评价的基本要素。

第 3 章 资金的时间价值计算

本章学习要点

1. 掌握资金时间价值的概念
2. 掌握单利及复利计息方法
3. 掌握复利公式的使用(会写规格化因子、查用因子表)
4. 掌握名义利率与实际利率的概念及换算公式

人们无论从事任何经济活动,都必须花费一定的时间。在一定的意义上讲,时间是一种最宝贵也是最有限的"资源"。任何物质资源的存在和发展都与时间密切地联系在一起,都包含、体现着时间的价值。

作为社会生产资金或者资本参与再生产过程,使得资金在生产与流通过程中获得了一定的收益,并且发生增值,其增值量就是资金的时间价值。在"效率就是生命,时间就是金钱"的市场经济环境中,要客观、正确评价投资项目或者技术方案的经济效果,就必须研究资金的时间价值。

3.1 现金流量

3.1.1 现金流量的概念

在进行工程技术经济分析时,可把所考察的对象视为一个系统,这个系统可以是一个建设项目、一个企业,也可以是一个地区、一个国家。投入的资金、花费的成本和获得的收益,均可看成是以资金形式体现的该系统的资金流入或者资金流出。这种在考察对象整个期间在各时点 t 上实际发生的资金流出或者资金流入的代数和称为现金流量。现金流量的特点,是只计算现金收支而不计算非现金收支(如折旧费等),并且要如实记录现金收支实际发生的时间。

3.1.2 现金流量的构成

在项目的现金流量系统中,现金流量主要由现金流入和现金流出构成。流出系统的资金称为现金流出,用符号 $(CO)_t$ 表示;流入系统的资金称为现金流入,用符号 $(CI)_t$ 表示;现金流入与现金流出之差称为净现金流量,用 $(CI-CO)_t$ 表示。

3.1.3 现金流量图

为了直观地表现现金的流入和流出情况,借助现金流量图来描述现金收入和支出发生的时间和数值来进行工程经济分析计算。所谓现金流量图就是一种反映经济系统资金运动状态的图式,即把经济系统的现金流量绘入一个时间坐标图中,表示各现金流入、流出和相应时间的对应关系,如图 3-1 所示。运用现金流量图,可以形象、全面、直观地表达经济系统在各时点的资金运动状态。

现金流量图在绘制时,应注意以下几个问题:

(1)以横轴为时间轴,时间从左到右推移,轴上每一时刻表示一个时间单位,可取年、半年、季或月等,一般以年为单位,时间历程的长短称为期数,时间轴上的点称为时点。

(2)垂直箭线表示现金流量,箭头向上表示现金流入,取正号;箭头向下表示现金流出,取负号。

(3)在现金流量图中,箭线长短要能适当体现各时间点现金流量数值的差异,并在各箭线上方(或下方)注明其现金流量的数值。

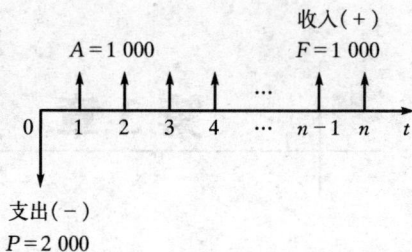

图 3-1 现金流量图

(4)箭线与时间轴的交点即为现金流量发生的时间。

一般假定现金的支付都发生在每期的期末,但是每期期末不一定都是年末。同时现金流量图的时间是从 0 开始计入的,例如坐标时间轴上 0 代表第一年的年初;1 代表第 1 年年末同时也代表第二年年初。

(5)由于借方的现金流入正好是贷方的现金流出,所以现金的流入与流出是相对的。

现金流量图是经济分析的有效工具,其重要性有如力学计算中的结构受力图,是正确进行经济分析计算的基础。因此要正确绘制现金流量图,必须把握好现金流量的三要素,即:现金流量的大小(现金流量数额)、方向(现金流入或流出)和作用点(现金流量发生的时点)。

3.2 资金的时间价值

➤ 3.2.1 资金的时间价值的含义及影响因素

将资金投入使用后,经过一段时间,资金便产生了增值,具体体现在资金的利息和资金的纯收益两个方面。所以,资金的时间价值是指资金在生产和流通过程中,即在产品的形成过程中,随着时间变化而产生的资金增值。其实质是资金作为生产经营要素,在扩大再生产及其资金流通过程中,资金随时间周转使用的结果。

影响资金时间价值的因素主要有以下几点:

(1)资金的使用时间。在单位时间内资金增值率一定的条件下,资金使用时间越长,则资金的时间价值越大;使用时间越短,则资金的时间价值越小。

(2)资金数量的多少。在其他条件不变的情况下,资金数量越多,资金的时间价值就越多;反之,资金的时间价值则越少。

(3)资金投入和回收的特点。在总资金一定的情况下,前期投入的资金越多,资金的负效益越大;反之,后期投入的资金越多,资金的负效益越小。

(4)资金的周转速度。资金周转越快,在一定的时间内等量资金的周转次数越多,资金的价值越多,反之则越少。

总之,资金的时间价值是客观存在的,投资经营的基本原则就是充分利用资金的时间价值并最大限度地获得其资金时间价值,这就需要加速资金周转,早期回收资金,并不断从事利润较高的投资活动;任何资金的闲置,都会造成资金的时间价值的损失。

➤ 3.2.2 利息与利率

通常,利息或净收益是衡量资金时间价值的绝对尺度,利率或收益率是衡量资金时间价值的相对尺度。

1. **利息或净收益**

在借贷过程中,债务人支付给债权人超过原借贷金额的部分就是利息。即:

$$I = F - P \tag{3.1}$$

式中:I——利息;

F——目前债务人应付(或债权人应收)总金额,即还本付息总额;

P——原借贷金额,即本金。

可见,利息是因占用资金而支付的费用。把资金投入生产建设中产生的资金增值,称为净收益。资金利息的大小取决于利率的高低和资金占用的时间。在同等利率的情况下,占用的时间越长,则利息越大。

2. **利率或收益率**

在经济学中,利率的定义是从利息的定义中衍生出来的。在理论上先确定了利息,再用利息来解释利率。在实际计算中,则正好相反,常根据利率来计算利息。

利率或收益率是指在一定时间内的利息或收益占原投入资金的比率。它反映了资金随时间变化的增长率。

3.2.3 单利与复利

由于利息和利率或净收益和收益率是衡量资金时间价值的尺度,因此,计算资金时间价值的方法实际是计算利息的方法。计算利息的方法有单利和复利两种。

单利就是只按本金计算利息,到期不付的利息不再生息。若利率为 i,本金 P 经过 n 次计算利息后,本金与全部利息之和 F 为:

$$F = P(1 + n \cdot i) \tag{3.2}$$

复利就是不仅本金计算利息,利息到期不付也要生息。上例按照复利计算则为:

$$F = P(1 + i)^n \tag{3.3}$$

根据国家规定,居民存款利息,一般采用单利,而且按月利率计算。在国际上,除借贷时间少于一年者外,都采用复利计息以年利率计算。我国在进行建设项目的经济分析中,一般按复利法计算资金时间价值。

3.2.4 等值的概念

由于利息的存在,不同时期相同金额的资金价值是不等的,而不同时期、不同金额的资金却可以具有相等的价值。这就是等值的概念。例如,今天的 1 000 元,在年利率为 20% 的条件下,将等于一年后的 1 200 元;同样的 100 元,在年利率为 30% 的条件下,将等于一年后的 1 300 元。换句话,也就是近期的资金比远期的资金更具有价值。

等值具有以下特点:

(1)等值是以规定的利率为前提的。不同时期的资金,如不规定利率,不具备可比性。

(2)如果几种资金的支付形式在某一时刻等值(以规定利率为条件),那么在同一利率下,这些资金在任何时刻都相互等值。

(3)等值的概念是技术经济分析、比较和评价不同时期资金使用效果的重要依据。

3.2.5 资金的机会成本

机会成本是工程经济分析中的一个重要概念。在工程经济分析中,只有充分考虑每一笔有限资金投入其他用途的潜在收益后,才能做出正确的决策,使有限的资金得到有效的利用。可见,机会成本并不是实际发生的成本,而是由于方案决策时所产生的观念上的成本,所以在会计账上不出现,但是对决策非常重要。

3.3　资金等值的计算

▷ 3.3.1　等值计算的基本参数

把在一个(一系列)时间点上的资金转换成另一个(一系列)时间点上的等值资金额,这样的一个转换过程就称为资金的等值计算。计算资金等值的基本参数主要有利率 i、计息期数 n、现值 P、终值 F 和年值 A。

1. 利率(i)

在工程经济分析中,把根据未来的现金流量求现在的现金流量时所使用的利率称为折现率。本书中对利率和折现率一般不加以区分,均用 i 表示,且 i 一般指年利率(年折现率)。

2. 计息期数(n)

计息期数(n)在利息计算中代表计息周期数,在工程经济分析中代表从开始投入资金到项目的寿命期终结为止的整个期限,通常以"年"为单位,也可以以"半年"、"季度"、"月"等为单位。

3. 现值(P)

现值(P)表示资金发生在某一特定时间序列时点上的价值。在利息计算中它代表本金,在工程经济分析中,它表示现金流量图中 0 时点的投资数额或者投资项目的现金流量折算到 0 时点时的价值。

4. 终值(F)

终值(F)表示资金发生在某一特定时间序列终点上的价值。其含义是指期初投入或产出的资金转换为计算期末的终值,即期末本利和价值。

5. 年值(A)

年值(A)是指各年等额收入或支付的金额,通常以等额序列表示,即在某一特定时间序列期内,每隔相同时间收支的等额款项。

上述五个参数,在工程经济分析中只要已知三个,就可以求出另外两个,但是 i、n 一定要出现。五个参数中,利率 i 是核心。

▷ 3.3.2　等值计算的复利公式

由于利息是资金时间价值的主要表现形式,因此对于资金等值计算来讲,其计算方法与采用复利法计算利息的方法完全相同,即以年复利率计息,按年进行支付。

1. 一次支付公式

所谓一次支付,简单地说是指借款在贷款期终时本利一次还清的支付方式。其现金流量见图 3-2 所示。在这种情况下,i、n、F、P 一定要出现,i、n 为已知,P、F 已知其中之一,求另一个未知的基平参数。

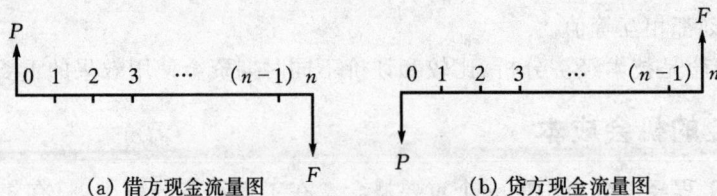

图 3-2　借贷方现金流量图

(1)复利终值公式——已知 i、n、P，求 F。

假设有本金 P 元，在利率 i 的条件下，经过 n 年后所得的终值 F 为：

$$F = P(1+i)^n \tag{3.4}$$

公式的建立见表 3-1。

表 3-1 计算公式推导

年份	年初金额	年利息额	年本利和
1	P	Pi	$P+Pi=P(1+i)$
2	$P(1+i)$	$P(1+i)i$	$P(1+i)+P(1+i)i=P(1+i)^2$
3	$P(1+i)^2$	$P(1+i)^2i$	$P(1+i)^2+P(1+i)^2i=P(1+i)^3$
⋮	⋮	⋮	⋮
n	$P(1+i)^{(n-1)}$	$P(1+i)^{(n-1)}i$	$P(1+i)^{(n-1)}+P(1+i)^{(n-1)}i=P(1+i)^n$

式(3.4)中 $(1+i)^n$ 称为"复利终值因子"。它乘以本金即为 n 年后的本利和。

为了实用起见，常用一种规格化代号 $(X/Y,i,n)$ 来代表各计算因子。其中字母 X 代表未知值，字母 Y 代表已知数，i 为年利率，n 为计息期数。故复利终值因子 $(1+i)^n$ 的代号为 $(F/P,i,n)$。式(3.4)可改写为如下形式：

$$F = P(F/P,i,n) \tag{3.5}$$

为了简化计算工作，可预先算出各因子的值，编制成利息表。

【例 3-1】 以 6% 的年利率存款 1 000 元，存款期为 5 年。问 5 年后的本利和为多少？

解： 已知 $P=1\ 000$ 元，$i=6\%$，$n=5$，求 F。

利用复利终值公式可得：

$$F = P(1+i)^n = 1\ 000 \times (1+6\%)^5 = 1\ 338.23(元)$$

或查利息表可得：

$$F = P(F/P,i,n) = 1\ 000(F/P,6\%,5) = 1\ 000 \times 1.338 = 1\ 338(元)$$

即 5 年后的本利和为 1 338 元。

(2)复利现值公式——已知 i、n、F，求 P。

已知未来值 F，求现值 P，则由式(3.4)可得

$$P = F(1+i)^{-n} \tag{3.6}$$

或

$$P = F(P/F,i,n) \tag{3.7}$$

式中，$(1+i)^{-n}$ 称为"复利现值因子"，也称为"贴现系数"（或折现系数），$(P/F,i,n)$ 为其规格化代号，i 称为贴现率或折现率。

【例 3-2】 某人希望 4 年后有 20 万元，年利率为 8%，问现在应存入银行多少钱？

解： 已知 $F=20$ 万元，$i=8\%$，$n=4$，求 P。

利用复利现值公式可得：

$$P = F(1+i)^{-n} = 20 \times (1+8\%)^{-4} = 14.7(万元)$$

或查利息表可得：

$$P = F(P/F,i,n) = 20(P/F,8\%,4) = 20 \times 0.735\ 0 = 14.7(万元)$$

即现在应存入银行 14.7 万元。

2. 等额多次支付公式

等额多次支付是指在某年一次存入银行的一笔资金每年年末从银行提取等额的资金,并且期末把本利全部提取出来;或者将每年末存入银行等额的资金,在第 n 年末,全部提取出来的形式。即 A、i、n 三个参数一定要出现,求 P 或 F。

(1)年金终值公式——已知 A、i、n,求 F。

年金终值公式的经济含义是:在一个时间序列中,在年利率为 i 的情况下连续每年计息期期末等额支付的现金流量为 A,求第 n 期期末的未来值 F,如图 3-3 所示。即已知 A、i、n,求 F,这类似于我们平时的零存整取。

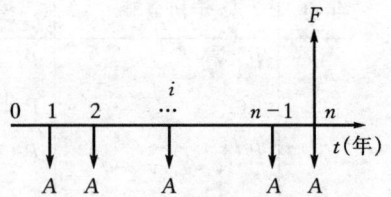

若每年末等额地投资 A 元,年利率为 i,经过 n 年后所累积的本利和为 F。将各年的投资 A 元利用复利公式(3.4),分别计算到 n 年年末的终值,然后求其和即可得 F。因第一年末的投资到第 n 年末的终值为 $A(1+i)^{n-1}$,第二年末的投资到第 n 年末的终值为 $A(1+i)^{n-2}$,…,第 n 年的为 A,故各年投资的本利和 F 为:

$$F = A(1+i)^{n-1} + A(1+i)^{n-2} + \cdots + A(1+i) + A \tag{3.8}$$

将(3.8)乘以 $(1+i)$,得:

$$F(1+i) = A(1+i)^n + A(1+i)^{n-1} + \cdots + A(1+i)^2 + A(1+i) \tag{3.9}$$

由式(3.9)减去式(3.8)得:

$$F \cdot i = A(1+i)^n - A$$

即:

$$F = A\left[\frac{(1+i)^n - 1}{i}\right] = A(F/A, i, n) \tag{3.10}$$

式中,$\dfrac{(1+i)^n - 1}{i}$ 称为"年金终值因子",$(F/A, i, n)$ 为其规格化代号。值得注意的是,最终值 F 与最后一项年金是发生在同一年末。

【例 3-3】 某人连续 5 年每年年末存款 1 000 元,利率为 8%,问第 5 年末可得到的本利和为多少?

解:已知 $A=20$ 万元,$i=8\%$,$n=5$,求 F。

利用年金终值公式可得:

$$F = A(F/A, i, n) = 1\,000(F/A, 8\%, 5) = 1\,000 \times 5.866\,6 = 5\,866.6(\text{元})$$

即第五年末可得到的本利和为 5 866.6 元。

(2)偿债基金公式——已知 F、i、n,求 A。

所谓偿债基金,是指由发行债券的企业,在其每年的现金中按期拨出一笔资金,另行存放银行不得动用,以备未来到期偿还公司贷款使用。使用每期拨出的供偿债用的金额,称为偿债基金。即为了在 n 年末还清债务 F 元,在利率为 i 的条件下,欲求每年末应存入多少资金。

根据式(3.10),可得:

$$A = F\left[\frac{i}{(1+i)^n - 1}\right] = F(A/F, i, n) \tag{3.11}$$

式中,$\dfrac{i}{(1+i)^n - 1}$ 称为"偿债基金因子",$(A/F, i, n)$ 是其规格化代号。

图 3-3 现金流量图

【例 3-4】 若想在第 5 年年末获得 10 万元,每年存款金额相等,年利率为 10%,则每年需要向银行存款应是多少?

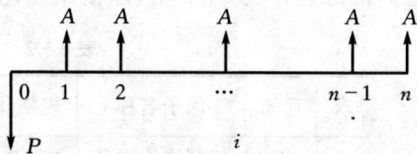

解:已知 $F=10$ 万元,$i=10\%$,$n=5$,求 $=A$。

利用偿债基金公式可得:

$$A = F(A/F,i,n) = 10(A/F,10\%,5)$$
$$= 10 \times 0.1638 = 1.638(万元)$$

即每年需要向银行存款 1.638 万元。

图 3-4 现金流量图

(3)资金回收公式——已知 P、i、n,求 A。

若以年利率 i 投资 P 元,在 n 年内每年末等额提取 A 元,到第 n 年将投资连本带利全部提完,欲求 A。现金流量图见图 3-4。

欲求 A 与 P 之间的关系式,可以利用偿债基金公式(3.11)和复利终值公式(3.4),求得:

$$A = F\left[\frac{i}{(1+i)^n - 1}\right] = P(1+i)^n \frac{i}{(1+i)^n - 1}$$

$$A = P\left[\frac{i(1+i)^n}{(1+i)^n - 1}\right] = P(A/P,i,n) \tag{3.12}$$

式中,$\dfrac{i(1+i)^n}{(1+i)^n - 1}$ 称为"资金回收因子",$(A/P,i,n)$ 为其规格化代号。

【例 3-5】 某企业总投资为 1 000 万元,年利率为 12%,现在欲 10 年收回,每年末应收回的资金额为多少?

解:已知 $P=1\,000$ 万元,$i=12\%$,$n=10$,求 A。

利用资金回收公式可得:

$$A = P(A/P,i,n) = 1\,000(A/P,12\%,10) = 1\,000 \times 0.1770 = 177.0(万元)$$

即每年年末收回的资金额为 177.0 万元时,10 年内可将 1 000 万元投资连本带利全部收回。

(4)年金现值公式——已知 A、i、n,求 P。

欲在 n 年内每年年末收回 A 元,当年利率为 i 时,现在的初始投资为 P。

根据式(3.12)可得:

$$P = A\left[\frac{(1+i)^n - 1}{i(1+i)^n}\right] = A(P/A,i,n) \tag{3.13}$$

式中,$\dfrac{(1+i)^n - 1}{i(1+i)^n}$ 称为"年金现值因子",$(P/A,i,n)$ 为其规格化代号。

【例 3-6】 为了在未来的 10 年内每年年末收回 1 000 万元,当年利率为 10% 时,则现在应向银行存入多少现金?

解:已知 $A=1000$ 万元,$i=10\%$,$n=10$,求 P。

利用年金现值公式可得:

$$P = A(P/A,i,n) = 1\,000(P/A,10\%,10) = 1\,000 \times 6.144\,6 = 6\,144.6(万元)$$

即现在应向银行存入 6 144.6 万元,10 年内每年可取回 1 000 万元并且在第 10 年末将投资的本利和全部取完。

3. **基本公式中各计算因子之间的关系**

前面介绍的六个公式为工程经济分析中的基本公式,每个公式都含有一个计算因子,现在将它们汇总列在表 3-2 中，以便相互比较和记忆。

表 3-2　基本计算公式及计算因子间的关系

求	已知	因子名称	规格化代号	因子式	计算公式	说明
F	P	复利终值因子	$(F/P,i,n)$	$(1+i)^n$	$F=P(F/P,i,n)$	一次支付
P	F	复利现值因子	$(P/F,i,n)$	$(1+i)^{-n}$	$P=F(P/F,i,n)$	
F	A	年金终值因子	$(F/A,i,n)$	$\dfrac{(1+i)^n-1}{i}$	$F=A(F/A,i,n)$	等额多次支付
A	F	偿债基金因子	$(A/F,i,n)$	$\dfrac{i}{(1+i)^n-1}$	$A=F(A/F,i,n)$	
A	P	资金回收因子	$(A/P,i,n)$	$\dfrac{i(1+i)^n}{(1+i)^n-1}$	$A=P(A/P,i,n)$	
P	A	年金现值因子	$(P/A,i,n)$	$\dfrac{(1+i)^n-1}{i(1+i)^n}$	$P=A(P/A,i,n)$	

由表 3-2 可以看出，各个因子间具有以下的关系：

(1)复利终值因子与复利现值因子互为倒数关系。

$$(F/P,i,n)=\frac{1}{(P/F,i,n)} \tag{3.14}$$

(2)年金终值因子与偿债基金因子互为倒数关系。

$$(F/A,i,n)=\frac{1}{(A/F,i,n)} \tag{3.15}$$

(3)资金回收因子与年金现值因子互为倒数关系。

$$(A/P,i,n)=\frac{1}{(P/A,i,n)} \tag{3.16}$$

(4)资金回收因子等于偿债基金因子与利率之和。

$$(A/P,i,n)=\frac{i(1+i)^n}{(1+i)^n-1}=\frac{i(1+i)^n-i+i}{(1+i)^n-1}=\frac{[i(1+i)^n-i]+i}{(1+i)^n-1}$$

$$=\frac{[i(1+i)^n-i]}{(1+i)^n-1}+\frac{i}{(1+i)^n-1}=i+(A/F,i,n) \tag{3.17}$$

4. 定差数列复利公式

在进行经济分析时，有些工程项目的收支额是按每期期末等额递增或递减的，它的现金流量形成了一个等差级数，即每年均按照一定数量全额增加或减少。例如对于设备的维修费用，由于磨损的原因可能会逐年增加，其产量又可能是逐年减少。如果每年的现金流量的增加或减少值都相等，则称之为定差数列现金流量。

对于定差数列现金流量，前面介绍的等额多次支付公式已经不再适用了，只能用一次支付公式逐年计算，相当繁琐。因而有必要建立一套有关定差数列的现值公式。

(1)定差数列现值公式——已知 A_1、i、n、G，求 P。

假设某设备，第一年维修费为 A_1 元，第二年为 (A_1+G) 元，第三年为 (A_1+2G) 元，逐年增加，至第 n 年为 $[A_1+(n-1)G]$ 元，形成定差数列，如图 3-5(a)，折合而成的现值是多少？

为了方便分析，将图 3-5(a)分成两部分：图 3-5(b)为等额部分 A_1 元，图 3-5(c)为定差部分 G 元。其中，图 3-5(b)利用年金现值公式，折合其现值为 $P_{A_1}=A_1(P/A,i,n)$，对于图 3-5(c)，利用终值折合现值，即公式(3.7)，其现值 P_G 改为：

(a)

(b)

(c)

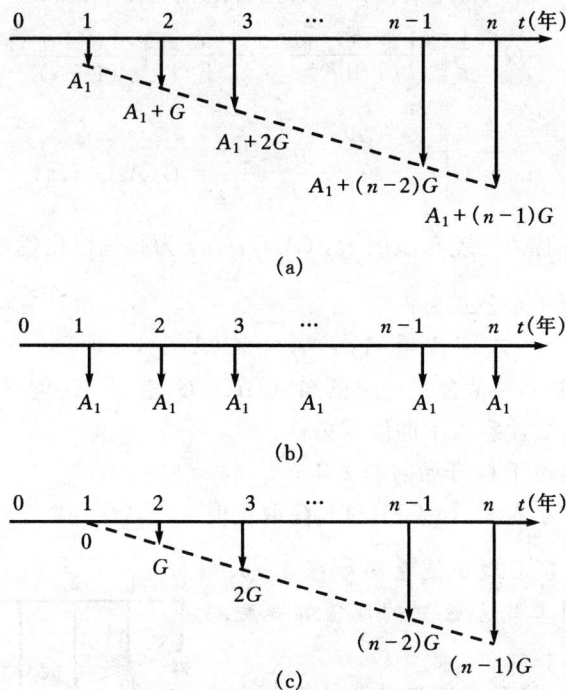

图 3-5 定差数列现金流量图

$$P_G = G(P/F,i,2) + 2G(P/F,i,3) + \cdots + (n-1)G(P/F,i,n)$$

$$= G\left[\frac{1}{(1+i)^2} + \frac{2}{(1+i)^3} + \cdots + \frac{n-1}{(1+i)^n}\right] \tag{3.18}$$

式(3.18)乘以(1+i),得:

$$P_G(1+i) = G\left[\frac{1}{(1+i)^1} + \frac{2}{(1+i)^2} + \cdots + \frac{n-1}{(1+i)^{n-1}}\right] \tag{3.19}$$

令式(3.19)减去式(3.18),得:

$$P_G \cdot i = G\left[\frac{1}{(1+i)^1} + \frac{1}{(1+i)^2} + \cdots + \frac{1}{(1+i)^{n-1}} - \frac{n-1}{(1+i)^n}\right]$$

$$= G\left[\frac{1}{(1+i)^1} + \frac{1}{(1+i)^2} + \cdots + \frac{1}{(1+i)^{n-1}} + \frac{1}{(1+i)^n} - \frac{n}{(1+i)^n}\right]$$

$$= G\left[\frac{(1+i)^n - 1}{i\,(1+i)^n} - \frac{n}{(1+i)^n}\right] \tag{3.20}$$

有:

$$P_G = G\,\frac{1}{i}\left[\frac{(1+i)^n - 1}{i\,(1+i)^n} - \frac{n}{(1+i)^n}\right] = G(P/G,i,n) \tag{3.21}$$

式中,$\frac{1}{i}\left[\frac{(1+i)^n-1}{i\,(1+i)^n} - \frac{n}{(1+i)^n}\right]$称为"定差现值因子",$(P/G,i,n)$为其规格化代号。

最后得到定差数列现值公式为:

$$P = P_{A_1} + P_G = A_1(P/A,i,n) + G(P/G,i,n) \tag{3.22}$$

(2)定差数列等额年金公式——已知 A_1、i、n、G,求 A。

同理,由图 3-5(c)可以求出定差部分的等额年金值 A_G 为:

$$A_G = P_G(A/P,i,n) = G(P/G,i,n)(A/P,i,n)$$

$$= G \cdot \frac{1}{i}\left[\frac{(1+i)^n-1}{i(1+i)^n} - \frac{n}{(1+i)^n}\right] \cdot \frac{i(1+i)^n}{(1+i)^n-1} \tag{3.23}$$

得:

$$A_G = G\left[\frac{1}{i} - \frac{n}{(1+i)^n-1}\right] = G(A/G,i,n) \tag{3.24}$$

式中,$\frac{1}{i} - \frac{n}{(1+i)^n-1}$ 称为定差年金因子,$(A/G,i,n)$ 为其规格化代号。

因此,定差数列等额年金公式为:

$$A = A_1 + A_G = A_1 + G(A/G,i,n) \tag{3.25}$$

同理可以求出定差数列终值公式——已知 A_1、i、n、G,求 F。这里不再推算。

在运用上述公式时,要注意以下的假设条件:

(1)定差数列的现值位于 G 开始前的 2 年;

(2)现金流量图是左小右大,如果相反时,G 取负值。

【例 3 - 7】 某投资项目现金流量图如图 3 - 6 所示,年利率 $i=5\%$,试计算定差数列的现值和等额年值。

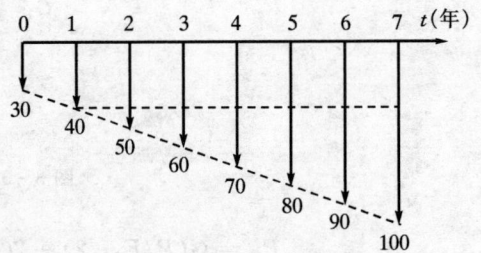

解:如图 3 - 6 所示,按照虚线将定差数列分为等额和定差两部分进行计算,得:

$$P = 30 + 40(P/A,5\%,7) + 10(P/G,5\%,7)$$
$$= 30 + 40 \times 5.786\ 4 + 10 \times 16.230$$
$$= 423.76$$

$$A = 30(A/P,5\%,7) + 40 + 10(A/G,5\%,7)$$
$$= 30 \times 0.172\ 8 + 40 + 10 \times 2.805$$
$$= 73.234$$

图 3 - 6 现金流量图

除了定差数列的情形外还有几何数列和不等额支付数列的情形,其中几何数列现金流量是指每年的现金按照一个固定的百分数逐期增加或减少,而不等额支付数列的现金流量则是每期期末的现金流量均互不相等。这里不再做具体介绍。

3.4 名义利率与实际利率

在前几节内容中,讨论的都是计息周期以年为单位的情形,但在实际应用中,计息周期并不一定是以年为周期的,可以按半年、季度、或者是月一次来计息,由于复利计算次数与计息期数不同,就会使得计算出来的利息数额产生差异。因此,当计息周期小于一年时就有了名义利率和实际利率之分。

一般利率常以年利率给出,因此,如果不特别指出都按照年利率的情况进行计算。

▷3.4.1 基本概念

如果利率为年利率,而实际计息周期小于一年,如半年或者是季度,则这种年利率称为名义利率(r)。它等于计息周期利率 i 乘以一年内计息期数 m 所得的利率,即

$$r = i \cdot m \tag{3.26}$$

例如按每季度计息一次,季度利率为 3%,则名义利率为 4×3%＝12%。名义利率的实质是采用单利计算的方法,把各种不同计息期的利率换算为以年为计息期的利率。通常所说的利率、周期利率都是名义利率。

若利率为年利率,实际计息周期也是一年,则这种利率即为实际利率。实际利率也称为有效利率,它是采用复利计算的方法,把各种不同计息期的利率换算成以年为计息期的利率。

3.4.2 名义利率与实际利率的关系

名义利率的实质是计息期小于一年的利率,在转化为年利率时,忽略时间因素,不计算利息的利息。因此在进行经济分析时,每年计息期不同的各个名义利率之间不具备可比性,应将它们转化为实际利率后方可进行比较。

设名义利率为 r,一年中计算利息 m 次,则每期的利率为 r/m。设年初借款 P 元,一年中计息 m 次,一年后的本利和为:

$$F = P(1+r/m)^m \tag{3.27}$$

其中,本金 P 的年利息为 $F - P = P(1+r/m)^m - P$。

根据利率定义可知,它等于利息与本金的比值。因此,当名义利率为 r 时,实际利率为:

$$i = \frac{F-P}{P} = \frac{P(1+r/m)^m - P}{p} \tag{3.28}$$

故

$$i = (1+r/m)^m - 1 \tag{3.29}$$

由式(3.29)可知,当 $m=1$ 时,实际利率 i 等于名义利率 r;当 $m>1$ 时,实际利率 i 大于名义利率 r,而且 m 越大,两者的差异越大。

当一年中按无限多次计息时,也就是连续计算复利时,实际利率为:

$$i = \lim_{m \to \infty}[(1+r/m)^m - 1] = \lim_{m \to \infty}[(1+r/m)^{m/r}]^r - 1 i = e^r - 1 \tag{3.30}$$

式(3.30)就是连续复利利率的公式。

通常情况下,对于复利计算中的名义利率有两种处理方法:一是将名义利率换算为实际利率,再计算复利;二是将周期利率代入复利公式,复利次数成为 $m·n$ 次。以复利现值公式为例:

$$P = F(P/F, r/m, m·n) \tag{3.31}$$

通过上述分析,可以得出名义利率和实际利率之间的关系:

(1)当计息周期为一年时名义利率与实际利率相等,计息周期短于一年时,实际利率大于名义利率。

(2)名义利率不能完全地反映资金的时间价值,实际利率才能真实地反映资金的时间价值。

(3)名义利率越大,周期越短,则实际利率与名义利率的差值就越大。

【例 3-8】 某企业向外商订购设备,现在有两家银行可以提供贷款,甲银行年利率为 17%,计息周期为一年,乙银行利率为 16%,但是按月计息。试比较哪家银行的贷款条件较优。

解: 甲行:$i_甲 = 17\%$;乙行:16% 是名义利率,即 $r = 16\%$,$m=12$。

将名义利率换算为实际利率,得:

$$i_乙 = (1+r/m)^m - 1 = (1+16\%/12)^{12} - 1 = (1+1.33\%)^{12} - 1 = 17.23\%$$

显然,乙行实际利率略大于甲行,故应向甲行贷款。

3.5 等值计算公式的应用

前面介绍了计算等值计算的各种公式,下面通过若干实例,进一步说明各种公式的运用方法,同时在此强调以下几个应该注意的问题:

(1)每个问题中,五个基本参数 P、F、A、i、n 中必定任意出现四个,其中三个为已知。

(2)解决问题的首要步骤是先绘制现金流量图,据此决定采用何种公式进行计算。

(3)在实际计算中,利息表的精度已经满足要求。

【例 3-9】 设定利率为 5%,现存入银行多少钱,可使今后 20 年中每 5 年末均可提取 1 500 元?

解:根据现金流量图(见图 3-7)得:

解法一:

$$P = 1\ 500(P/F,5\%,5) + 1\ 500(P/F,5\%,10) + 1\ 500$$
$$(P/F,5\%,15) + 1\ 500(P/F,5\%,20)$$
$$= 1\ 500 \times (0.783\ 5 + 0.613\ 9 + 0.481\ 0 + 0.376\ 9)$$
$$= 3\ 383(元)$$

即现存入银行 3 383 元,在利率为 5% 时,可使今后 20 年的每五年末提取 1 500 元。

解法二:

对于本问题还可以利用年金现值公式进行求解。此时计息周期以五年计,对应的实际利率为 $i' = (1+5\%)^5 - 1$,期数也变为了 4 次。在求出了实际利率后,按照年金现值公式 $P = A(P/A,i',4)$ 进行计算后,$P = 3\ 383$ 元。

【例 3-10】 若年利率为 10%,为了在 10 年中偿清 20 000 元的贷款,每年需要偿还多少资金?

解:根据现金流量图(见图 3-8)得:

$$A = P(A/P,i,n) = 20\ 000(A/P,i,n) = 20\ 000$$
$$(A/P,10\%,10) = 20\ 000(0.162\ 7) = 3\ 254(元)$$

又问,假如已经偿还了 5 次贷款,问还欠多少贷款未归还?

因为已经偿还了 5 次,就是问后 5 年每年支付 3 254 元,在第 5 年末的现值是多少?那么折现到零时刻的现值是多少?

$$P_5 = 3\ 254(P/A,i,n) = 3\ 254(P/A,10\%,5) = 3\ 254 \times 3.790\ 8 = 12\ 335(元)$$
$$P_0 = P_5(P/F,i,n) = 12\ 335(P/F,10\%,5) = 12\ 335 \times 0.620\ 9 = 7\ 659(元)$$

这说明,前五年虽然支付了 $5 \times 3\ 254 = 16\ 270$ 元,但是只是还清了 $20\ 000 - 7\ 659 = 12\ 341$ 元的本金,其余都是利息,仍然有 7 659 元本金未还。

【例 3-11】 某设备的使用寿命为 10 年,预计前三年的维修费为 1 000 元,以后每年递增 200 元。试计算 10 年中维修费的现值是多少?(年利率取 10%)

解:根据现金流量图(见图 3-9)得:

$$P = 1\ 000(P/A,10\%,10) + 100(P/G,10\%,8)(P/F,10\%,2)$$
$$= 1\ 000 \times 6.144\ 6 + 200 \times 16.028 \times 0.826\ 4$$
$$= 8\ 794(元)$$

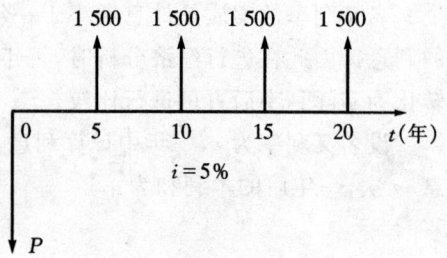

图 3-7 现金流量图

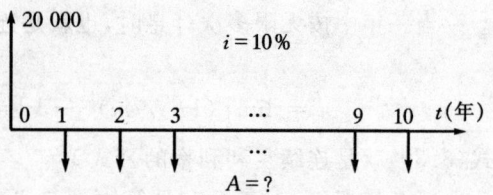

图 3-8 现金流量图

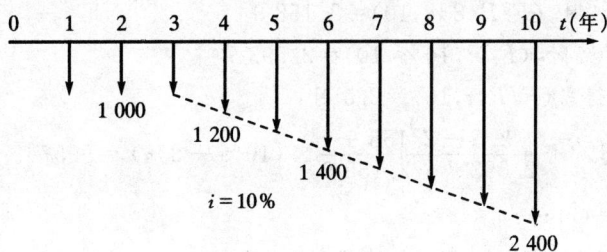

图 3-9 现金流量图

即 10 年中维修费的现值是 8 794 元。

【例 3-12】 某建设项目使用银行贷款,第一年初贷款 1 000 万元,第一年末贷款 3 000 万元,第二年末贷款 2 000 万元,约定第 10 年末一次偿还,年利率为 16%,每季度复利一次,问第 10 年末应偿还银行贷款多少钱?

解: 根据现金流量图(见图 3-10)得:

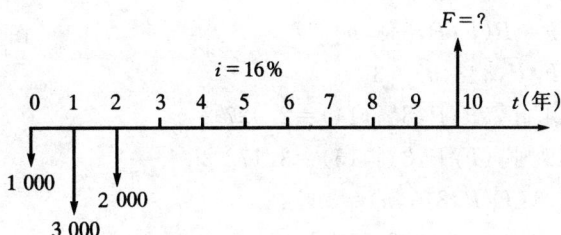

图 3-10 现金流量图

解法一: $F = 1\,000(F/P, r/m, n_1) + 3\,000(F/P, r/m, n_2) + 2\,000(F/P, r/m, n_3)$

$= 1\,000(F/P, 4\%, 10 \times 4) + 3\,000(F/P, 4\%, 9 \times 4) + 2\,000(F/P, 4\%, 8 \times 4)$

$= 1\,000 \times 4.801 + 3\,000 \times 4.104 + 2\,000 \times 3.508$

$= 24\,129 (万元)$

解法二: 将名义利率转换成实际利率。

$i = (1 + r/m)^m - 1 = (1 + 16\%/4)^4 - 1 = 17\%$

故: $F = 1\,000(F/P, 17\%, 10) + 3\,000(F/P, 17\%, 9) + 2\,000(F/P, 17\%, 8)$

$= 1\,000 \times 4.807 + 3\,000 \times 4.108 + 2\,000 \times 3.511$

$= 24\,513 (万元)$

二者存在的差值,其原因在于保留小数位而产生的。

若在复利表中查不出复利因子,可按直线插入的方法求得,或直接代入原公式求得。以下两个实例就是利用线性插入法求利率 i 和未知期数 n。

【例 3-13】 10 年前初始投资 10 000 元,今再收回本利 25 000 元,求此 10 000 元的投资收益率。

解: 现金流量图见图 3-11。

$F = P(F/P, i, n)$

即 $25\,000 = 10\,000(F/P, i, 10)$

$(F/P, i, 10) = 2.5$

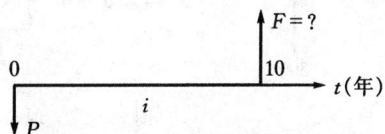

图 3-11 现金流量图

查利息表知：$i=8\%$ 时，$(F/P,8\%,10)=2.158\,9$

$i=10\%$ 时，$(F/P,10\%,10)=2.593\,7$

用线性插入法，求得当 $(F/P,i,10)=2.5$ 时：

$$i=8\%+\frac{2.5-2.158\,9}{2.593\,7-2.158\,9}\times(10\%-8\%)=9.57\%$$

如果用解析法求解，则：

$$(F/P,i,10)=(1+i)\times10=2.5$$

解得：$i=9.59\%$

此误差实用上可以忽略不计。

即 10 000 元的投资收益率为 9.6%。

【例 3-14】 当利率为 8% 时，问需经过多长时间可使本金增加两倍？

解：现金流量图如图 3-12 所示。

$$F=P(F/P,i,n)$$
$$3P=P(F/P,8\%,n)$$
$$(F/P,8\%,n)=3$$

图 3-12 . 现金流量图

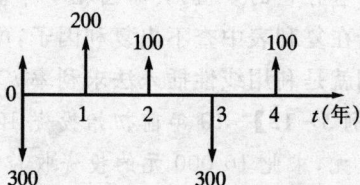

从利息表查得：$n=14$ 时，$(F/P,8\%,14)=2.937\,2$

$n=15$ 时，$(F/P,8\%,15)=3.172\,2$

用线性插入法，求得当 $(F/P,8\%,n)=3$ 时：

$$n=14+\frac{3-2.937\,2}{3.172\,2-2.937\,2}\times(15-14)=14.27(年)$$

即约 14.3 年后，本金可以增加两倍。

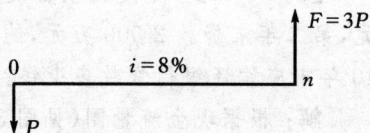

前面的例题中主要涉及的是计息期等于支付期和计息期短于支付期的情况。而当计息期长于支付期时，由于计息期内有不同时刻的支付，通常规定存款必须是存满一个计息期时，方可计算利息，因此在计息期内存入的资金在该计息期内不计算利息，要在下一个计息期计算利息。所以，原现金流量图应按下列原则进行调整：对于投资方来说，计息期的存款放在本计息期的期末，计息期内的提款放在本计息期的期初，计息期分界点处的支付保持不变。

【例 3-15】 现金流量如图 3-13 所示，年利率为 12%，每季度计息一次，求年末终值为多少？

解：按上述的原则进行整理，得到等值的现金流量图如图 3-14 所示。根据整理过的现金流量图求得其终值为：

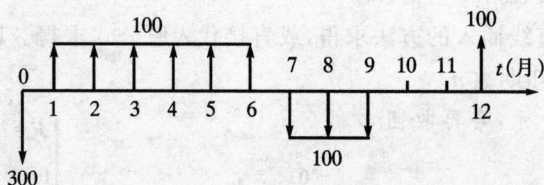

图 3-13 现金流量图　　图 3-14 等值的现金流量图

$$F=(-300+200)\times(1+12\%/4)\times4+300\times(1+12\%/4)\times3+100\times(1+12\%/4)\times2-300\times(1+12\%/4)+100=112.36(元)$$

即年末终值为 112.36 元。

思考与练习

1. 简述现金流量图的绘制方法。现金流量图的三要素是什么？

2. 在经济评价中为什么要考虑资金的时间价值？其实质是什么？

3. 资金等值的含义是什么？

4. 常用的复利因子有哪些？它们之间有什么关系？

5. 什么是名义利率、实际利率？两者的关系如何？

6. 现有两个存款机会，一个是投资 2 万元，期限为 3 年，年利率为 7%，单利计息；另一个是同样投资及年限，年利率为 6%，复利计息。应该选择哪种方式存款？

7. 某人以 10% 的单利借出 1 500 元，借期 3 年，然后以 7% 复利所得的本利和再借出 10 年，问此人在第 13 年末共可获得的本利和是多少？

8. 下列现在借款的将来值为多少？

(1) 年利率为 10%，10 000 元借款借期为 8 年；

(2) 年利率为 12%，每季度计息一次，5 000 元借款借期为 20 年。

9. 下列将来支付的现值为多少？

(1) 年利率为 12%，每季度计息一次，第 5 年年末为 8 000 元；

(2) 年利率为 6%，每月计息一次，第 14 年年末的 1 800 元。

10. 下列等额支付的将来值为多少？

(1) 年利率为 6%，每年年末借款 5 000 元，连续借款 12 年；

(2) 年利率为 12%，每月计息一次，每季度末借款 1 400 元，连续借款 10 年；

(3) 年利率为 8%，每季度计息一次，每季度末借款 1 700 元，连续借 15 年。

11. 某建筑公司计划 3 年后购买 1 台设备，根据测算购买设备需要费用 50 万元，介绍存款利率为 10%，试问该公司从现在算起每年年末应存储多少购买基金才能确保 3 年年末存款金额恰好能购买该设备？

12. 设定利率为 6%，2003 年 1 月 1 日投资 84 000 元，在 10 年内每年年末等额提款，并在第 10 年年末将全部投资收回，问每年可提款多少？

13. 设定利率为 5%，问现在应存款多少钱才能刚好在第 5 年末、第 10 年末、第 15 年末和第 20 年末分别提款 1 400 元？

14. 现在投资 50 000 元，预计在 15 年内每年年末有 5 000 元的收益，问这笔投资的收益率是多少？

15. 如果利率为 8%，现在投资 10 万元，经过多久可以收回 25 万元？

16. 某人第一年在银行存款 1 000 元，以后 9 年每年存款递增 200 元，如果利率为 8%，问这笔存款成 10 年的等额年金值是多少？现值是多少？

17. 一学生向银行贷款上学，年利率为 5%，上学期限为 4 年，并承诺毕业后 6 年内还清全部贷款，预计每年偿还能力为 5 000 元，问该学生每年年初可从银行等额贷款多少？

18. 某公司购买一台机器设备，估计能使用 20 年，每 5 年要大修理一次，每次的修理费用为 3 000 元，现存入银行多少钱才能够支付 20 年寿命期内的大修理费用？按年利率 12%，每半年计息一次计算。

19. 某工程项目建设期为 6 年，每年年初贷款 100 万元，年利率为 8%，第 6 年年末应偿还多少？第一年年初一次性贷款多少？相当于期末等额支付的年金是多少？

第4章 工程技术经济分析方法

本章学习要点

1. 了解工程经济分析方法的分类
2. 熟悉投资回收期法和投资收益率法的计算方法及判定准则
3. 了解静态经济评价方法的优缺点
4. 熟悉基准收益率的概念及其影响因素
5. 熟悉净现值法和净现值率法的计算方法及判定准则
6. 熟悉内部收益率法的计算方法及判定准则
7. 熟悉年值法的计算方法及判定准则
8. 熟悉动态投资回收期法的计算方法及判定准则
9. 熟悉独立投资方案的选择方法
10. 熟悉互斥投资方案的比选条件和基本步骤
11. 熟悉寿命期相同的互斥方案的选择
12. 了解寿命期不同的互斥方案的选择
13. 熟悉不确定分析方法的内容
14. 熟悉线性盈亏平衡分析方法
15. 了解多方案盈亏平衡分析方法
16. 熟悉单因素敏感性分析方法
17. 了解多因素敏感性分析方法
18. 熟悉概率分析方法

经济评价的指标是多种多样的,它们从不同角度反映项目的经济性。这些指标主要可以分为三大类:第一类是以时间单位计量的时间型指标,如借款偿还期、投资回收期等;第二类是以货币单位计量的价值型指标,如净现值、净年值、费用现值和费用年值等;第三类是反映资金利用效率的效率型指标,如投资收益率、内部收益率和净现值率等。由于这三类指标是从不同角度考察项目的经济性,所以在对项目方案进行经济效益评价时,应当尽量同时选用这三类指标而不仅是单一指标。同时,各类指标的适用范围和应用方法也因项目方案决策结构的差异而不同。

一般地,根据是否考虑资金的时间因素,将上述三个类型的经济指标的评价方法分为静态经济评价和动态经济评价。静态经济评价是指在进行方案的效益和费用计算时,不考虑资金的时间价值,不进行复利计算的评价方法。因此,静态经济评价较简单、直观、使用方便,但缺点是不够精确,经常应用于可行性研究初始阶段的粗略分析和评价,以及方案的初选阶段。而动态经济评价方法在进行方案的效益和费用计算时,考虑了资金的时间价值,采用复利计算方法,把不同时间点的效益流入和费用流出折算为同一时间的等值价值,为方案的技术经济比较确立了相同的时间基础,并能反映未来时期的发展变化趋势。动态经济评价方法主要用于详细可行性研究中对方案的最终决策阶段。动态经济评价是经济效益评价的主要评价方法。

4.1　静态经济评价方法

静态经济评价方法的最大优点是不考虑时间因素,计算简便。所以在对方案进行粗略评价或对短期投资项目,以及对于逐年收益大致相等的项目进行评价时,静态评价指标还是可采用的。常用的静态分析方法有投资回收期法和投资收益率法。

▷ 4.1.1　投资回收期法

1. 投资回收期法的概念

投资回收期法,又称为投资返本期法或投资偿还期法。所谓投资回收期是指以项目的净收益抵偿全部投资所需的时间,一般以年为计算单位,从项目投资初建之年算起,如果从投产年算起,应予以注明。

投资回收期分为静态投资回收期和动态投资回收期。这里主要介绍静态投资回收期,也是反映项目方案在财务上投资回收能力的重要指标,也是考察项目盈利水平的经济效益指标。

2. 静态投资回收期的计算方法

静态投资回收期的计算公式为:

$$\sum_{t=0}^{P_t} (CI - CO)_t = 0 \tag{4.1}$$

式中:CI——现金流入量;

CO——现金流出量;

$(CI-CO)$——第 t 年的净现金流量;

P_t——静态投资回收期(年)。

静态投资回收期也可以根据全部投资的财务现金流量表中累计净现金流量计算求得,其计算公式为:

$$P_t = \left(\begin{array}{c} \text{累计净现金流量开} \\ \text{始出现正值的年份} \end{array} \right) - 1 + \frac{\text{上年累计净现金流量绝对值}}{\text{当年净现金流量}} \tag{4.2}$$

3. 判别准则

用投资回收期评价投资项目时,应与根据同类项目的历史数据和投资者的意愿确定的基准投资回收期相比较。设基准投资回收期为 P_C,则判别准则如下:①若 $P_t \leqslant P_C$,则项目可以接受;②若 $P_t > P_C$,则项目应予拒绝。

【例 4-1】　某项目现金流量如表 4-1 所示,基准投资回收期为 5 年,试用静态投资回收期法评价方案是否可行。

表 4-1　现金流量表　　　　　　　　　　　　　　　　　　　　单位:万元

年份	0	1	2	3	4	5	6
投资	1 000						
收入		500	200	200	100	200	200

解：

$$\sum_{t=0}^{P_t} (CI - CO)_t = -1\,000 + 500 + 200 + 200 + 100 = 0$$

得：$P_t = 4$ 年

可见，投资回收期：$P_t = 4 < P_C = 5$，故方案可行。

【例 4-2】 某项目现金流量如表 4-2 所示，用投资项目财务分析中使用的现金流量表计算静态投资回收期。基准投资回收期设为 9 年。

表 4-2 现金流量表　　　　　　　　单位：万元

年份	0	1	2	3	4	5	6	7—N
净现金流量	-5 000	0	400	600	1 200	1 600	2 000	2 000
累计净现金流量	-5 000	-5 000	-4 600	-4 000	-2 800	-1 200	800	

解：

$$P_t = 6 - 1 + \frac{1\,200}{2\,000} = 5.6 \text{(年)}$$

可见，静态投资回收期：$P_t = 5.6 < P_C = 9$，故方案可以接受。

4. 静态投资回收期的优缺点

(1)优点如下：①概念清晰，反映问题直观，计算方法简单。②该指标不仅在一定程度上反映项目的经济性，而且反映项目的风险大小。项目决策面临着未来的不确定因素的挑战，这种不确定性所带来的风险随着时间的延长而增加。为了减少这种风险，必然希望投资回收期越短越好。因此，作为能够反映一定经济性和风险性的投资回收期指标，在项目评价中具有独特的地位和作用，被广泛用作为项目评价的辅助性指标。

(2)缺点如下：①没有反映资金的时间价值。②由于没有考虑回收期以后的收入与支出，故不能全面反映项目在寿命期内的真实效益，难以对不同方案的比较作出正确判断。

4.1.2 投资收益率法

1. 投资收益率的概念

投资收益率也称为投资效果系数，是指项目达到设计生产能力后的一个正常年份的净收益额与项目总投资的比率。对生产期内各年的净收益额变化幅度较大的项目，则应计算生产期内年平均净收益额与项目总投资的比率。投资收益率法适用于项目处在初期勘察阶段或者项目投资不大、生产比较稳定的项目财务盈利性分析。

2. 投资收益率的计算方法

投资收益率的计算公式为：

$$R = \frac{NB}{K} \tag{4.3}$$

式中：R——投资收益率；

NB——项目生产后按正常年份的净收益或平均净收益，包括企业利润和折旧；

K——投资总额，包括固定资产投资和流动资金等。

3. 判别准则

用投资收益率指标评价投资方案的经济效果时，应与根据同类项目的历史数据及投资者意愿等确定的基准投资收益率作比较。设基准投资收益率为 R_b，判别准则应为：①若 $R \geqslant R_b$，则项目可以接受；②若 $R < R_b$，则项目应予拒绝。

【例 4-3】　某项目经济数据表如表 4-3 所示，假定全部投资中没有借款，现已知基准投资收益率为 15%，试以投资收益率指标判断项目方案可行与否。

表 4-3　某项目的投资及年净收入表　　　　　　　　　　　　单位：万元

项目分类	0	1	2	3	4	5	6	7	8	9	10	合计
(1)建设投资	180	240	80									500
(2)流动资金			250									250
(3)总投资=(1)+(2)	180	240	330									750
(4)收入				300	400	500	500	500	500	500	500	3 700
(5)总成本				350	300	350	350	350	350	350	350	2 650
(6)折旧				50	50	50	50	50	50	50	50	400
(7)净收入=(4)-(5)+(6)				100	150	200	200	200	200	200	200	1 450
(8)累计净现金流	-180	-420	-750	-650	-500	-300	-100	100	300	500	700	

解： 由表中数据可知，投资总额 $K = 750$ 万元，项目开工第 5 年后进入正常生产年份，其净收益为 $NB = 200$ 万元，则：

$$R = \frac{200}{750} = 0.27$$

可见，$R = 27\% > R_b = 15\%$，故项目可以接受。

投资收益率指标未考虑资金的时间价值，而且没有考虑项目建设期、寿命期等经济数据的影响，故一般仅用于技术经济数据尚不完整的初步可行性研究阶段项目方案的评价。

4.2　动态经济评价方法

常用的动态经济评价方法主要有：现值法、年值法、净现值率法、动态投资回收期法和内部收益率法等。其中涉及一个重要常用的参数，即基准收益率。

▷ 4.2.1　基准收益率

1. 基准收益率的概念

基准收益率也称基准贴现率，是企业或行业投资者以动态的观点所确定的、可接受的投资方案最低标准的收益水平，其在本质上体现了投资决策者对项目资金时间价值的判断和对项目风险程度的估计，是投资资金应当获得的最低盈利率水平。

基准收益率是评价和判断投资方案在财务上是否可行和方案比选的主要依据，因此基准收益率确定的合理与否，对投资方案经济效果的评价有直接的影响，基准收益率定得过高或过低都会导致投资决策的失误。

2. 基准收益率的测定

一般来说，基准收益率的测定需考虑项目的性质等条件，测定分为以下几种情况需予以考虑：

(1)在政府投资项目以及按政府要求进行财务评价的建设项目中采用的行业基准收益率，应根据政府的政策导向进行确定。

（2）在企业投资等其他各类建设项目的财务评价中参考选用的行业基准收益率，应在分析一定时期内国家和行业发展战略、发展规划、产业政策、资源供给、市场需求、资金时间价值、项目目标等情况的基础上，结合行业特点、行业资本构成情况等因素综合测定。

（3）对境外投资的建设项目财务基准收益率的测定，应首先考虑国家风险因素。

投资者自行测定项目的最低可接受财务收益率，除了应考虑上述所涉及的因素外，还应根据自身的发展战略和经营策略、具体项目特点与风险、资金成本、机会成本等因素综合测定。总体来看，基准收益率通常由下述因素共同决定：①资金成本是为取得资金使用权所支付的费用，主要包括筹资费和资金的使用费。②投资的机会成本是指投资者将有限的资金用于拟建项目而放弃的其他投资机会所能获得的最大收益。③投资风险。在整个项目计算期内，存在着发生不利于项目的环境变化的可能性，这种变化难以预料，即投资者要冒着一定风险做决策。④通货膨胀。所谓通货膨胀，是指由于货币的发行量超过商品流通所需要的货币量而引起的货币贬值和物价上涨的现象。在通货膨胀影响下，各种材料、设备、房屋、土地的价格以及人工费都会上升。为反映和评价出拟建项目在未来的真实经济效果，在确定基准收益率时，应结合投入产出价格的选用决定对通货膨胀因素的处理。

则投资者自行测定的基准收益率确定如下：

（1）如果项目现金流量是按当年价格预测估算的，则应将 i_c 进行年通货膨胀率 i_3 修正。

$$i_c = (1+i_1)(1+i_2)(1+i_3) - 1 \approx i_l + i_2 + i_3 \tag{4.4}$$

式中：i_c——投资者自行测定的基准收益率；

i_1——单位资金成本和单位投资机会成本中的较大值；

i_2——投资的风险补贴率；

i_3——货币的年通货膨胀率。

（2）如果项目现金流量是按基准年不变价格预测估算的，预测结果已排除通货膨胀因素的影响，就不再考虑通货膨胀率的修正。则：

$$i_c = (1+i_1)(1+i_2) - 1 \approx i_l + i_2 \tag{4.5}$$

上述近似处理中，i_l、i_2、i_3 都是较小的数字。

一旦确定了基准收益率，在动态经济评价分析中就可以利用其直接进行相关计算了。

▶ 4.2.2 净现值法

1. 净现值的概念

净现值法是在建设项目的财务评价中计算投资经济效果的一种常用的动态分析方法。净现值是指按一定的贴现率（基准收益率），将方案寿命期内各年的净现金流量折现到计算基准年（通常是期初）的现值累加值。

2. 净现值的计算方法

净现值的计算公式为：

$$NPV = \sum_{t=0}^{n} (CI - CO)_t (P/F, i_c, t) \tag{4.6}$$

式中：i_c——基准收益率（基准贴现率）；

CI——现金流入量；

CO——现金流出量；

$(CI-CO)$——第 t 年的净现金流量；

NPV——方案净现值；

n——计算期。

3. 判别准则

由于是按基准收益率计算，因此净现值的大小是按基准收益率所表明的投资收益率来衡量项目方案的。

对单一方案，判定准则为：①若 $NPV \geqslant 0$，表示项目的收益率不小于基准收益率，方案可以接受；②若 $NPV < 0$，表示项目的收益率未达到基准收益率，方案不可行。

对多方案比较，判定准则为：以净现值较大的方案为优。

【例 4-4】 某企业项目设计方案总投资为 2 000 万元，投产后年经营成本为 500 万元，年销售额为 1 500 万元，第 3 年末工程项目配套追加投资为 1 000 万元。若计算期为 5 年，基准收益率为 10%，残值等于零，试计算该投资方案的净现值。

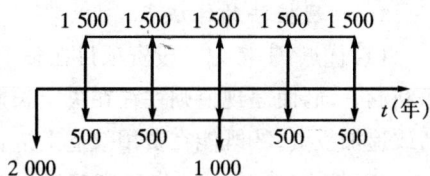

图 4-1 项目现金流量图

解： 现金流量如图 4-1 所示：

$$NPV = -2\,000 + (1\,500 - 500)(P/A, 0.1, 5) - 1\,000(P/A, 0.1, 3)$$
$$= -2\,000 + (1\,500 - 500) \times 3.790\,8 - 1\,000 \times 0.751\,3$$
$$= -2\,000 + 3\,790.8 - 751.3$$
$$= 1\,039.5 \,(万元)$$

该项目净现值为 1 039.5 万元，说明该项目实施后的经济效益除达到 10% 的收益率外，还有 1 039.5 万元收益现值，在经济上是获利的。

净现值也可以采用财务现金流量表来计算，【例 4-4】的净现值如表 4-4 所示。

表 4-4 项目财务现金流量表 单位：万元

年限①	费用		销售收入④	净现金流量⑤ =④-③-②	现值系数 $(P/F, 10\%, t)$⑥	第 t 年净值 ⑦=⑤×⑥	累计净现值⑧
	投资②	经营成本③					
0		0	0	-2 000	1.000	-2 000	-2 000
1	2 000	500	1 500	1 000	0.909	909	-1 091
2		500	1 500	1 000	0.826	826	-265
3		500	1 500	0	0.751	0	-265
4	1 000	500	1 500	683	0.683	683	418
5		500	1 500	1 000	0.621	621	1 039

【例 4-5】 现有两种可选择的小型机床，使用寿命相同，均为 5 年，基准收益率为 8%。相关资料如表 4-5 所示，试用净现值法来评价选择最优可行的机床方案。

表 4-5 机床有关资料 单位：万元

项目方案	投资	年收入	年支出	净残值
机床 A	10 000	5 000	2 200	2 000
机床 B	12 500	7 000	4 300	3 000

解：首先计算两方案的净现值（NPV）值：

$$NPV_A = -10\,000 + (5\,000 - 2\,200)(P/A,8\%,5) + 2\,000(P/F,8\%,5)$$
$$= -10\,000 + 2\,800 \times 3.993 + 2\,000 \times 0.680\,6 = 2\,542(元)$$
$$NPV_B = -12\,500 + (7\,000 - 4\,300)(P/A,8\%,5) + 3\,000(P/F,8\%,5)$$
$$= -12\,500 + 2\,700 \times 3.993 + 3\,000 \times 0.680\,6 = 323(元)$$

由于 $NPV_A > 0$，$NPV_B > 0$，可见两个方案除均能达到 8% 的基准收益率外，还能分别获得 2 542 元和 323 元的净现值收益，说明两个方案在经济上都是可行的，但由于 $NPV_A > NPV_B$，故机床 A 为较优方案。

4. 净现值法的优缺点

（1）优点：①考虑了投资项目在整个经济寿命期内的收益，在决定短期利益时常常使用某年的净利润一词，而净现值则往往在决定长期利益时使用；②考虑了投资项目在整个经济寿命期内的更新或追加投资；③既能在费用效益上进行对比评价，又能和其他投资方案进行同收益率的比较。

（2）缺点：①需要预先确定基准贴现率 i_c，这给项目决策带来了困难。i_c 定得过高，则 NPV 比较小，方案不易通过；反之，i_c 偏低，方案容易通过。②用净现值比选方案时，没有考虑各方案投资额的大小，因而不能直接反映资金的利用效率。例如 A、B 两个项目，A 投资总额为 500 万元，净现值为 10 万元；B 方案投资总额为 50 万元，净现值为 3 万元。如按净现值比选方案，$NPV_A > NPV_B$，所以 A 优于 B。但 A 方案的投资总额是 B 方案的 10 倍，净现值只有 10 万元；如果建 10 个 B 方案，投资总额与 A 方案相同，但净现值可达 30 万元，可见 B 方案的资金利用率高于 A 方案。

➤ 4.2.3　净现值率法

1. 净现值率的概念

相对于净现值法只比较资金的总额而言，净现值率可以反映投资资金的利用效率，常作为净现值指标的辅助指标。净现值率是指按基准贴现率求得的方案计算期内的净现值与其全部投资现值的比率。

2. 净现值率的计算方法

净现值率的计算公式为：

$$NPVR = \frac{NPV}{I_P} \tag{4.7}$$

$$I_p = \sum_{t=0}^{k} I_t(P/F,i,t) \tag{4.8}$$

式中：$NPVR$——净现值率；

I_P——总投资现值；

k——投资年数；

I_t——第 t 年投资额；

$(P/F,i,t)$——现值系数。

净现值率的经济含义：单位投资现值所取得的净现值额。净现值率的最大化，有利于实现有限投资取得净收益的最大化。净现值率法主要适用于多方案的优劣排序。

3. 判别准则

用净现值率评价单个方案时：①当 $NPVR \geqslant 0$ 时，方案可行；②当 $NPVR < 0$ 时，方案不可

行。用净现值率进行多方案比较时,以净现值率较大的方案为优。

【例 4-6】 某工程有 A、B 两种方案均可行,现金流量如表 4-6 所示,基准贴现率为 10%,试用净现值法和净现值率法比较择优。

表 4-6 方案 A、B 方案现金流量表 单位:万元

年份	0		1		2		3		4		5	
	A	B	A	B	A	B	A	B	A	B	A	B
投资	2 000	3 000										
现金流入			1 000	1 500	1 500	2 500	1 500	2 500	1 500	2 500	1 500	2 500
现金流出			400	1 000	500	1 000	500	1 000	500	1 000	500	1 000

解:(1)求净现值:

$NPV_A = -2\,000 + (1\,000 - 400)(P/F,10\%,1) + (1\,500 - 500)(P/A,10\%,4)(P/F,10\%,1)$
$\qquad = 1\,427(万元)$

$NPV_B = -3\,000 + -1\,000(P/A,10\%,5) + 1\,500(P/F,10\%,1) + 2\,500(P/A,10\%,4)(P/F,10\%,1)$
$\qquad = 1\,777(万元)$

可见 $NPV_A > 0$,$NPV_B > 0$,两方案均可行。

(2)用净现值法来判定:

由于 $NPV_A < NPV_B$,方案 B 为优选方案。

(3)按净现值率来判定:

$NPVR_A = 1\,427/2\,000 = 0.713\,5$

$NPVR_B = 1\,777/3\,000 = 0.592\,3$

由于 $NPVR_A > NPVR_B$,方案 A 为优选方案,与净现值法的结论相反。

由上例可知,如单纯采用净现值率对方案进行选择,可能会导致不正确的结论。也就是说,NPV 最大准则法仅适用于投资额相近的方案比选。当投资额不相同时,除应用净现值法比较外,还需要用净现值率指标来加以分析,才能作出正确的评价。

➢ 4.2.4 内部收益率法

1. 内部收益率的概念

内部收益率又称内部报酬率,它是除净现值以外的另一个最重要的动态经济评价指标。净现值是求收入与费用的绝对值,而内部收益率是求所得收入与费用的相对值。所谓内部收益率是指项目在计算期内各年净现金流量现值累计(净现值)等于 0 时的贴现率。

2. 内部收益率的计算方法

内部收益率可由下式计算:

$$\sum_{t=0}^{n} (CI - CO)_t (P/F, IRR, t) = 0 \qquad (4.9)$$

式中:IRR——内部收益率;其他参数同前。

内部收益率的几何意义用图 4-2 来解释。由图 4-2 可知,随着贴现率的不断增大,净现值不断减小。当贴现率增至 IRR 时,项目净现值为零。对该项目而言,其内部收益率即为 IRR。一般而言,IRR 是 NPV 曲线与横坐标交点处对应的贴现率。

3. 判别准则

计算求得内部收益率 IRR，与项目的基准收益率 i_c 相比较：①当 $IRR \geqslant i_c$ 时，则表明项目的收益率已达到或超过基准率水平，项目可行；②当 $IRR < i_c$ 时，则表明项目不可行。

由于式(4.9)是一个高次方程，直接求解比较复杂，在实际应用中通常采用线性插值法来求 IRR，原理如图 4-2 所示，其求解步骤如下：

(1)先不考虑资金的时间价值，把全部资金流出平移到项目开始点上并相加，作为项目开始的总支出，同理，把全部资金流入平行移到项目寿命期末点上并相加，作为项目在寿命期末的总收入，然后按复利公式求相应的利率，作为初始值估计值 i_0。

(2)以 i_0 作为折算利率求净现值，如果净现值为正，就再取一个较高的折现率进行试算；如果折现值为负，就取较小的折现率试算，直到两次试算的正、负 i 值之差足够小为止（一般不超过 5%）。

(3)用线性插值法近似求得内部收益率 IRR。

由三角形相似原理，得

$$AB : CD = BE : DE$$

即

$$\frac{NPV_1}{|NPV_2|} = \frac{(IRR - i_1)}{(i_2 - IRR)} \tag{4.10}$$

$$IRR = i_1 + \frac{NPV_1}{NPV_1 - |NPV_2|}(i_2 - i_1) \tag{4.11}$$

式中：i_1——插值用的低贴现率；

i_2——插值用的高贴现率；

NPV_1——用 i_1 计算的净现值（正值）；

NPV_2——用 i_2 计算的净现值（负值）。

【例 4-7】 某工程的现金流量表如表 4-7 所示，基准收益率为 10%，试用内部收益率法分析该方案是否可行。

表 4-7　现金流量表　　　　　　　　　　　　　　　　　单位：万元

年份	0	1	2	3	4	5
现金流量	−2 000	300	500	500	500	1 200

解：先不考虑资金的时间因素，将每年的收益平行移到第 5 年末，得到：

$F = 300 + 500 \times 3 + 1\,200 = 3\,000$（万元）

假设　　　　　　　　　　$3\,000 = 2\,000(F/P, r, 5)$

则　　　　　　　　　　　$(F/P, r, 5) = 1.5$

查表知 r 在 12%～15% 之间，取 $i_1 = 12\%$，试算净现值：

$NPV(i_1) = -2\,000 + 300(P/F, 12\%, 1) + 500(P/A, 12\%, 3)(P/F, 12\%, 1) +$

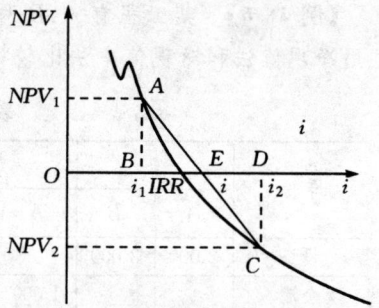

$$1\ 200(P/F,12\%,5)$$

$$=-2\ 000+300\times0.892\ 9+500\times2.402\times0.892\ 9+1\ 200\times0.567\ 4$$

$$=21.12(万元)>0$$

再设 $i_2=15\%$，则：

$$NPV(i_2)=-2\ 000+300(P/F,15\%,1)+500(P/A,15\%,3)(P/F,15\%,1)+$$

$$1\ 200(P/F,15\%,5)$$

$$=-2\ 000+300\times0.869\ 6+500\times2.283\times0.869\ 6+1\ 200\times0.497\ 2$$

$$=-149.83(万元)<0$$

可见 IRR 在 $12\%\sim15\%$ 之间，则用线性插值法可求：

$$IRR=i_1+\frac{NPV(i_1)}{NPV(i_1)+|NPV(i_2)|}(i_2-i_1)$$

$$=12\%+\frac{21.12}{21.12+149.83}\times(15\%-12\%)$$

$$=12.4\%$$

比较可知：$IRR=12.4\%>i_c=10\%$，则该方案可行。

内部收益率的经济含义可以理解为：在项目的整个寿命期内按利率 $i=IRR$ 来计算项目收益，到寿命期结束时刚好完全收回全部投资。也就是说，在项目寿命期内，项目始终处于"偿付"未被收回的投资的时期，因此，项目的"偿付"能力完全取决于项目内部，故有"内部收益率"之称。

4．内部收益率的特点

内部收益率值只与项目的内在因素有关，因而不需要事先给定基准收益率，免去了许多经济界限的研讨，所以内部收益率为经济评价的重要指标。但是由于 IRR 属于比率指标，基数不同，经济效果就会有所不同，产生的综合效益状况也不同，因而宜与净现值结合进行项目比选或评价。

该指标的缺点是运算较为复杂，而且对于一些非常规项目，这种解可能不是唯一的。同时内部收益率是比率，不是绝对值，与项目的绝对投资规模无关，所以不能表示初期投资效益，故不能用来直接排列多个项目的优劣顺序。

▷ 4.2.5 年值法

1．净年值法

(1)净年值法的概念。净年值法是指把每个方案在寿命周期内不同时点发生的所有现金流量都按设定的收益率(基准收益率)换算成与其等值的等额支付序列年度等值，即年值(金)，再进行评价、比较和选择的方法。由于换算为各年的等额现金流量，所以满足了时间上的可比性，故年度等值法可用于对不同寿命期的方案进行评价、比较和选择。

(2)计算方法。净年值法的计算公式为：

$$NAV=NPV(A/P,i_c,n)$$

$$=\left[\sum_{t=0}^{n}(CI-CO)_t(P/F,i_c,t)\right](A/P,i_c,n) \tag{4.12}$$

式中：NAV——净年值；其他参数同前。

(3)判别准则。①在独立方案或单一方案评价时，当 $NAV\geqslant0$ 时，方案可行；当 $NAV<0$ 时，方案不可行。②在多方案比较时，净年值越大，方案经济效果越好。

将公式(4.12)与公式(4.6)相比较,净年值法与净现值两个指标的比值为常数,在评价方案时,结论也就是一致的。因此就项目的评价结论而言,净年值与净现值是等效评价指标。净现值是项目在整个寿命期内获取的净收益现值,净年值是项目在寿命期内每年的等额净收益值。采用净年值比净现值更为简便和易于计算,特别是净年值可直接用于寿命期不等的多方案比较,故净年值在经济评价指标体系中占有相当重要的地位。

【例4-8】 某投资方案的净现金流量如图4-3所示,设基准收益率为10%,求该方案的年度等值。

解:(1)用现值求年度等值。

$$NAV = [-5\,000 + 2\,000(P/F,10\%,1) + 4\,000$$
$$(P/F,10\%,2) - 1\,000(P/F,10\%,3) +$$
$$7\,000(P/F,10\%,4)](A/P,10\%,4)$$
$$= 1310.3(万元)$$

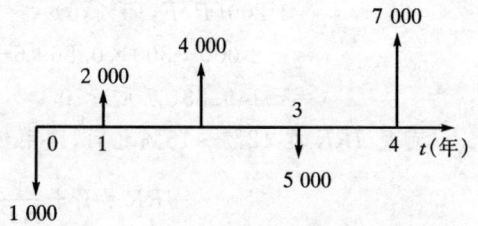
图4-3 投资方案现金流量图(万元)

(2)用终值求年度等值。

$$NAV = [-5\,000(F/P,10\%,4) + 2\,000(F/P,10\%,3) + 4\,000(F/P,10\%,2) - 1\,000(F/P,10\%,1) + 7\,000](A/F,10\%,4)$$
$$= 1\,310.3(万元)$$

2. 费用年值法

(1)费用年值法的概念。费用年值法是指将方案计算期内不同时点发生的所有费用支出,按基准收益率折算成与其等值的等额支付序列年费用的方法。

(2)费用年值计算方法。费用年值的计算公式为:

$$AC = \left[\sum_{i=0}^{n} CO_t(P/F,i_c,t)\right](A/P,i_c,n) \tag{4.13}$$

式中:AC——费用年值或年值成本。

(3)判别准则。费用年值小者为优。

【例4-9】 某建筑企业欲购置施工机械以提高作业能力,两种机械的情况为:A机械,投资额为500万元,年运营费用为100万元,使用年限为4年,净残值为50万元;B机械,投资额为700万元,年运营费用为70万元,使用年限为6年,净残值为60万元。设基准收益率为12%,试用费用年值法选择方案。

解:

$$AC_A = [500 + 100(P/A,12\%,4) - 50(P/F,12\%,4)](A/P,12\%,4) = 254.15(万元)$$
$$AC_B = [700 + 70(P/A,12\%,6) - 60(P/F,12\%,6)](A/P,12\%,6) = 232.86(万元)$$

故 $AC_A > AC_B$,购买B机械为较优方案。

▷4.2.6 动态投资回收期法

1. 动态投资回收期的概念

动态投资回收期是指在考虑资金时间价值条件下,按设定的基准收益率收回投资所需的时间。它克服了静态投资回收期未考虑时间因素的缺点。

2. 动态投资回收期法的计算方法

动态投资回收期可按下式计算:

$$\sum_{t=0}^{P_t'} (CI - CO)_t (1 + i_c)^{-t} = 0 \qquad\qquad (4.14)$$

式中：P_t'——动态投资回收期，指按基准收益率将各年净收益和投资为现值，使净现值刚好等于零的计算期期数。

也可用全部投资的财务现金流量表中的累计净现值计算求得，其计算式为：

$$P_t = \left\{\begin{matrix}累计净现值开始\\出现正值年份数\end{matrix}\right\} - 1 + \frac{上年累计净现值绝对值}{当年净现值} \qquad\qquad (4.15)$$

3. 判别准则

用动态投资回收期评价投资项目的可行性需要与基准动态投资回收相比较。设基准动态投资回收期为 P_C，判别准则为：①当 $P_D \leqslant P_C$ 时，项目可行；②当 $P_D > P_C$ 时，项目不可行。

【例 4-10】 某项目现金流量如表 4-8 所示，计算动态投资回收期，并对项目可行性进行判断（$i_c = 10\%$），基准投资回收期为 9 年。

表 4-8　现金流量表　　　　　　　　　　单位：万元

年份	0	1	2	3	4	5	6	7	8	9—N
净现金流量	−5 000	0	400	600	1 200	1 600	2 000	2 000	2 000	2 000
净现金流量现值	−5 000	0	331	451	756	994	1 129	1 027	933	
累计净现金流量现值	−5 000	−5 000	−4 669	−4 218	−3 462	−2 468	−1 339	−312	621	

解：首先计算各个年份的现金流量现值，并填入表 4-8。

$$P_t = 8 - 1 + \frac{312}{933} = 7.3 \text{（年）}$$

比较：$P_D = 7.3$ 年 $\leqslant P_C = 9$ 年，则项目可行。

4.3　投资方案的选择

由于技术经济条件的不同，实现建设项目的方案也不同。因此，项目财务评价的基本对象就是实现项目的各种方案。对项目方案进行经济评价，一般分为两种情况：一种是单方案评价，即项目只有一种方案或独立的项目方案可供评价；另一种是多方案评价，即项目有几种可供选择的方案。

评价方案的类型比较多，依据方案的性质，通常将方案分为以下三种类型：

（1）独立型方案。独立型方案是指方案间互不干扰、在经济上互不相关的方案，即这些方案是彼此独立且无关的，选择或放弃其中一个方案，并不影响其他方案的选择。如果决策的对象是单一方案，则可以认为是独立方案的特例。方案之间不具有排斥性，采纳一方案并不要求放弃另外的方案。

（2）互斥型方案，又称排他型方案。在若干个备选方案中，各个方案彼此可以相互替代，选择其中任何一个方案，则其余方案必然被排斥。各个方案不能同时存在，方案之间的关系具有互相排斥的性质。

（3）混合型方案。在方案群内包括的各个方案之间既有独立关系，又有互斥关系。

➤ 4.3.1　独立方案的选择

对独立方案的评价选择，其实质就是在"做"和"不做"之间进行选择。因此独立方案的采用与否，取决于方案自身的经济性，即方案的经济指标是否达到或超过预定的经济评价标准。这样，只需通过计算方案的经济指标，并按照指标的判别准则加以检验就可以对方案进行选择了。

这种对方案自身的经济性进行的效果检验称之为绝对经济效果检验，若方案通过了绝对经济效果检验，就认为方案在经济上是可行的，可以接受，否则，应予拒绝。绝对经济效果检验的指标通常有净现值、净年值或内部收益率等绝对效益评价指标。

【例 4-11】　两个独立方案 A 和 B，其现金流量如表 4-9 所示。试判断其经济可行性($i_c = 12\%$)。

表 4-9　独立方案 A、B 的净现金流量（单位：万元）

年份	0	1—10
A	-20	6
B	-30	9

解：对于独立方案，可计算方案自身的绝对效果指标——净现值、年度等值和内部收益率等，然后根据各指标的判别准则进行绝对经济效果检验。

(1)净现值 NPV：

$$NPV_A = -20 + 6(P/A, 12\%, 10) = 13.9(万元)$$
$$NPV_B = -30 + 9(P/A, 12\%, 10) = 20.9(万元)$$

根据判别准则，$NPV_A > 0$，$NPV_B > 0$，A、B 方案均可接受。

(2)净年值 NAV：

$$NAV_A = NPV_A(A/P, 12\%, 10) = 2.46(万元)$$
$$NAV_B = NPV_B(A/P, 12\%, 10) = 3.70(万元)$$

根据判别准则，由于 $NAV_A > 0$，$NAV_B > 0$，故 A、B 方案均可接受。

(3)内部收益率 IRR：

设方案 A 内部收益率为 IRR_A，方案 B 内部收益率为 IRR_B，则

$$-20 + 6(P/A, IRR_A, 10) = 0$$
$$-30 + 9(P/A, IRR_B, 10) = 0$$

解得：$IRR_A = IRR_B = 26\%$

根据判别准则，由于 $IRR_A = IRR_B > i_c$，故 A、B 方案均可接受。

无论采用净现值、净年值和内部收益率中的哪种评价指标，评价结果都是相同的。

➤ 4.3.2　互斥方案的选择

在对互斥方案进行选择时，由于各个方案的相互排斥性，导致只能在各个方案中选择一个方案来实施。由于每个方案都具有同等的选择机会，我们为使资金发挥最大效益，就需要对各个方案进行相互比较，择优选取。这样，互斥方案的经济效果评价就包含两部分内容：一是考察各个方案自身的经济效果，即进行绝对经济效果检验，用经济效果评价标准（如 NPV、IRR 等）检验方案自身的经济性；二是考察哪个方案相对经济效果最优，即进行相对经济效果检验。两种检验

的目的和作用不同,通常缺一不可,从而确保所选方案不但可行而且最优。只有在众多互斥方案中必须选择其一时,才需单独进行相对经济效果检验。

1. 互斥方案的比较条件和计算步骤

(1)比较条件。需要注意的是,在进行相对经济效果检验时,不论使用哪种指标,都必须满足方案的可比性条件。在对多个互斥方案进行比较时,必须具备以下基本条件:①对比方案的费用及效益计算方式一致。②对比方案现金流量在时间上具有可比性。

如果以上条件不能满足,各个方案之间不能进行直接比较,必须经过一定转化后方能进行比较。

(2)计算步骤。对于互斥方案的选择,一般先用绝对经济效果检验方法筛选方案,然后用相对经济效果检验方法进行方案选优,基本步骤如下:①按项目方案投资额大小对方案进行排序;②以投资额最低的方案为临时最优方案,计算此方案的绝对经济效果指标,并与判别标准比较,直至成立;③依次计算各方案的相对经济效益,并与判别标准如基准收益率比较,优胜劣汰,最终取胜者,即为最优方案。

2. 寿命期相同的互斥方案的选择

对于寿命周期相同的互斥方案,通常以其寿命周期作为计算期,以满足在时间上的可比性。互斥方案的评价与选择的指标通常采用净现值、净年值和内部收益率。

(1)常规比较分析。

【例 4 - 12】 方案 A、B 是互斥方案,其各年的现金流量如表 4 - 10 所示,试对方案进行评价选择($i_c = 10\%$)。

表 4 - 10 互斥方案 A、B 的净现金流量及经济效果指标(单位:万元)

年度	0	1—10	NPV	IRR
方案 A 的净现金流	3 000	800	1 915.2	23.6%
方案 B 的净现金流	2 000	600	1 684.4	27.5%
增量净现金流 A—B	1 000	200		

解:首先计算两个方案的绝对经济指标 NPV 和 IRR。

①求 NPV。

$NPV_A = -3\,000 + 800(P/A, 10\%, 10) = -3\,000 + 800 \times 6.144 = 1\,915.2(万元)$

$NPV_B = -2\,000 + 600(P/A, 10\%, 10) = -2\,000 + 600 \times 6.144 = 1\,684.4(万元)$

有 $NPV_A > 0$,$NPV_B > 0$,方案 A、方案 B 均可行;

又 $NPV_A > NPV_B$,方案 A 优于方案 B。

②求 IRR。

$$-3\,000 + 800(P/A, IRR_A, 10) = 0$$
$$-2\,000 + 600(P/A, IRR_B, 10) = 0$$

查表并用线性插值法可得:

$$IRR_A = 23.6\%$$
$$IRR_B = 27.5\%$$

有 $IRR_A > i_c$,$IRR_B > i_c$,方案 A、方案 B 均可行。

又 $IRR_A < IRR_B$,方案 B 优于方案 A。

③从比较来看,绝对经济检验效果一致。

NPV_A、NPV_B 均大于零,IRR_A、IRR_B 均大于基准贴现率,所以方案 A 和方案 B 都能通过绝对经济效果检验,且使用 NPV 指标和使用 IRR 指标进行绝对经济效果检验的结论是一致的。

由于 $NPV_A > NPV_B$,故按净现值最大准则,方案 A 优于方案 B。但从内部收益率来看,由于 $IRR_A < IRR_B$,方案 B 优于方案 A,这与按净现值最大准则比选的结论相矛盾。在这种情况下,究竟按哪种准则进行互斥方案比选更合理呢?这就需要采用增量分析方法来解决。

(2)增量比较分析。投资额不等的互斥方案比选的实质是判断增量投资的经济合理性,即投资大的方案相对于投资小的方案多投入的资金能否带来更高的增量收益。如果增量投资能够带来更高的增量收益,则投资额大的方案优于投资额小的方案;反之,则投资额小的方案优于投资额大的方案。

这种通过计算增量净现金流量评价增量投资的经济效果,对投资额不等的互斥方案进行比选的方法称为增量分析法或差额分析法,是互斥方案比选的基本方法。

净现值、净年值、投资回收期和内部收益率等评价指标都可用于增量分析。

①差额净现值。对于多个互斥方案,利用两方案的差额净现金流现值来分析,称为差额净现值法。设 A、B 为投资额不等的互斥方案,A 方案比 B 方案投资大,两方案的差额净现值可求:

$$\Delta NPV = \sum_{t=0}^{n} \left[(CI_A - CO_A)_t \ (CI_B - CO_B)_t \right] (1 + i_c)^{-t}$$

$$= \sum_{t=0}^{n} (CI_A - CO_A)_t \ (1 + i_0)^{-t} - \sum_{t=0}^{n} (CI_B - CO_B)_t \ (1 + i_c)^{-t}$$

$$= NPV_A - NPV_B \tag{4.16}$$

具体解题过程是:先计算两个方案的净现金流量之差,然后计算差额净现值是否大于零。若 $\Delta NPV > 0$,即 $NPV_A > NPV_B$,表明增加的投资在经济上是合理的,投资大的方案优于投资小的方案;反之,则说明投资小的方案是更经济的。

当有多个互斥方案进行比较时,为了选出最优方案,需要对各个方案之间进行两两比选。当方案很多时,先将各个方案按投资额的大小顺序排列,然后从小到大进行比较。每比较一次就淘汰一个方案,直到得出最优方案。

由于差额净现值只能用来检验差额投资的效果,即差额投资的相对效果。那么,差额净现值大于零只是表明增加的投资是合理的,并不表示全部投资是合理的。因此,在采用差额净现值法对方案进行比较时,首先必须确定作为比较基准的方案其绝对效果是好的。

实际工作中应根据具体情况选择比选方法。当有多个互斥方案时,直接用净现值最大准则选择最优方案比两两比较的增量分析更为简便。分别计算各备选方案的净现值,根据净现值最大准则选择最优方案,可以将方案的绝对经济效果检验和相对经济效果检验结合起来,判别准则可表述为:净现值最大且非负的方案为最优方案。

依据以上判定准则,可知【例4-12】中,方案 A 优于方案 B。

②差额内部收益率。所谓差额投资内部收益率,是指相比较的两个方案各年净现金流量差额的现值之和等于零时的贴现率,其计算公式为

$$NPV_A - NPV_B = 0 \tag{4.17}$$

即

$$\sum_{t=0}^{n} (\Delta CI - \Delta CO)_t (1 + \Delta IRR)^{-t} = 0 \qquad (4.18)$$

式中：ΔCI——互斥方案 A、B 的差额（增量）现金流入，$\Delta CI = CI_A - CI_B$；

ΔCO——互斥方案 A、B 的差额（增量）现金流出，$\Delta CO = CO_A - CO_B$；

ΔIRR——互斥方案 A、B 的差额内部收益率。

由式(4.17)可以推出：

$$\sum_{t=0}^{n} (CI_A - \Delta CO_A)_t (1 + \Delta IRR)^{-t} - \sum_{t=0}^{n} (CI_B - \Delta CO_B)_t (1 + \Delta IRR)^{-t} = 0 \qquad (4.19)$$

因此，差额内部收益率的也可表述为：两互斥方案净现值（或净年值）相等时的贴现率。

用差额内部收益率比选方案的判别准则是：①若 $\Delta IRR > i_c$，则投资大的方案为优；②若 $\Delta IRR < i_c$，则投资小的方案为优。

与差额净现值法类似，差额内部收益率只能说明增加投资部分的经济性，并不能说明全部投资的绝对经济效果。因此，采用差额内部收益率法进行方案评选时，首先必须要判断被比选方案的绝对经济效果，只有在某一方案绝对经济效果好的情况下，才能用作比较对象。

在对互斥方案进行比较选择时，净现值最大准则更准确，而内部收益率最大准则只在基准贴现率大于被比较的两方案的差额内部收益率的前提下才成立。也就是说，如果将投资大的方案相对于投资小的方案的增量投资用于其他投资时，会获得高于差额内部收益率的盈利率，这时用内部收益率最大准则法进行方案比选的结论才是准确的。但是，如果基准贴现率小于差额内部收益率，用内部收益率最大准则法选择方案就会导致错误的决策。因为基准贴现率是独立确定的，不依赖于具体的比选方案的差额内部收益率，故用内部收益率最大准则法比选方案是不可靠的。

基于以上理由，当净现值法比选结果与内部收益率法的比选结果相互冲突时，通常以净现值法的比选结果为准，即判定准则为：当 NPV 法与 IRR 法比选结果不同时，NPV 值大者为最优方案。

按上述比选准则，可知【例 4-12】中，也是方案 A 优于方案 B。

3. 寿命期不等的互斥方案的选择

对于寿命期相等的互斥方案，通常将方案的寿命期通过转化计算确定为相等计算期，这样方案在时间上就具有可比性。

为了满足方案的可比性要求，需要解决两个方面的问题：一是设定一个合理的相等计算期；二是对于寿命期不等于计算期的方案选择合理的方案持续期或者残值回收期。通常用净年值法和计算期最小公倍数法。

(1)净年值法。净年值法，是指将投资方案在计算期的收入及支出按一定的贴现率换算为净年值，再来加以评价或选择的方法。在对寿命期不等的互斥方案进行评选时，特别是参加比选的方案数目众多时，净年值法是最为简便的方法。

设 m 个互斥方案，其寿命期分别为 $n_1, n_2, n_3, \cdots, n_m$，方案 $j(j=1,2,\cdots,m)$ 在其寿命期内的净年值为：

$$NAV_j = NPV_j(A/P, i_c, n_j)$$

$$= \Big[\sum_{t=0}^{n_j} (CI_t - CO_j)_t (P/F, i_c, t) \Big] (A/P, i_0, n_j) \qquad (4.20)$$

判定准则为：净年值最大且非负的方案为最优的可行方案。

【例 4-13】 现有互斥方案 A、B、C，各方案的现金流量见表 4-11，试在基准贴现率为 12% 的条件下选择最优秀的方案。

表 4-11　方案 A、B、C 的现金流量

方案	投资额（万元）	年净收益（万元）	寿命期（年）
A	200	80	5
B	300	90	6
C	400	100	8

解：计算各方案的净年值为：

$$NAV_A = -200(A/P, 12\%, 5) + 80 = -200 \times 0.277\,41 + 80 = 24.52(万元)$$

$$NAV_B = -300(A/P, 12\%, 6) + 90 = -300 \times 0.243\,23 + 90 = 17.03(万元)$$

$$NAV_C = -400(A/P, 12\%, 8) + 100 = -400 \times 0.201\,30 + 100 = 19.48(万元)$$

判定：由于 $NAV_A > NAV_C > NAV_B$，故选方案 A 为最优方案。

用净年值法进行寿命不等的互斥方案比选，实际上隐含着一个假定：各个备选方案在其寿命结束时均可按原方案重复实施，多次重复并最终达到各方案的寿命期相等，从而使寿命不等的互斥方案间具有可比性。因为一个方案无论重复实施多少次，其年值是不变的，所以净年值法实际上假定了各方案可以无限多次重复实施。依据这一思想，也就可以推导出计算期的最小公倍数法。

（2）最小公倍数法。当互斥方案寿命期不相等时，由于各方案的现金流在各自寿命期内的现值不具有可比性，如果要使用现值指标进行方案比选，就必须设定一个共同的计算期。这个共同的计算期通常设定为各个方案寿命期的最小公倍数。

最小公倍数法以各个方案使用寿命期的最小公倍数作为计算周期，在此计算周期各方案以同样规模重复投资多次，据此算出各方案的净现值，然后进行方案比较选优。

判定准则为：净现值最大且非负的方案为最优的可行方案。

【例 4-14】　某企业技术改造有两个方案可供选择，各方案的有关数据见表 4-12，试在基准贴现率 10% 的条件下选择最优方案。

解：先求出两个方案寿命期的最小公倍数，为 24 年。两个方案重复后的现金流量图如图 4-4 所示。从现金流量图中可以看出，方案 A 重复 4 次，方案 B 重复 3 次。

表 4-12　方案 A、B 的经济数据

方案	投资额（万元）	年净收益（万元）	寿命期（年）
A	800	400	6
B	1 200	500	8

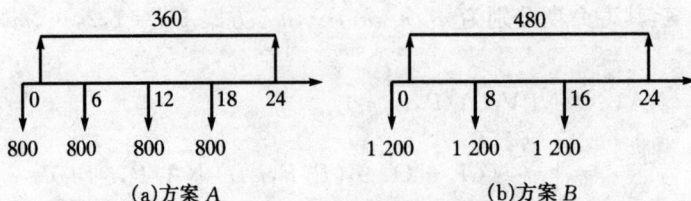

(a)方案 A　　　　(b)方案 B

图 4-4　现金流量示意图

$$NPV_A = -800 - 800(P/F, 10\%, 6) - 800(P/F, 10\%, 12) - 800(P/F, 10\%, 18) + 400(P/$$

$A,10\%,24)$

$$= -800 - 800 \times 0.564\ 5 - 800 \times 0.318\ 6 - 800 \times 0.179\ 9 + 400 \times 8.985$$
$$= 1\ 943.6(万元)$$
$$NPV_B = -1\ 200 - 1\ 200(P/F,10\%,8) - 1\ 200(P/F,10\%,16) + 500(P/A,10\%,24)$$
$$= -1\ 200 - 1\ 200 \times 0.466\ 5 - 1\ 200 \times 0.2176 + 500 \times 8.985$$
$$= 2\ 466.6(万元)$$

判定，由于 $NPV_B > NPV_A$，故方案 B 优于方案 A。

▷ 4.3.3　混合型方案的选择

当方案组合中既包含互斥方案，同时也包含独立方案时，就构成了混合方案。独立方案或互斥方案的选择，属于单项决策。但在实际情况下，需要考虑各个决策之间的相互关系，混合型方案的特点，就是在分别决策的基础上，研究系统内各个方案的相互关系，从中选择最优的方案组合。

混合型方案选择的程序如下所述：

(1)按组际间方案互相独立、组合内方案互相排斥的原则，形成各种可能的方案组合。

(2)以互斥型方案比选的原则筛选组合内方案。

(3)在总的投资限额下，以独立型方案比选原则选择最优秀的方案组合。

【例 4-15】某投资项目有 6 个可供选择的方案，其中两个互斥型方案，其余为独立型方案。基准收益率为 10%，其投资、净现值等指标如表 4-13 所示，试进行方案选择。

分别假设：①该项目投资额为 1 000 万元；②该项目投资限额为 2 000 万元。

表 4-13　混合方案比选　　　　　　　　　　单位：万元

投资方案		投资	净现值	净现值率
互斥型	A	500	250	0.500
	B	1 000	300	0.300
独立型	C	500	200	0.400
	D	1000	275	0.275
	E	500	175	0.350
	F	500	150	0.300

解：选择方法：先以 NPV 筛选方案淘汰一些可取的方案，然后以 $NPVR$ 优选方案。

首先根据表 4-13 可知，6 个方案的净现值都是正值，表明 6 方案都是可取的。

(1)在 1 000 万元资金限额下，以净现值率来判断，选择 A、C 两个方案。

A、C 方案的组合效益：

$$NPV = 250 + 200 = 450(万元)$$

(2)在 2 000 万元资金限额时，选择 A、C、E、F 四个方案。

A、C、E、F 四个方案的组合效益：

$$NPV = 250 + 200 + 175 + 150 = 775(万元)$$

4.4　不确定性分析

在对项目进行技术经济分析时，其评价数据，如投资额、经营成本、收入、建设工期、投资收益率等,通常是预测或估算出来的。尽管在预测或估算过程中,其方法是科学的,但是在项目实施过程中,项目的内外环境会发生许多难以确定的变化。因而,这些评价数据与实际发生的情况,通常会有相当大的出入,进而导致了项目的不确定性风险增加。通常项目的不确定性产生的原因包括:①所依据的基本数据不足或者统计偏差;②预测方法的局限,预测的假设不准确;③未来的经济形势的变化;④技术进步因素和其他无法准确预测的定性因素;⑤其他外部影响因素等。

不确定性分析,就是对决策方案受到各种事前无法控制的不确定因素的变化,研究与估计其影响程度的一种分析方法。进行不确定性分析,是为了分析影响变化的不确定因素,尽量弄清和减少不确定因素对经济效果评价的影响,以预测项目可能承担的风险,确定项目在财务上、经济上的可靠性,避免项目投产后不能获得预期的利润和收益,导致投资不能如期收回或给企业造成亏损。

不确定性分析包括盈亏平衡分析、敏感性分析和概率分析。盈亏平衡分析一般只用于财务评价,敏感性分析和概率分析可同时用于财务评价和国民经济评价。三者的选择使用,要依项目性质、决策者的需要和相应的财力、人力等。

▷ 4.4.1　盈亏平衡分析

各种不确定因素(如投资、成本、销售量、产品价格、项目寿命期等)的变化会影响投资方案的经济效果,当这些因素的变化达到某一界限值时,就会影响方案的取舍。盈亏平衡分析的目的就是找出这个临界值,判断投资方案对不确定因素变化的承受能力,为决策提供依据。通过对项目盈亏平衡点的预测分析,有助于明确项目对风险的承受力。

在投资分析中,最常见的盈亏平衡分析是研究产量、成本和利润之间的关系。盈亏平衡分析不仅可对单个方案进行分析,而且还可用于对多个方案进行比较。

1. 线性盈亏平衡分析

线性盈亏平衡分析的目的是通过分析产品量、成本与盈利能力之间的关系,找出产量、产品价格、单位产品成本等因素的盈利与亏损的转折点,以判断在各种不确定因素作用下方案面临的风险情况。盈亏平衡点是指项目的收益与成本相等时,项目既不盈利又不亏损,即盈利与亏损的转折点。

(1)销售收入、成本费用与产品产量的关系。假定市场条件不变,产品产销量一致,且产品价格为常数,则销售收入与销售量呈线性关系,即:

$$S=(p-T_u)Q \tag{4.21}$$

式中:S——销售收入;

　　　p——单位产品价格(不含销售税);

　　　T_u——单位产品的销售税金;

　　　Q——产品销售量。

在盈亏平衡分析中,分离固定成本和变动成本非常重要。通常在项目投产后,其总成本可分为固定成本和变动成本两部分。固定成本,是指在一定的生产规模内不随产量的变动而变动的费用,如维修费、折旧及摊销费、辅助人员工资等。可变成本,是指随产品产量的增减变动而变动的费用,如原材料消耗、燃料费等。在经济分析中,一般可以近似认为可变成本与产品产量成正比例关系。总成本是固定成本与可变成本之和,它与产品产量的关系可以近似认为是线性关系,即:

$$C=C_F+C_uQ \tag{4.22}$$

式中:C——总成本;

C_F——固定成本;

C_u——单位产品变动成本;

Q——产品销售量。

企业的经营活动,通常以生产数量为起点,以利润为目标。确定了生产成本及其组成后,同时考虑收入和利润,可以将成本、产品销售量和利润的关系统一于一个数学模型,简称量本利模型,该模型如下:

$$B = S - C \qquad (4.23)$$

式中:B——利润;

S——销售收入;

C——总成本。

将式(4.21)和(4.22)代入式(4.23),可得:

$$B = (p - T_u)Q - (C_F + C_u Q) \qquad (4.24)$$

式(4.22)表达了量本利之间的数量关系,是基本的损益方程式。该方程式包含有相互联系的六个变量,给定其中五个,就可以求出剩下一个变量的值。

(2)盈亏平衡点分析。

①图解法。将式(4.22)的关系反映表示在直角坐标系中,即为基本的量本利图,如图4-5,运用这个图形,就可以进行线性盈亏平衡分析。

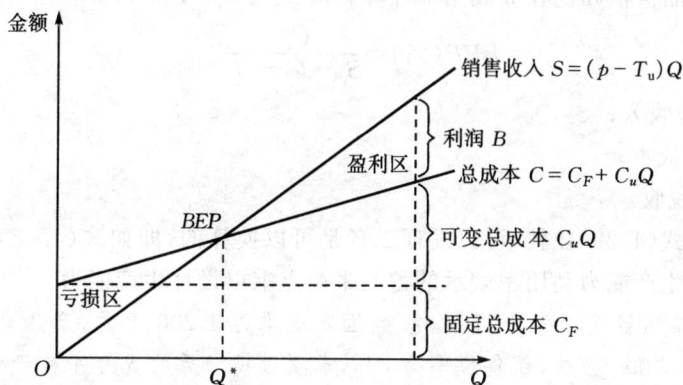

图4-5 基本的量本利图

从图4-5可以看出,当产量在$0 < Q < Q^*$之间时,总成本线C位于销售收入线S之上,此时,企业处于亏损状态;当产量在$Q > Q^*$时,销售收入线S位于总成本线C之上,此时,企业处于盈利状态。因此,销售收入线S与总成本线C的交点就是盈亏平衡点(BEP),也称为保本点。表明企业在此产销量(生产量等于销售量)下,总收入与总成本相等,既没有利润,也不发生亏损。在此基础上,增加产销量,销售收入超过总成本,收入线与成本线之间的距离为利润,形成盈利区;反之,形成亏损区。

②代数法。根据盈亏平衡点的定义,当达到盈亏平衡状态时,总成本等于总收入,即

$$B = (p - T_u)Q - (C_F + C_u Q) = 0$$

设盈亏平衡产量为$BEP(Q)$,代入上式,有:

$$BEP(Q) = \frac{C_F}{p - T_u - C_u} \qquad (4.25)$$

由于单位产品的销售税金常常是以单位产品销售价格与销售税率的乘积的形式表达,故式(4.25)又可以表述为:

$$BEP(Q) = \frac{C_F}{p(1-r)-C_u}$$ (4.26)

式中:r——单位产品的销售税率。

对建设项目运用盈亏平衡点分析时,应注意盈亏平衡点要按项目投产后的正常年份的数据来计算,而不能按计算期内的平均值计算。

③生产能力利用率盈亏平衡分析。在评价项目实施效果时,通常还采用了另外一种盈亏平衡分析方法,即生产能力利用率盈亏平衡分析,用生产能力利用率来确定项目盈亏平衡点 $BEP(\%)$。生产能力利用率表示的盈亏平衡点 $BEP(\%)$,是指盈亏平衡点产销量占企业正常产销量的比重。正常产销量,是指正常市场和正常开工条件下,企业的产销数量,也可以用销售金额来表示。在项目评价中,一般用设计生产能力表示正常生产量。

$$BEP(\%) = \frac{BEP(Q)}{Q_d}$$ (4.27)

也可表达为:

$$BEP(Q) = BEP(\%) \cdot Q_d$$ (4.28)

式中:Q_d——正常产销量或项目设计生产能力。

进行项目评价时,生产能力利用率表示的盈亏平衡点常常根据正常年份的产品产销量、变动成本、固定成本、产品价格和税收等数据来计算。即:

$$BEP(\%) = \frac{C_F}{S_n - C_V - T}$$ (4.29)

式中:S_n——年营业收入;

C_V——年可变成本;

T——年缴纳税收。

将式(4.25)和式(4.29)比较,可以发现二者是可以换算的,即如式(4.28),以产销量表示的盈亏平衡点等于以生产能力利用率表示的盈亏平衡点乘以设计生产能力。

【例 4-16】 某项目设计总量 15 万吨,年固定成本为 1 200 万元,产品单位售价为 600 元/吨,单位可变成本为 400 元/吨,销售税率为 7%,求项目投产后的盈亏平衡产量和生产能力利用率的盈亏平衡点。

解:已知,$C_F = 1\ 200$ 万元,$p = 600$ 元,$C_u = 400$ 元/吨,$r = 7\%$。

则盈亏平衡产量 $BEP(Q)$ 为:

$$BEP(Q) = \frac{C_F}{p(1-r)-C_u} = \frac{1\ 200 \times 10^4}{600 \times (1-7\%)-400} = 75\ 949(\text{吨})$$

生产能力利用率的盈亏平衡点 $BEP(\%)$ 为:

$$BEP(\%) = \frac{C_F}{S_n - C_V - T} = \frac{1\ 200 \times 10^4}{[600 \times (1-7\%)-400] \times 150\ 000} = 51\%$$

【例 4-17】 某项目生产某种构件,年设计生产能力为 3 万件,年固定成本为 300 万元,单位产品价格为 500 元,单位产品的可变成本为 300 元,单位产品销售税金为 50 元。

求:①该厂的盈亏平衡产量。②该厂达到设计生产能力时的盈利为多少?③年利润为 75 万元的年产销量为多少?

解:①计算该厂的盈亏平衡产量。

根据公式(4.25)可得：

$$BEP(Q) = \frac{C_F}{p - T_u - C_u} = \frac{3\,000\,000}{500 - 50 - 300} = 20\,000(件)$$

②计算该厂达到设计生产能力时的盈利。

根据公式(4.24)可得：

$$B = (p - T_u)Q - (C_F + C_uQ) = (500 - 50) \times 3 - (300 + 300 \times 3) = 150(万元)$$

③计算该厂年利润为 75 万元的年产销量。

根据公式(4.24)可得：

$$Q = \frac{B + C_F}{p - T_u - C_u} = \frac{750\,000 + 3\,000\,000}{500 - 50 - 300} = 25\,000(件)$$

2. 多方案盈亏平衡分析

盈亏平衡分析不但可用于对单个投资方案进行分析,还可以用于对多个方案进行比较和选优。在对若干个互斥方案进行比选的情况下,如果其成本是同一个变量的函数时,可以通过求解该变量,找到一个恰好能使对比方案的成本相等的数值,这个特定的数值,就是方案的优劣平衡点。

设两个互斥方案的经济效果都受到同一个变量 x 的影响,其成本函数分别为：

$$C_1 = f_1(x) \quad C_2 = f_2(x)$$

令两个方案的成本相等,即有：

$$f_1(x) = f_2(x)$$

解方程,求出 x 值,即为两个方案的优劣平衡点。结合对不确定因素 x 未来取值范围的预测,就可以作出相应的决策。

【例 4-18】 生产某产品有三种方案可选择:方案 A,从国外引进成套生产线,年固定成本为 900 万元,单位产品变动成本为 10 元;方案 B,从国外仅引进关键设备,年固定成本为 500 万元,单位产品变动成本为 20 元;方案 C,全部采用国产设备,年固定成本为 300 万元,单位产品变动成本为 30 元。分析各种方案适用的生产规模和经济性。

解: 各方案年总成本均可表示为产量 Q 的函数。

$$C_A = 800 + 10Q$$
$$C_B = 500 + 20Q$$
$$C_C = 300 + 30Q$$

绘出各方案的年总成本函数曲线,如图 4-6 所示。

由图 4-6 可知,三条成本曲线分别相交于 D、E、F 三点,各个交点所对应的产量就是相应的两个方案的盈亏平衡点。Q_d 是方程 B 与方程 C 的盈亏平衡点;Q_e 是方程 A 与方程 C 的盈亏平衡点;Q_f 是方程 A 与方程 B 的盈亏平衡点。则有：

① 当 $Q \leqslant Q_d$ 时,方案 C 的总成本最低;

② 当 $Q_d < Q < Q_f$ 时,方案 B 的总成本最低;

③ 当 $Q \geqslant Q_f$ 时,方案 A 的总成本最低。

那么可求,

① 当 $Q = Q_d$ 时,有 $C_C = C_B$。

即：$300 + 30Q_d = 500 + 20Q_d$ 　　得：$Q_d = 20$ 万件

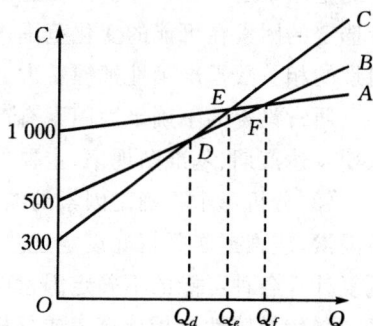

图 4-6 各方案的年总成本函数曲线

②当 $Q=Q_f$ 时，$C_B=C_A$。

即：$500+20Q_f=800+10Q_f$ 得：$Q_f=30$ 万件

最终结论：当预期产量低于 20 万件时，应采用方案 C；当预期产量在 20 万件至 30 万件之间时，应采用方案 B；当预期产量高于 30 万件时，应采用方案 A。

➢ 4.4.2 敏感性分析

敏感性分析是投资项目评价中最常见的一种不确定性分析方法。所谓敏感性是指参数的变化对投资项目经济效果的影响程度。如果选定的参数的小幅度变化能导致经济效果的较大变化，则称投资项目经济效果对参数的敏感性大，或称这类参数为敏感性因素；反之，则称之为非敏感性因素。敏感性分析的目的就是通过分析及预测项目主要变量因素（投资、成本、价格、建设工期等）发生变化时，对经济评价指标（如净现值、内部收益率、贴现率、偿还期等）的影响，从中找出敏感因素，并确定其敏感程度，从而对外部条件发生不利变化时投资方案的承受能力作出判断。敏感性分析有单因素敏感性分析和多因素敏感性分析两种。

单因素敏感性分析是就单一不确定因素的变化对方案的经济效果影响进行分析。通常假定各个不确定因素之间是相互独立的，每次仅考察一个因素，其他因素保持不变，以分析这个因素在变动情况下对经济评价指标的影响程度和敏感程度。为了找出方案的关键敏感性因素，一般敏感性分析通常进行单因素敏感性分析。

多因素敏感性分析是假定两个或两个以上相互独立的不确定因素同时变化，通过分析这些因素变化带来的项目经济效果变化，进而确定其对项目的影响程度和敏感程度。

1. 单因素敏感性分析

单因素敏感性分析的基本步骤如下：

(1)确定分析指标。确定投资效果可用多种指标来表示，在进行敏感性分析时，首先必须确定分析指标。分析指标的确定与进行分析的目标和任务有关，一般根据项目的特点、不同的研究阶段、实际需求情况和指标的重要程度来选择。如果关注方案的投资回收速度，可选用投资回收期作为分析指标；如果关注方案的净收益，可选择净现值作为分析指标。

在选择分析指标时，应根据经济评价深度和项目的特点选择一种或两种评价指标进行分析。需要注意的是，选定的分析指标必须与确定性分析的评价指标相一致，这样便于进行对比说明。在技术经济分析实践中，最常用的敏感性分析指标主要有投资回收期、方案净现值和内部收益率。

(2)选定不确定性因素。影响技术项目方案经济效果的因素众多，不可能也没有必要对全部不确定因素逐个进行分析。在选定需要分析的不确定因素时，主要考虑以下两条原则：第一，预计选定的因素在可能的变化范围内，对投资效果影响较大；第二，在确定性经济分析中，这些选定因素的相关数据准确性把握不大。

通常设定的不确定性因素有产品价格、产销量、项目总投资、年经营成本、项目寿命期、建设工期及达产期、基准贴现率、主要原材料和动力的价格等。

(3)分析每个不确定因素的波动程度及其对分析指标带来的影响。首先，对所选定的不确定性因素，应根据实际情况设定这些因素的变动幅度，并假定其他设定的不确定因素不变。其次，重复计算各种可能的不确定因素的变化对经济评价指标的影响。

采用敏感性分析计算表或分析图的形式，把不确定因素的变动与分析指标的对应数量关系反映出来，以便于测定敏感因素。

(4)确定敏感因素。敏感因素是指能引起分析指标产生较大变化的因素。测定某特定因素敏感与否,可采用两种方式进行。

①相对测定法。设定要分析的因素均从基准开始变动,且各因素每次变动幅度相同,比较在同一幅度下各因素的变动对经济效果指标的影响,就可以判别出各因素的敏感程度。

②绝对测定法。设定因素均向降低投资效果的方向变动,并设该因素达到可能的"最坏"值,然后计算在此条件下的经济效果指标,看其是否已达到使项目在经济上不可取的程度,如果项目已不能接受,则该因素就是敏感因素。

绝对测定法通常先设定有关经济效果指标为其临界值,如令净现值等于零,内部收益率为基准贴现率,然后求待分析因素的最大允许变动幅度,并与其可能出现的最大变动幅度相比较。如果某因素可能出现的变动幅度超过最大允许变动幅度,则表明该因素是方案的敏感因素。

(5)选择可行的比选方案。根据敏感因素对技术项目方案评价指标的影响程度,结合确定性分析的结果作进一步的综合评价,寻求对主要不确定因素变化不敏感的比选方案。

在技术项目方案分析比较中,对主要不确定因素变化不敏感的方案,其抵抗风险能力比较强,获得满意经济效益的潜力比较大,优于敏感方案,应优先考虑接受此方案。有时,还根据敏感性分析的结果,采取必要的相应对策。

【例 4-19】 某投资方案预计总投资为 1 200 万元,年产量为 10 万台,产品价格为 35 元/台,年经营成本为 120 万元,方案经济寿命期为 10 年,设备残值为 80 万元,基准贴现率为 10%,试就投资额、产品价格及方案寿命期进行敏感性分析。

解:以净现值作为经济评价的分析指标,则预期净现值为

$$NPV_0 = -1\ 200 + (10 \times 35 - 120)(P/A, 10\%, 10) + 80(P/F, 10\%, 10) = 243.96 (万元)$$

下面用净现值指标分别就投资额、产品价格和寿命期三个不确定因素作敏感性分析:

①设投资额变动的百分比为 x,分析投资额变动对方案净现值的影响。

计算公式为:

$$NPV = -1\ 200 \times (1+x) + (10 \times 35 - 120)(P/A, 10\%, 10) + 80(P/F, 10\%, 10)$$

②设投资价格变动的百分比为 y,分析产品价格变动对方案净现值的影响。

计算公式为:

$$NPV = -1\ 200 + [10 \times 35(1+y) - 120](P/A, 10\%, 10) + 80(P/F, 10\%, 10)$$

③设寿命期变动的百分比为 z,分析寿命期变动对方案净现值的影响。

计算公式为:

$$NPV = -1\ 200(10 \times 35 - 120)[P/A, 10\%, 10 \times (1+z)] + 80[P/F, 10\%, 10 \times (1+z)]$$

④设投资额、产品价格及方案寿命期在其预期值的基础上分别按 ±10%、±15%、±20% 变化,相应地,方案的净现值将随之变化,其变化的结果如表 4-14 和图 4-7 所示。

表 4-14　在不同变动率下不同参数的净现值敏感性计算　　　　　单位:万元

变动率	−20%	−15%	−10%	0	10%	15%	20%
投资额	483.96	423.96	363.96	244.19	123.96	63.96	3.96
价格	−186.12	−78.6	28.92	244.19	459	566.52	647.0
寿命期	64.37	112.35	158.5	244.19	321.89	358.11	392.71

可以看出,在同样的变动率下,产品价格的变动对方案的净现值影响最大,其次是投资额的变动,寿命周期变动的影响最小。

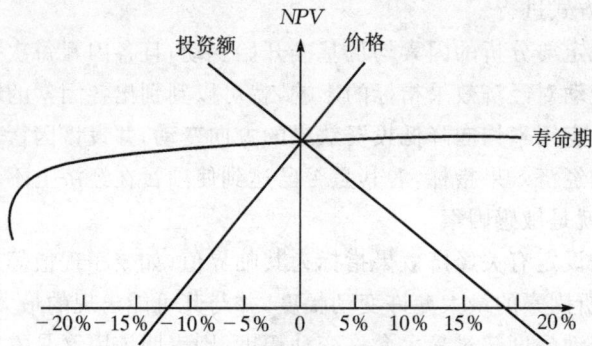

图 4-7　敏感性分析图

如果以 $NPV=0$ 作为方案是否接受的临界条件,那么从上面的公式中可以算出,当实际投资额超出预计投资额的 20.3%,或者当产品价格下降到比预期价格低 11.3%,或者寿命期比预计寿命期短 26.5% 时,方案则变得不可接受。

根据上面的分析可知,对于本方案来说,产品价格是敏感因素,应对其进行更准确的测算。如果未来产品价格变化的可能性较大,则意味着这一方案的风险亦较大。

2. **多因素敏感性分析**

单因素敏感性分析方法适合于分析项目方案的最敏感因素,但它忽略了各个变动因素综合作用的可能性。无论是哪种类型的技术项目方案,各种不确定因素对项目方案经济效益的影响都是相互交叉发生的,而且各个因素的变化率及其发生的概率是随机的。因此,研究分析经济评价指标受多个因素同时变化的综合影响,研究多因素的敏感性分析,更具有实用价值。

多因素敏感性分析要考虑可能发生的各种因素不同变动幅度的多种组合,计算起来要比单因素敏感性分析复杂得多,在这里不作具体介绍。

敏感性分析具有分析指标具体、能与项目方案经济评价指标紧密结合、分析方法容易掌握、便于分析后决策等优点,有助于找出影响项目方案经济效益的敏感因素及其影响程度,对于提高项目方案经济评价的可靠性具有重大意义。但是,敏感性分析没有考虑各种不确定因素在未来发生变动的概率,这可能会影响分析结论的准确性。

实际上,各种不确定因素在未来某一幅度变动的概率一般是不同的。可能有这样的情况,通过敏感性分析找出某一敏感因素未来发生不利变动的概率很小,因而实际上所带来的风险并不大,以至于可以忽略不计,而另一不太敏感的因素未来发生不利变动的概率很大,实际上带来的风险比那个敏感因素更大。这种问题是敏感性分析所无法解决的,必须借助于概率分析方法。

▷ 4.4.3　概率分析

概率分析的基本原理是在对参数值进行概率估计的基础上,通过投资效果指标的期望值、累计概率、标准差及离散系数来反映方案面临风险的程度。

在对投资方案进行不确定性分析时,有时需要估算方案经济效果指标发生在某一范围的可能性。例如:净现值大于或等于零的累计概率越大,表明方案的风险越小;反之,则风险越大。

概率分析的关键是确定各种不确定因素变动的概率。概率分析的内容应根据经济评价的要求和项目方案的特点确定。一般是计算项目方案某个确定分析指标(例如净现值)的期望值,计算使方案可行时指标取值的累计概率,通过模拟法测算分析指标的概率分布等。

严格地说,影响方案经济效果的大多数因素都是随机变量。可以预测其未来可能的取值范围,估计各种取值或值域发生的概率,但不可能预知它们发生的准确值。要完整地描述一个随机变量,需要确定其概率分布的类型和参数。在经济分析与决策中使用最普遍的是均匀分布与正态分布。

投资方案经济效果的期望值法是通过计算备选方案在各种自然状态概率下的收益值之比,选取其中最大收益值对应的方案或最小损失值对应的方案为最优方案。计算期望值的公式为:

$$E(x) = \sum_{i=1}^{n} X_i P_i \tag{4.30}$$

式中:$E(x)$——方案 X 的数学期望值;

X_i——方案 X 在 i 状态(不确定性因素)下的收益值或损失值;

P_i——i 状态(不确定性因素)可能出现的概率;

i——不确定性因素;

n——不确定性因素的数量。

【例 4-20】 有一项工程,要决定下个月是否开工,根据历史资料,下个月出现好天气的概率为 0.2,坏天气的概率为 0.8。如遇好天气,开工可得利润 5 万元;如遇到坏天气则要损失 1 万元;如不开工,不论什么天气都要付窝工费 1 000 元,应如何解决?

解:按最大期望益损值法求解:

开工方案:$E(A) = 0.2 \times 50\,000 + 0.8 \times (-10\,000) = 2\,000$(元)

不开工的方案:$E(B) = 0.2 \times (-1\,000) + 0.8 \times (-1\,000) = -1\,000$(元)

由于 $E(A) > E(B)$,选择开工方案。

【例 4-21】 某工厂在河岸附近将建一个水处理装置,现在考虑建造一个堤坝,以保护该装置不受水影响,相关数据见表 4-15。规定该装置的使用年限为 15 年,利率按 12% 计算,不考虑残值。求堤坝应建多高才会使总的费用最低?

表 4-15 各种方案产生的损益表   单位:万元

高度(x)/m	河水超出正常的水位 x 米的年数	河水超出正常的水位 x 米的概率	河水超过堤顶 x 米所造成的损失	造 x 米高堤坝的投资
0	24	0.48	0	0
1.5	12	0.24	10	10
3	8	0.16	15	21
4.5	6	0.12	20	33
4.5 以上	50	1.00		

解:这里可按四种方案,即不修(堤高为 0 m)、建造 1.5 m、3 m 和 4.5 m 高的堤坝,分别计算其年度总费用的期望值 $E(AC)$,择其最小者为最优方案。

年度总费用期望值 $E(AC)$,等于建造 x m 堤的投资年分摊费用与河水水位高于堤坝 x m 造成的损失期望值之和。四种方案每年的 $E(AC)$ 分别为:

①不建造堤坝:

$$E(A_1 C) = 0 + (0.24 \times 10 + 0.16 \times 15 + 0.12 \times 20) = 7.2(万元)$$

②建堤高 1.5 m 的堤坝:

$$E(A_2 C) = 10 \times (A/P, 12\%, 15) + (0.16 \times 10 + 0.12 \times 15)$$

$$=10\times0.146\ 82+(1.6+1.8)=4.868\ 2(万元)$$

③建 3 m 高的堤坝：

$$E(A_3C)=21\times(A/P,12\%,15)+0.12\times10=21\times0.146\ 82+1.2=4.283\ 22(万元)$$

④建 4.5 m 高的堤坝：

$$E(A_4C)=33\times(A/P,12\%,15)+0=33\times0.146\ 82=4.845\ 06(万元)$$

其中 $E(A_3C)=4.845\ 06(万元)$ 最小，所以建造 3 m 高的堤坝最为经济。

思考与练习

1. 试述工程经济分析方法的分类及其适用范围。

2. 静态投资分析方法的特点有哪些？

3. 试述独立投资方案的选择方法。

4. 互斥投资方案的比选条件有哪些？

5. 互斥投资方案比选的基本步骤有哪些？

6. 寿命期相同的互斥方案的比选方法有哪些？

7. 寿命期不同的互斥方案的比选方法有哪些？其原理是什么？

8. 投资项目不确定性产生的原因有哪些？不确定性分析的方法有哪些？

9. 试述线性盈亏平衡分析的方法步骤。

10. 试述单因素敏感性分析的步骤。

11. 已知某项目现金流量如下表所示，基准投资回收期为 9 年，试用投资回收期法评价方案是否可行。

现金流量表 单位：万元

年份	0	1	2	3	4	5	6
投资	1 500						
收入		200	300	500	500	500	500

12. 已知某项目投资总额为 5 000 万元，建成投产后正常年份的平均净收益为 1 000 万元，假定基准投资收益率为 15%，试以投资收益率指标判断该项目的取舍。

13. 已知某项目设计方案总投资为 3 000 万元，投产后年经营成本为 500 万元，年销售额为 1 800 万元，若计算期为 5 年，基准收益率为 10%，残值为零。试计算投资方案的净现值。

14. 已知某项目有两种可供选择的投资方案，使用寿命相同均为 10 年，基准收益率为 10%。相关资料如下表所示，试用净现值法来选择最优方案。

项目情况 单位：万元

项目方案	投资	年净收入	净残值
1	4 000	700	200
2	6 000	1 000	500

15. 已知某项目有两种可供选择的投资方案，使用寿命期均为 10 年，残值为零，基准收益率为 10%。相关资料如下表所示，试用净现值率法来选择最优方案。

项目情况		单位:万元
项目方案	投资	年净收入
1	4 000	700
2	6 000	1 000

16.某项目投资额为 3 000 万元,使用年限 8 年,年净收益为 600 万元,残值为 100 万元,基准收益率为 15%,试用内部收益率指标来评价该方案。

17.某投资方案投资 100 万,年净收益为 50 万,使用寿命期为 6 年,期末残值为 3 万元,设基准收益率为 10%,求该方案的净年值。

18. 某项目现金流量如下表所示,基准收益率为 8%,计算动态投资回收期。基准投资回收期为 8 年,对项目可行性进行判断。

现金流量表								单位:万元
年份	0	1	2	3	4	5	6	7	8
净现金流量	−2 000	100	200	400	500	500	500	500	500

19.某项目生产某种建筑预制产品,年设计生产能力为 4 万件,年固定成本为 500 万元,单位产品价格为 1 000 元,单位产品的可变成本为 600 元,单位产品销售税金为 200 元。试求:

(1)该厂的盈亏平衡产量。

(2)该厂达到设计生产能力时的盈利为多少?

(3)年利润为 200 万元的年产销量为多少?

第5章 价值工程

1. 掌握价值及价值工程的概念、价值工程的特点以及提高价值的途径
2. 熟悉价值工程的方法程序
3. 了解价值工程的形成发展及其与其他管理技术的区别

价值工程(value engineering，VE)是第二次世界大战以后发展起来的一种新的技术经济分析方法，它是一种把功能与成本、技术与经济结合起来进行技术经济评价的方法。它不仅广泛应用于产品设计和产品开发，而且应用于各种建设项目及组织机构的改革。

5.1 价值及价值工程

5.1.1 价值概述

价值工程中所说的"价值"有其特定的含义，与哲学、政治经济学、经济学等学科中的价值的概念有所不同。价值工程中的"价值"是一个相对概念，是一种评价事物有益程度的尺度，是指作为某种产品或作业所具有的功能与获得该功能的全部费用的比值。价值高说明该事物的有益程度高，效益大，好处多；价值低则说明有益程度低，效益差，好处少。例如，人们在购买商品时，总是希望买到的商品"物美价廉"，即花费最少的代价换取最多、最好的商品。价值可用数学公式表示为：

$$V = F/C \tag{5.1}$$

式中：V——价值；

F——对象的功能，既产品或作业的功用和用途；

C——成本，即寿命周期成本。

定义中的功能对于不同的对象有着不同的含义：对于物品来说，功能就是它的用途或效用，对于作业或方法来说，功能就是它所起的作用或要达到的目的；对于人来说，功能就是他应该完成的任务；对于企业来说，功能就是它应为社会提供的产品和效用。总之，功能是对象满足某种需求的一种属性，是使用价值的具体表现形式。任何功能无论是针对机器还是针对工程，最终都是针对人类主体的一定需求目的，最终都是为了人类主体的生存与发展服务的，因而最终将体现为相应的使用价值，因此，价值工程所谓的"功能"实际上就是使用价值的产出量。

定义中的"产品"泛指以实物形态存在的各种产品，如材料、制成品、设备、建筑工程等。"作业"是指提供一定功能的工艺、工序、作业、活动等。

公式中的成本是指为实现功能所耗费的成本，是产品寿命周期内消耗的全部费用，是产品的科研、设计、实验、试制、生产、销售、使用、维修直到报废所花费用的总和。

价值工程的价值公式 $V=F/C$,不仅深刻地反映出产品价值与产品功能和实现此功能所耗成本之间的关系,而且也为如何提高产品的价值提供了有效途径。提高产品价值的途径有以下五种:①在提高产品功能的同时,又降低产品成本,这是提高价值最为理想的途径。②在产品成本不变的条件下,通过提高产品的功能,达到提高产品价值的目的。③保持产品功能不变的前提下,通过降低产品寿命周期成本达到提高产品价值的目的。④产品功能有较大幅度提高,产品成本有较少幅度提高。⑤在产品功能略有下降、成本大幅度降低的情况下,也可以达到提高产品价值的目的。

总之,在产品形成的各个阶段都可以应用价值工程提高产品的价值。价值工程活动更侧重在产品的研制与设计阶段,以寻求技术突破,取得最佳的综合效果。例如,某公司打算采用甲工艺进行施工,但经广泛的市场调研和技术论证后,决定用乙工艺代替甲工艺,并达到了同样的施工质量,且成本降低了 20%,根据价值工程原理,该公司采用了第二种途径提高了价值。

➤ 5.1.2　价值工程概述

1. 价值工程的形成与发展

美国通用电气公司的工程师迈尔斯在第二次世界大战后首先提出了购买的不是产品本身而是产品功能的概念,实现了同功能的不同材料之间的代用,进而发展成在保证产品功能前提下降低成本的技术经济分析方法,并在 1947 年出版了《价值分析》一书,标志了价值工程这门学科的正式诞生。

1954 年,美国海军应用了这一方法,并改称为价值工程。由于它是节约资源、提高效用、降低成本的有效方法,因而引起了世界各国的普遍重视,50 年代日本和联邦德国学习和引进了这一方法。1965 年前后,日本开始广泛应用该方法。中国于 1979 年引进了该方法,现已在机械、电气、化工、纺织、建材、冶金、物资等多种行业中应用。此后,价值工程在工程设计和施工、产品研究开发、工业生产、企业管理等方面都取得了长足的发展,产生了巨大的经济效益和社会效益。

2. 价值工程的概念

价值工程也称价值分析(value analysis,VA),是指以提高产品(或作业)价值和有效利用资源为目的,通过有组织的创造性工作,寻求用最低的寿命周期成本,可靠地实现使用者所需功能,以获得最佳综合效益的一种管理技术。此处的工程是指为实现提高价值的目标,所进行的一系列分析研究活动。从上述定义可见,价值工程涉及价值、功能和寿命周期成本三个基本要素。

3.价值工程的特点

(1)价值工程的目标,是以最低的寿命周期成本,使产品具备它所必须具备的功能。产品的寿命周期成本由生产成本和使用及维护成本组成。产品生产成本是指发生在生产企业内部的成本,也是用户购买产品的费用,包括产品的科研、实验、设计、试制、生产、销售等费用及税利等;而产品使用及维护成本是指用户在使用过程中支付的各种费用的总和,它包括使用过程中的能耗费用、维修费用、人工费用、管理费用等,有时还包括报废拆除所需的费用(扣除残值)。在一定范围内,产品的生产成本和使用及维护成本存在此消彼长的关系,随着产品功能水平提高,产品生产成本增加,使用及维护成本降低;反之,产品功能水平降低,产品生产成本降低,使用及维护成本增加。这样,产品生产成本和使用及维护成本之间必然存在一个最小值,这一最小值反映了最适宜的功能水平和费用水平,此时的寿命周期成本将是最低的,价值工程的目的就在于寻求不同的方案,以使这项费用达到最低。

(2)价值工程的核心,是对产品进行功能分析。价值工程中的功能是指对象能够满足某种要求的一种属性,具体讲,功能就是效用。因此,价值工程分析产品,首先不是分析其结构,而是分析其功能。在分析功能的基础之上,再去研究产品结构、材质等问题。

(3)价值工程将产品价值、功能和成本作为一个整体考虑。

(4)价值工程的关键是创新。价值工程强调不断改革和创新,开拓新构思和新途径,获得新方案,创造新功能载体,从而简化产品结构,节约原材料,提高产品的技术经济效益。

(5)价值工程要求将功能定量化,即将功能转化为能够与成本直接相比的量化值。

(6)价值工程是以集体的智慧开展的有计划、有组织的管理活动。

上述特点可归纳为三个基本方面,即:价值工程的目标是提高产品价值,核心是功能分析,关键是集体创造。

4. 价值工程与其他管理技术的区别

价值工程是一门管理技术,但又不同于一般的工业工程和全面质量管理技术。工业工程着重于研究作业、工序、时间等从材料到工艺流程的问题,这种管理技术主要是降低加工费用。全面质量管理是按照设计图纸把产品可靠地制造出来,是从结果分析问题的起因,帮助消除不良产品的一种管理技术。二者都是以产品设计图纸给定的技术条件为前提,因此,降低产品成本都有局限性。而价值工程从产品的功能出发,在设计过程中,重新审核设计图纸,对产品作设计改进,把与用户需求功能无关的零部件消除掉,更改具有过剩功能的材质和零部件,设计出价值更高的产品,因而大幅度地降低成本。

价值工程与一般的投资决策理论也不同。一般的投资决策理论研究的是项目的投资效果,强调的是项目的可行性,而价值工程是研究如何以最少的人力、物力、财力和时间获得必要功能的技术经济分析方法,强调的是产品的功能分析和功能改进。

价值工程摒弃了会计制度上沿用的事后成本和与产品费用无关的计算成本方法,采用以产品功能为中心分析成本的事前成本计算方法。

5.2 价值工程的实施程序

▶ 5.2.1 价值工程的阶段及步骤

价值工程已发展成为一门比较完善的管理技术,在实践中已形成了一套科学的实施程序。这套实施程序实质就是针对产品的功能和成本提出问题、分析问题和解决问题的过程,可将其分为如下四个阶段、八个步骤。

(1)准备阶段。准备阶段包括工作对象的选择、情报信息资料的搜集两个步骤。

(2)分析阶段。分析阶段包括功能分析和功能评价两个步骤。

(3)创新阶段。创新阶段主要是方案创造与评价。

(4)实施阶段。实施阶段包括方案审批、方案实施与检查、成果评价三个步骤。

下面就其中的关键步骤作一些介绍。

▶ 5.2.2 价值工程的对象选择

价值工程的对象选择过程就是缩小研究范围的过程,目的是明确分析研究的目标即主要方向。

1. 对象选择的原则

价值工程的目的在于提高产品价值,研究对象的选择要从市场需求出发,结合本企业的实力,系统考虑。

(1)对象选择的一般原则。一般说来,对象选择的原则有以下几个方面:

①从设计方面看,对产品结构复杂、性能和技术指标差、体积和重量大的产品进行价值工程活动,可使产品结构、性能、技术水平得到优化,从而提高产品价值。

②从施工生产方面看,对量大面广、工序繁琐、工艺复杂、原材料和能源消耗高、质量难以保证的产品,进行价值工程活动可以最低的寿命周期成本实现其必要功能。

③从销售方面看,选择用户意见多、退货索赔多和竞争力差的产品进行价值工程活动,以赢得消费者的认同,占领更大的市场份额。

④从成本方面看,选择成本高或成本比重大的,如材料费、管理费、人工费等,进行价值工程活动可降低产品成本。

(2)生产企业选择价值工程对象的原则。根据价值工程对象选择的一般原则,对生产企业,有以下情况之一者,应优先选择为价值工程的对象:①结构复杂或落后的产品;②制造工序多或制造方法落后及手工劳动较多的产品;③原材料种类繁多和互换材料较多的产品;④在总成本中所占比重大的产品。

(3)对由各组成部分组成的产品选择价值工程对象的原则。对由各组成部分组成的产品,应优先选择以下部分作为价值工程的对象:①造价高的组成部分;②占产品成本比重大的组成部分;③数量多的组成部分;④体积或重量大的组成部分;⑤加工工序多的组成部分;⑥废品率高和关键性的组成部分。

2. 对象选择的方法

价值工程对象选择的方法有很多种,不同方法适用于不同的对象,所以根据企业条件适当进行方法选用,就可以取得较好效果。这里介绍几种较重要的方法:

(1)因素分析法。因素分析法又叫连环替代法,是指数法原理在经济分析中的应用和发展。它根据指数法原理,在分析多种因素影响的事物变动时,为了观察某一因素变动的影响而将其他因素固定下来,如此逐项分析,逐项替代,故称因素分析法为连环替代法。

(2)ABC分析法。ABC分析法是1879年由意大利数理经济学家、社会学家维尔雷多·帕累托提出的,又称帕累托分析法、ABC分类管理法、重点管理法等。1951年,管理学家戴克将其应用于库存管理,命名为ABC法。1951—1956年,朱兰将ABC法引入质量管理,用于质量问题的分析,被称为排列图。1963年,德鲁克将这一方法推广到全部社会现象,使ABC法成为企业提高效益的普遍应用的管理方法。该方法是根据事物在技术或经济方面的主要特征,进行分类、排队,分清重点和一般特征,以有区别地实施管理的一种分析方法。由于它把被分析的对象分成A、B、C三类,以A类作为重点管理对象,所以称为ABC分析法。其核心思想是在决定一个事物的众多因素中分清主次,识别出少数的但对事物起决定作用的关键因素和多数的但对事物影响较少的次要因素。

在价值工程中,把占成本的70%～80%而占总零部件数10%～20%的零部件划分为A类部件;把占总成本的10%～20%而占总零部件数的70%～80%划分为C类,其余均为B类;其中A类是价值工程的主要研究对象。

有些产品不是由各个零件组成,如煤炭、钢铁、工程项目投资等,对这类产品可按费用构成项目分类,如分为管理费、动力费、人工费等,将其中所占比重最大的费用组成,作为价值工程的重点研究对象。这种分析方法也可从产品成本利润率、利润比重角度分析,其中利润额占总利润比重最低,而且成本利润率也最低的,应考虑作为价值工程的研究对象。

ABC分析法抓住成本比重大的零部件或工序作为研究对象,有利于集中精力重点突破,取得较大效果,同时简便易行,所以广泛为企业所采用。但在实际中,有时由于成本分配不合理,造成成本比重不大但用户认为功能重要的对象可能漏选或排序推后,而这种情况应列为价值工程研究的重点。

ABC分析法的基本程序可分为开展分析和实施对策两个阶段。

第一阶段:开展分析。该阶段是"区别主次"的过程。它包括以下步骤:

①收集数据,即确定构成某一管理问题的因素,收集相应的特征数据。

②计算整理,即对收集的数据进行加工,并按要求进行计算,包括计算:特征数值,特征数值占总计特征数值的百分数,累计百分数;因素数目及其占总因素数目的百分数,累计百分数。

③根据一定分类标准,进行ABC分类,列出ABC分析表。分类时,各类因素的划分标准,并无严格规定。习惯上常把主要特征值的累计百分数达70%~80%的若干因素称为A类,累计百分数在10%~20%区间的若干因素称为B类,累计百分数在10%左右的若干因素称C类。

④绘制ABC分析图。以累计因素百分数为横坐标,累计主要特征值百分数为纵坐标,按ABC分析表所列示的对应关系,在坐标图上取点,并联结各点成曲线,即绘制成ABC分析图。

第二阶段:实施对策。此阶段是"分类管理"的过程。根据ABC分类结果,权衡管理力量和经济效果,制定ABC分类管理标准表,对三类对象进行有区别的管理。

(3)功能重要性分析法。该方法是采用分析评分法将产品的零部件、工序等进行功能评价,给出其功能重要性系数,按重要性系数大小进行排队,优先选择重要的功能作为价值工程的研究对象。该方法的步骤为:

①第一步:根据功能系统图决定评价功能的级别,划分功能领域。功能系统图如图5-1所示。

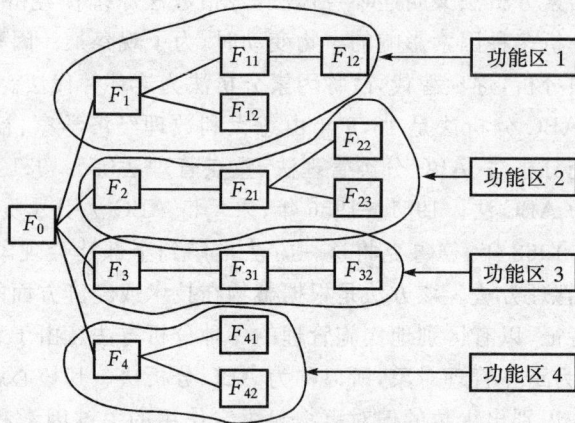

图5-1 功能系统图

②第二步:设定或制定目标成本。如果价值工程的对象是新产品的设计,设定新产品目标成本,分配到各功能领域作为功能目标成本;如果对象是老产品,应以现实成本为基础,按表5-1示例制定目标成本。

在表5-1中,是一个由四个零件组成、分为四个功能区域的产品功能区现实成本。A零件有四个功能,现实成本为400元,功能重要性程度比例为8∶6∶1∶1,所以各个功能区分配的成本依次为200元、150元、25元、25元。其他零件以此类推计算功能区的现实成本。

表 5-1　现实成本计算表

零件名称	现实成本（元）	功能区域			
		FA_1	FA_2	FA_3	FA_4
A	400	200	150	25	25
B	270		140	120	10
C	80	20	50		10
D	150	65	30	55	
合计	900	285	370	200	45

③第三步：确定功能区重要性系数。确定功能区重要性系数的步骤可结合表 5-2 来阐述。

A. 将确定的功能区填入表 5-2 的第 I 栏。

B. 把上下两项相邻功能的重要性进行打分。在上例中，认为 FA_1 是 FA_2 重要性的 1.6 倍，如此类推，将评定结果填入表中第 II 栏。

C. 对暂定重要性系数加以修正，填入第 III 栏。如上例，是假定 FA_4 的重要性系数为 1.0，依次修正。修正完后计算出第 III 栏的合计数。

D. 将第 III 栏的每个修正重要性系数除以合计数，得到各功能区的功能重要性系数，填入第 IV 栏。

表 5-2　功能区重要性系数确定表

功能区 I	功能重要程度评价		
	暂定重要性系数 II	修正重要性系数 III	功能重要性系数 IV
FA_1	1.6	9.6	0.51
FA_2	3.0	6.0	0.33
FA_3	2.0	2.0	0.11
FA_4	—	1.0	0.05
合计		18.6	1.0

④第四步：确定功能评价值（目标成本），选择价值工程对象。按确定产品成本和零件成本的先后顺序不同，确定功能评价值有两种方法。

第一种方法是先确定产品目标成本，后确定零件目标成本。在产品的目标成本可以事先确定的情况下，可以采用这种方法。如企业收集到的信息说明市场同类产品最低成本为 700 元，出于市场竞争需要，企业要在设法保持产品功能前提下，将自己产品的目标成本定为 700 元（甚至更低），然后按照各零件的功能重要系数进行分配，算出各零件的目标成本。

第二种方法是先确定零件目标成本，后确定产品目标成本。这是在产品目标成本资料收集不到的情况下采用的方法。上面所用的例子就可以采用这种方法，如表 5-3 所示。

根据改进方案重新分配各功能区成本的结果，可能有三种情况：

A. 重新分配的成本大于现实成本，如 FA_1。这种情况要做具体分析，可能成本状态已经很理想了；可能功能系数定高了，可作进一步调整使其降低；可能因为成本投入太少，可以允许适当提高一些。

B. 重新分配的成本小于现实成本，如 FA_2、FA_3 功能区，以新分配的功能成本作出功能评价值。

表 5-3 功能重要性分析法应用表

功能区①	功能重要性系数②	现实成本(元)③	根据产品现实成本和功能重新分配成分④=②×900(元)	功能评价值(目标成本)⑤	成本降低幅度⑥	排序⑦
FA_1	0.51	285	459	285	0	
FA_2	0.33	370	297	297	73	2
FA_3	0.11	200	99	99	101	1
FA_4	0.05	45	45	45	0	
合计	1.00	900	900	726	174	

C.重新分配的成本等于现实成本,功能评价值为现实成本。

根据计算结果,我们优先选择功能评价值降低的功能区作为价值工程的对象。对于上例,改进方案的目标成本为 726 元,成本降低幅度为 174 元。

(4)强制确定法(forced decision,FD)。这种方法抓住每一事物的评价特性,然后把这些因素组合起来进行强制评价,该方法兼顾功能与成本,具体做法为先求出分析对象的成本系数、功能系数,再得出价值系数,揭示出分析对象的功能与花费的成本是否相符,不相符、价值低的被选为价值工程的研究对象。

强制确定法的评价规则是:由对产品性能熟悉的人员参加评价;评价人数为 5~15 人;评价人员在评价时各自计分,互不干扰;评价两个功能的重要性时,采用 1:1 的方法,功能重要的得 1 分,相对不重要的得 0 分,两者不能同时得 1 分,也不能同时得 0 分。

其具体步骤如下:

①第一步:求功能评价系数 F_i。零件的功能重要性是把构成产品的各个零件排列起来进行功能比较而确定的。将几位评价者的评分值作综合统计,列出功能评价综合统计表,然后求出平均评分值和功能评价系数。平均评分值计算公式如下:

$$\bar{g} = \frac{\sum g}{K} \tag{5.2}$$

式中:$\bar{g}$——平均评分值;

K——评价人数;

g——为评分值。

功能评价系数计算公式如下:

$$F_i = \frac{\bar{g}}{\sum g} \tag{5.3}$$

式中:F_i——第 i 个零件的功能评价系数。

功能评价系数大反映功能重要,功能评价系数小说明功能不太重要。

②第二步:求成本系数 C_i。某零件的现实成本占产品现实成本的比例即为该零件的成本系数。

③第三步:计算价值系数 V_i。功能系数与成本系数之比为价值系数。

④第四步:选择对象。企业根据收集到的情报确定目标成本,然后计算按重要性系数应分配的预期成本,根据结果选择对象。

运用强制确定法时,价值系数 V_i 的计算结果有三种情况:

①$V_i > 1$,说明该零件功能比较重要,但分配的成本较少,应具体分析,可能产生的原因是功能与成本分配已较理想,或者有不必要的功能,或者应该提高成本。

②$V_i < 1$,说明该零件分配的成本很多,而功能要求不高,应该作为价值工程活动的研究对象,功能不足则应提高功能,成本过高应着重从各方面降低成本,使成本与功能比例趋于合理。

③$V_i = 1$,说明该零件功能与成本匹配,从而不作为价值工程活动的选择对象。

从以上分析可以看出,对产品零件进行价值分析,就是使每个零件的价值系数尽可能趋近于1。此外,应注意 $V_i = 0$ 时的情况,要进一步分析,如果是不必要的功能,则该零件应取消;如果是最不重要的必要功能,要根据实际情况进行处理。

▷ 5.2.3 情报信息资料的搜集

情报信息资料的搜集工作的开展是价值工程的基础。通过情报资料的搜集,可以获得价值工程所需要的依据、标准和对比对象。

1.情报信息资料的分类

价值工程所需要搜集的情报资料是相当广泛的,应视具体情况而定,一般可根据情报内容分为以下几类:

(1)市场情报。企业对市场情报掌握如何,决定着企业的生存与发展。如果一个企业较好地掌握市场情报,满足用户需求甚至创造一种新的需求使顾客产生不满足感,就可以及时准确地进行生产、销售,使企业处于市场竞争的有利地位。有关市场的情报主要包括:用户对产品的基本性能、外形、可靠性、价格、交货期、技术服务等方面的要求,市场上竞争对手的产品的竞争力如何、竞争对手的实力,市场需求变化情况、区域特点以及国家产业规划等。

(2)技术情报。技术情报包括产品设计和科研、产品工艺、制造设备、原材料及批量生产的数量、质量、成本、售价、期量标准等。技术上的突破和改进是价值工程的目的。掌握这类情报,有利于企业迅速掌握新产品、新材料、新工艺,在保持甚至提高功能时大幅度降低成本,也有利于研究人员打开思路,及时发现问题、解决问题。

(3)成本费用情报。成本费用情报包括:同类产品的成本及其构成情况,本企业成本资料、生产经营预算情报;具体指标有设计成本、工艺成本、材料成本、标准化成本、能源消耗成本、人工费用、外购件成本等。降低成本是价值工程活动的重要目标,所以必须认真做好成本费用情报的收集与整理工作,提高情报的准确性和可靠性,更好服务于价值工程。

(4)采购外协情报。采购外协情报包括:外购原材料、外协件的品种、规格、质量等指标,供应单位与外协单位的分布状况、技术水平、经营状况、信誉、厂外运输方面的情报。采购外协是企业生产经营活动的重要方面,进行价值工程分析时有利于以最低成本实现必要功能。

(5)本企业的状况。企业必须从自身实际情况出发,做到知己知彼,才能更好地实现企业目标和价值工程制订的目标。本企业的状况资料包括企业的经营方针、设计能力、生产能力、管理水平、适应环境能力、经营状况、企业信誉及发展规划等。

(6)其他情报。其他情报主要包括国家法令、政策规则、国际环境等方面内容,具体指政府有关技术发展、劳动保护、能源使用、环境污染等的政策、法律以及长远规划和国际标准、国际贸易条例法则、国际趋势等情报。这是企业作为社会的一员对用户、国家、社会应负的责任,同时对于企业的前途也有重大影响。

2. 应注意的问题

在搜集情报信息资料时,应注意以下一些问题:

(1)目的性。没有明确的目的,就无法搜集情报信息资料。收集情报事先明确目的,针对不同目标收集不同情报,这样才可以避免无的放矢、效率低下、浪费精力与时间的情况发生。

(2)情报的数量与质量。一般来说,情报的数量越多,提高价值的可能性越大,现在随着电子计算机、网络技术、信息业的发展,使企业获取大量的信息成为可能。情报不仅要有数量,而且要有质量。情报信息资料的搜集应做到准确可靠,高质量的情报会提高价值工程工作的效果。如果搜集到的情报不可靠、不准确或者对搜集的情报要求太高,不但时间、费用过高,也会达不到预期的效果,甚至会导致价值分析的失败。

(3)情报来源。情报来源往往很多,以调查顾客需求状况为例,可以从销售部门、服务部门等多种渠道获得所需情报。不同的情报来源得到的情报的时间、质量、数量往往不同,所以从最好的情报来源搜集情报同价值工程质量好坏有密切关系。

(4)适时性。在必要的时间内搜集情报,提供的情报才有价值,才能在价值改进方面取得显著效果,所以收集情报必须有确定的期限。

(5)情报搜集人员和搜集方法。根据情报的内容、来源、时间等的要求,企业选择合适的情报人员和搜集方法。情报人员应具备相当的专业知识与经验、有机会接触情报源且有较强的情报感知能力,情报人员可以通过查阅资料、访问专家学者、参加各种学术会议和产品展览会、书面调查法、德尔菲法、观察法等多种方法搜集资料、提高情报工作的质量。

(6)重视情报汇总。情报搜集获得的原始资料,还需进一步分析、分类、汇总整理,剔除无效资料,保留有效资料,并使之变为系统、逻辑、有效的信息资料,以有利于情报的保管和利用。

(7)计划性。为了实现情报搜集的及时、准确、可靠性等要求,情报工作要有计划性,使情报工作明确目的、范围、时间、人员、搜集方法、整理方法,从而提高情报工作的效率。

➤ 5.2.4 功能分析

功能分析是价值工程活动的核心,决定着价值工程活动的有效程度。通过产品的功能、成本的定性和定量分析,确定它们的相互关系,科学地确定产品的必要功能,合理地分配成本,为创造和改善方案提供依据。通过功能分析可以去掉不合理的功能,调整功能间的比值,使产品的功能结构更趋合理。功能分析主要包括功能定义和功能整理等内容。

1. 功能定义

产品的功能就是指产品的用途。用户购买产品其实是购买产品所具有的功能,所以功能是连接生产与消费本质性的东西。价值工程以功能分析为核心,站在用户的立场上,有利于开辟思路和创新。

(1)功能的分类。为了弄清功能的定义,依据功能的不同特性,可以先将功能分为以下几类:

①使用功能与美学功能。这是从功能性质的角度进行的分类。使用功能从功能的内涵上反映其使用属性,是一种动态功能,美学功能是从产品外观反映功能的艺术属性,是一种静态的外观功能。

②基本功能与辅助功能。这是从功能重要程度的角度进行的分类。基本功能是产品的主要功能,对实现产品的使用目的起着必不可少的作用;辅助功能是次要功能,是为了实现基本功能而附加的功能。

③必要功能与不必要功能。这是从用户需求的角度进行的分类。必要功能是用户要求的功

能,使用功能、美学功能、基本功能、辅助功能等均为必要功能,不必要功能是不符合用户要求的功能,又包括三类:一是多余功能,二是重复功能,三是过剩功能。

④过剩功能与不足功能。这是从定量角度对功能采用的分类。过剩功能是指某些功能虽属必要,但满足需要有余,在数量上超过了用户要求或标准功能水平;不足功能是相对于过剩功能而言的,表现为产品整体功能或零部件功能水平在数量上低于标准功能水平,不能完全满足用户需要。

(2)功能定义的要求。功能定义就是根据搜集的情报资料,透过对象产品或部件的物理特性或现象,找出其效用或功用的本质,并逐项加以区分和规定,以简洁的语言描述出来。功能定义不仅要对价值工程研究对象整体功能定义,而且要对研究对象各个构成部分进行功能定义。

功能定义通常用动词和名词简洁、抽象的表述,做到准确且不限制思路,可以提高价值工作的质量。名词要使用可以测定的词汇,如热源可以用可度量单位"卡"、"千卡"衡量,动词部分要使用可以扩大思路的词汇,如钻孔改为做孔,就可以想到用铸件铸造。为了提高功能定义的准确性,要以事实为基础,问六个基本问题(即制约条件):What、Who、When、Where、Why、How to、How much。如表 5－4 的例子。

表 5－4　功能定义

功能	不好的定义	好的定义
电炉	提供火源	提供热源
电线	传电	传送电流
桌腿	支撑桌面	支撑重量
笔	写字	出墨水

2. 功能整理

功能整理,是对已经进行了功能定义的研究对象,按照各组成部分的内在逻辑关系形成一个体系,从局部功能和整体功能的相互关系上进行分析,找出和排除不必要的功能,补充不足的功能、认识功能领域。产品组成越复杂,功能的数量越多,功能之间的联系也越复杂,所以从功能系统出发,才能真正把握产品的必要功能。

(1)功能整理应满足的要求。通过功能整理,应满足以下要求:①明确功能范围。既搞清楚有几个基本功能,这些基本功能又是通过什么功能实现的。②检查功能之间的准确程度。定义下得正确的就肯定下来,不正确的加以修改,遗漏的加以补充,不必要的就取消。③明确功能之间上下位关系和并列关系。即明确功能之间的目的和手段的关系。

(2)功能整理的具体做法。功能整理运用功能分析技术(FAST),即把功能按照"目的—手段"的关系加以系统化,编制功能系统图。其具体做法是:

①制作功能卡片,把功能定义一一写在卡片上。功能卡片的格式如表 5-5 所示。

表 5-5　功能卡片的格式

功能:	
零件成本:	成本:

②研究功能之间的关系。目的功能是上位功能,手段功能是下位功能。对于每个零件而言,

既可能对上位功能来说是手段,对下位功能来说是目的。

③列出功能系统图。功能系统图是功能整理的结果,对功能定义进行必要的修改,使功能系统化,既反映了产品功能的全貌,又可反映各部分功能之间的关系,明确了功能级别,为从整体与局部功能关系角度改进设计方案提供了可靠依据。图 5 - 2 是一个白炽灯功能系统图的例子,可供参考。

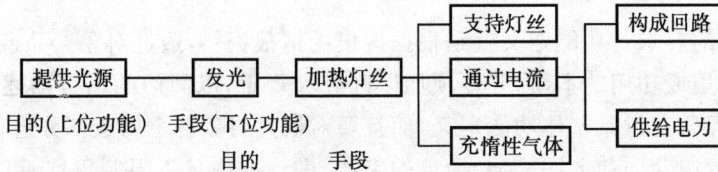

图 5 - 3 白炽灯功能系统图

一般地,对上位功能改进较难,但改进效果比下位功能显著。功能系统图与成本联系起来,在功能评价之后就可以进行功能费用的分配。

通过功能定义与整理,打破以事物为中心的思想方法,以功能为中心,进行价值工程分析,改革老产品、开发新产品,这就是所谓 Blast-Create-Refine 过程。

▶ 5.2.5 功能评价

通过功能分析与整理明确必要功能后,价值工程的下一步工作就是功能评价。功能评价即评定功能的价值,是指找出实现功能的最低费用作为功能的目标成本(又称功能评价值),以功能目标成本为基准,通过与功能现实成本的比较,求出两者的比值(功能价值)和两者的差异值(改善期望值),然后选择功能价值低、改善期望值大的功能作为价值工程活动的重点对象。功能评价工作可以更准确选择价值工程研究对象,制定目标成本有利于提高价值工程的工作效率、增加工作人员的信心。

1. 功能评价的程序

功能评价的基本工作步骤如下:

(1)第一步:计算功能现实成本。其方法是根据传统的成本核算资料,将产品或零件的现实成本按功能进行分配,换算成功能的现实成本。

(2)第二步:求功能评价值。功能评价值是指可靠地实现用户要求功能的最低成本,它可以理解为是企业有把握,或者说应该达到的实现用户要求功能的最低成本。从企业目标的角度来看,功能评价值可以看成是企业预期的、理想的成本目标值。功能评价值一般以功能货币价值形式来表达。功能重要性系数评价法是一种根据功能重要性系数确定功能评价值的方法。这种方法是把功能划分为几个功能区(即子系统),并根据各功能区的重要程度和复杂程度,确定各个功能区在总功能中所占的比重,即功能重要性系数。然后将产品的目标成本按功能重要性系数分配给各个功能区作为该功能区的目标成本,即功能评价值。

(3)第三步:计算功能价值和改善期望值,选择研究对象。功能价值计算公式为:

$$V = F/C \tag{5.4}$$

式中:V——功能价值;

F——功能评价值;

C——功能现实成本。

功能价值 V 的计算方法可分为两大类:功能成本法与功能指数法。

①功能成本法。功能成本法又称为绝对值法,它是通过一定的测算方法,测定实现应有功能所必须消耗的最低成本,同时计算为实现应有功能所耗费的现实成本,经过分析、对比,求得对象的价值系数和成本降低期望值,确定价值工程的改进对象。

功能价值系数计算结果有以下三种情况:

A. $V=1$。即功能评价值等于功能现实成本,这表明评价对象的功能现实成本与实现功能所必需的最低成本大致相当。此时评价对象的价值为最佳,一般无需改进。

B. $V<1$。即功能现实成本大于功能评价值,表明评价对象的现实成本偏高,而功能要求不高,这时一种可能是由于存在着过剩的功能,另一种可能是功能虽无过剩,但实现功能的条件或方法不佳,以致使实现功能的成本大于功能的实际需要。这两种情况都应列入功能改进的范围,并且以剔除过剩功能及降低现实成本为改进方向,使成本与功能比例趋于合理。

C. $V>1$。说明该部件功能比较重要,但分配的成本较少,即功能现实成本低于功能评价值。此时应进行具体分析,功能与成本的分配可能已较理想,或者有不必要的功能,或者应该提高成本。

应注意一个特殊情况,即 $V=0$ 时,要再进一步分析。如果是不必要的功能,该部件则取消;但如果是最不重要的必要功能,则要根据实际情况处理。

②功能指数法。功能指数法又称相对值法,在功能指数法中,功能的价值用价值指数来表示,它是通过评定各对象功能的重要程度,用功能指数来表示其功能程度的大小,然后将评价对象的功能指数与相对应的成本指数进行比较,得出该评价对象的价值指数,从而确定改进对象,并求出该对象的成本改进期望值。

价值指数的计算结果有以下三种情况:

A. $V=1$。此时评价对象的功能比重与成本比重大致平衡,可以认为功能的现实成本是比较合理的。

B. $V<1$。此时评价对象的成本比重大于其功能比重,表明相对于系统内的其他对象而言,目前所占的成本偏高,从而导致该对象的功能过剩。应将评价对象列为改进对象,改善方向主要是降低成本。

C. $V>1$。此时评价对象的成本比重小于其功能比重。出现这种结果的原因可能有三种:第一,由于现实成本偏低,不能满足评价对象实现其应具有的功能要求,致使对象功能偏低,这种情况应列为改进对象,改善方向是增加成本;第二,对象目前具有的功能已经超过了其应该具有的水平,也即存在过剩功能,这种情况也应列为改进对象,改善方向是降低功能水平;第三,对象在技术、经济等方面具有某些特征,在客观上存在着功能很重要而需要消耗的成本却很少的情况,这种情况一般就不应列为改进对象。

(4)第四步:确定功能改善对象。这是价值工程功能分析与评价的最后一个步骤,通过这一步,确定哪些因素是改进的对象以及改进的目标,为改进方案的提出、产品价值的提高提供依据。确定对象改进范围应遵循如下原则:

① V 值低的功能区域。计算出来的 $V<1$ 的功能区域,基本上都应进行改进,特别是 V 值比1小得较多的功能区域,应力求使 $V=1$。

② $C-F$ 值大的功能区域。当 n 个功能区域的价值系数同样低时,就要优先选择 $C-F$ 数值大的功能区域作为重点对象。一般情况下,当 $C-F$ 大于零时,$C-F$ 大者为优先改进对象。

③复杂的功能区域。复杂的功能区域,说明其功能是通过采用很多零件来实现的。一般说,

复杂的功能区域其价值系数也较低。

2. 功能评价的方法

功能评价主要方法有:经验估算法、功能重要性系数法、最合适区域法、理论价值标准法、实际价值标准法、逻辑判断法、实际统计值评价法等。下面介绍其中的几种常用方法。

(1)经验估算法。这种方法是由价值工程人员以及一些邀请的有经验的技术人员、专家对实现某一功能的几个方案进行成本估算,取成本最低的为目标成本的估算方法。在要求精度不高的情况下,这是一种简便有效的方法。

(2)理论价值标准法。有些功能成本可以根据物理学、材料力学和其他的工程计算方法进行计算,直接求出实现该功能的最低成本,进行功能评价。理论价值标准法比较科学可靠,应用简便,不需要评价的特殊技巧及熟练程度。但是该方法仅限于能够用物理学、材料力学等工程计算公式计算的,而且用理论公式计算往往考虑不到实际情况,所以作为研究对象的现实目标成本还要进一步结合市场行情、企业状况、国家政策等因素综合考虑。

(3)实际价值标准法。实际价值标准法,是指广泛收集企业内外实现同样功能的已有产品资料,从中选择成本最低的产品作为价值标准。实际价值标准法的实施步骤如下:

第一步:广泛收集企业内外实现同样功能的已有产品资料,包括其功能、功能的实现程度、产品成本资料以及实现功能的约束条件(如可靠性、操作性、质量、维修性等)。

第二步:将所收集的产品资料按功能实现程度进行分类并排列顺序。

第三步:根据实际价值标准决定产品目标成本。

采用实际价值标准法制定目标成本的价值具有说服力。但是仍有可能存在过剩功能或功能不足,而且产品的功能与成本是不断变化的,所以选择实际价值标准时,一定要注意变化的情况,进行适当地修正。

(4)逻辑判断法。它是一种相对评分方法,对研究对象各个功能区域进行功能评分,进行逻辑判断活动给出功能评价系数。这种方法可以在强制确定法和 DARE 法(详见 5.2.6 中的讲解)法的基础上进行。其评价步骤为:

第一步:进行定性评价,由上而下依次排出各零件功能重要程度的顺序。

第二步:自上而下进行对比,分析功能之间的关系,给出逻辑判断。

第三步:暂定最下一项的功能分值为某一数值,按照逻辑判断的数量界限依次打分。

第四步:每一功能的功能值除以得分总和,即得该零件功能评价系数。

逻辑流程判断法确定的功能评价系数,更能准确反映各个零件功能的实际情况,按功能评价系数分配的目标成本比较切合实际。但应注意的是功能评价时逻辑判断带有一定主观色彩。

(5)实际统计值评价法。此方法根据大量统计资料,依据产品的基本功能、辅助功能成本,预测价值工程研究对象总成本中实现基本功能的成本和实现必要的辅助功能所需要的成本以及二者之间的比例,运用该比例关系决定研究对象的功能评价值。随着经济的发展和市场竞争的激烈,产品的竞争日益集中在辅助功能的竞争,所以产品价值改善的很大一部分取决于产品的辅助功能,因此预测产品的功能评价值时需要考虑必要的辅助功能。

实际统计值法在开展评价工作时,首先收集若干同类产品的资料,经分析研究把现实成本分为三个部分,即基本功能成本 F_b、必要的辅助功能成本 F_s、不必要的辅助功能成本 F_u,然后求出基本功能与必要功能的比例 R。R 的计算公式为:

$$R = F_s/F_b \tag{5.5}$$

然后求出价值工程研究对象的基本功能评价值,再利用已求出的 R(根据统计资料),根据公式求出研究对象的全部功能评价值。计算公式为：

$$F = F_b(1 + R) \tag{5.6}$$

式中：F——研究对象的全部功能评价值。

实际统计值评分法简便易行，可以在短时间内进行评价，缺点是必要辅助功能成本比例难以准确确定。

随着科学技术的发展和价值分析的多次循环不断深入，在必要的辅助功能中会进一步分离出某些不必要的辅助功能，而必要的辅助功能有不断下降的趋势。R 的数值也会相应变化需要适时修正。

➢ 5.2.6 方案创造与评价

方案创造与评价是价值工程第三阶段的两项主要工作。

1. 方案创造

方案创造是从提高对象的功能价值出发，在正确的功能分析和评价的基础上，针对应改进的具体目标，通过创造性的思维活动提出能够可靠地实现必要功能的新方案。方案创造的方法有很多种，下面介绍几种常用方法。

（1）头脑风暴法（brain storming，BS）。头脑风暴法是指自由奔放、打破常规、创造性地思考问题。我国的"诸葛亮会"与此类似。一般由 5～13 个人参与为宜，主持人要熟悉价值工程研究对象、善于引导，参加人员要有企业内外部的专业人员。头脑风暴法有四条规则：①互相指责；②鼓励自由地提出想法；③欢迎提出大量方案；④欢迎完善别人提出的方案。

在会议上对表达的设想，不必追求全面系统，但记录工作一定要认真。国外经验证明，采用头脑风暴法提出方案比同样的人单独提方案的效果要提高 65%～93%。

（2）哥顿法。哥顿法是 1964 年美国人哥顿提出来的。在会议上，主持人仅把要解决的问题抽象介绍，使会议参加者并不明白会议的研究问题，以开拓思路。以有名的稻谷脱粒机案例为例，主持人首先提出如何使物体"分离"，与会者可以回答"切断"、"锯断"、"剪断"、"烧断"等方法，会议主持人再进一步提出如何使稻谷与稻草分离的问题，最后会议形成一种高效率圆筒式稻谷脱粒机的方案。哥顿法的优点是将问题抽象化，有利于减少束缚、产生创造性想法，难点在于主持者如何引导。

（3）德尔菲法。德尔菲法的工作方法是将要解决的问题，进行分解，选择一定数量专业人士，将提案要求寄出去，各专业人士分别提出自己的设想方案并寄回，组织者把各方面意见加以整理汇总，形成不同的改进方案，再次寄出去供提案人员（专业人士）分析，组织者再次收到意见后选出少数方案后再寄出去。如此反复，最后形成最优方案。德尔菲法的优点是成员之间互不见面，可以排除权威、资历、多数意见等心理因素影响，有利方案创造，缺点是时间较长。

（4）T·T-STORM 法。STORM 是"systematic thinking of objective realizing method"的缩写，意思是实现目标的思考方法。该法是由日本经营合理化中心武知考夫提出的，T·T 是武知考夫罗马字母拼音的字头。该方法的具体步骤如表 5-6 所示。

（5）输入输出法。该方法是美国通用电气公司用于产品设计的一种方法，将用户需要解决的问题作为"输入"，把企业满足用户要求的目标作为"输出"，将"功能要求事项"作为"制约条件"，进行方案创造的一种方法。

表 5-6 T·T-STORM 法的步骤

步骤	内容
集中目标	深刻领会对象问题的真正目的,明确定义
广泛思考	自由联想,提出多种新方案
搜索相似点	抽出新方案的关键词作强制联想,使这些方案得到发展
系统化	把实现目的的各方案系统化,并把这些方案添加到产品设计上
排队	把提出的方案,按价值大小排列顺序,进行选择分析
具体化和提炼	把各种设想方案具体化,并同其他功能和对象问题联系起来,以求把解决问题的方案具体化
制定模式	确定新方案的细节问题,确定能实现功能的最有价值的具体方案

(6)类比法。类比法是哥顿的又一研究成果,又称"synoptic",意思是把不同的、看起来毫无联系的因素进行联想,类比得出方案。类比法有三种:

①直接类比。

例如:有没有在水中和陆地都能走的动物?

→龟→龟的机理→水陆两用汽车。

②象征类比。

例如:用神话进行类比,开发一种新型钥匙。

(故事)念咒→声音→声波→电信号交换装置→(产品)根据电气原理制成的钥匙。

③拟人类比。

例如:对于传递力矩的轴。

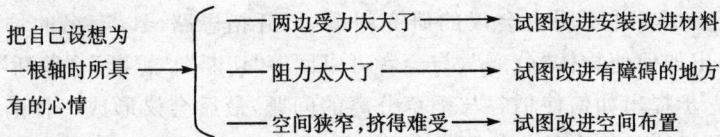

把自己设想为一根轴时所具有的心情
- 两边受力太大了 → 试图改进安装改进材料
- 阻力太大了 → 试图改进有障碍的地方
- 空间狭窄,挤得难受 → 试图改进空间布置

2. 方案评价

方案评价是在方案创造的基础上对新构思的方案在技术、经济、社会和环境效果等几方面进行估价,以便于选择最佳方案,最后予以实施。方案评价包括概略评价和详细评价两个阶段。这两个阶段的评价内容和步骤都包括有技术评价、经济评价、社会评价以及综合评价。概略评价是对方案创造阶段提出的各个方案设想进行初步评价,目的是淘汰那些明显不可行的方案,筛选出少数几个价值较高的方案,以供详细评价作进一步的分析。详细评价是在掌握大量数据资料的基础上,对通过概略评价的少数方案,从技术、经济、社会三个方面进行详尽的评价分析,为提案的编写和审批提供依据。

在对方案进行评价时,无论是概略评价还是详细评价,一般可先做技术可行性评价,再分别进行经济可行性评价和社会评价,最后进行综合评价。

(1)技术可行性评价。技术可行性评价是对评价方案实现必要功能的程度进行评价,以价值工程研究对象为产品为例,其技术可行性可从如下几个方面进行评价:①功能的实现程度(性能、质量、寿命等);②可靠性;③可维修性;④操作性;⑤安全性;⑥整个系统的协调性;⑦与环境的协调性。技术可行性评价,力求把技术指标定量化,以便进行比较与选择。技术经济价值量计算公式为：

$$X = \frac{\bar{P}}{P_{max}}$$ （5.7）

式中：X——技术价值；

$\bar{P}$——各项技术项目得分的算术平均值；

P_{max}——评分标准的最高得分。

理想方案是技术价值为1，一般 $X > 0.8$ 是很好的方案，$X < 0.6$ 为不可行方案。

（2）经济可行性评价。经济可行性评价从成本与利润两方面进行综合考虑，侧重以成本为指标进行评价，综合考虑企业经营需要、实施改进方案的费用情况、适用时期、方案实施条件等。经济可行性评价的公式为：

$$Y = \frac{H_i}{H}$$ （5.8）

式中：Y——经济效益；

H_i——目标成本（理想成本）；

H——新方案制造成本。

理想方案是经济效益为1，一般 $Y > 0.7$ 是很好的方案，$Y < 0.5$ 应舍弃。

经济可行性评价的方法一般有以下几种：

①变动成本法。变动成本法是指将成本划分为固定成本与变动成本，计算盈亏平衡点。其基本公式为：

$$X = \frac{C}{P - V}$$ （5.9）

式中：X——盈亏平衡点产量；

C——固定成本；

P——产品单价；

V——单位产品变动成本。

②"总额"与"差额"法。总额法，是指对影响利润或成本的全部因素加以计算，求出总利润或总成本进行比较的一种方法。差额法，是指只对影响利润或成本有差异的因素加以计算，进行差额比较的一种方法，这种方法较简便、节省时间。

（3）社会评价。社会评价，是指方案的社会效果的评价。企业作为社会的成员，有其社会属性，要谋求企业的利益与社会利益的一致。社会评价主要包括以下几方面内容：①方案是否符合国家规划。②方案实施资源利用是否合理。③方案实施是否达到国家关于环境保护颁布的有关规定。④方案是否符合其他相关要求。

（4）方案综合评价。方案综合评价是在上述三种评价的基础上，对整个方案做出综合的、整体的评价。综合评价时要综合考虑各指标因素之间重要性比重、各方案对评价指标的满足程度，从而判断和选择出最优方案。用于方案综合评价的方法很多，从整体上说，可区分为定性评价法和定量评价法。定性评价法简单且全面，但是这种方法缺乏定量依据，容易把一些相近的方案全部排除或难以选择，常用的定性方法有德尔菲法、优缺点列举法等；定量评分法，是指用评分法评价每一方案的得分来选择方案的方法，常用的定量方法有直接评分法、加权评分法、乘法评分法、比较价值评分法、环比评分法、强制评分法、几何平均值评分法等。下面介绍几种常用的具体定量评分方法。

①环比评分法。环比评分法又称DARE法，是指根据评价指标重要性程度和方案对评价指

标的满足程度进行综合评价的方法。其具体步骤为:第一步,确定评价指标重要性系数;第二步,确定方案对评价指标的满足程度系数;第三步,确定方案的评分值,计算公式为:

$$A_i = \sum W_j S_i \qquad (5.10)$$

式中:A_i——第 i 个方案的综合评价分值;

W_j——第 j 个评价指标的重要性系数;

S_i——第 i 个方案对第 j 个评价指标的满足程度系数。

最后,根据 A_i 数值,选择总评分值最高的方案为最优方案。

②加法评分法与乘法评分法。这两种方法都是将评价项目按满足程度分为若干等级,确定各级评分标准并进行评分。加法评分法如表 5-7 所示,从表中可以看出,A 方案的评分值最高,可确定为最优方案。乘法评分法与加法评分法类似,各方案的每一个评价指标得分累计相乘。由于总分值由乘积确定,所以方案之间分值差距较大,对比醒目。

表 5-7　加法评分法

评价项目			对比方案			
内容	评价等级	评分标准	A	B	C	D
功能	绝对必要	30	30			
	一般	20		20		20
	较小	10			10	
竞争能力	强	10	10			
	中	8	8			8
	弱	5			5	
市场规模	大	8	8			
	中	6		6		
	小	3			3	3
生产能力	充分利用现有基础	15	15			
	增加设备,少量投入	10		10	10	
	增加大量如入	6				6
评分总数		25～63	61	46	28	37

5.3　价值工程在建筑施工中的应用案例

某单位承接某厂房施工任务。该厂房设计方案已定,为双跨等高自由排水的排架结构,其长×宽为 36 m×60 m。除要求工程施工保证达到各项技术要求外,还要求:①工期不得超过180 天;②费用不得超过 1 000 万元。

根据设计要求及费用、工期要求,施工单位首先提出了一种施工方案,按照常规的施工顺序,采用工序平移推进的方法,即施工准备→基础工程→柱吊装工程→砖砌体工程→混凝土构件预制及养护→构件吊装粉刷→地坪→门窗安装等工序。由于采用惯用的施工程序和方法,施工难度小,工人技术操作水平、施工质量易于保证,估计工期需要 150 天左右,工程费用可控制在 800

万元左右。

采用上述方案组织施工(简称 A 方案),应该说基本上满足了工程的设计功能、费用和工期要求。但是价值工程的目的是提高价值,它绝不满足于现状,针对这个施工方案,在满足上述功能目标、费用目标和工期目标的基础上,按价值工程概念提出其他施工方案的可行性。

经过对该工程进行详细分析,按价值工程概念,提出另一施工方案,称为 B 方案。B 方案根据该工程装配式钢筋混凝土预制构件的特点,采用"平行流水、立体交叉"的施工方法,施工工序为:施工准备→钢筋混凝土构件预制及养护→吊装→地坪。B 方案的最大特点是打破了常规的施工顺序,当施工准备就绪后,先行预制钢筋混凝土构件,利用构件制作及养护所需要的时间,交叉地完成基础及砖墙的砌筑,在地坪用填土及浇捣地坪混凝土的同时,平行地完成内外粉刷。这样可以使工期大大缩短,估计为 80 天左右。但是,由于平行交叉作业,增加了施工管理的复杂程度,而且需要抽调大量人力、物力集中施工,因而工程造价较高,约为 950 万元左右。

显然方案 A 与 B 比较,工期长 70 天,但费用低。孰优孰劣,可以采用价值工程中的加权评分法予以评价。在方案 A 与 B 的比较中,评价的要点是工期和费用,因此确定工期和费用为评价项目。在该工程中,工期较费用重要,故确定工期重要度权数为 2,费用重要度权数为 1,根据方案评价的具体情况,采用比例推算评分。由于评价项目工期和费用均属于约束性的反指标,故其评分比例公式为:

$$S_{ij} = \left[S_{io\,j} / (Z_{jO} - Z_{io\,j}) \right](Z_{jO} - Z_{ij}) \tag{5.11}$$

式中: S_{ij}——第 i 个方案关于第 j 项评价指标的满足程度评分;

Z_{ij}——第 i 个方案关于第 j 项评价指标的指标数值;

io——基准方案的编号;

$S_{io\,j}$——基准方案对第 j 个评价项目的满足程度评分,通常是直接给定的;

$Z_{io\,j}$——基准方案第 j 个评价项目的指标数值;

Z_{jO}——反指标 j 的最大限值。

在此例中将方案 A 定为基准方案,对工期和费用两个评价项目的满足程度均评为 10 分,于是运用上述公式:

方案 B 的工期满足程度评分为:

$S_{B1} = \left[10 / (180 - 150) \right](180 - 80) = 33$

方案 B 的费用满足程度评分为:

$S_{B2} = \left[10 / (1\,000 - 800) \right](1\,000 - 950) = 2.5$

然后按照公式计算各方案的评分权数和,选出最优方案。计算方案的评分权数和的公式为:

$$S_i = \sum W_j S_{ij} \tag{5.12}$$

式中: S_i——第 i 个方案的评分权数和;

　　W_j——第 j 个项目的重要度权数。

则方案 A 的计算结果为 $S_A = 10 \times 2 + 10 \times 1 = 30$;方案 B 的计算结果为 $S_B = 33 \times 2 + 2.5 \times 1 = 68.5$。计算结果表明,$S_B$ 大于 S_A,方案 B 优于方案 A。由于方案 B 适量增加费用,从而较大幅度缩减工期,能使工厂早日投产取得经济效益,因此,从整体优化而言,决定按照方案 B 组织施工。

思考与练习

一、单选题

1. 价值工程中的总成本是指(　　　　　)。

A. 生产成本　　　　B. 产品寿命周期成本　　　C. 使用成本　　　D. 使用和维修费用

2. 在功能成本表达式 $V=F/C$ 中,V 代表( )。

A. 成本系数　　　B. 价值功能量　　　　C. 价值系数　　　D. 价值功能系数

3. 在价值工程中,功能评价值是指可靠地实现用户要求功能的( )成本。

A. 最高　　　　　B. 适中　　　　　　　C. 最低　　　　　D. 最优

4. 价值工程的功能评价方法有两类,包括功能成本法和( )。

A. 方案估算法　　B. 功能指数法　　　　C. 强制确定法　　D. 多比例评分法

5. 在建设产品生产中应用价值工程原理时,应( )。

A. 在分析结构、材质等问题的同时,对建筑产品的必要功能进行定义

B. 首先确定建筑产品的设计方案,然后再进行功能分析和评价

C. 在分析功能的基础上,再去研究结构、材质等问题

D. 在分析结构、施工工艺的基础之上确定建筑产品的功能

6. 价值工程中的功能一般是指产品的( )。

A. 基本功能　　　B. 使用功能　　　　　C. 主要功能　　　D. 必要功能

7. 在价值工程活动中,价值指数 VI 的计算结果不同,采取的改进策略也不同。下列改进策略中正确的是( )。

A. $VI<1$ 时,应将评价对象列为改进对象,改善的方向主要是提高功能水平

B. $VI>1$ 时,应将评价对象列为改进对象,改善的方向主要是降低功能水平

C. $VI>1$ 时,应将评价对象列为改进对象,改善的方向主要是增加成本

D. $VI>1$ 时,是否将评价对象列为改进对象,应作进一步分析后再确定

二、多选题

1. 根据价值工程原理,提高产品价值的途径有( )。

A. 功能不变,成本降低　　B. 功能提高,成本提高

C. 功能提高,成本降低　　D. 总功能满足要求的前提下,消除多余功能

E. 功能稍有下降,成本大幅度降低

2. 在价值工程中关于功能与成本的正确论述是( )。

A. 功能水平越高,生产成本越高

B. 当生产成本高于使用成本时,产品功能不足

C. 功能水平越低,总成本越低

D. 当生产成本等于使用成本时,功能水平最佳

E. 当使用成本过高时,产品功能不足

3. 从重要程度来看,产品的功能可分为( )。

A. 使用功能　　　　B. 基本功能　　　　　C. 必要功能

D. 辅助功能　　　　E. 过剩功能

4. 用于方案综合评价的方法有很多,常用的定量方法有( )。

A. 加权评分法　　　B. 优缺点列举法　　　C. 直接评分法

D. 比较价值评分法　E. 强制评分法

6. 价值工程涉及价值、功能和寿命周期成本三个基本要素,其特点包括( )。

A. 价值工程的核心是对产品进行功能分析

B. 价值工程要求将功能定量化,即将功能转化为能够与成本直接相比的量化值

C.价值工程的目标是以最低的生产成本使产品具备其所必须具备的功能

D.价值工程是以集体的智慧开展的有计划、有组织的管理活动

E.价值工程中的价值是指对象的使用价值,而不是交换价值

三、简答题

1.什么是价值工程?价值工程中的价值含义是什么?提高价值有哪些途径?

2.什么是功能?功能如何分类?

3.功能分析的目的是什么?功能系统图的要点是什么?

4.什么是功能评价?常用的评价方法有哪些?

5.什么是价值工程对象的选择?ABC分析法的基本思路是什么?

6.什么是功能整理?怎样绘制功能系统图?

7.方案创造有哪些方法?如何进行方案的评价?

第6章　建设项目技术经济分析与评价

本章学习要点

1. 熟悉项目建议书的基本内容
2. 了解项目建议书的编制和审批
3. 熟悉项目可行性研究的工作程序和基本内容
4. 了解项目可行性研究的作用、深度要求和审批
5. 熟悉设计方案技术经济评价的工作程序
6. 熟悉设计方案技术经济评价的主要指标
7. 熟悉设计方案技术经济效果的评价方法
8. 了解提高设计方案技术经济效果的方法
9. 了解施工方案技术经济评价
10. 熟悉新技术、新工艺和新材料方案的选择原则
11. 熟悉新技术、新工艺和新材料方案的技术经济分析方法
12. 熟悉建设项目后评价的作用
13. 熟悉建设项目后评价的主要内容
14. 了解建设项目后评价的程序和方法
15. 掌握建设项目后评价报告的内容

　　基本建设的每个建设项目都是从构思酝酿开始,通过可行性研究决策之后,进入项目设计和施工阶段,直至竣工验收,最后交付使用或生产运营。在这个过程中,对相关内容进行技术经济分析,有助于促进建设项目的开展,提高投资效率。

6.1　建设项目前期技术经济分析

　　基本建设前期工作对于建设项目的成败有着至关重要的作用。历史经验证明,许多建设项目的失败究其原因都是前期工作没有做好,仓促施工所致。因此,掌握科学的方法,做好建设项目的前期工作,是避免投资决策失误,提高建设项目经济效益的有效途径。

　　建设项目前期工作中技术经济分析的主要书面材料是项目建议书和建设项目可行性研究报告。

▶6.1.1　项目建议书

1. 项目建议书的基本内容

　　项目建议书是项目基本建设程序的最初环节,是各地区、各部门、各企事业单位或投资人根据国民经济和社会发展的长远规划、行业规划和地区规划的要求,经过周密细致的调查研究、市场预测、资源条件及技术经济分析后,提出建设某一具体项目的建议文件。项目建议书是分析项

目投资方向,对拟建项目的一个总体轮廓设想,着重从宏观上对项目建设的必要性作出分析衡量,并初步分析项目建设的可能性,向决策者提出建议,推荐项目。

项目建议书的内容,视项目的不同情况有繁有简,一般应包括如下几个方面:

(1)建设项目提出的依据和必要性。

①项目建设的依据:概述项目所在地区的行政区划和自然、地理、资源情况,社会经济现状以及地区国民经济与社会发展规划的要求;概述项目所在地区建设现状及其近、远期发展规划对项目建设的要求;说明项自所依据的综合利用规划和各项专业规划;项目投资者的经营目标和战略;概述规划阶段方案、比选结果和规划成果审批意见。

②项目建设的必要性:阐明项目在地区国民经济和社会发展规划及区域规划中的地位与作用,论证项目建设的必要性;根据地区国民经济发展规划和建设项目任务要达到的目标,在综合利用规划和专业规划的基础上,进行必要的补充调查研究工作,对所在地区功能基本相同的项目方案进行综合分析比较,阐明各项目方案的优缺点,论述推荐本项目的理由。

(2)产品方案、市场前景、拟建规模和建设地点的初步设想。在对客观环境、投资者经营目标和战略、投资者内外资源条件分析的基础上,提出产品方案、市场前景、拟建规模和建设地点的初步设想。

①提出产品方案。产品方案是指项目的产品结构、中间产品衔接和工艺流程。产品方案设想包括:项目的初产品、中间产品和最终产品的名称、规格、数量、质量标准以及生产的工艺流程。

②分析市场前景。市场前景分析是在市场调查的基础上,对项目产出品的市场容量、价格、竞争力、营销策略以及市场风险进行分析预测和研究,为确定项目建设规模和产品方案提供依据。

③确定拟建规模。拟建规模是指项目的全部生产能力或工程效益。其初步设想的内容包括产品的市场预测、确定产品的年产量、一次建成规模和分期建设的设想,以及对拟建规模经济合理性的评价。

④划定建设地点。建设地点是指建设项目的大体地理位置。建设地点应根据国家经济发展战略的总体规划布局和投资者经营目标和战略,充分考虑自然条件和社会条件、原材料来源及销售市场的远近,结合拟选地点的基础设施、交通运输状况及行业生产特点,在追求项目生产及产品流通费用降低、提高项目投资效益的原则下确定的。一般来说,对于原料笨重、不便运输的工业项目,宜靠近原料产地建厂;对产品价值不高、运输途中易于损坏的生产项目,宜靠近销售市场建厂;而对于新兴的高技术产业,则应建在工业发达且有较强第三产业的地区。

(3)资源状况、建设条件、协作关系及引进国别和厂商的初步分析。

①资源状况初步分析。资源状况是指拟利用资源的供应可能性和可靠性。其初步分析包括拟开发范围内已经探明的可用矿产品的名称、方位、开采价值或资源的储量、质量、储藏情况以及开发条件。

②建设条件初步分析。建设条件的初步分析主要是分析项目建设的市场条件、资源条件、技术条件、资金条件、环境条件、社会条件、施工条件、法律条件、外部协作配套条件以及项目拟建地点地形、地貌、水质、水量和排泄条件等。

③协作关系初步分析。协作关系的初步分析主要指项目建成投产后所需原材料、燃料、供水、供电、供气、交通运输、协作产品等外部协作配套要求和解决的可能性及初步分析。

④引进国别和厂商的初步分析。引进国别和厂商的初步分析是指对生产技术与工艺、主要专用设备来源的分析,如拟引进国外技术,应分析引进的理由、引进的国别和厂商、与国内技术的

差距、技术来源、技术鉴定及转让等情况。

(4)投资估算和资金筹措的设想。主要包括：①根据所掌握数据的情况，估算主要单项工程投资、工程静态总投资和动态总投资以及分年度投资。②说明资金来源，利用贷款时需附贷款条件及利率，说明偿还方式，测算偿还能力。③利用外资投资的项目，要说明利用外资的可能性，以及偿还贷款能力的初步测算。

(5)项目建设进度的设想。项目建设进度的设想包括：①说明项目的建安工程量及总进度安排的设想、分期实施意见及控制性工程工期。②建设前期工作的安排，如项目的询价、考察、谈判和设计等。③估算项目建设需要的主要建筑材料数量和劳动力等。

(6)项目经济效益和社会效益的初步测算。主要包括：①工业项目要说明产品的价格，估算成本，计算项目利润、投资利润率、投资回收期、内部收益率及其他必要的指标，进行盈利能力、清偿能力以及对社会贡献的初步分析；②非工业项目要说明项目建成后对于提高人民物质、文化生活水平所做贡献的初步估计。

(7)结论与建议。本部分的主要内容包括：①综述建设项目隶属关系、建设的必要性、建设规模、建设条件、建设方案、环境影响、建设工期、投资估算和经济评价等主要成果。②简述项目建设的主要问题。③简述地方政府以及各部门、有关方面的意见和要求。④提出综合评价结论。⑤提出今后工作的建议。

可见，项目建议书描述了拟建项目的轮廓和设想，主要是从宏观上考察项目建设的必要性，论证其是否符合国家的长远规划，建设条件是否具备，是否值得投入人力和物力，项目前景如何。因此，项目建议书的作用表现在：项目建议书是国家选择建设项目的依据，通过项目建议书，对拟建项目建设的必要性、条件的可行性和获利的可能性进行科学决策；经过国家有关部门批准项目建议书的项目，可以列入项目前期工作计划，进行可行性研究；涉及利用外资或引进技术、设备的项目，经批准后方可对外开展工作。

2. 项目建议书的编制和审批

(1)项目建议书的编制。项目建议书的编制单位一般称为投资人。按照建设项目的隶属关系，由部门、地区、企业根据国民经济和社会发展的长远规划、行业规划、地区规划及经济建设的方针、任务和技术经济政策等要求，结合资源情况、企业战略、建设条件等，在广泛调查研究、收集资料、踏勘建设地点、初步分析投资效果的基础上，按前述项目建议书的内容格式编制项目建议书。

(2)项目建议书的审批。项目建议书按要求编制完成后，根据有关规定，按照建设总规模和限额的划分审批权限进行报批。根据《国务院关于投资体制改革的决定》(国发[2004]20号)，政府对于投资项目的管理分为审批、核准和备案三种方式。对于政府投资项目或使用政府性资金、国际金融组织和外国政府贷款投资建设的项目，继续实行审批制；对于企业不使用政府性资金投资建设的项目，一律不再实行审批制，区别不同情况实行核准制和备案制。

➢ 6.1.2 项目可行性研究

1. 可行性研究的概念、阶段划分及其工作内容

(1)可行性研究的概念。建设项目可行性研究是在投资决策前，对项目有关的社会、经济和技术等各方面情况进行深入细致的调查研究，对各种可能拟定的建设方案和技术方案进行认真的技术经济分析与比较论证，对项目建成后的经济效益进行科学的预测和评价，并在此基础上，综合研究、论证建设项目的技术先进性、适用性、可靠性、经济合理性和有利性，以及建设可能性和可行性，由此确定该项目是否投资和如何投资，使之进入项目开发建设的下一阶段等得出结论性意见的一种项目前期决策研究方法。它为项目决策部门对项目投资的最终决策提供科学依据,是开展下一步工作的基础。

可行性研究涉及的范围很广。不同的建设项目,其研究的范围及侧重点均有所不同。项目的性质、用途和规模,决定了可行性研究的深浅程度及涉及因素。加强可行性研究,是对国家经济资源进行优化配置的最直接、最重要的手段,是提高项目决策水平的关键。

(2)可行性研究的阶段划分及其工作内容。可行性研究一般可分为投资机会研究、初步可行性研究、详细可行性研究、评估和投资决策四个阶段。各个研究阶段的目的、内容是不同的,研究工作是循序渐进的,各阶段的研究内容由浅入深,对建设项目投资和成本估算的精确程度由粗到细,研究的工作量由小到大,研究工作需要花费的时间和经费也逐渐增加。可行性研究的四个阶段要根据建设项目的规模、性质、要求和复杂程度的不同应有所侧重,可进行适当调整和精简,如表6-1。

表6-1 不同项目类型的可行性研究内容及要求

项目	可行性研究阶段			
	投资机会研究	初步可行性研究	详细可行性研究	评估和投资决策
大中型项目	√	√	√	√
小型项目			√	√
改扩建项目		√	√	√
对投资及成本估算精度误差	≤±30%	≤±20%	≤±10%	≤±10%
研究时间	1—3个月	3—5个月	数月—2年	1—3个月
研究费用(占总投资百分比)	0.2%~1%	0.25%~1.25%	0.5%~3%	

①投资机会研究。投资机会研究又称投资机会鉴定,是将一个项目由意向变成概略的投资建议。投资机会研究的目的是根据粗略的调查估算,寻找最有利的投资机会。投资机会研究一般分为:地区机会研究、部门机会研究、资源机会研究、特定机会研究。

投资机会研究往往比较粗略。在调查、收集资料的基础上,投资费用估算用类似工程的单位生产能力建设费用或资本周转率等方法,进行粗略的分析和估算。研究结果不能直接用于决策。投资机会研究的工作内容主要是地区情况、工业政策、资源条件、劳动力状况、社会条件、地理环境、国内外市场情况及项目的社会影响等。

②初步可行性研究。初步可行性研究又称预可行性研究,是在投资机会研究的基础上进行的,用于进一步判断投资机会研究是否正确,并据以作出投资与否的初步决定,以及是否进行详细研究的决定。初步可行性研究是介于投资机会研究和详细可行性研究之间的中间阶段,其研究内容与详细可行性研究相同,只是深度和广度较详细可行性研究差一些,但比投资机会研究又进了一步。

初步可行性研究的主要任务是将机会研究的投资建议具体化为多个比选方案,并进行初步评价,筛选方案,确定项目的初步可行性。其工作内容主要是市场前景、原材料及投入、工业性试验、厂址选择、经济规模及主要设备选型等。

初步可行性研究是通过多方案比较,为决策者的决策提供依据。如果工程项目比较简单或投资机会研究已经包含了相当完备的数据,这一阶段可以略去。

③详细可行性研究。详细可行性研究又称技术经济可行性研究,其主要任务是对工程项目

进行深入的技术经济分析,重点是对项目进行财务评价和国民经济评价。对初步可行性研究经筛选剩下的一个或若干个比选方案,说明各自利弊及可能采取的改进措施,选择出满意方案,给出研究结论,为正确进行投资决策提供依据。

详细可行性研究是项目的关键性环节,也是项目研究的定性阶段。此时的可行性研究报告可作为下决心进行工程项目建设的依据,为项目的决策提供技术、经济与商业的比较精细的依据,为下一阶段工程设计提供设计基础资料和依据,也是作为向银行申请贷款的依据。

④评估和投资决策。这一阶段的工作一般由投资决策部门组织或授权专业银行、工程咨询公司代表国家对上报的项目可行性研究报告进行全面审核和再评价。其任务是审核、分析、判断可行性研究报告的可靠性和真实性,提出项目评估报告,为决策者提供最后的决策依据。

此阶段的工作内容主要是项目的必要性评价、可能性评价、技术评价、经济评价、综合评价并编写评估报告,要求从全局利益出发,客观、公正可靠地评价拟建项目。

2. 可行性研究的依据

可行性研究的依据包括以下内容:①国家有关法律、法规。②国家和地方经济、社会发展的长远规划,经济建设的方针和政策,行业发展规划。③项目建议书及其批复文件。④委托单位的委托合同,委托单位的设想要求。⑤对于大中型骨干建设项目,必须具有国家批准的资源报告、国土开发整治规划、区域规划、江河流域规划、工业基地规划等有关文件,因工程不同各有侧重。⑥可靠的自然、经济、社会等基础原始资料,这些都是为厂址选择、工程设计、技术经济分析所不可缺少的基本数据。⑦有关工程技术经济方面的规范、标准、定额,以及国家正式颁发的技术法规和技术标准。⑧经国家统一颁发的有关项目评价的基本参数和指标。如基准收益率、社会折现率、折旧率、调整外汇率、工资和价格等,它们可作为项目可行性研究中财务评价和国家经济评价的基准依据和判别标准。⑨合资、合作项目各方签订的协议书或意向书。⑩有关的基础数据。

3. 可行性研究的工作程序

建设项目的可行性研究,涉及许多专业学科,往往要进行多学科的论证,所以,较大项目的可行性研究组,需要由技术经济、工艺、土建、财会、系统工程以及程序设计等方面的专家组成。可行性研究的基本工作程序如图6-1。

4. 可行性研究的基本内容

按照原国家发展计划委员会审定发行的《投资项目可行性研究指南》的规定,项目可行性研究一般包括如下基本内容:

①项目兴建的理由与目标;②市场分析与预测;③资源条件评价;④建设规模与产品方案;⑤场(厂)址选择;⑥技术方案、设备方案和工程方案;⑦原材料和燃料供应;⑧总图运输与公用辅助工程;⑨环境影响评价;⑩劳动安全卫生与消防;⑪组织机构与人力资源配置;⑫项目实施进度;⑬投资估算;⑭融资方案;⑮财务评价;⑯国民经济评价;⑰社会评价;⑱风险分析;⑲研究结论与建议。

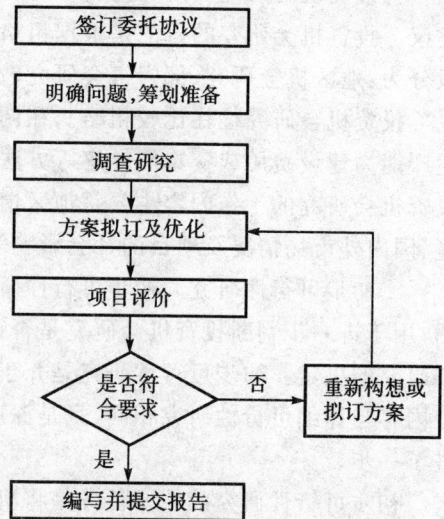

图 6-1　可行性研究的基本程序

综上所述,建设项目可行性研究的基本内容涉及拟建项目在技术上的可行性、经济上的合理性、社会上的可接受性。技术上的可行性是建设项目取得一定经济效果的前提和保证,涉及拟建项目的厂址选择、生产规模、工艺技术方案、产品规格数量及所需机器设备的选定,以及原材料、动力、运输等因素的考虑。经济上的合理性涉及产品或劳务的供求预测估算,产品价格策略及销售渠道,项目建设及营运的组织结构及进度方案,预测项目营运的获利能力、债务偿还能力、生产增长能力、承担风险的程度等,还必须制订项目资金的最佳运用方案。而社会上的可接受性包括项目对环境的影响、项目营运效益的社会分配、是否符合国家有关方针政策等,是否以最大国民福利为目标,综合考虑社会生活、社会结构、社会环境等因素影响。

5. 可行性研究报告的作用

可行性研究在项目决策阶段占有特别重要的地位,它是进行项目决策的基础和依据,其工作质量的好坏,直接决定了项目决策的正确与否。经过批准的可行性研究报告在项目筹建和实施的各个环节中,可以起到如下几方面的作用:①作为投资主体投资决策的依据。②作为向当地政府或城市规划部门申请建设执照的依据。③作为环保部门审查项目对环境影响的依据。④作为编制设计任务书的依据。⑤作为安排项目计划和实施方案的依据。⑥作为筹集资金和向银行申请贷款的依据。⑦作为编制科研试验计划和新技术、新设备需用计划以及大型专用设备生产预安排的依据。⑧作为从国外引进技术、设备以及与国外厂商谈判签约的依据。⑨作为与项目协作单位签订经济合同的依据。⑩作为项目后评价的依据。

6. 可行性研究的深度要求

可行性研究的深度要求如下:

(1)应能充分反映项目可行性研究工作的成果,内容要齐全,结论要明确,数据要准确,论据要充分,要满足决策单位或投资人的要求。

(2)选用主要的设备、参数应能满足预订货的要求,引进技术设备的资料应满足合同谈判的要求。

(3)重大技术经济方案,应对两个以上的方案进行比选。

(4)确定的主要工程技术数据,应满足初步设计依据的要求。

(5)投资估算深度应满足投资控制准确度要求。

(6)构造的融资方案应能满足银行等金融机构信贷决策的需要。

(7)应反映在可行性研究中出现的某些方案的重大分歧及未被采纳的理由,以供委托单位或投资人权衡利弊进行决策。

(8)应附有评估、决策审批所必需的合同、协议、意向书、政府批件等。

7. 建设项目可行性研究报告的审批

根据《国务院关于投资体制改革的决定》规定,建设项目可行性研究报告的审批与项目建议书的审批相同,即:对于政府投资项目或使用政府性资金、国际金融组织和外国政府贷款投资建设的项目,继续实行审批制,需报批项目可行性研究报告。凡不使用政府性投资资金(国际金融组织和外国政府贷款属于国家主权外债,按照政府投资资金进行管理)的项目,一律不再实行审批制,区别不同情况实行核准制和备案制,无需报批项目可行性研究报告。根据《国家发展改革委关于改进和完善报请国务院审批或核准的投资项目管理办法》的规定:要逐步建立和完善政府投资责任追究制度,建立健全协同配合的企业投资监管体系。与项目审批、核准、实施有关的单位要各司其职、各负其责。

6.2 设计方案的技术经济分析

设计是工程项目建设计划的具体化,是工程建设前期工作的重要内容。设计质量的优劣,不仅决定着建设投资的多少和建设工期的长短,还影响建筑施工的目标和人力、物力的投入,而且决定着项目建成以后的使用价值和经济效果。由于建筑产品的一次性投资大,建成后可变性差,因此,做好设计方案的技术经济分析,选择最佳的设计方案,消除方案选择中的盲目性,可以节省大量的人力、物力和财力,尽量提高设计方案的经济效益和社会效益。

▷6.2.1 设计方案技术经济分析的基本要求

设计方案的技术经济分析,贯穿整个设计工作的始终。在设计过程中,通过技术经济分析,可提高设计方案的经济性。

(1)适用美观与经济的统一。"适用、经济,在可能的条件下注意美观"是指导工程设计的方针,也是评价工程设计的根本尺度。适用,在评价工程项目的诸要素中,居首位,占主导地位。评价一项工程是否经济,首先要看它是否适用。适用性与经济性的统一,必须以适用性为前提,一项不适用的工程项目,要么因为妨碍生产而增加成本,要么因为影响使用而降低效益,要么因为不坚固、不可靠而危及使用,要么因为存在缺陷使维修费用增加、使用寿命缩短,凡此种种可能性均难以达到经济的目的。

(2)可比性。在技术方案相互之间进行经济效果比较时,为了全面和正确地反映比较方案的相对经济性,必须使各技术方案具有满足需要可比性、消耗费用可比性、价格可比性、时间可比性,以及在原始资料和数据整理上的可比性等。

(3)突出主要指标。对不同的设计方案进行技术经济分析时,要突出主要的评价指标。分析和评价方案的技术经济指标很多,其中有些是主要指标,有些是辅助指标,评价时不能等同视之,应分清主次,权衡其重要性程度的大小。

▷6.2.2 设计方案技术经济分析的一般程序

建设项目设计方案技术经济分析的一般程序如下:

(1)按照使用功能的要求,结合工程项目的实际情况,探讨和建立可能的设计方案。

(2)从所有可能的设计方案中筛选出 2～4 个比较满意的方案作为比较方案。

(3)根据方案评价的目的,明确评价的任务和范围。

(4)确定能反映方案特征并能满足评价目的的指标体系。

(5)计算各项指标及对比参数。

(6)进行方案分析与评价。根据方案评价的目的,可将方案的指标分为主要指标和辅助指标,确定评价标准,通过对评价指标的分析计算,排出方案的优劣次序,提出推荐方案。

(7)综合论证,进行方案选择。

▷6.2.3 设计方案的主要经济技术指标

1. 工业建筑设计的主要经济技术指标

(1)工业厂区总平面设计方案的技术经济指标。

①建筑密度指标。建筑密度指标是指厂区内建筑物、构筑物、各种堆场的占地面积之和与厂区的占地面积之比,它是工业建筑总平面设计中比较重要的技术经济指标,反映总平面设计中,

用地是否合理紧凑。计算公式为：

$$建筑密度 = [(F_2 + F_3) \div F_1] \times 100\% \tag{6.1}$$

式中，F_1——厂区占地面积（m^2），指厂区围墙（或规定界限）以内的用地面积；

F_2——建筑物和构筑物的占地面积（m^2）；

F_3——有固定装卸设备的堆场（如露天栈桥、龙门吊堆场）和露天堆场（如原材料燃料等的堆场）的占地面积（m^2）。

②土地利用系数。土地利用系数是指厂区的建筑物、构筑物、各种堆场、铁路、道路、管线等的占地面积之和与厂区占地面积之比，它比建筑密度更能全面反映厂区用地是否经济合理的情况。计算公式为：

$$土地利用系数 = [(F_2 + F_3 + F_4) \div F_1] \times 100\% \tag{6.2}$$

式中，F_4——铁路、道路、管线和绿化占地面积（m^2）。

③绿化系数。计算公式为：

$$绿化系数 = (绿化面积 \div 厂区占地总面积) \times 100\% \tag{6.3}$$

（2）单项工业建筑设计方案的技术经济指标。单项工业建筑设计方案的技术经济指标除占地（用地）面积、建筑面积、建筑体积指标外，还考虑以下指标：①生产面积、辅助面积和服务面积之比；②单位设备占用面积；③平均每个工人占用的生产面积。

2. 居住建筑设计方案的技术经济指标

（1）适用性指标。

①居住面积系数（K）。计算公式为：

$$K = (标准层的居住面积 \div 建筑面积) \times 100\% \tag{6.4}$$

居住面积系数反映居住面积与建筑面积的比例，$K > 50\%$ 为佳，$K < 50\%$ 为差。

②辅助面积系数（K_1）。计算公式为：

$$K_1 = (标准层的辅助面积 \div 使用面积) \times 100\% \tag{6.5}$$

使用面积也称作有效面积。它等于居住面积加上辅助面积。辅助面积系数 K_1，一般在 $20\% \sim 27\%$ 之间。

③结构面积系数（K_2）。计算公式为：

$$K_2 = (墙体等结构所占面积 \div 建筑面积) \times 100\% \tag{6.6}$$

结构面积系数，反映结构面积与建筑面积之比，一般在 20% 左右。

④建筑周长系数（K'）。计算公式为：

$$K' = (建筑周长 \div 建筑占地面积)(m/m^2) \tag{6.7}$$

建筑周长系数，反映建筑物外墙周长与建筑占地面积之比。

⑤每户面宽。计算公式为：

$$每户面宽 = 建筑物总长 \div 总户数(m/户) \tag{6.8}$$

⑥平均每户建筑面积。计算公式为：

$$平均每户建筑面积 = 建筑总面积 \div 总户数(m^2/户) \tag{6.9}$$

⑦平均每户居住面积。计算公式为：

$$平均每户居住面积 = 居住总面积 \div 总户数(m^2/户) \tag{6.10}$$

⑧平均每人居住面积。计算公式为：

$$平均每人居住面积 = 居住总面积 \div 总人数(m^2/人) \tag{6.11}$$

⑨平均每户居室及户型比。计算公式为：

$$平均每户居室数＝总居室数/总户数 \tag{6.12}$$

$$户型比＝某户型的户数÷总户数 \tag{6.13}$$

⑩通风。主要以自然通风组织的通畅程度为准，评价时以通风路线短直、通风流畅为佳，对角通风次之，路线曲折、通风受阻为差。

⑪保温隔热。根据建筑外围护结构的热工性能指标来评价。

⑫采光。居住建筑的采光面积，应保证居室有适宜的阳光和照度。采光面过小，不仅不符合卫生要求，而且视觉、感觉上也感到不适，但若窗口面积过大，对隔声、隔热、保温也是不利的。

（2）经济性指标。

①工期。工期指工程从开工到竣工的全部日历天数。评价工期应以法定的定额工期（或计算工期）为标准。

②投资及总造价。

A. 工程总造价（万元）。

B. 每平方米建筑面积造价（元/m²）。

C. 每平方米居住面积造价（元/m²）。

D. 平均每户造价，计算公式为：

$$平均每户造价＝工程总造价÷总户数（元/户） \tag{6.14}$$

E. 平均每人造价，计算公式为：

$$平均每人造价＝工程总造价÷总居住人数（元/人） \tag{6.15}$$

F. 一次性投资，是指为发展某一建筑体系而必须设置的制造厂、生产线及专用生产设备、施工设备所需的基建投资。

③主要材料消耗量。主要材料消耗量是指用于建设工程中的主要材料（如钢材、木材、水泥、普通砖等）的总消耗量及单位耗用量。

④其他材料消耗量。其他材料消耗量是指用于建设工程中的其他材料（如平板玻璃、卫生陶瓷、沥青、装饰材料等）的消耗用量。

⑤劳动耗用量。劳动耗用量是指工程建设过程中直接耗用的各工种劳动量之和。

⑥土地占用量。土地占用量是指建筑红线范围内的占用面积。

（3）使用阶段评价指标。

①经常使用费。经常使用费是指建筑物投入使用后每年所支出的费用。如维修费、折旧费等费用。

②能源耗用量。能量耗用量是指建筑物用于采暖、电梯等方面能源的耗用量。

③使用年限。使用有限是指建筑物从投入使用到报废的全部日历天数。

3. 公共建筑设计方案的技术经济指标

（1）适用性指标。

①平均单位建筑面积。计算公式为：

$$平均单位建筑面积＝总建筑面积÷使用单位（人、座、床位）总数（m²/人、座、床） \tag{6.16}$$

教学楼、办公楼等按人数计算建筑面积，体育馆、影剧院、餐馆等按座位计算，旅馆、医院等按床位计算。

②平均单位使用面积。计算公式为：

$$平均单位使用面积＝总使用面积÷使用单位（人、座、床位）总数（m²/人、座、床） \tag{6.17}$$

公共建筑中的使用面积包括主要使用房间面积（如教室、实验室、病房、营业厅、观众厅等的面积)和辅助房间面积(如厕所、储藏室、电气和设备用房的面积)。

③建筑平面系数。计算公式为：

$$\left.\begin{array}{l}\text{建筑平面系数}=\text{使用部分面积}\div\text{建筑面积}\\\text{使用部分面积}=\text{使用房间面积}+\text{辅助房间面积}\end{array}\right\}\quad(6.18)$$

平面系数越大,说明方案的平面有效利用率越高。

④辅助面积系数。计算公式为：

$$\text{辅助面积系数}=\text{辅助面积}\div\text{使用面积}\quad(6.19)$$

辅助面积系数小,则方案在辅助面积上的浪费少,也说明方案的平面有效利用率高。

⑤结构面积系数。计算公式为：

$$\text{结构面积系数}=\text{结构面积}\div\text{建筑面积}\quad(6.20)$$

结构面积系数越小,说明有效使用面积增加,这是评价采用新材料、新结构的重要指标。

(2)经济性指标。

①反映建设期经济性的指标。反映建设期经济性的指标主要有:工程工期、工程造价、单位造价、主要工程材料耗用量、劳动消耗量等。

②反映使用期内经济性的指标。反映使用期内经济性的指标主要有:土地占用量、年度经常使用费、能源耗用量等。

③经济效果指标。对于生产性项目可采用内部投资收益率、投资回收期等指标;对于非生产性项目可采用效益费用比的指标。

4. 居住小区设计方案的技术经济指标

居住小区设计方案的技术经济指标,核心问题是提高土地的利用率、降低造价。

(1)居住区用地。居住区用地(公顷)是指生活住宅用地、公共建筑用地、道路用地、绿化用地、其他用地的总和。

(2)居住总人口。居住总人口是指居住区内常住人口的总人数。

(3)人口密度。

①人口毛密度的计算公式如下：

$$\text{人口毛密度}=\text{居住总人口}\div\text{居住区用地面积}(\text{人}/\text{m}^2)\quad(6.21)$$

②人口净密度的计算公式如下：

$$\text{人口净密度}=\text{居住总人口}\div\text{住宅用地面积}(\text{人}/\text{m}^2)\quad(6.22)$$

(4)住宅建筑套密度。

①住宅建筑套毛密度的计算公式如下：

$$\text{住宅建筑套毛密度}=\text{住宅建筑套数}\div\text{居住区用地面积}(\text{套}/\text{m}^2)\quad(6.23)$$

②住宅建筑套净密度的计算公式如下：

$$\text{住宅建筑套净密度}=\text{住宅建筑套数}\div\text{住宅用地面积}(\text{套}/\text{m}^2)\quad(6.24)$$

(5)住宅面积密度。

①住宅面积毛密度的计算公式如下：

$$\text{住宅面积毛密度}=\text{住宅建筑面积}\div\text{居住区用地面积}(\text{m}^2/\text{m}^2)\quad(6.25)$$

②住宅面积净密度也称住宅容积率,计算公式如下：

$$\text{住宅面积净密度}=\text{住宅建筑面积}\div\text{住宅用地面积}(\text{m}^2/\text{m}^2)\quad(6.26)$$

(6)建筑面积毛密度。建筑面积毛密度,也称容积率,其计算公式如下：

$$\text{建筑面积毛密度}=\text{各类建筑的建筑面积之和}\div\text{居住区用地面积}(\text{m}^2/\text{m}^2)\quad(6.27)$$

（7）住宅建筑净密度。计算公式如下：

$$住宅建筑净密度＝（住宅建筑基底面积÷住宅用地面积）×100\% \tag{6.28}$$

式中：住宅建筑基底面积是指住宅建筑的占地面积总和。

（8）建筑密度。计算公式如下：

$$建筑密度＝[各类建筑的基底（即占地）面积之和÷居住区用地面积]×100\% \tag{6.29}$$

（9）绿地率。计算公式如下：

$$绿地率＝（各类绿地面积之和÷居住区用地面积）×100\% \tag{6.30}$$

（10）工程造价及投资。

①土地开发费。土地开发费指每公顷居住区用地开发所需的前期工程的测算投资，包括征地、拆迁、各种补偿、平整土地、敷设外部市政管线设施、绿化道路工程等各项费用。

②工程总投资、住宅单方综合造价。

（11）主要材料及资源消耗量。主要材料及资源消耗量是指居住小区建设中所需用的各种材料、人工、机械等的数量。

（12）居住区用地平衡控制指标。居住面积用地控制指标见表 6-2。

表 6-2　居住区用地平衡控制指标(%)

用地构成	居住区	小区	组团
住宅用地	45～60	55～65	60～75
公共建筑用地	20～32	18～27	6～18
道路用地	8～15	7～13	5～12
公共绿地	7.5～15	5～12	2～8
居住区用地	100	100	100

▷ 6.2.4　设计方案技术经济效果的评价方法

在确定了设计方案技术经济评价的指标体系及其分值与权重之后，必须对设计方案的技术经济效果进行综合评价，以便最后确定最优方案。

1. 综合评分法

综合评分法，实际上是一种打分评价法。该法首先是对各评价指标进行打分，然后引入相对权重系数，以考虑各指标在方案评价中的地位和作用，最后把不同计量单位的指标化为无量纲的综合评分，根据综合评分的大小来评价方案的优劣。其计算公式为：

$$C = \sum_{i=1}^{n} C_i W_i \tag{6.31}$$

式中，C——某方案的综合评分值；

C_i——某方案第 i 个评价指标的打分值；

W_i——某方案第 i 个评价指标的权重；

n——评价指标总数。

2. 功能费用指数评价法

功能费用指数评价法实际上是在综合评分法基础上的一种改进，其基本思路是：将评价方案的指标体系，划分为功能性指标和费用性指标两大类，按综合评分法相同的方法，分别计算功能性指标和费用性指标的总分值，然后将这两类指标的总分值相比，得到方案的功能费用指数。其

计算公式为:

$$C_F = \sum_{i=1}^{n} C_{Fi} W_{Fi} \quad C_L = \sum_{j=1}^{m} C_{Lj} W_{Lj}$$

$$E = \frac{C_F}{C_L} \tag{6.32}$$

式中,C_F、C_L——满足建筑功能和社会劳动消耗指标体系的综合评分值;

C_{Fi}、W_{Fi}——满足建筑功能指标体系中第 i 项评价指标的评分值和权重值;

C_{Fj}、W_{Fj}——社会劳动消耗指标体系中第 j 项评价指标的评分值和权重值;

E——某设计方案的功能费用指数。

▷ 6.2.5 提高设计方案技术经济效果的主要方法

提高设计方案技术经济效果的主要途径是节约用地和降低造价。

1. **节约用地和合理用地的一般要求**

(1)工程项目的布点和占地应在区域规划和城市规划的控制下进行,不得破坏已有整体规划任意布点占地或扩大用地。

(2)在满足生产及使用要求的前提下,应尽量少占良田好地,多利用山地、坡地、荒地和劣地。

(3)实行城市综合开发,实行统一规划、统一征地、统一开发、统一建设,提高土地的利用效率。

2. **工业建筑设计中节约用地的措施**

(1)改进生产工艺流程,采取车间合并措施,即采用联合车间形式,将狭长形平面改为方形平面,组合建造车间,可大大节约用地。

(2)改单层厂房为多层厂房,变水平工艺流程为垂直工艺流程。

(3)车间的平面外形应尽量规整、简单,既节约用地也便于施工。

(4)除运输量特别大的工厂外,在厂内应采用汽车运输、架空运输、机械运输和管道运输,尽量不采用曲率半径大、占地面积多的铁路运输形式。

3. **民用建筑设计中节约用地的措施**

(1)增加建筑层数,提高居住面积密度。据有关资料统计,居住建筑由一层增至四层时节约用地效果显著;六层以上继续增加层数时,节约用地的数量明显减少。随着层数增加后,住宅之间的日照间距也相应增加,基地面积在每户建筑面积中所占比重逐步减少,所节约用地的效果也逐步下降。

(2)降低层高。层高影响建筑物间距的大小,故降低层高有利于节约用地。

(3)改进平面设计。在平面设计中,进深增大,则用地越节省。在不妨碍使用要求的前提下,应尽可能加大房屋进深,适当增加建筑物的长度,减少房屋山墙间的间距所占的用地,也可节约用地。

(4)充分利用闲置地块。适当集中公共设施,合理布置道路,充分利用小区内的边角用地,以提高建筑密度。

(5)合理确定建筑间距。合理确定建筑间距是节约用地不可忽视的因素。在保证建筑功能要求以及居民环境质量的前提下,降低建筑间距提高建筑面积净密度,达到节约用地的效果。

(6)改善建筑群体布置形式。建筑群体布置形式对用地的影响也不容忽视,通过采取高低搭配、点条结合、前后错列以及局部东西向布置、斜向布置或拐角单元等手法节省用地,同时突破了枯燥单调的行列式格局,创造出多样化的建筑群体空间。

4. 民用建筑设计中降低造价的措施

(1)平面形状力求规则。平面形状越简单,它的单位造价就越低。因为规则的平面形状,既可减少外墙周长,又方便施工。

(2)提高平面系数,节约建筑面积。在建筑面积相同情况下,提高面积利用率,增加使用面积,相应地降低了造价。提高平面系数,关键是在满足使用要求前提下,合理布置门厅过道、走廊、楼梯及电梯井等交通联系面积。

(3)适当降低层高。适当降低层高,既可节约用地,又能降低工程造价。

(4)合理确定建筑层数。对多层住宅来说,提高层数可以降低平均每户造价1%左右。但对高层住宅来说,由于要设置电梯和加压水泵等,其造价则相应上升。并且高层住宅的使用功能和环境质量较多层住宅差,因此一般应控制高层住宅的建造面积,只有在大城市的特定地区,当高层住宅节约用地显著时,才应建造少量高层住宅。

6.3　施工方案的技术经济分析

施工方案的技术经济评价,就是为实现最优设计方案,从若干可行的施工方案中,分析、比较和评价诸方案的经济效益,从中择优选择用以实施的施工方案。施工方案的优劣,在很大程度上决定施工组织的质量和施工任务完成的好坏。施工方案制订得好,就为施工任务的顺利完成创造了条件,否则会给建筑施工带来损失,因此施工方案是施工组织的根本。

▷ 6.3.1　施工工艺方案的评价

施工工艺方案是指分部(分项)工程和工种工程的施工方案,如主体结构工程、基础工程、安装工程、装饰工程、水平运输、垂直运输、大体积混凝土浇筑、混凝土运送以及模板支撑方案等。

1. 技术性指标

技术性指标是指用以反映方案的技术特征或适用条件的指标,可用各种技术性参数表示。

主体结构为现浇框架工程的施工工艺方案,其技术性指标可用现浇混凝土总量、混凝土运输高度等技术性能参数来表示;装配式结构工程的施工工艺方案,其技术性指标可用安装构件总量、构件最大尺寸、构件最大重量、最大安装高度等技术性能参数表示;模板方案的技术性指标,可用模板型号数、各型模板尺寸、模板单件重量等技术性能参数表示。

2. 经济性指标

经济性指标主要反映完成施工任务必要的劳动消耗,由一系列实物量指标、劳动量指标所组成,主要有:

(1)工程施工成本。其主要用施工直接费成本来表示,包括人工费、材料费、施工设施的成本或摊销费、防止施工公害的设施费等。

(2)主要专用机械设备需要量。其包括设备型号、台数、使用时间、总台班数等。

(3)施工中的主要资源需要量。这里的资源是指顺利进行施工所必需的资源,主要包括施工所需的材料、不同施工工艺方案引起的材料消耗增加量和能源需要量等。

(4)主要工种工人需要量。可用主要工种工人需用总数、需用期、月平均需用数、高峰期需用数来表示。

(5)劳动消耗量。可用总劳动消耗量、月平均劳动消耗量、高峰期劳动消耗量来表示。

3. 效果指标

效果指标主要反映采用该施工工艺方案后所能达到的效果,主要有:①工程效果指标。如施工工期、工程效率等指标。②经济效果指标。如成本降低率或降低额、材料(资源)节约额或节约率等指标。

4. 其他指标

其他指标是指未包括在上述三类指标中的指标,如施工临时占地、所采用施工方案对工程质量的保证程度、对抗自然灾害的能力等指标。

6.3.2 施工组织方案的评价

施工组织方案是指单位工程以及包括若干个工程的建筑群体的施工组织方法,如流水施工、平行流水立体交叉作业等组织方法。施工组织方案包括施工组织总设计、单位工程施工组织设计和分部工程施工组织设计。

(1)技术性指标。主要有:①反映工程特征的指标,如建筑面积、主要部分(项)工程量等;②反映施工方案特征的指标,如施工方案有关的指标说明等。

(2)经济性指标。主要有:①工程施工成本;②主要专用机械设备需要量;③主要材料资源消耗量;④劳动消耗量;⑤反映施工均衡性的指标。

(3)效果指标。如工程总工期、工程施工成本节约。

(4)其他指标。如施工临时占地等。

6.4 新技术、新工艺及新材料的技术经济分析

由于科学技术的不断进步,在工程建设领域,新技术、新工艺和新材料也不断涌现。如基坑支护技术、高强高性能混凝土技术、高效钢筋、建筑节能及新型墙体应用技术、超高层房屋建筑施工技术、大跨度预应力技术、超大跨度桥梁施工技术、地下工程盾构机制造技术、大型复杂成套设备安装技术等,这些对我国建筑业技术进步起到了强大的推动作用。但也应注意到,对某些建筑新技术、新工艺、新材料的应用,也可能因为其本身的成熟度和风险、项目所在地、实施企业的原因对项目带来消极影响。因此,是否把这些新技术、新工艺和新材料应用于工程建设,这是需要认真考虑的问题。为此,做好新技术、新工艺和新材料应用方案的技术经济分析就显得尤其重要。要求提出合理的应用方案,以达到保证工程质量,降低工程成本,节约劳动消耗,缩短工期和减少污染,提高工程建设的综合经济效果的目的。

6.4.1 选择原则

在现代工程建设中,在满足业主功能要求和有关技术法规的条件下,都可通过不同的技术、工艺和材料方案来完成,但在完成工程建设过程中,不同方案取得的技术经济效果是不同的。所以对新技术、新工艺和新材料方案进行技术经济分析,通过分析、对比、论证,寻求最佳新技术、新工艺和新材料方案。一般说来,选择新技术、新工艺和新材料方案时应遵循以下原则:

1. 技术上先进、可靠、适用、合理

选择先进、可靠、适用、合理的新技术、新工艺和新材料可以取得多方面的效果。其中主要表现在:降低物质消耗,缩短工艺流程,提高劳动生产率,有利于保证和提高产品质量,提高自动化程度,有益于人身安全,减轻工人的劳动强度,减少污染、消除公害,有助于改善环境;同时,有利于缩小与国外先进水平的差距。

2. 经济上合理

综合考虑投资、成本、质量、工期、社会经济效益等因素,选择经济上合算的方案。通常情况下,这些原则是一致的。但有时也存在相互矛盾的情形,此时就要综合考虑几方面的得失。一般地说,在保证功能和质量、不违反劳动安全与环境保护的原则下,符合经济合理性应是选择新技术、新工艺和新材料方案的主要原则。

➤ 6.4.2 技术经济分析方法

1. 技术经济分析方法的分类

(1)按分析的时间或阶段不同,新技术、新工艺和新材料应用方案的技术经济分析分为事前和事后进行的技术经济分析、设计阶段和施工阶段进行的技术经济分析。

(2)按分析的内容不同,新技术、新工艺和新材料应用方案的技术经济分析分为技术分析、经济分析和综合分析。

(3)按分析的方法不同,新技术、新工艺和新材料应用方案的技术经济分析方法可分为定性分析和定量分析。

定性分析主要是根据经验和新技术、新工艺和新材料应用方案的特征进行优缺点的评价。如施工新技术、新工艺和新材料方案是否先进可行,是否满足施工进度安排要求,是否满足施工连续性和均衡性,是否与工程要求相符,是否充分利用场地,能否体现文明施工,是否有适当的技术和管理水平等。

定量分析就是对各项指标进行数据计算,通过量的分析比较,对各个新技术、新工艺和新材料应用方案进行技术经济评价。

2. 技术分析

新技术、新工艺和新材料应用方案的技术分析,是通过对其方案的技术特性和条件指标进行对比与分析来完成的。

技术特性指标,如:结构工程中混凝土工艺方案的技术性指标可用现浇混凝土强度、现浇工程总量、最大浇筑量等指标来表示;安装工程则可用安装构件总量、最大尺寸、最大重量、最大安装高度等指标表示。

技术条件指标,如:方案占地面积,所需的主要材料、构配件等资源是否能保证供应,所需的主要专用设备是否能保证供应,所需的施工专业化协作、主要专业工种工人是否能保证供应,采用的方案对工程质量的保证程度,对社会运输能力的要求及能否得到服务,对市政公用设施的要求及能否得到服务,采用的方案可能形成的施工公害或污染情况,采用的方案抗拒自然气候条件影响的能力,采用的方案要求的技术复杂程度和难易程度以及对技术准备工作的要求,施工的安全性,采用的方案对前道工序的要求和为后续工序创造的条件等。

在进行新技术、新工艺和新材料应用方案技术分析时,一般从以下几个方面着手:①分析与实施项目相关的国内外新技术、新工艺和新材料应用方案,比较优缺点和发展趋势,选择先进适用的应用方案。②拟采用的新技术和新工艺应用方案应与采用的原材料相适应,新材料应用方案应与采用的工艺技术相适应。③分析应用方案的技术来源的可得性,若采用引进技术或专利,应比较所需费用。④分析应用方案是否符合节能、环保的要求。⑤分析应用方案对工程质量的保证程度。⑥分析应用方案各工序间的合理衔接,工艺流程是否通畅、简捷。

3. 经济分析

在工程建设中,不同的技术、工艺和材料方案只能选择一个方案实施,即方案之间具有互斥性。常用的静态分析方法有增量投资收益率法、折算费用法、其他指标法、综合总费用法等;常用的动态分析方法有净现值法、净年值法等。下面仅介绍几种静态分析方法。

(1)增量投资收益率法。在评价方案时,常常会有新技术、新工艺和新材料方案的一次性投资额较大,年经营成本(或生产成本)较低,但对比"旧"方案时一次性投资额低,而其年经营成本较高的情况发生。这样,投资大的新方案与投资小的旧方案就形成了增量的投资,但投资大的新方案比投资小的旧方案在经营成本上又带来了节约,此时就可通过计算增量投资收益率,以此判断对比方案相对经济效果,据此选择方案。

所谓增量投资收益率就是增量投资所带来的经营成本上的节约与增量投资之比。

现设 I_1、I_2 分别为旧、新方案的投资额,C_1、C_2 为旧、新方案的经营成本(或生产成本)。

如 $I_2 > I_1$,$C_2 < C_1$,则增量投资收益率 $R_{(2-1)}$ 为:

$$R_{(2-1)} = \frac{C_1 - C_2}{I_2 - I_1} \times 100\% \tag{6.33}$$

当 $R_{(2-1)}$ 大于或等于基准投资收益率时,表明新方案是可行的;当 $R_{(2-1)}$ 小于基准投资收益率时,则表明新方案是不可行的。

(2)折算费用法。

①当方案的有用成果相同时,一般可通过比较费用的大小,来决定优劣和取舍。

A. 在采用方案要增加投资时,可通过下式比较各方案折算费用的大小选择方案,即:

$$Z_j = C_j + P_j \times R_c \tag{6.34}$$

式中,Z_j——第 j 方案的折算费用;

C_j——第 j 方案的工程成本;

P_j——用于第 j 方案的投资额(包括建设投资和流动资金投资);

R_c——基准投资收益率。

在多方案比较时,可以选择折算费用最小的方案,即 $\min\{Z_j\}$ 为最优方案。这与增量投资收益率法的结论是一致的。

B. 在采用方案不增加投资时,从式(6.36)可知,$Z_j = C_j$,故可通过比较各方案工程成本的大小选择方案,即:

$$Z_j = C_j = C_{Fj} + C_{uj} \times Q \tag{6.35}$$

式中,C_{Fj}——第 j 方案固定费用(固定成本)总额;

C_{uj}——第 j 方案单位产量的可变费用(可变成本);

Q——生产的数量。

② 当方案的有用成果不相同时,一般可通过方案费用的比较来决定方案的使用范围,进而取舍方案。通常可用数学分析的方法和图解的方法来进行。

首先列出对比方案的工程成本,即

$$C_{\mathrm{I}} = C_{F1} + C_{u1} \times Q$$
$$C_{\mathrm{II}} = C_{F2} + C_{u2} \times Q$$

据此可绘出对比方案的工程成本与产量的关系曲线,如图 6-2 所示。

由图 6-2 可知,当 $Q = Q_0$(临界产量)时,$C_{\mathrm{I}} = C_{\mathrm{II}}$,则

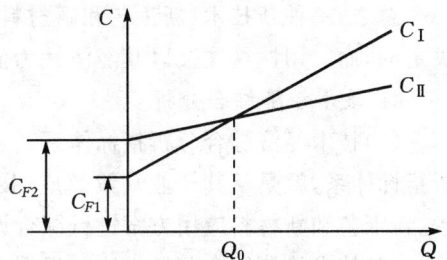

图 6-2 工程成本与产量关系

$$Q_0 = \frac{C_{F1} - C_{F2}}{C_{u2} - C_{u1}} \tag{6.36}$$

式中，C_{F1}、C_{F2}——Ⅰ、Ⅱ方案的固定费用；

C_{u1}、C_{u2}——Ⅰ、Ⅱ方案的单位产量的可变费用。

当产量 $Q > Q_0$ 时，方案Ⅱ优；当产量 $Q < Q_0$ 时，方案Ⅰ优。

（3）其他指标分析。

①劳动生产率指标。可按下式计算：

$$P_j = \frac{Q_j}{M_j(1 + \alpha_j)} \tag{6.37}$$

式中，P_j——第 j 方案的工人劳动生产率；

Q_j——第 j 方案的产量；

M_j——第 j 方案所确定的生产工人人数；

α_j——第 j 方案的辅助工系数。

②缩短工期节约固定费用。可按下式计算：

$$G_j = C_{Fj}\left(1 - \frac{T_j}{T_0}\right) \tag{6.38}$$

式中，G_j——第 j 方案缩短工期节约的固定费用；

C_{Fj}——第 j 方案工程成本中的固定费用；

T_j——第 j 方案的工期；

T_0——预定工期（或合同工期）。

③缩短工期的生产资金节约额。因缩短工期而减少流动资金和固定资金的占用额，可按下式计算：

$$F_j = f_j\left(1 - \frac{T_j}{T_0}\right) \tag{6.39}$$

式中，F_j——第 j 方案缩短工期生产资金节约额；

f_j——第 j 方案资金平均占用额（月流动资金平均占用额＋该项工程固定资金占用额）。

④缩短工期提前投产的经济效益。可按下式计算：

$$S_j = B_j(T_0 - T_j) \tag{6.40}$$

式中，S_j——因工程提前投产带来的经济效益；

B_j——投产一日可获得利润；

$(T_0 - T_j)$——工程比预定工期（或合同工期）提前完工的日数。

总之，一种新技术、新工艺和新材料能否在生产中得到应用，主要是由它的实用性和经济性决定的，而实用性往往又以其经济性为前提条件，经济性差的则难于应用。

4. 技术经济综合分析

（1）技术经济综合分析指标体系。建筑新技术、新工艺和新材料应用方案的技术经济综合分析指标体系，就是从其产业政策效应、技术水平、经济性、环境效益和安全性等五个方面对新技术、新工艺和新材料应用方案进行综合评价，其综合分析的指标体系如表 6-3。

（2）技术经济综合分析方法。根据不同的评价目的、不同的技术类型和实际情况，可以运用于新技术、新工艺和新材料的综合分析方法有同行评议法、德尔菲法、相关矩阵分析法、层次分析法、模糊综合评价法、人工神经网络技术、不定性评价与决策方法、多属性评价方法等。

表 6-3　新技术、新工艺和新材料综合分析指标体系

目标层指标	准则层指标	指标层指标
新技术、新工艺和 新材料应用优越性评价	产业政策效应(R_1)	政策导向(R_{11})
		产业带动作用(R_{12})
	技术水平(R_2)	先进性(R_{21})
		创新性(R_{22})
		成熟度(R_{23})
		风险(R_{24})
		采用标准的情况(R_{25})
	技术经济性(R_3)	竞争力(R_{31})
		市场需求(R_{32})
		经济效益(R_{33})
		社会效益(R_{34})
	技术绿色性(R_4)	节能效果(R_{41})
		清洁性(R_{42})
		不可再生资源投入(R_{43})
	技术安全性(R_5)	生产的安全性(R_{51})
		使用的安全性(R_{52})

6.5　建设项目后评价

6.5.1　建设项目后评价概述

1. 建设项目后评价的概念

建设项目后评价,是指建设项目建成投产并运行一段时间后,对建设项目立项、决策、设计、实施直到投产运营全过程的投资建设活动进行系统的总结,从而判断建设项目预期目标实现程度的一种评价方法。

建设项目后评价将原有的投资建设程序向后延伸了一步。建设项目竣工验收只是工程建设完成的标志,而并非项目投资建设程序的结束,项目是否达到投资决策时所确定的目标,只有经过交付使用取得了实际的投资效益,才能作出正确的判断,也只有在投产运行一段时间之后对项目进行评价和总结,才能得知投资建设程序各环节工作的成效和存在的问题。同时将总结的经验和教训反馈到未来的建设项目决策工作中,使其作为其参考和借鉴,以提高今后类似建设项目的决策水平和建设管理水平。

2. 建设项目后评价与建设项目前评估的区别

建设项目后评价与建设项目前评估在评价原则和方法上没有太大区别,都是采用定性与定量相结合的方法。但是,两者评价的时点和目的并不相同,这就决定了两者有着较大的差别。主要差别如下:

(1)评价阶段不同。建设项目前评估是项目决策的前期工作,为项目投资决策提供依据;而建设项目后评价则是在建设项目建成投产运行一段时间之后,对项目全过程总体情况的再评价。

(2)评价依据不同。建设项目的前评估是依据行业资料和经验性资料,以及国家有关部门颁布的定额、方法和参数,来评价项目的必要性、可行性和合理性;而建设项目后评价则主要依据项目建成投产后的现实资料进行分析,并将项目的现实情况与项目前评估时的预测情况、国内外同类项目情况进行比较,从中找出差距,提出改进措施,其准确性比项目前评估要高,更具说服力。

(3)评价内容不同。建设项目前评估主要通过对项目的实施条件、设计方案、实施计划及经济效果的评价,为项目的投资决策提供依据;而建设项目后评价除了对上述内容进行再评价外,还要对建设项目决策的准确度和实施效率进行评价。

(4)评价的作用不同。建设项目前评估直接为投资决策提供依据;而建设项目后评价则以事实为依据,将现实情况与预测情况进行对比分析,并将信息反馈到投资决策部门,间接作用于未来项目的投资决策,提高决策的科学化水平。

(5)组织实施的机构不同。建设项目的前评估主要是由投资主体(投资者、银行、项目审批部门)组织实施的;而建设项目后评价则是以投资运行的监督管理机构或独立的后评价机构为主,会同计划财政、审计、银行、设计、质量等有关部门进行,以保证建设项目后评价的全面性、客观性和公正性。

▶ 6.5.2　建设项目后评价的作用

建设项目后评价在提高建设项目决策水平、改进建设项目管理、降低投资风险和提高投资效益方面都有着极其重要的作用。具体表现在以下几个方面:

(1)提高建设项目投资决策的科学化水平。建设项目的前评估是建设项目投资决策的依据,但前评估所做的预测和结论是否准确,需要通过建设项目的后评价来检验。因此,通过建立和完善建设项目的后评价制度,一方面可以加强对前评价人员工作的事后监督,增强其责任感,提高建设项目预测工作的准确性,另一方面,可以通过建设项目后评价的反馈信息,及时纠正项目决策中存在的问题,从而提高类似建设项目决策的准确程度和科学化水平。

(2)总结建设项目管理的经验教训,对项目本身的正常运营有监督和促进作用。建设项目后评价通过对已建成建设项目的分析研究和论证,较全面地总结建设项目管理各阶段的经验教训,以指导项目今后的管理活动。同时,建设项目后评价通过分析项目投产之后的运营情况,比较实际运营情况与预测情况的偏差,研究产生偏差的原因,提出切实可行的措施,从而促使项目运营状况的正常化,使项目尽快实现预期的效益、效果和目标。

(3)为国家今后制定投资计划、产业政策和技术经济参数提供重要依据。通过建设项目后评价能够发现宏观投资管理中存在的问题,从而可以使国家及时修正某些不适合经济发展的技术经济政策,修订某些已过时的指标参数。同时,国家还可以根据建设项目后评价反馈的信息,合理确定投资规模和投资流向。此外,还可以根据建设项目后评价反馈结果,充分运用法律、经济和行政手段,建立必要的法规、制度和机构,促进投资管理的良性循环。

▶ 6.5.3　建设项目后评价的主要内容

不同类型的建设项目,因其所属行业、类型、规模和后评价的目的、要求不同,建设项目后评价内容也相应地有所区别和侧重。一般来说,建设项目的全面后评价包括以下几个方面:

1. **建设项目前期工作的后评价**

建设项目建设的前期工作是建设项目从酝酿决策到开工建设以前所进行的各项工作,是项目建设过程的重要阶段,前期工作的质量对项目的成败起着决定性的作用。因此,前期工作的后评价是建设项目后评价的重点内容。

建设项目前期工作后评价的内容主要有:项目立项条件后评价、项目决策程序和方法后评价、项目决策阶段经济和环境后评价、项目勘察设计后评价和项目建设准备工作后评价等。

(1)建设项目立项条件后评价。建设项目立项条件后评价是从实际情况出发,对当初认可的立项条件和决策目标是否正确,项目的产品方案、工艺流程、设备方案、资源情况、建设条件、建设方案等是否适应项目需要,产品是否符合市场需求等进行评价和分析。

(2)建设项目决策程序和方法后评价。这一部分主要检查和分析初始建设项目决策的程序和方法是否科学,是否符合我国现行有关制度和规定的要求,项目的审定是否带有个人意志和感情色彩等。

(3)建设项目决策阶段经济和环境后评价。这一阶段主要包括两个方面:一是在建设项目决策前,是否对项目的经济方面进行了科学的可行性研究工作,实际的资金需求及到位情况与前期的预测是否一致,从而检验前期经济评价结论的正确程度;二是前期决策时,是否全面深入地对建设项目的环境影响进行了客观、科学的估计和评价,是否提出了降低不利影响、避免风险的措施,并根据项目运行过程中对环境的实际影响分析初始的环境评价是否科学。

(4)建设项目勘察设计后评价。建设项目勘察设计后评价主要包括:承担建设项目勘察设计的单位是否经过招标优选,勘察、设计工作的质量如何,设计的依据、标准、规范、定额、费率是否符合国家有关规定;并根据施工实践和建设项目的生产使用情况,检验设计方案在技术上的可行性和经济上的合理性。

(5)建设项目建设准备工作后评价。建设项目建设准备工作后评价主要是对项目筹建工作、征地拆迁工作、安置补偿工作、工程招标工作、"三通一平"工作、建设资金筹措及设备、材料落实工作是否满足工程实施要求,项目的总进度计划是否能够控制工程建设进度、保证工程按期竣工等方面进行后评价。

2. **建设项目实施阶段的后评价**

建设项目实施阶段是指从项目开工到竣工验收的全过程,是项目建设程序中耗时较长的一段时期,也是建设投资最为集中的一个时期。这一阶段能够集中反映项目前期工作的深度、工程质量、工程造价、资金到位情况以及影响项目投资效益发挥的各方面问题。

这一阶段工作的后评价主要包括以下几方面内容:

(1)建设项目施工和监理工作后评价。主要是对建设项目施工准备工作、施工单位和监理单位的招标和资质审查工作进行回顾和检查,对工程质量、工程进度、工程造价、施工安全、施工合同工作进行评价,重点是对工程实施过程中发生的超工期、超概算、质量差等原因进行分析。

(2)投产准备工作后评价。主要检查建设项目投产前生产、技术人员的培训工作是否及时、到位,投产后所需原材料、燃料、动力条件是否在项目竣工验收之前已经落实,是否组建了合理的生产管理机构和制定了相关的生产经营制度等。

(3)建设项目竣工验收工作后评价。这一环节主要是回顾检查建设项目竣工验收是否及时,配套工程及辅助设施工程是否与主体工程同时建成使用,工程质量是否达到设计要求,能否达到综合生产能力,验收时遗留问题是否妥善处理,竣工决算是否及时编制,技术资料是否移交等。在此基础上对建设项目在造价、质量、工期方面存在的问题进行研究进行分析。

3. 建设项目运营阶段的后评价

建设项目运营阶段是指从项目竣工投产直到进行后评价之前的一段时期,这一时期是项目投资建设阶段的延续,是实现项目投资经济效益和投资回收的关键时期。因此,这一阶段的后评价是项目后评价的关键部分,其主要评价内容包括以下几方面:

(1)建设项目生产经营管理的后评价。建设项目生产经营管理的后评价主要包括:项目生产条件及达产情况后评价;项目生产经营和市场情况以及产品品种、数量和质量是否与当初预测相符;生产技术和经营管理系统能否保证生产正常进行和提高经济效益;项目资源的投入和产出情况后评价等。

(2)建设项目经济效益后评价。建设项目经济效益后评价是建设项目后评价的主要内容。它以建设项目投产或交付使用后的实际数据(包括实际投资额、资金筹集和运用情况,实际生产成本、销售收入、税金及利润情况等)重新计算项目各有关经济效益指标,将它与当初预测的投资效益情况进行比较和分析,从中发现问题,分析原因,提出提高投资经济效益的具体建议和措施。

(3)建设项目对社会经济、环境影响的后评价。建设项目对社会、环境影响的后评价,主要是将投资项目对社会经济、环境的实际影响与当初预测的情况进行对比分析,找出变化的原因;并对社会经济和环境存在不利影响的项目,提出解决和防范措施。此外,还要对项目与社会经济、环境的相互适应性及项目的可持续性进行分析,说明项目能否持续发挥投资效益。

➢ 6.5.4 建设项目后评价的程序和方法

1. 建设项目后评价的程序

建设项目后评价的程序一般包括以下五个阶段:

(1)提出问题,明确建设项目后评价的目的及具体要求。

(2)组建后评价机构,制定实施计划。建设项目后评价的提出单位可以自行组织实施后评价工作,也可委托有相应资质的评估机构组成的评价小组进行评估。评价小组负责制订建设项目后评价工作的详细实施计划,包括人员配备、组织机构、进度安排、评估内容、评估方法等。

(3)收集资料。按照实施计划规定的内容和要求,收集建设项目的立项、决策、建设实施、投产运营各阶段的资料以及国家经济政策和行业相关资料。

(4)对资料数据进行分析研究,提出问题和建议。围绕建设项目后评价内容,对实际资料的完整性和准确性进行审查和核实,并运用定性与定量相结合的方法对核实后的资料数据进行分析研究,客观评价建设项目的实际成果,找出存在的问题和不足,提出具体的改进措施和建议。

(5)编制建设项目后评价报告。根据建设项目后评价的结果,编写系统全面的项目后评价报告,提交委托单位和上级有关部门。

2. 建设项目后评价的方法

建设项目的实际效果是检验前期决策正确与否的重要标准,因此建设项目后评价的主要方法就是比较法。通过将建设项目产生的实际效果与可行性研究与评估的预测结果进行比较,从中发现变化,分析原因,总结经验和教训,进而提出改进措施和建议。常用的建设项目后评价方法包括以下四种:

(1)效益评价法。效益评价法,是把建设项目实际产生的效益或效果,与前评估时预测的目标进行比较,以判断项目决策是否正确的后评价方法。在建设项目后评价阶段,效益指标(主要指经济指标)的计算完全以实际数值为依据,进行会计和统计核算,而在建设项目的可行性研究阶段,则是以估算数值为基础进行预测分析。

(2)影响评价法。影响评价法,是将建设项目建成投产后实际产生的对社会和环境的影响,与前期预测的目标进行对比,分析实际影响与预测效果之间的偏差,以判断项目决策是否正确的一种后评价方法。大中型建设项目从前期决策到建成投产或交付使用一般都要经过两年以上的时间,不管投资决策者的主观意愿如何,项目建成投产或交付使用后,对社会和环境必然会产生各方面的影响,这些影响与前期预测的影响相比可能会发生变化。通过将建设项目建成投产或交付使用后产生的实际影响与决策时预测效果相比较,对存在的问题进行分析,提出改进或补救措施,消除或减轻不利影响,对产生的有利影响或意想不到的效果,进行总结和分析,改善环境质量,促进建设项目的可持续发展。

(3)过程评价法。效益评价法是通过将建设项目实际的经济效益与当初预测的经济效益进行比较,来判断投资决策的正确性;而影响评价法则是将建设项目对社会、环境的影响与前期预测的影响相比较,以判断项目是否达到了预期目标。这两种评价方法都没有考虑建设项目实际效果与预测效果不同的原因,无法通过建设项目后评价获得必要的经验和教训,进而无法对今后同类建设项目的科学决策提供依据。过程评价法则弥补了上述两种方法的不足。该方法通过对建设项目立项、决策、设计、实施直至生产经营各阶段的实际过程与前期的计划、目标相比较,通过分析,找出导致建设项目偏离目标的环节和原因,总结经验和教训,有利于提高今后同类建设项目决策和实施的科学性。

过程评价法按照投资项目建设程序可以划分为四个阶段:①前期决策过程评价;②设计和建设准备阶段过程评价;③工程建设实施至竣工验收阶段过程评价;④建设项目投产或交付使用后生产经营阶段过程评价。

过程评价各个阶段的调查分析资料,是建设项目后评价结论的主要依据,也是编写建设项目后评价报告的主要内容。

(4)系统评价法。上述三种评价方法因其评价角度不同而决定了其评价结论的局限性,因此,将三种评价方法有机结合起来,进行综合地系统评价,才能得出最佳的后评价结论。系统评价法就是将效益评价法、影响评价法和过程评价法有机结合的一种系统的综合分析评价方法,它不但分析建设项目的经济效益和对社会、环境的影响,而且通过对建设项目建设过程各阶段的系统分析,找出项目实际的经济效益和社会、环境影响发生的原因,针对存在的问题,提出相应的措施和建议,提高建设项目后评价的客观性、科学性和可借鉴性。

3. **建设项目后评价的指标体系**

(1)建设项目后评估体系的设置原则。根据建设项目后评价的目的和特点,其指标体系的设置应遵循下述原则。

①全面性与目的性相结合。建设项目后评估的指标既要围绕后评估项目的目的,有一定的针对性,又要全面反映项目全过程的情况。

②指标的可比性。项目后评估的指标应与前评估指标、同行业指标基本一致,以增强指标的可比性。

③综合指标与单项指标相结合。综合指标能弥补单项指标的片面性与松散性,反映项目的整体情况。但综合指标受多种因素的影响,可能会掩盖某些方面的不足,需要用单项指标来进一步诠释和补充。

④动态与静态评价指标相结合。与前评价项目一样,项目后评价的评价指标也包括静态和动态两方面。

⑤微观投资效果指标与宏观投资效果指标相结合。整个国民经济和各行业、各地区、各企业

的根本利益是一致的,所以后评价指标既要反映项目给企业或部门带来的微观投资效果,也要反映给整个国民经济带来的实际宏观投资效果。

(2)项目后评价的主要指标。项目后评价指标众多,这里只介绍工业项目后评价中最主要的一些指标:

①实际设计周期。这一指标是指从设计合同生效直到设计完成提交建设单位实际经历的时间。将实际设计周期与预测的设计周期或合同约定的设计周期进行比较,从中找出设计周期延长或缩短的原因,并指出对建设项目实施造成什么影响。

②实际建设工期。实际建设工期是指从开工到竣工验收所经历的时间。通过这一指标来反映实际工期与计划工期的偏离程度。

③实际建设成本。将实际建设成本与计划建设成本相比较,可以反映建设成本的偏离程度。

④实际工程合格率及优良率。这两个指标反映的是实际工程质量。

⑤实际返工损失率。实际返工损失率是指因项目质量事故停工或返工而增加的项目投资额与项目累计完成投资额的百分比。

⑥实际投资总额。实际投资总额是指建设项目竣工投产后审定的实际完成投资总额,将它与计划投资总额相比较,可以判断项目投资增加或减少的程度如何。

⑦实际单位生产能力投资。实际单位生产能力投资是指竣工验收项目实际投资总额与该项目实际形成的生产能力的比值。该指标越小,项目实际投资效果越好,反之,实际投资效果则越差。

⑧实际达产年限。实际达产年限是指从项目投产到达到设计生产能力所需要的时间,通过与预计达产年限相比较,可以发现实际达产年限与计划的偏离程度。

⑨实际生产能力利用率。实际生产能力利用率是指项目投产后实际产量与设计生产能力的百分比,从中可以看出生产能力是不足还是过剩。

⑩实际产品价格变化率及其对销售利润的影响。该指标反映产品实际价格与预测价格的偏离程度及其对实际利润的影响。

⑪实际产品成本变化率及其对销售利润的影响。该指标反映产品实际成本与预测成本的偏离程度及其对实际利润的影响。

⑫实际销售数量变化率及其对销售利润的影响。该指标反映产品实际销售数量与预测数量的偏离程度及其对实际利润的影响。

⑬实际销售利润变化率。该指标反映实际销售利润与预测值的偏离程度。

⑭实际投资利润率。计算公式如下:

$$实际投资利润率 = \frac{实际年平均利润额}{实际投资总额} \times 100\% \qquad (6.41)$$

⑮实际投资利税率。计算公式如下:

$$实际投资利税率 = \frac{实际年平均利税额}{实际投资总额} \times 100\% \qquad (6.42)$$

⑯实际净现值。实际净现值是根据项目投产后实际的年净现金流量以及根据实际情况重新预测的剩余寿命期内各年的净现金流量,按照重新选定的折现率计算出的建设期初的净现值。该指标越大,说明项目实际投资效益越好。

⑰实际净现值率。它等于实际净现值与建设期初投资现值的百分比,表示单位实际投资额的现值所带来的净现值的多少。

⑱实际投资回收。包括实际静态投资回收期和实际动态投资回收期两种指标,表示用项

目实际净收益或重新预测的净收益来回收项目实际投资所需要的时间。

⑲实际内部收益率。实际内部收益率是根据项目投产后实际的年净现金流量或重新预测的剩余寿命期内各年的净现金流量计算出的净现值等于零时的折现率。该指标大于重新选定的基准收益率或行业基准收益率时,说明该项目实际效益较好。

⑳实际借款偿还期。实际借款偿还期是指项目投产后实际的或重新预测的可用作还款的资金数额来偿还项目投资实际借款本息所需要的时间,该指标反映的是项目的实际清偿能力。

上述指标因工程特点及性质的不同会有所区别,视具体情况还可增加一些其他指标。

➢ 6.5.5 建设项目后评价报告的内容

建设项目的后评价报告因其工程类别不同而各有侧重,这里仅以工业项目为例说明建设项目后评价报告所包含的内容。

1. "总论"包括的内容

总论部分主要用来说明建设项目的名称、建设项目后评价提出的背景、建设项目后评价工作的组织和管理、建设项目后评价工作的开始和完成时间、建设项目实施总体概况、建设项目后评价资料的来源和依据以及建设项目后评价方法等。

2. "建设项目前期工作后评价"包括的内容

(1)建设项目立项条件后评价。主要是结合实际,对当初认可的立项条件和决策目标是否正确,项目的产品方案、工艺流程、设备方案、资源情况、建设条件、建设方案等是否适应项目需要,产品是否符合市场需求等进行评价和分析。

(2)对建设项目决策工作的后评价。主要评价当初建设项目决策的程序和方法是否科学,包括项目可行性研究承担单位的名称和资质、可行性研究编制依据、可行性研究起始和完成时间、决策部门、决策效率等。

(3)对建设项目决策阶段经济和环境预测的后评价。主要包括前期决策时对经济方面的预测与实际是否相符、实际的资金需求及到位情况与前期的预测是否一致、前期决策时对项目的环境影响进行的估计和评价与实际对环境的影响相比有无变化、前期决策时是否提出了降低不利影响、避免风险的措施。

(4)对建设项目勘察设计的后评价。主要包括:承担项目勘察设计的单位名称及资格,审查、勘察、设计工作的标准和质量,并根据施工实践和项目的生产使用情况,检验设计方案在技术上的可行性和经济上的合理性。

(5)对建设项目建设准备工作的后评价。主要包括:项目的筹建工作、征地拆迁工作、安置补偿工作、工程招标工作、"三通一平"工作、建设资金筹措及设备、材料落实工作是否满足工程实施要求,有无因准备工作不充分造成的工期延误现象,征地和安置工作是否符合国家规定等。

3. "建设项目实施阶段后评价"包括的内容

(1)建设项目施工和监理工作后评价。主要包括以下几方面:①对施工单位和监理单位的名称及资质、施工合同、监理合同进行审查。②对工程设计变更及现场签证的审查。主要包括设计变更原因及其对进度和成本的影响、现场签证内容及手续是否齐备。③对施工管理和监理的后评价。主要包括对施工组织、工程成本、进度、质量的控制、施工安全、合同执行工作等进行评价。主要是对建设工期延期或提前的原因、建设成本超支或节约的原因以及质量情况进行评价。

(2)对建设资金供求情况的后评价。主要包括建设资金到位是否及时、有无因资金供应不及时而延误进度的情况、有无追加资金情况及追加原因等。

(3)建设项目竣工验收和投产准备工作的后评价。主要包括:竣工验收是否及时,工程质量是否达到设计要求,竣工决算和技术资料移交是否及时,投产前相关人员培训是否完成,生产所需原材料、燃料、动力条件是否已经落实等。在此基础上对项目在造价、质量、工期方面存在的问题进行研究和分析。

4."建设项目运营阶段的后评价"包括的内容

(1)建设项目生产条件及达产情况后评价。

(2)产品品种、数量和质量情况后评价。

(3)项目资源的投入和产出情况后评价。

(4)生产技术和经营管理水平后评价。

5."建设项目经济后评价"包括的内容

(1)建设项目财务后评价。根据项目投产使用后的实际数据重新计算项目各有关经济效益指标,并与当初预测的各种指标进行比较和分析,分析财务状况的发展和变化趋势,提出提高投资经济效益的具体建议和措施。

(2)建设项目国民经济后评价。主要包括建设项目国民经济指标计算和分析、国民经济效益状况与预测等。

6."结论"包括的内容

主要包括对建设项目可行性研究及决策水平的综合评价、预期目标的实现程度、实际经济效益评价、评价中发现的问题及改进措施和项目的发展前景等。

思考与练习

1. 项目建议书的基本内容都包括哪些?

2. 可行性研究报告划分成几个阶段?其精度及其他要求如何?

3. 可行性研究的依据有哪些?

4. 可行性研究报告的工作程序有哪些?

5. 可行性研究报告的基本内容包括哪些?

6. 可行性研究报告的作用是什么?

7. 设计方案技术经济评价的一般程序包括哪些?

8. 设计方案的主要技术经济指标有哪些?

9. 工业建筑设计中节约用地的措施有哪些?

10. 民用建筑设计中节约用地的措施有哪些?

11. 施工方案的技术经济分析指标都包括哪些?

12. 新技术、新工艺和新材料方案的选择原则有哪些?

13. 新技术、新工艺和新材料方案的技术经济分析方法有哪些?

14. 新技术、新工艺和新材料方案的综合评价指标体系包括哪些?

15. 建设项目后评价的作用是什么?

16. 建设项目后评价的程序包括哪些内容?

17. 建设项目后评价报告的内容有哪些?

第7章 设备更新的技术经济分析

本章学习要点

1. 熟悉设备磨损的类型及补偿方式
2. 了解设备寿命的概念
3. 熟悉设备经济寿命的估算方法
4. 熟悉设备更新的概念及设备更新的比选原则
5. 熟悉设备更新方案的比选步骤及方法
6. 了解设备租赁的概念及分类
7. 了解设备租赁与购买的影响因素
8. 熟悉设备租赁与购置方案的经济比选方法

7.1 设备磨损与补偿

随着建设工程项目施工技术的不断提高,工程施工的机械化水平也越来越高,施工机械设备已经成为施工企业提高生产效率不可缺少的重要组成部分。因而,建筑企业对施工机械设备的技术经济分析也就成为越来越重要的工作。要确保施工机械设备的利用效率、机械效率和运营成本,就必须了解设备的磨损及其补偿方式。

7.1.1 设备磨损

设备是企业生产的重要物质条件,企业为了进行生产,必须花费一定的投资,用以购置各种机器设备,设备购置后,无论是使用还是闲置,都会发生磨损。设备磨损分为有形磨损和无形磨损,设备磨损是有形磨损和无形磨损共同作用的结果。

1. 设备的有形磨损

设备的有形磨损又称物理磨损,是设备在使用过程中产生的磨损或者设备在自然力作用下产生的磨损。设备的有形磨损有两种形式:第一种有形磨损,是指设备在使用过程中,由于外力的作用而产生的实体磨损、变形和损坏。第二种有形磨损,是指设备在闲置过程中,由于自然力的作用而产生的实体磨损。这两种有形磨损都会造成设备的性能、精度等的降低,使得设备的运行费用和维修费用增加,效率降低,反映了设备使用价值的降低。

设备有形磨损的程度可以用经济指标的形式加以度量,计算公式有两个:

$$a_p = \frac{\sum\limits_{i=1} a_i k_i}{\sum\limits_{i=1} k_i} \tag{7.1}$$

式中,a_p——设备有形磨损程度;

a_i——第 i 个零件的实体磨损程度;

k_i——设备中第 i 个零件的价值。

$$a_p = \frac{R}{K} \tag{7.2}$$

式中,R——修复全部磨损零件所用的修理费用;

K——具有同等效率的该种设备的再生产价值。

2. 设备的无形磨损

设备的无形磨损又称精神磨损、经济磨损,产生的原因是由于生产设备制造工艺的进步而导致原型设备相对贬值,或者由于技术进步生产出新设备导致原型设备经济效益相对降低而发生贬值。设备的无形磨损也有两种形式:第一种无形磨损,是指原有设备的技术结构和性能并没有变化,但由于技术进步,原型设备的制造工艺不断改进,社会劳动生产率水平的提高,同类设备的再生产价值降低,致使原设备相对贬值。第二种无形磨损,是指由于科学技术的进步,不断创新出结构更先进、性能更完善、效率更高、耗费原材料和能源更少的新型设备,使原有设备相对陈旧落后,其经济效益相对降低而发生贬值。无形磨损是科学技术进步的必然结果。

对于设备的无形磨损,可以用两种方法加以度量。

(1)综合度量。在技术进步的影响下,可用设备价值降低系数来综合度量设备无形磨损的程度,计算公式为:

$$a_1 = \frac{k_0 - k_1}{k_0} = 1 - \frac{k_1}{k_0} \tag{7.3}$$

式中,a_1——设备无形磨损的程度;

k_0——设备的原始价值;

k_1——考虑设备的两类无形磨损后的再生产价值。

在计算设备的无形磨损程度时,k_1 必须同时考虑两个方面的因素:①技术进步使生产同样设备的效率提高而导致的设备贬值;②由于出现了更高性能和技术水平的设备而使现有设备的价值降低。所以,k_1 的计算如下:

$$k_1 = k_n \left(\frac{q_0}{q_n}\right)^a \left(\frac{c_n}{c_0}\right)^b \tag{7.4}$$

式中,k_n——新设备的价值;

q_n, q_0——新、旧设备的年生产率指标;

c_n, c_0——使用新、旧设备的单位产品消耗;

a, b——劳动生产率提高指数和单位成本降低指数。

(2)单独度量。设备无形磨损的程度,还可以分别度量,即分别研究设备的第一类无形磨损的程度和第二类无形磨损的程度,计算公式为:

$$a_{n1} = 1 - \frac{k_{01}}{k_0} \tag{7.5}$$

$$a_{n2} = 1 - \frac{c_n}{c_0} \tag{7.6}$$

式中,a_{n1}, a_{n2}——第一类、第二类无形磨损程度;

k_{01}——考虑第一类无形磨损的设备再生产价值;

c_0, c_n——使用原有设备或新设备生产产品的单位成本。

有形和无形两种磨损都会引起设备原始价值的贬值,这一点上二者是相同的。所不同的是,遭受有形磨损的设备,特别是有形磨损严重的设备,在修理之前常常不能工作,而遭受无形磨损的设备,即使无形磨损很严重,但其固定资产物质形态却可能没有磨损,仍然可以使用,只不过继续使用它在经济上是否合算需要分析研究。

3. 设备的综合磨损

设备的综合磨损是指设备的有形磨损和无形磨损的损坏和贬值同时存在的情况。一般来说,这两种磨损通常会同时发生,并且互相影响。某些方面的技术进步,对设备的使用性能要求更高,进而加快设备有形磨损的速度,同时,某些方面的技术进步又可使设备的有形磨损速度减缓,但是其无形磨损速度加快。

设备综合磨损的度量方法是:设定设备的有形磨损程度为 a_p,设备的无形磨损程度为 a_1,则设备的综合磨损程度为 a_T:

$$a_T = (1-a_p)(1-a_1) \qquad (7.7)$$

则设备遭受综合磨损后的净值为:

$$k = (1-a)k_0 \qquad (7.8)$$

由于设备总是同时遭受到有形磨损和无形磨损,因此,对其综合磨损后的补偿形式应进行更深入的研究,以确定恰当的补偿方式。

7.1.2 设备磨损的补偿

设备发生磨损后,需要通过补偿来恢复生产能力。设备补偿可以分为局部补偿和完全补偿。设备局部补偿是对设备的部分内容进行补偿,如修理部件、技术改造等;设备完全补偿就是对设备进行全部更换。

由于机器设备遭受磨损的形式不同,补偿磨损的方式也不一样。设备有形磨损的局部补偿是进行设备修理,设备无形磨损的局部补偿是进行设备的现代化改装。修理是更换部分已磨损的零部件和调整设备,以恢复设备的生产功能和效率为主;现代化改造是对设备的结构作局部的改进和技术上的革新,如增添新的、必需的零部件,以增加设备的生产功能和效率为主。这两者都属于局部补偿。有形磨损和无形磨损的完全补偿为更新新设备,就是对整个设备进行更换。设备磨损形式及其补偿方式如图7-1所示:

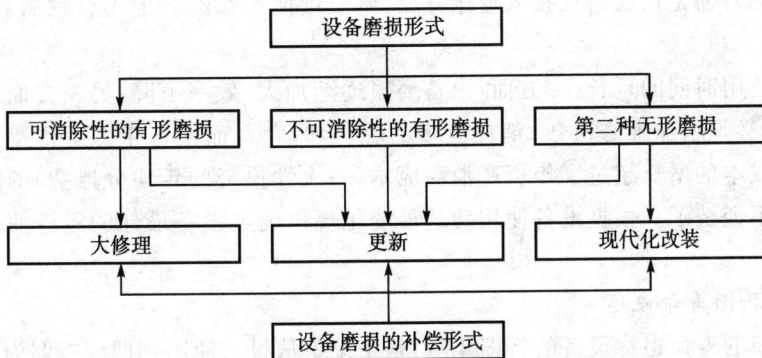

图7-1 设备磨损的补偿

针对不同的设备条件,就需要制订不同的设备补偿方案,然后将各个方案进行比较,最终决定采取何种方案进行补偿。

7.2 设备的经济寿命

设备在使用过程中,由于有形磨损和无形磨损的共同作用,在设备使用到一定期限时,就需要利用新设备进行更新。这种更新取决于设备使用寿命的效益或成本的高低。

➤ 7.2.1 设备寿命的概述

设备的寿命在不同需要情况下有不同的内涵和意义。现代设备的寿命,不仅要考虑自然寿命,而且还要考虑设备的技术寿命和经济寿命。

1. 设备的自然寿命概述

设备的自然寿命又称物质寿命,是指设备从投入使用开始,直到因物质磨损严重而不能继续使用、报废为止所经历的全部时间。

设备的自然寿命主要由设备的有形磨损所决定的,主要取决于设备的质量、使用和维修的质量。一般来说,设备的质量越高、日常使用和维修工作做得越好,设备的自然寿命会越长。做好设备维修和保养可延长设备的物质寿命,但不能从根本上避免设备的磨损,任何一台设备磨损到一定程度时,都必须进行更新。因为随着设备使用时间的延长,设备不断老化,维修所支出的费用也逐渐增加,从而出现恶性使用阶段,即经济上不合理的使用阶段,因此设备的自然寿命不能成为设备更新的估算依据。

2. 设备的技术寿命概述

设备的技术寿命又称有效寿命,是指设备从投入使用到因技术落后而被淘汰所延续的时间,也即是指设备在市场上维持其价值的时间。

由于科学技术迅速发展,一方面,对产品的质量和精度的要求越来越高;另一方面,也不断涌现出技术上更先进、性能更完善的机械设备,这就使得原有设备虽还能继续使用,但已不能保证产品的精度、质量和技术要求而被淘汰。设备的技术寿命主要是由设备的无形磨损所决定的,科学技术发展越快,设备的技术寿命越短,通常比自然寿命要短。所以,在估算设备寿命时,必须考虑设备技术寿命期限的变化特点及其使用的制约或影响。

3. 设备的经济寿命概述

设备的经济寿命是指设备从投入使用开始,到继续使用在经济上不合理而被更新所经历的时间。

设备随着使用时间的延长,一方面,设备磨损逐渐加大,效率下降,另一方面,为了维持其原有的生产效率,必须增加维修次数,消耗更多的燃料和动力,而使每年的运行费用呈递增趋势。当设备年运行成本的增长超过了年资产消耗成本(一次性投资的年均分摊费)的降低额时,继续使用该设备就不经济了。根据设备使用费这种变化规律确定设备最佳的经济使用年限,称为设备的经济寿命。

4. 设备的折旧寿命概述

设备的折旧的寿命也称设备的折旧年限,是指设备从投入使用到期满折旧为止的时间。

折旧寿命是从折旧制度的角度考察设备的一项时间指标。一般情况下,设备的折旧寿命及折旧的计提方法及原则由我国的财务通则或财务制度及相关法规规定,比如,我国财务制度规定了固定资产不低于 10 年的折旧期,有的设备则有明确的规定,折旧寿命一般小于物理寿命,相应的设备的折旧寿命可以用折旧计算的逆运算求得。

影响设备寿命期限的因素较多,其中主要有:设备的技术构成,包括设备的结构及工艺性;技术进步,设备成本,加工对象,生产类型,工作班次,操作水平,产品质量,维护质量,环境要求等。

▶7.2.2 设备的经济寿命估算基础

设备的经济寿命是由维护费用的提高和使用价值的降低决定的。设备使用年限越长,所分摊的设备年资产消耗成本越少。但是,随着设备使用年限的增加,一方面,需要更多的维修费维持原有功能,另一方面,机器设备的操作成本及原材料、能源耗费也会增加,年运行时间、生产效率、质量将下降。因此,年资产消耗成本的降低,会被年度运行成本的增加或收益的下降所抵销。

在设备年度费用的变化过程中,存在着一个年份,使设备年平均使用成本最低,经济效益最好,如图7-2所示。可知,在第 N_0 年时,设备年平均使用成本达到最低值。设备从开始使用到其年平均使用成本最小(或年盈利最高)的使用年限 N_0,即为设备的经济寿命。可见,设备的经济寿命就是从经济观点(即成本观点或收益观点)确定的设备更新的最佳时刻。

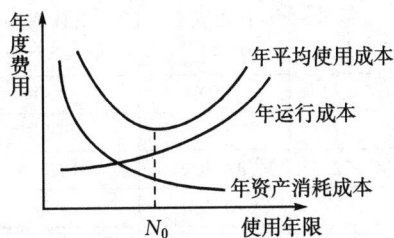

图 7-2 设备年度费用曲线

确定设备经济寿命期的原则是:①使设备在经济寿命内平均每年净收益(纯利润)达到最大。②使设备在经济寿命内年平均使用成本达到最小。

确定设备经济寿命的方法可以分为静态模式和动态模式两种。

▶7.2.3 静态模式下设备的经济寿命

静态模式下设备的经济寿命的确定方法,就是在不考虑资金时间价值的基础上计算设备年平均成本。设备年平均成本为最小的使用年份,就是设备的经济寿命。

1. 逐年推算法

一般而言,设备的平均年度资产消耗成本是逐步降低的,而设备的平均年度运行成本是增加的,见图7-2。在设备的平均年度资产消耗成本和平均年度运行成本均为非线性变化的情况下,可以采用逐年推算法来求解设备的经济寿命。计算公式为:

$$\overline{C_N} = \frac{P - L_N}{N} + \frac{1}{N}\sum_{t=1}^{N}C_t \tag{7.9}$$

式中,$\overline{C_N}$——N 年内设备的年平均使用成本;

P——设备目前实际价值;

C_t——第 t 年的设备运行成本;

L_N——第 N 年末的设备净残值;

$\dfrac{P - L_N}{N}$——设备的平均年度资产消耗成本;

$\dfrac{1}{N}\sum_{t=1}^{N}C_t$——设备的平均年度运行成本。

运用以上公式,逐年推算,求出不同使用年限内设备的年平均使用成本。当设备的年平均使用成本最低时,即 $\overline{C_{N_0-1}} < \overline{C_{N_0}} < \overline{C_{N_0+1}}$,其对应的年份数即为经济寿命 N_0。

【例7-1】 已知某设备目前实际价值为 $P = 50\ 000$ 元,有关统计数据见表7-1,试求设备的经济寿命。

表 7 - 1　设备有关成本统计数据(单位:元)

使用年限	1	2	3	4	5	6	7	8
年运行成本(C_t)	6 000	7 000	8 000	10 000	12 000	15 000	19 000	23 000
年末残值(L_N)	25 000	12 500	6 250	3 000	2 000	2 000	2 000	2 000

解: 由以上设备统计数据,可以计算其在不同使用年限时的年平均成本,列表见表 7-2。

表 7 - 2　设备在不同使用年限下的静态平均成本(单位:元)

使用年限 N (1)	资产消耗成本 ($P-L_N$) (2)	平均年资产消耗成本 (3)=(2)/(1)	年度运行成本 C_t (4)	累计运行成本 $\sum C_t$ (5)	平均年度运行成本 (6)=(5)/(1)	年平均使用成本 C_N (7)=(3)+(6)
1	25 000	25 000	6 000	6 000	6 000	31 000
2	37 500	18 750	7 000	13 000	6 500	25 250
3	43 750	14 583	8 000	21 000	7 000	21 583
4	47 000	11 750	10 000	31 000	7 750	19 500
5	48 000	9 600	12 000	43 000	8 600	18 200
6	48 000	8 000	15 000	58 000	9 667	17 667
7	48 000	6 857	19 000	77 000	11 000	17 857
8	48 000	6 000	23 000	100 000	12 500	18 500

由上表的计算结果可以看出,该设备在使用 6 年时,其年平均使用成本为 17667 元,为最低值。因此,该设备的经济寿命为 6 年。

2. 低劣化法

当设备的资产消耗成本保持不变,而设备的平均年度运行成本呈线性变化时,可以采用低劣化法来求解设备的经济寿命。

由于设备随着使用时间的延长,其最终设备净残值通常不再减少,而保持为一个常数,即 L_N 保持不变。这样,设备的资产消耗成本($P-L_N$)也就保持不变,并与使用年限 N 成反比。

同时,设备使用时间越长,设备的有形磨损和无形磨损越加剧,从而导致设备的维护修理费用越增加。这种逐年递增的费用 ΔC_t 称为设备的低劣化,用低劣化数值表示设备损耗的方法就称为低劣化数值法。如果每年设备的劣化增量是均等的,即 $\Delta C=\lambda$,每年劣化呈线性增长,设备的平均年度运行成本也就呈线性变化。

设评价基准年(即评价第一年)设备的运行成本为 C_1,则设备的平均年度运行成本可用下式表示:

$$\frac{1}{N}\sum_{t=1}^{N} C_t = \frac{1}{N}\sum_{t=1}^{N}[C_1+(t-1)\lambda]$$

$$= \frac{1}{N}\{C_1+(C_1+\lambda)+(C_1+2\lambda)+(C_1+3\lambda)+\cdots+[C_1+(N-1)\lambda]\}$$

$$= \frac{1}{N}[NC_1+\lambda+2\lambda+3\lambda+\cdots+(N-1)\lambda]=C_1+\frac{1}{N}\frac{N(N-1)\lambda}{2}$$

$$= C_1+\frac{(N-1)}{2}\lambda \tag{7.10}$$

式中,λ——设备的低劣化值。

将式(7.10)代入式(7.9),则有:

$$\overline{C_N} = \frac{P - L_N}{N} + C_1 + \frac{(N-1)}{2}\lambda \tag{7.11}$$

要使$\overline{C_N}$为最小,对式(7.11)求N的一阶导数,令其为零,则有:

$$N_0 = \sqrt{\frac{2(P - L_N)}{\lambda}} \tag{7.12}$$

式中,N_0——设备的经济寿命。

【例7-2】 已知一台建筑机械,目前的实际价值P为10万元,预计残值$L_N = 1$万元,第一年的机械运行成本$C_1 = 8\,000$元,以后每年该机械的劣化增量是均等的,年劣化值$\lambda = 4\,000$元,试求该机械的经济寿命。

解:①劣化值法。依据式(7.12),该机械的经济寿命为:

$$N_0 = \sqrt{\frac{2(P - L_N)}{\lambda}} = \sqrt{\frac{2 \times (100\,000 - 10\,000)}{4\,000}} = 7(年)$$

②逐年推算法。将各年的计算结果列表见表7-3。

表7-3 该建筑机械在不同使用年限下的静态平均成本(单位:元)

使用年限N	资产消耗成本$(P-L_N)$	平均年资产消耗成本(3)=(2)/(1)	年度运行成本C_t	累计运行成本$\sum C_t$	平均年度运行成本(6)=(5)/(1)	年平均使用成本C_N(7)=(3)+(6)
(1)	(2)	(3)	(4)	(5)	(6)	(7)
1	90 000	90 000	8 000	8 000	8 000	98 000
2	90 000	45 000	12 000	20 000	10 000	55 000
3	90 000	30 000	16 000	36 000	12 000	42 000
4	90 000	22 500	20 000	56 000	14 000	36 500
5	90 000	18 000	24 000	80 000	16 000	34 000
6	90 000	15 000	28 000	108 000	18 000	33 000
7	90 000	12 857	32 000	140 000	20 000	32 857
8	90 000	11 250	36 000	176 000	22 000	33 250
9	90 000	10 000	40 000	216 000	24 000	34 000

由表7-3可知,该机械在使用7年时,其年平均使用成本为32 857元,为最低值。因此,该设备的经济寿命为7年。

两种方法的结论是相同的。

➤ 7.2.4 动态模式下设备的经济寿命

在国际上的项目分析与评价中,通常要考虑资金的时间价值,这样评价才能更准确,更符合客观实际。

动态模式下设备经济寿命的确定方法,就是在考虑资金时间价值的情况下,计算设备的净年值NAV或年成本AC,通过比较年平均效益或年平均费用来确定设备的经济寿命。其计算公式分别为:

$$NAV(N) = \left[\sum_{t=0}^{N}(CI-CO)_t(P/F,i_c,t) \right](A/P,i_c,N) \tag{7.13}$$

或

$$AC(N) = \left[\sum_{t=0}^{N}CO_t(P/F,i_c,t) \right](A/P,i_c,N) \tag{7.14}$$

要求其经济寿命 N_0，其条件为：

$$NAV(N_0) \rightarrow 最大(\max)$$

$$AC(N_0) \rightarrow 最小(\min)$$

对于年成本法而言，假设设备使用年限为 N 年，目前的使用价值为 P，第 N 年的净残值为 L_N，第 t 年的运行成本为 C_t，基准折现率为 i_c，其经济寿命为年成本最小时所对应的 N_0，式 (7.14) 可以表达为：

$$AC_{\min} = P(A/P,i_c,N_0) - L_{N_0}(A/F,i_c,N_0) + \left[\sum_{t=0}^{N_0}C_t(P/F,i_c,t) \right](A/P,i_c,N_0) \tag{7.15}$$

根据复利计算公式，有如下关系：

$$(A/F, i_c, N_0) = (A/P, i_c, N_0) - i_c$$

代入式 (7.15)，又有：

$$AC_{\min} = (P-L_{N_0})(A/P,i_c,N_0) + L_{N_0}i_c + \left[\sum_{t=0}^{N_0}C_t(P/F,i_c,t) \right](A/P,i_c,N_0) \tag{7.16}$$

由式 (7.13)、式 (7.14) 可见，用净年值或年成本估算设备的经济寿命的方法为：在已知设备现金流量和折现率的情况下，逐年计算出从寿命 1 年到 N 年全部使用期的年等效值，再从中找出平均年盈利的最大值（用净年值法全面考虑项目收支时），或是平均年成本的最小值（用年成本法仅考虑项目支出时），其所对应的年限，就是设备的经济寿命。

【例 7-3】 假设基准折现率为 8%，试计算【例 7-1】中建筑机械的经济寿命。

解：依据式 (7.16)，计算设备不同使用年限的年成本 AC，列入表 7-4。

表 7-4 该建筑机械在不同使用年限时的动态年平均成本

N	$(P-L_N)$	$(A/P,8\%,N)$	$L_N \times 8\%$	$(2) \times (3) + (4)$	C_t	$(P/F,8\%,N)$	$\left[\sum (6) \times (7) \right] \times (3)$	$AC = (5)+(8)$
(1)	(2)	(3)	(4)	(5)	(6)	(7)	(8)	(9)
1	25 000	1.080 00	2 000	29 000.0	6 000	0.925 9	6 000.0	35 000.0
2	37 500	0.560 77	1 000	22 028.9	7 000	0.857 3	6 480.5	28 509.4
3	43 750	0.388 03	500	17 476.3	8 000	0.793 8	6 948.4	24 424.7
4	47 000	0.301 92	240	14 430.2	10 000	0.735 0	7 625.6	22 055.8
5	48 000	0.250 46	160	12 182.1	12 000	0.680 6	8 371.4	20 553.5
6	48 000	0.216 32	160	10 543.4	15 000	0.630 2	9 275.2	19 818.6
7	48 000	0.192 07	160	9 379.4	19 000	0.583 5	10 364.8	19 744.2
8	48 000	0.174 01	160	8 512.5	23 000	0.540 3	11 552.6	20 065.1

可以看出，第 7 年的年成本最小值为 19 744.2 元，因此该设备的经济寿命为 7 年。

7.3 设备更新分析

设备更新分析是企业生产发展和技术进步的客观需要,对企业的经济效益有着重要的影响。过早的设备更新,将造成资金的浪费,失去其他的收益机会,过迟的设备更新,将造成生产成本的迅速上升,失去竞争的优势。因此,设备更新既要考虑技术发展的需要,又要考虑经济方面的效益。这就需要不失时机地做好设备更新分析工作。

▷ 7.3.1 设备更新的概念

设备更新是指在设备的使用过程中,由于磨损作用,导致功能受到影响,因而需要用功能类似或者功能更好的新设备去进行替代,即用新设备或技术先进的设备,去更换在经济上或技术上不宜继续使用的设备。

设备更新是消除设备有形磨损和无形磨损的重要手段。就其本质而言,可分为原型设备更新和新型设备更新。原型设备更新是简单更新,就是用结构相同的新设备去更换有形磨损严重且不能继续使用的旧设备,这种更新主要是解决设备的损坏问题,不具有更新技术的性质。新型设备更新是以结构更先进、技术更完善、效率更高、性能更好、能源和原材料消耗更少的新型设备来替换那些技术上陈旧、在经济上不宜继续使用的旧设备。通常所说的设备更新主要是指后一种,它是技术发展的基础。因此,就实物形态而言,设备更新是用新的设备替换陈旧落后的设备,就价值形态而言,设备更新是设备在运动中消耗掉的价值的重新补偿。

▷ 7.3.2 设备更新方案的比选原则

设备更新方案比选的基本原理和评价方法与互斥性投资方案比选相同。在实际设备更新方案比选时,应遵循两个基本原则:

(1)不考虑沉没成本。沉没成本是既有企业过去投资决策发生的、非现在决策能改变(或不受现在决策影响)、已经计入过去投资费用回收计划的费用。由于沉没成本是已经发生的费用,不管企业生产什么和生产多少,这项费用都不可避免地要发生,因此决策对它不起作用。在进行设备更新方案比选时,原设备的价值应按目前实际价值计算,而不考虑其沉没成本。

(2)逐年滚动比较。该原则是指在确定最佳更新时机时,应首先计算比较现有设备的剩余经济寿命和新设备的经济寿命,然后利用逐年滚动计算方法进行比较。

▷ 7.3.3 设备更新方案的比选方法

设备更新方案的比选就是对新设备方案与旧设备方案进行比较分析,也就是决定现在马上购置新设备、淘汰旧设备,还是至少保留使用旧设备一段时间,再用新设备替换旧设备。新设备原始费用高,营运和维修费低,旧设备目前净残值低,营运费和维修费高,必须进行权衡判断,才能作出正确的选择,一般情况下要进行逐年比较。

在进行设备更新方案比选时,可按如下步骤进行:①计算新旧设备方案不同使用年限的动态(或静态)年平均成本和经济寿命。由于新设备方案与旧设备方案的寿命在大多数情况下是不等的,各方案在各自的计算期内的净现值不具有可比性。因此,设备更新方案的比选主要应用的指标是净年值或年成本。②确定设备更新时机。设备更新即便在经济上是有利的,却也未必应该立即更新。换言之,设备更新分析还包括更新时机选择问题,即现有已用过一段时间的旧设备在何时更新最经济的问题。如果旧设备继续使用 1 年的年成本低于新设备的年成本，即 $AC_{旧} <$ $AC_{新}$ 时，不更新旧设备，继续使用旧设备 1 年；当出现 $AC_{旧} > AC_{新}$ 时，则应更新现有设备，这就是设备更新的时机。

总之，以经济寿命为依据的更新方案比较，使设备都使用到最有利的年限来进行分析。

7.3.4 设备更新分析示例

通常以下几种情况下，需要考虑设备更新问题：①由于技术创新而引起的新旧设备比较分析。②由于生产能力不足而导致的新旧设备比较分析。③由于设备性能降低而引起的新旧设备比较分析。在此，逐一进行设备更新的比较分析。

1. 技术创新引起的设备更新

由于科学技术的创新，导致设备的生产效率不断提高，并且设备的使用功能逐步增加，这就造成了旧设备的无形磨损，从而可能导致企业对旧设备进行更新。

【例 7 - 4】 某公司用旧设备 A 加工某产品的关键零件，设备 A 是 8 年前买的，当时的购置及安装费为 10 万元，设备 A 目前市场价为 20 000 元，估计设备 A 可再使用 2 年，退役时残值为 3 000 元。目前市场上出现了一种新的设备 B，设备 B 的购置及安装费为 150 000 元，使用寿命为 10 年，残值为原值的 10%。该公司预计今后每年平均能销售 50 000 件该产品，新旧设备均可达到产量要求。已知每件产品人工费 20 元，旧设备 A 每件产品其他费用为 5 元，新设备 B 每件产品其他费用为 4 元。基准折现率为 12%，试分析是否应采用新设备 B 更新旧设备 A。

解：旧设备 A 的剩余使用寿命为 2 年，新设备的使用寿命为 10 年，由于使用年限不同，故应采用年值法来计算新旧设备的等额年总成本。

则根据公式(7.16)有：

$$AC_{min} = (P - L_{N_0})(A/P, i_c, N_0) + L_{N_0}i_c + \left[\sum_{t=0}^{N_0} C_t(P/F, i_c, t)\right](A/P, i_c, N_0)$$

①$AC_A = (20\ 000 - 3\ 000)(A/P, 12\%, 2) + 3\ 000 \times 12\% + 50\ 000 \times (20 + 5)$
　　　$= 17\ 000 \times 0.591\ 7 + 360 + 1\ 250\ 000$
　　　$= 1\ 260\ 418.9(元)$

②$AC_B = (100\ 000 - 10\ 000)(A/P, 12\%, 10) + 10\ 000 \times 12\% + 50\ 000 \times (20 + 4)$
　　　$= 90\ 000 \times 0.176\ 98 + 1\ 200 + 1\ 200\ 000$
　　　$= 1\ 217\ 128.2(元)$

③$\Delta AC = AC_A - AC_B = 1\ 260\ 418.9 - 1\ 217\ 128.2 = 43\ 290.7(元)$

可见，使用新设备 B 比使用旧设备 A 每年节约 43290.7 元，故应考虑用设备 B 更新设备 A。

2. 由于能力不足而发生的设备更新

在实际工程中，有时尽管旧设备的状态良好，功能正常，但由于原有设备的能力不能满足工程需要，需要购置新的高效设备来替换原有设备，或者增加原型设备的数量，以保证生产能力满足工程项目建设的需要。这样，在设备更新方案的决策中，就要通过对新型高效设备的年均总费用与旧的设备及增加的原型设备的年均总费用进行比较，最终做出方案决策。

【例 7 - 5】 由于市场需求量增加，某钢铁集团公司钢材生产线面临两种选择，第一方案是在保留现有生产线 A 的基础上，再上一条新生产线 B，使生产能力增加一倍；第二方案是放弃现在的生产线 A，直接上一条新的生产线 C，使生产能力增加一倍。

生产线 A 是 10 年前建造的,剩余寿命为 10 年,到期残值为 100 万元,目前可以 700 万的价格转让给其他小厂家。A 生产线今后第一年的经营成本为 20 万元,以后每年等增加 5 万元。

B 生产线总投资现值 6 000 万元,3 年后投产,寿命期为 20 年,到期残值为 1 000 万元,每年经营成本为 10 万元。投产 5 年后,年经营成本每年等额增加 3 万元。

C 生产线总投资现值 8 000 万元,3 年后投产,寿命期为 30 年,到期残值为 1 200 万元,年运营成本为 8 万元。投产 5 年后,年经营成本每年等额增加 5 万元。

基准折现率为 10%,试比较方案一和方案二的优劣。

解:首先画出各个方案的现金流量图,见图 7-3。

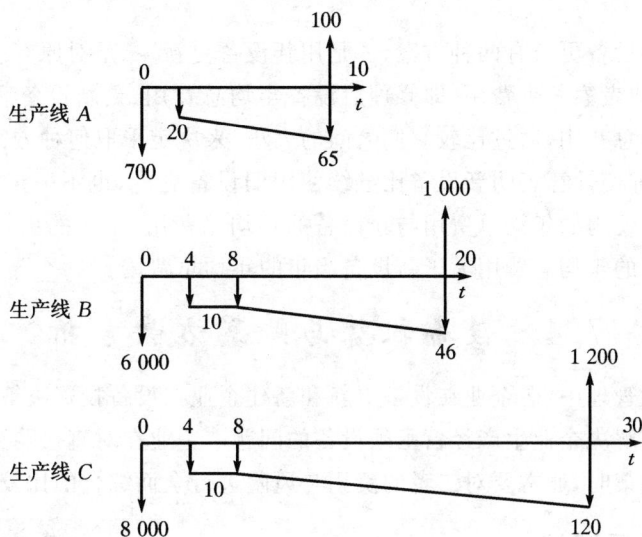

图 7-3 各方案现金流量图

计算各方案的等额年总成本计算:

①方案 1:

$AC_A = 700(A/P,10\%,10) - 100(A/F,10\%,10) + 20 + 5(A/G,10\%,10)$

$\quad = 700 \times 0.162\,75 - 100 \times 0.062\,75 + 20 + 5 \times 3.725\,5$

$\quad = 146.3(万元)$

$AC_B = 6\,000(A/P,10\%,20) - 1\,000(A/F,10\%,20) + 10(F/A,10\%,17)(A/F,10\%,20) +$

$\quad\quad 3 \times (A/G,10\%,13)(F/A,10\%,13)(A/F,10\%,20)$

$\quad = 6\,000 \times 0.117\,46 - 1\,000 \times 0.017\,46 + 10 \times 40.545 \times 0.017\,46 + 3 \times 4.698\,8 \times 24.523 \times 0.017\,46$

$\quad = 700.4(万元)$

$AC_1 = AC_A + AC_B = 146.1 + 700.4 = 846.5(万元)$

②方案 2:

$AC_C = 8\,000(A/P,10\%,30) - 1\,200(A/F,10\%,30) + 8 \times (F/A,10\%,27)(A/F,10\%,30) +$

$\quad\quad 5 \times (A/G,10\%,23)(F/A,10\%,23)(A/F,10\%,30)$

$\quad = 8\,000 \times 0.106\,08 - 1\,200 \times 0.006\,08 + 8 \times 121.100 \times 0.00\,608 + 5 \times 7.108\,5 \times 79.543 \times 0.006\,08$

$\quad = 864.4(万元)$

$AC_2 = AC_C = 864.4(万元)$

③方案比较：

由于两个方案的使用寿命期不同，以最小寿命期 10 年作为研究周期来比较。在 10 年内，方案一的年度等额总成本为 $AC_1=846.5$ 万元，而方案二的年度等额总成本为 $AC_2=864.4$ 万元，可知 $AC_1<AC_2$，则应采用方案一。

3. 由于性能降低而发生的设备更新

机器设备的性能随着磨损的产生不断降低，从而导致维修费用过高，运行费用增加，废品率上升及附加设备增加等。性能降低可以通过维修或更换零件、大修理部分或全部设备零件来恢复。但由于维修费用是递增的，为了提高经济效益，在一定时期就要考虑到用新的设备来代替旧的设备。

由于性能降低的设备更新有两种方案，一是用新设备更新，二是对原有设备进行大修。在更新方案决策时，通常要考察三个费用，即修理后设备年均总费用、更新设备后年均总费用和继续使用原有设备的年均总费用，通过比较它们之间的大小，来决定采取何种方案更新设备。

需要注意的是，即使计算表明新设备比继续使用旧设备更优，也不一定需要立即进行更新，还要比较旧设备继续使用的年均总费用与新设备的年均总费用，正确的更新时间应该是旧设备继续使用的某一年份的年均总费用大于新设备当年的年均总费用。

7.4　设备租赁与购买方案分析

在建筑企业经营管理中，老企业在设备更新和新建企业在设备投资决策时，通常还可以采用设备租赁这种方法来解决企业生产经营亟须设备的问题。企业在对直接购买设备和选择租赁设备这两个方案进行决策时，通常要对二者的费用与风险进行全面综合的比较分析。

➤ 7.4.1　设备租赁概述

设备租赁是设备使用者（承租人）按照合同规定，按期向设备所有者（出租人）支付一定费用，取得设备使用权的一种经济活动。设备租赁一般有融资租赁和经营租赁两种方式。

1. 融资租赁

融资租赁又称财务租赁，是指出租方和承租方共同承担确定时期的租让和付费义务，不得任意终止和取消租赁合同。融资租赁主要用来解决企业生产所需的贵重的设备，如重型机械设备等。

(1)融资租赁的主要特点。融资租赁的主要特点有：

①一般由承租人向出租人提出正式申请，由出租人融通资金引进租户所需设备，然后租给用户使用。

②租期较长。融资租赁的租期一般为租赁财产寿命的一半以上。

③租赁合同比较稳定。在融资租赁期内，承租人必须连续支付租金，非经双方同意，中途不得退租，这样既能保证承租人长期使用资产，又能保证出租人在基本租期内收回投资并获得一定利润。

④租赁期满后，可选择将设备作价转让给承租人、出租人回收、延长租期续租三种方式处理租赁财产。

⑤在租赁期间，出租人一般不提供维修和保养设备方面的服务。

(2)融资租赁的形式。融资租赁的形式有以下三种：

①售后租回。售后租回是指企业将某资产卖给出租人,再将其租回使用,资产的售价大致等同于市价。其好处是企业出售资产可得到一笔资金,同时仍可使用设备,有利于项目建设及资金筹集。

②直接租赁。直接租赁是指承租人直接向出租人租入所需要的资产,并付租金,其出租人主要是制造厂商、租赁公司等。

③杠杆租赁。杠杆租赁涉及三方,即承租人、出租人和资金出借方三方。和其他租赁不同的是出租人只出购买资产所需的部分资金作为投资,其他不足部分以该资产作为担保向资金出借方借入,所以,他既是出租人又是借款人,既是资产所有权人又是债务人。

融资租赁租入的设备属于固定资产,可以计提折旧并计入企业的成本,但租赁费不直接计入企业的成本,而由企业在税后支付,租赁费中的利息和手续费可在支付时计入企业的成本,作为纳税所得额中准予扣除的项目。

2. 经营租赁

经营租赁即租赁双方的任何一方可以随时以一定方式在通知对方后的规定期限内取消或中止租约的租凭方式。企业生产经营临时使用设备,如车辆、仪器等,通常可采用这种方式。

经营租赁的特点有:①承租企业可随时向出租人提出租赁资产的要求。②租赁期短,不涉及长期而固定的义务且租赁费可计入企业的成本,以减少企业的所得税。③租赁合同比较灵活,在合理限制条件范围内,可以解除租赁契约。④租赁期满,租赁资产一般归还出租人。⑤出租人提供专门服务,如设备的保养、维修、保险等。

由于租赁具有把融资和融物结合起来的特点,这使得租赁能够提供及时而灵活的资金融通方式,是企业取得设备进行生产经营的一个重要手段。

3. 租赁的优缺点

(1)优越性。对于承租人来说,设备租赁与设备购买相比的优越性在于:

①在资金短缺的情况下,既可用较少资金获得生产急需的设备,也可以引进先进设备,加速技术进步革新的步伐。

②可获得良好的技术服务。

③可以保持资金的流动状态,防止呆滞,也不会使企业资产负债状况恶化。

④可避免通货膨胀和利率波动的冲击,减少投资风险。

⑤设备租金可在所得税前扣除,能享受税费上的利益。

(2)不足之处。设备租赁的不足之处在于:

①在租赁期间承租人对租用设备无所有权,只有使用权,故承租人无权随意对设备进行改造,不能处置设备,也不能用于担保、抵押贷款。

②承租人在租赁期间所交的租金总额一般比直接购置设备的费用要高。

③长年支付租金,形成长期负债。

④融资租赁合同规定严格,毁约要赔偿损失,罚款较多等。

正是由于设备租赁有利有弊,故在租赁前要进行慎重的决策分析。

▶7.4.2 影响设备投资、租赁及购买的主要因素

企业在决定进行设备投资之前,必须进行多方面考虑,决定企业租赁或购买的关键在于能否为企业节约尽可能多的支出费用,实现最好的经济效益。为此,首先需要考虑影响设备投资的因素。

1. 影响设备投资的因素

影响设备投资的因素较多,其主要包括:

(1)项目的寿命期。

(2)企业是否需要长期占有设备,还是只希望短期占有这种设备。

(3)设备的技术性能和生产效率。

(4)设备对工程质量(产品质量)的保证程度,对原材料、能源的消耗量,以及设备生产的安全性保障。

(5)设备的成套性、灵活性、耐用性、环保性和维修的难易程度。

(6)设备的经济寿命。

(7)技术过时风险的大小。

(8)设备的资本预算计划、资金可获量(包括自有资金和融通资金),融通资金时借款利息或利率的高低。

(9)提交设备的进度。

2. 影响设备租赁的因素

对于设备租赁,除考虑影响设备投资的因素外,还应考虑如下影响因素:

(1)租赁期长短。

(2)设备租金额,包括总租金额和每租赁期租金额。

(3)租金的支付方式,包括租赁期起算日、支付日期、支付币种和支付方法等。

(4)企业经营费用减少与折旧费和利息减少的关系,租赁的节税优惠。

(5)预付资金(定金)、租赁保证金和租赁担保费用。

(6)维修方式,即是由企业自行维修,或由租赁机构提供维修服务。

(7)租赁期满,资产的处理方式。

(8)租赁机构的信用度、经济实力,与承租人的配合情况。

3. 影响设备购买的因素

对于设备购买,除考虑影响设备投资的因素外,也应考虑如下影响因素:

(1)设备的购置价格、设备价款的支付方式,支付币种和支付利率等。

(2)设备的年运转费用和维修方式、维修费用。

(3)保险费,包括购买设备的运输保险费,设备在使用过程中的各种财产保险费。

总之,企业是否作出租赁与购买决定的关键在于技术经济可行性分析。因此,企业在决定进行设备投资之前,必须充分考虑影响设备租赁与购买的主要因素,才能获得最佳的经济效益。

▷ 7.4.3 设备租赁与购买方案分析的步骤

采用购置设备或是采用租赁设备应取决于这两种方案在经济上的比较,比较的原则和方法与一般的互斥投资方案的比选方法相同。其步骤可以简述如下:

(1)根据企业生产经营目标和技术状况,提出设备更新的投资建议。

(2)拟定若干设备投资、更新方案,包括:购置(有一次性付款和分期付款购买),租赁。

(3)定性分析筛选方案,包括:分析企业财务能力,分析设备技术风险、使用维修特点。分析企业财务能力,如果企业不能一次筹集并支付全部设备价款,则去掉一次付款购置方案。分析设备技术风险、使用维修特点,对技术过时风险大、保养维护复杂、使用时间短的设备,可以考虑租赁方案;对技术过时风险小、使用时间长的大型专用设备则考虑融资租赁方案或购置方案。

(4)定量分析并优选方案,结合其他因素,作出租赁还是购买的投资决策。

▷ 7.4.4 设备经营租赁与购买方案的经济比选方法

进行设备经营租赁与购买方案的经济比选,必须详细地分析各方案寿命期内各年的现金流量情况,据此分析方案的经济效益,确定以何种方式投资才能获得最佳。

1. 设备经营租赁方案的净现金流量

采用设备经营租赁的方案,租赁费可以直接计入成本,其净现金流量每期为:

净现金流量＝销售收入－经营成本－租赁费用－与销售相关的税金－

$$所得税率×(销售收入－经营成本－租赁费用－与销售相关的税金) \qquad (7.17)$$

式中,租赁费用主要包括租赁保证金、租金、担保费。

(1)租赁保证金。为了确认租赁合同并保证其执行,承租人必须先交纳租赁保证金。当租赁合同结束时,租赁保证金将被退还给承租人或在偿还最后一期租金时加以抵消,保证金一般按合同金额的一定比例计提,或按某一基期数的金额(如一个月的租金额)计算。

(2)担保费。出租人一般要求承租人请担保人对该租赁交易进行担保,当承租人由于财务危机付不起租金时,由担保人代为支付租金。一般情况下,承租人需要付给担保人一定数目的担保费。

(3)租金。租金是签订租赁合同的一项重要内容,直接关系到出租人与承租人双方的经济利益。出租人要从取得的租金中得到出租资产的补偿和收益,即要收回租赁资产的购进原价、贷款利息、营业费用和一定的利润,承租人则要比照租金核算成本。影响租金的因素很多,如设备的价格、融资的利息及费用、各种税金、租赁保证金、运费、租赁利差、各种费用的支付时间,以及租金采用的计算公式等。

租金的计算方法,主要有附加率法和年金法。

①附加率法。附加率法是在租赁资产的设备价格或概算成本上再加上一个特定的比率来计算租金。每期租金 R 计算公式为:

$$R＝P×\frac{(1+N×i)}{N}+P×r \qquad (7.18)$$

式中,P——租赁资产的价格;

N——租赁期数,可按月、季、半年、年计;

i——与租赁期数相对应的利率;

r——附加率。

【例 7-6】 租赁公司拟出租给某企业一台设备,设备的价格为 100 万元,租期为 6 年,每年年末支付租金,折现率为 12%,附加率为 5%,问每年租金为多少?

解:根据公式(7.18),有:

$$R＝100×\frac{(1+6×12\%)}{6}+100×5\%＝33.67(万元)$$

②年金法。年金法是将一项租赁资产价值按相同比率分摊到未来各租赁期间内的租金计算方法。年金法计算有期末支付和期初支付租金之分。

A. 期末支付方式。即在每期期末等额支付租金,计算公式为:

$$R＝P\frac{i(1+i)^N}{(1+i)^N-1}＝P(A/P, i, N) \qquad (7.19)$$

式中,P——租赁资产的价格;

N——租赁期数,可按月、季、半年、年计;

i——与租赁期数相对应的利率或折现率。

B. 期初支付方式。即在每期期初等额支付租金。期初支付要比期末支付提前一期支付租金,故而其费用要少。计算公式为:

$$R = P\frac{i(1+i)^{N-1}}{(1+i)^N-1} = \frac{P(A/P, i, N)}{(1+i)} \tag{7.20}$$

【例 7-7】 租赁公司拟出租给某企业一台设备,设备的价格为 150 万元,租期为 8 年,折现率为 10%,试分别按每年年末、每年年初支付方式计算租金。

解:①若按年末支付方式,则用公式(7.19),有:

$$R = 150 \times \frac{10\% \times (1+10\%)^8}{(1+10\%)^8-1} = 150 \times 0.18744 = 28.12(万元)$$

②若按年初支付方式,则用公式(7.20),有:

$$R = 150 \times \frac{10\% \times (1+10\%)^7}{1+10\%^8-1} = \frac{150 \times 0.18744}{1+10\%} = 25.56(万元)$$

2. 设备购买方案的净现金流量

与租赁相同条件下的购买设备方案的净现金流量每期为:

净现金流量=销售收入-经营成本-设备购置费-贷款利息-与销售相关的税金-

所得税率×(销售收入-经营成本-折旧-贷款利息-与销售相关的税金)

$$\tag{7.21}$$

3. 经济比选

设备租赁与购置的经济比选是互斥方案选优问题,一般寿命相同时可以采用净现值法,设备寿命不同时可以采用年值法。无论用净现值法,还是年值法,均以收益效果较大或成本较少的方案为宜。

为了简化计算,在工程经济互斥方案分析中,通常只需比较费用之间的差异部分即可。对于设备租赁与购置方案的经济比选,最简单的方法是在假设所得到设备的收入相同的条件下,将租赁方案和购买方案的费用进行比较。根据互斥方案比选的增量原则,只需比较它们之间的差异部分。从式(7.17)和式(7.21)两式可以看出,只需比较式(7.22)和式(7.23)即可。

设备租赁:所得税率×租赁费-租赁费 (7.22)

设备购置:所得税率×(折旧+贷款利息)-设备购置费-贷款利息 (7.23)

每个企业都要依利润来缴纳所得税,按我国财务制度规定,租赁设备的租金允许计入成本,购买设备每期计提的折旧费也允许计入成本,若用借款购买设备,其每期支付的利息也可以计入成本。在其他费用保持不变的情况下,计入成本越多,则利润总额越少,企业交纳的所得税也越少。因此在充分考虑各种方式的税收优惠影响下,应该选择税后收益更大或税后成本更小的方案。

【例 7-8】 某企业需要某种设备,其购置费为 20 万元,可贷款 10 万元,贷款利率为 8%,在贷款期 3 年内每年末等额还本付息。设备使用期为 5 年,期末设备残值为 5 000 元。这种设备也可以租赁到,每年末租赁费为 56 000 元。企业所得税税率为 25%,采用直线折旧,基准折现率为 10%,试选择方案。

解：

(1)设备购置方案。

①计算年折旧费：

$$年折旧费＝固定资产原值×\frac{1-预计净残值率}{折旧年限}＝\frac{200\ 000-5\ 000}{5}＝39\ 000（元）$$

②计算年借款利息：

各年支付的本利和 A 按下式计算，则各年的还本付息见表7-5。

$$A＝P(A/P,i,n)＝100\ 000×\frac{8\%×(1+8\%)^3}{(1+8\%)^3-1}＝100\ 000×0.388\ 03＝38\ 803（元）$$

表7-5　各年支付的利息　单位：元

年份	期初剩余本金	本期应计利息 (2)=(1)×8%	本期还款金额	其中本期支付本金 (4)=(3)-(2)	其中本期支付利息 (5)=(2)
	(1)	(2)	(3)	(4)	(5)
1	100 000	8 000	38 803	30 803	8 000
2	69 197	5 536	38 803	33 267	5 536
3	35 930	2 874	38 803	35 929	2 874

注：第3年剩余本金"+1"是约去尾数误差的累计值。

③计算设备购置方案的净现值 $NPV_{(购)}$：

当贷款购买时，企业可以将所支付的利息及折旧从成本中扣除而免税，并且可以回收残值。按照公式(7.23)，有：

$$
\begin{aligned}
NPV_{(购)}＝&0.25×[(39\ 000+8\ 000)(P/F,10\%,1)+(39\ 000+5\ 536)(P/F,10\%,2)+\\
&(39\ 000+2\ 874)(P/F,10\%,3)+39\ 000(P/F,10\%,4)+39\ 000(P/F,10\%,5)]-\\
&8\ 000(P/F,10\%,1)-5\ 536(P/F,10\%,2)-2\ 874(P/F,10\%,3)-200\ 000+\\
&5\ 000(P/F,10\%,5)
\end{aligned}
$$

$$
\begin{aligned}
＝&0.25×[47\ 000×0.909\ 1+44\ 536×0.826\ 4+41\ 874×0.751\ 3+39\ 000×0.683\ 0+\\
&39\ 000×0.620\ 9]-8\ 000×0.909\ 1-553\ 6×0.826\ 4-2\ 874×0.751\ 3-200\ 000+\\
&5\ 000×0.620\ 9
\end{aligned}
$$

$$＝-170\ 441.42（元）$$

(2)设备租赁方案。计算设备租赁方案的现值 $NPV_{(租)}$，当租赁设备时，承租人可以将租金计入成本而免税。按照公式(7.22)，有：

$$
\begin{aligned}
NPV_{(租)}＝&0.25×56\ 000(P/A,10\%,5)-56\ 000(P/A,10\%,5)\\
＝&0.25×56\ 000×3.790\ 8-56\ 000×3.790\ 8\\
＝&-159\ 213.60（元）
\end{aligned}
$$

(3)方案比较选择。因为 $NPV_{(租)}＞NPV_{(购)}$，所以从经济角度出发，应该选择租赁设备的方案。

思考与练习

1.设备磨损共有几个类型,几种形式?

2.设备磨损的补偿方式有哪些?

3.设备寿命有哪几种类型?

4.设备经济寿命估算的原理及其原则是什么?

5.设备经济寿命的估算方法有几种,其原理是什么?

6.设备更新方案的比选原则是什么?

7.设备更新方案的比选步骤是什么?

8.如何选择设备的更新时机?

9.设备租赁的方式有哪些? 各有什么特点?

10.影响设备租赁与购买的主要因素从几个方面来分析?

11.设备租赁与购买方案分析的步骤是什么?

12.设备租赁与购买方案的经济比选方法有哪些?

第8章 建筑企业经营管理

本章学习要点

1. 了解建筑企业的概念、权利与责任
2. 熟悉企业素质的内容和提高建筑企业素质的途径
3. 了解经营管理理论的发展历程
4. 熟悉建筑企业经营管理的特点
5. 熟悉建筑企业经营管理的基础工作
6. 了解建筑企业计划管理、施工管理和生产要素管理
7. 了解建筑企业经营方式的发展
8. 熟悉现有建筑企业经营方式
9. 了解建筑工程项目管理模式

8.1 建筑企业

8.1.1 建筑企业的概念

建筑企业是从事建筑产品生产经营活动的盈利性的经济组织。它既是建筑产品的生产者，又是建筑产品的经营者。作为企业，必须同时具备以下三个特征：

(1)企业必须是经济组织。所谓经济组织，是指从事有关社会生产、交换、分配、消费等经济活动的组织。从事生产经营活动的主体是生产企业，其中从事建筑产品生产经营活动的主体是建筑企业，从事工业生产经营活动的主体是工业企业，从事流通活动的主体是商业企业等。企业作为一个经济实体，既有别于其他的社会团体或组织，也有别于执行国家经济职能的经济管理机构，更有别于国家的政权机关或行政组织。

(2)企业必须是盈利性的组织。有些经济组织虽然从事生产和经济活动，但不是盈利性的，这样的经济组织就不能叫做企业。构成企业的根本标志是盈利，只有实行独立核算的盈利性的经济组织才是企业。

(3)企业还必须是经济法人。经济法人是指依法成立，并能按有关法律规定行使法定权力、履行法定义务的社会经济组织，它的设立必须经过工商行政管理部门批准，发给营业执照，在法律上取得法人地位。它能独立对外、与其他经济组织签订具有法律效力的合同、协议、契约，法律要保护它合法的经济权益，同时它也直接承担在经济活动中的法律责任。

作为建筑企业，必须具备以下基本条件：有独立组织生产和进行经营管理的组织机构，在法律上取得法人资格，能独立对外签订合同并具有法律效力，有与承担施工任务相适应的技术人员、管理人员和生产技术工人，有与承担施工任务相适应的生产机具和流动资金，并在银行开设账户，是国民经济的基本核算单位，有健全的会计制度和经济核算办法，能独立进行经济核算，自

负盈亏,有保证工程质量和施工工期的手段和设施。

▶ 8.1.2　建筑企业的权利与责任

现代企业制度的四项基本特征是:"产权清晰,权责明确,政企分开,管理科学"。因此,明确建筑企业的责任、权限和利益,是建立现代企业制度的基础。

1. 建筑企业的经营权

《全民所有制建筑安装企业转换经营机制实施办法》明确规定建筑企业享有 14 项经营权:①生产经营决策权;②建筑产品、劳务承包定价权;③产品销售权;④承包工程所需物资采购权;⑤对外经营权;⑥投资决策权;⑦自主支配和统筹使用资金权;⑧资产处置权;⑨联营、兼并权;⑩劳动用工权;⑪人事管理权;⑫工资、奖金分配权;⑬内部机构设置权;⑭拒绝摊派权。

2. 建筑企业的责任

建筑企业在享有充分经营自主权的同时,也负有相应的责任:

(1)企业以国家授予其经营管理的财产承担民事责任。厂长(经理)对企业盈亏负有直接责任,职工按照企业内部责任制,对企业盈亏负有相应责任。

(2)企业对国家负有上缴利润、歉收自补的责任。实行承包经营责任制的企业,未完成上缴利润任务的,应当以风险抵押金、工资储备基金、留利补交。实行租赁经营责任制的企业,实行歉收自补。

(3)企业有严格执行国家财政、税收和国有资产管理的法律、法规,确保国有资产和企业财产保值、增值的责任。

(4)企业承担分配约束责任。企业必须建立分配约束机制和监督机制,坚持工资总额增长幅度必须低于企业经济效益增长幅度,职工实际平均收入增长幅度必须低于本企业劳动生产率增长幅度的原则,并建立工资储备基金制度。

▶ 8.1.3　提高建筑企业素质的途径

企业素质是指构成企业各个要素的质量,是生产力诸因素通过人的科学管理作用,在生产经营活动中形成的各种能力的综合反映,即企业的人力、物力、财力、技术和组织等各种因素有机组合所形成的企业生存和发展的能力。

企业素质主要由企业内部的劳动力、机械设备、资金、技术水平和管理水平等因素所决定。企业的外部条件,如材料供应、交通运输等因素对企业素质有影响,但不是决定因素。

企业素质包括内在因素和外在表现两部分,两者是内容和形式的关系,外在表现取决于内在因素的质量。

1. 企业素质的内在因素

(1)人员素质。企业劳动者个人的素质和劳动集体中协调配合、综合发挥的程度。它包括领导素质和职工素质。领导素质是关键,职工素质是基础。

(2)技术素质。企业生产经营技术条件的综合。它包括硬技术素质(机械装备水平)和软技术素质(新技术、新工艺、新材料的推广应用能力)。

(3)管理素质。企业经营管理功能的综合能力。它包括管理思想、管理组织、管理方法、管理手段的素质。管理素质影响着管理水平的高低,决定着生产经营综合发挥的程度。

2. 企业素质的外在表现

企业素质的外在表现为企业的生存能力和发展能力。具体表现为:

(1)竞争能力。竞争能力是指企业的工程质量、工程成本、施工工期、服务质量、社会效益和社会信誉在国内外同行业中的水平及市场占有率的高低,促进企业和社会发展的能力。

(2)应变能力。应变能力是指企业对内、外部经营环境的变化和各种不可预见因素冲击的适应能力。

(3)盈利能力。盈利能力是指企业通过改善经营管理,采用先进技术,提高劳动生产率,降低工程成本,取得合理盈利的能力。

(4)技术开发能力。技术开发能力是指企业开发新技术、新结构、新工艺、新材料,开拓新市场,创造新的施工水平与管理水平的能力。

(5)扩大再生产能力。扩大再生产能力是指企业通过改善管理、挖潜、改造,依靠自己的财力、物力、人力,发展生产、扩大经营,增强施工力量,扩大生产规模的能力。

3. 提高建筑企业素质的途径

企业素质主要由企业的内在诸因素所决定,与外在条件亦有关系,因此提高建筑企业素质的途径,从根本上说在于提高企业劳动者的质量,要从培养大量合格人才人手。职工的个人和集体素质不仅是企业整个生产经营活动的力量源泉,更重要的是这些力量的综合发挥,才能使建筑企业在激烈的市场竞争中得到生存和发展。要采取多种形式的全员培训,使各类人员得到培养和锻炼,只有全员高素质才有企业高素质。

同时,要搞好企业领导班子建设,努力提高管理水平和施工技术水平。要求领导者具有现代科学技术水平,充分发挥科技人才和管理人才的作用。优化企业资源配置,使企业的组织、人员、设备、资金和技术达到最佳结合,重视管理科学,提高管理水平。

8.2 建筑企业经营管理概述

➢ 8.2.1 经营管理概述

1. 经营管理与企业经营管理

经营管理是指在企业内,为使生产、采购、物流、营业、劳动力、财务等各种业务,能按经营目的顺利地执行、有效地调整而所进行的系列管理、运营的活动。

企业经营管理是对企业整个生产经营活动进行决策、计划、组织、控制、协调,并对企业成员进行激励,以实现其任务和目标一系列工作的总称。

2. 经营管理的任务和内容

经营管理的基本任务是合理地组织生产力,使供、产、销各个环节相互衔接,密切配合,人、财、物各种要素合理结合、充分利用,以尽量少的活劳动消耗和物质消耗,生产出更多的符合社会需要的产品。

经营管理的主要内容有:合理确定企业的经营形式和管理体制,设置管理机构,配备管理人员;搞好市场调查,掌握经济信息,进行经营预测和经营决策,确定经营方针、经营目标和生产结构;编制经营计划,签订经济合同;建立、健全经济责任制和各种管理制度;搞好劳动力资源的利用和管理,做好思想政治工作;加强土地与其他自然资源的开发、利用和管理;搞好机器设备管理、物资管理、生产管理、技术管理和质量管理;合理组织产品销售,搞好销售管理;加强财务管理和成本管理,处理好收益和利润的分配;全面分析评价企业生产经营的经济效益,开展企业经营诊断等。

➤ 8.2.2　经营管理理论的发展

经营管理理论的发展,大致上可以分为科学管理、行为科学管理和现代管理理论三个阶段。

1. 科学管理阶段

19 世纪末到 20 世纪初,科学管理之父泰勒认为要使企业获得利益不能单纯依靠技术本身,更为重要的是加强生产组织管理。科学管理将科学引入管理领域,奠定管理理论的基础,并将管理职能从企业生产职能中独立出来。泰勒提出把工业生产划分为五大要素,即管理、机器、货币、材料和有技术的人,把管理放在第一位。同时,他还提出了一整套的管理方法和制度,基本内容是:确定合理的作业方法;确定各项作业的标准时间;制订每人每日的工作定额;实行差别计件制,付给差别工资,用较大的工资级差,刺激工人提高劳动生产率。泰勒明确划分了计划职能和管理职能,以后又逐步发展到职能组织和管理专业化。

后人在泰勒的基础上,发展了一系列的科学管理理论。如甘特指出,根据数量来安排时间是错误的,关键的因素是时间,时间应该是制订任何计划的基础,进而发明了甘特图。福特在泰勒制的基础上,充分利用大批量生产的优点,采取了生产标准化和移动式装配法,组织大规模工厂化生产,从而进一步提高了企业的生产效率。

法约尔在 1915 年出版了《工业管理和一般管理》一书,指出企业的六种活动:技术活动、商业活动、财务活动、安全活动、会计活动、管理活动。管理就是实行计划、组织、指挥、协调和控制。进一步提出了 14 项管理原则:劳动分工、权力和责任、纪律、统一指挥、统一领导、个人利益服从集体利益、人员的报酬、集中、等级制度、秩序、公平、人员的稳定、首创精神、人员的团结。由于法约尔在经营管理理论上的贡献,被尊称为经营管理之父。

2. 行为科学管理阶段

广泛推行泰勒制,虽然大大提高了劳动生产率,但是对工人强调服从、管制,把工人当做机器的附属物,对工人的过于苛刻,激起了工人的强烈不满和反抗,降低了生产热情,甚至消极怠工。基于此,在美国西方电器公司进行的霍桑实验是一项以科学管理的逻辑为基础,寻找改善管理方法的实验。

通过实验,霍桑提出了解决问题的方法,认为现代大工业的管理必须解决三个问题:将科学和技术应用于物质资料的生产;系统化地建立生产经营活动的秩序;组织工作,其实质是在工作集体中实现持久的合作与协调。现实生活中,第三条几乎完全被忽视。对于一个结构复杂的大型组织来说,成功有赖于全体成员的齐心合力,实际上第三条是人们要寻找的一个和谐的相处环境。据此,梅奥提出了与科学管理思想不同的一些新观点:职工是社会人;企业中存在非正式组织;新型的领导能力在于提高职工的满足程度。在此基础上,梅奥建立了管理的人际关系学,梅奥对人的行为的研究,逐步形成了行为科学理论和行为科学管理学派,包括马斯洛的需求层次论、赫茨伯格的双因素理论、弗鲁姆的期望理论、麦格雷戈的 X 理论－Y 理论等。

3. 现代管理理论阶段

科学管理理论和行为科学管理理论的重点是放在车间班组的管理方面,强调如何提高工效。但是,随着资本主义经济的发展、市场的激烈竞争、科学技术的发展、新产品的不断出现等环境的迅速变化,对企业产生了巨大的压力。管理人员逐渐认识到,如何及时地根据外界环境的变化,作出合理的战略决策,是决定企业成败的关键,它比企业内部提高工效更为重要。于是,管理的重点就逐步转向决策,尤其是高层的战略决策,管理理论也随之发生了很大的变化。

以西蒙为代表的管理学派十分强调决策的重要性。认为决策贯穿于管理的全过程,管理就是决策,决策决定组织的成败,所以又称之为决策论。

哈罗德·孔茨将法约尔的经营管理理论发扬光大,成为一个主流学派。经营管理学派将管理看着是一个过程,按照类似于自然科学的研究方法来研究经营管理,成为经营管理学派。

系统管理学派运用系统科学的理论、范畴和一般原理,全面分析组织管理活动的理论。认为,组织是一个由相互联系的若干要素组成的人造系统;组织是一个为环境所影响,并反过来影响环境的开放系统。

8.2.3 建筑企业经营管理的特点

建筑企业的经营管理,由于建筑产品和施工生产的技术经济特点,使其具有以下基本特点:

1. 生产经营业务不稳

建设项目类型繁多,任务多变,建筑企业要按用户的要求和工程特点,组织施工,因此经营对象是多变的,建设工程任务与国家投资政策有关,经济发展时期,建设项目大幅度增加,经济调整时期,建设项目缩减。企业任务的获得还要通过投标竞争,因此企业的经营业务是不稳定的,所以建筑企业必须具备适应社会需求的应变能力。

2. 生产经营环境多变

建筑产品的固定性和建筑生产的流动性,使企业的经营环境随着建设工程的地点而变化。施工地点不同,地形、地质、水文、气候等自然环境差异较大,劳动力供应、物资供应、交通运输、协作配套条件等社会环境也随之变化,因而增加了生产经营的艰巨性和复杂性,给生产经营的预见性和可控性也带来了难度。

3. 组织机构人员浮动

建设项目和经营业务不稳定,施工生产连续性差,变化因素多,因而难以实现有节奏地均衡施工。工程任务时大时小,机构人员、工种比例经常需要调整,所以应根据建筑业用工特点采用适当的用工办法。

8.2.4 建筑企业经营管理的基础工作

为了保证进行有效的生产经营管理活动,建立正常和稳定的管理秩序,提供企业管理必要的条件和可靠依据,逐步提高企业素质所进行的各种工作,称为经营管理的基础工作。

建筑企业经营管理基础工作的主要内容有:

1. 原始记录和凭证

原始记录和凭证是企业经营管理活动、施工现场生产情况最早的真实记录,如各种会议纪要、隐蔽工程记录、施工日志、施工变更通知书、实施情况说明、材料和构配件的收发及消耗凭证、财务报表等。各种记录生产经营活动的情况,必须及时、准确可靠,并且按规定办理签署认证手续。

2. 计量和检测工作

企业的计量和检测工作,是获得生产经营活动信息的重要手段。获得的信息是否及时、准确和全面,直接关系到企业管理的质量和效率,关系到建筑产品的工程质量和建筑企业的综合效益。要严格计量工作责任制,加强挂牌管理,完善计量工具和检测手段,做好计量器具、仪表设备的配置、保管、校正、维护,并且保证正确和合理使用。

3. 定额和标准化

建筑工程定额是编制企业经营计划,制定建筑产品价格,参加投标承包报价,实行经济核算和进行企业经济活动分析的重要依据,是调节内部生产,控制劳动消耗,提高劳动生产率,拓展建筑生产和经营等管理工作的基础。建筑企业执行的定额水平,在一定程度上反映了企业的竞争能力。尤其是在投标竞争中,企业没有反映自身技术水平和管理水平的定额,就很难有把握地制定竞争策略,在市场竞争中获胜。

标准化是根据使用要求,对建筑产品的类型、性能、材质、形状、尺寸、精度、试验方法、交工验收等,规定出统一的标准。建筑标准化是发展建筑工业化的基本条件。建筑企业针对建筑产品不易定型、施工流动性大、不利于组织工业化生产的特点,正在努力把建筑物作为定型产品,对房屋建筑的设计、建筑材料的生产供应、构配件的制作、现场施工安装等各个环节,实行标准化管理,推进建筑工业化的不断发展。

8.3　建筑企业常规管理

▶ 8.3.1　计划管理

计划管理就是用计划把企业的各项生产经营活动全面地组织起来,并对其进行平衡、协调、控制和监督。

计划管理是一项全面的综合管理工作,既是企业管理的起点,也是企业管理的归宿。因此,也可以说,没有计划就谈不上管理,更谈不上科学管理。建筑安装企业要维护正常的生产经营活动,涉及土建配合、物资供应、建设单位提供条件等各方面,还涉及内部各业务部门及水、电、设备、通风等专业工种,因而必须有一个统一协调的计划,从而保证协调运转。在建筑企业管理体系中,全面计划管理与全面质量管理、全面经济核算、全面劳动人事管理等并列。全面计划管理,可以概括为全企业、全过程、全员性的计划管理。

全企业的计划管理,是指建筑企业不仅要有综合计划,而且企业内部各部门、各单位乃至每个岗位和职工的工作都应当有计划,构成全企业的计划体系。企业内部单位的计划,是企业综合计划的分解,它服从于企业计划的领导,保证企业计划的实现。

全过程的计划管理,是指建筑企业生产经营活动全过程的每个环节都必须实行计划管理。主要包括市场调查、参加投标、签订合同、施工准备、正式施工、交工验收、竣工结算、售后服务等都必须建立计划,构成企业生产经营活动全过程的计划体系。

全员的计划管理,是指企业计划的贯彻实施,是由企业所属各单位、各部门和全体职工的共同努力,企业的领导层、专业管理人员、普通工人都有自己的岗位和职责的一种管理模式。企业计划管理不仅是计划部门的事情,企业全体职工人人都要有管理计划,用每一个岗位计划任务的实现来保证全企业计划的实现。

1. 计划管理的特点

(1)计划的自主性差。建筑企业的生产任务来源受到固定资产投资数量的影响,使企业计划具有被动性。另外,建筑生产消耗资源品种多、数量大、施工周期长、受市场价格等影响因素多,决算最终成本的时间长,这些都给企业计划管理带来被动局面。

(2)计划的多变性。首先,企业承建的工程是多种多样的,不像工业生产那样相对稳定。由于产品结构复杂程度不一,每一个时期施工的各专业工种比例也不同,受自然条件的影响大,不可预见因素多,使企业的生产效率不稳定。其次,由于施工队伍的流动性,施工地点和建设单位经常变化,从而影响企业的生产效率。第三,由于施工环境不稳定和产品结构复杂多变,难以做到生产管理的标准化、程序化和规范化。由于这些特点,影响企业生产效率、影响计划的稳定性。

因此,建筑企业应提高计划的预见性,使施工计划富有一定弹性。

(3)计划的不均衡性。由于施工的季节性与任务得到的时间与数量不同,造成计划期内的施工内容与比例不同,使年、季、月之间做到计划均衡性的难度很大。另外,对一个具体工程来说,施工准备阶段、施工阶段和收尾阶段之间,施工内容与比例也各不相同,影响了年、季、月之间做计划的均衡性。

(4)计划的协作性。建筑生产经营方式有总包与分包形式,常常是几个施工单位在一个建设项目甚至一个单位工程上施工。在一个单位工程施工中,还需要组织多工种同时施工,进行立体交叉作业。因此在编制生产经营计划时,应使计划具有灵活性与协作性,满足各种协作条件的要求,合理安排时间和空间,严密组织施工。

2. 计划管理的任务

计划管理的任务包括计划的编制、平衡、实施与控制等。

(1)编制计划。编制生产经营计划,是建筑施工企业组织均衡施工的关键,要贯彻保重点、保投产的原则,既不能只看不利条件,把指标定得过低,也不能超越客观可能,追求高指标。一定要在调查研究的基础上,力求做到按客观经济规律办事,既积极可靠,又留有余地。

(2)综合平衡。要全面考虑企业内部条件、外部条件、人和物的因素,充分挖掘企业潜力,积极地平衡各项因素;抓好施工部署、工程排队、技术物质供应、机械设备、运输力量和施工综合进度的平衡;组织好施工现场、后勤供应及施工全过程的均衡施工。

(3)控制与协调。为保持计划实施过程中的动态平衡,坚持施工正常秩序,使工程项目特别是国家重点项目尽快竣工投产,就要不断检查计划执行情况,及时了解和切实解决施工中出现的各种问题,及时调整薄弱环节,使施工计划真正起到全面组织施工活动的作用。

3. 计划管理的基础工作

要想做好计划管理,需要大量的企业内外数据来支撑,做好这些基础工作,才有可能做好计划管理。

(1)计划信息。计划的建立,必须掌握与计划有关的信息,一切以数据说话是计划管理的基础。在制订计划时应掌握企业内外部的各种信息。

企业内部信息,包括:①企业能力的信息,如人员、机械设备、技术等信息;②企业管理效果的信息,如历年的产值、产量、质量、工期、成本、利润、材料消耗、能源消耗、劳动生产率、职工收入、机械装备、资金周转等;③各项计划所用定额的信息。包括从国家规定到企业内部使用的各类定额标准等。

企业外部的信息包括与本企业发展有关的,如建设工程规划、计划、科技发展、设计、协作、分包单位能力、同行企业、地方资源、交通运输、水电供应、机修能力以及自然条件等信息。

(2)计划预测。"凡事预则立,不预则废"。事前有所预计,筹划得当,结果才能既快又省。建筑企业在生产经营上要达到一定目标,必须事先作出预测,包括生产预测、市场预测、材料预测、技术发展预测等。

4. 经营目标的确定

建筑企业经营计划,是企业落实经营目标,指导企业生产经营活动的综合性计划,因此必须首先确定企业的经营目标。经营目标是企业在未来一定时间内,生产经营活动应达到的成果。编制经营计划,首先必须根据企业内外条件制定出切实可行的经营目标,然后分析实现经营目标存在的差距和问题,在此基础上制定解决的措施,用综合平衡方法编制出计划。建筑企业的经营目标由以下内容组成:

（1）贡献目标。建筑企业应把对社会的贡献作为自己的首要经营目标,表现为企业为社会提供建筑产品的数量和质量,包括企业各年度的工作量、工程量、总产值、上缴利税总额及逐年提高率等。

（2）信誉目标。信誉目标也称市场目标。在市场经济条件下,企业要想求生存求发展,必须取得社会的信任,赢得市场。企业信誉是国家、社会、用户对企业综合评价的表现。所谓信誉目标,即企业在未来一定时间的经营中,在取得社会信任,占有市场方面应达到的目标,体现在建筑市场占有率等方面。企业要不断地提高生产技术水平,以优良的工程质量,良好的履约纪录,和能担任复杂工程任务的能力,去争取社会的信任,建立自己的信誉。

（3）利益目标。建筑企业经营目标的中心是全面提高经济效益。利益目标是企业生产经营活动的内在经济动力。主要包括利润总额、利润率及职工工资、奖金、职工福利等指标在计划期应达到的要求。

（4）发展目标。建筑企业在经营过程中不仅要求生存,更重要的是要求发展。发展目标表现为扩大生产规模,提高技术装备能力、提高产量质量、提高管理水平、技术开发、人才开发等。

5. 经营计划的内容

当一个企业经营目标确定后,就必须编制经营计划来体现这些目标及其相应的措施。计划就是目标的具体化和数量化,包括两个方面:①将经营目标具体化、数量化,用计划指标体现目标;②明确实施计划目标的时间、步骤、条件、执行人等措施。

建筑企业通常只编制中长期和年(季)度经营计划,月度计划一般以施工生产为主,故只编制作业计划。

（1）中长期经营计划的内容。

①经营方针和方向。即建筑企业需要根据市场的变化,确定自己经营什么样的产品,是单一的土建施工,还是土建、设备安装、装饰综合施工,或者发展其他多种经营等。

②生产经营发展规划。规定计划期历年的总产值和产值提高率计划。

③生产开发计划。即以提高企业的竞争能力为主要目标,如提高市场占有率计划,有条件的企业要求发展国外承包工程的经营业务、资源的综合利用和附属企业的生产发展计划等。

④经济效益计划。即计划期内,企业经济效益应达到的指标,主要体现在利税指标上。

⑤技术改造计划。主要包括:引进、仿造、革新、研究、更新、配套、实用,提高综合生产经营能力。

⑥人才开发计划。即全员培训,定出各类人员的量与质的提高目标和方法,以及使用、考核、晋级的规划。

⑦生活福利计划。主要包括职工收入的增长计划和改善生活福利的投资项目计划。

（2）年(季)度经营计划的内容。

①经营目标计划。主要包括利润、产量、产值、质量等指标。

②施工生产计划。根据经营目标计划由计划部门制定出年(季)度施工项目的产值、产量、进度、工期等指标,以及附属企业生产、机械施工计划、技术组织措施计划等。

③资源需用及平衡计划。针对施工生产计划提出的要求,分别由劳动工资、机械设备、材料供应、施工管理等部门制订出相应的资源需用和平衡计划。

④财务成本计划。根据经营目标计划,施工生产中的技术组织措施,以及企业的资金状况分别制订出财务及成本计划。

⑤其他专业计划。如职工培训计划、职工福利计划、技术改造计划等。

6．经营计划的编制方法

(1)中长期经营计划的编制方法。由于中长期计划的计划期长,企业的内外条件是不断变化的,特别是外部环境,很多因素难以准确预测,因此要求计划具备一定的弹性,以适应变化的需要。在现代管理中,常用滚动计划的方法处理中长期计划的变动和修正。

滚动计划是一种动态计划方法。如以五年为期,第一年计划制订比较详细具体,以后几年比较笼统,随着第一年计划的实际执行,就可与计划进行对比分析,得到可靠的反馈信息,作为第二年及以后各年计划的调整依据,使第二年计划变得具体可行。如此随着时间的推移,一年一调整,可使长期计划既有战略性的规划作用,又使计划科学可行。

(2)年(季)度经营计划的编制方法。建筑企业生产经营成果,通常是以年度作为考核期。建筑企业必须对计划年度内的经营目标、生产、技术、经济、资源等诸多问题进行全面安排,以指导全年的生产经营活动。季度经营计划是年度经营计划过渡到月计划的桥梁,其编制内容和方法基本与年度计划相同。

编制年(季)度计划的基本方法是综合平衡法。所谓综合平衡,就是使企业生产经营各环节、各要素之间保持正常比例关系的一种计划方法。利用综合平衡法编制年(季)度经营计划,通常需进行以下平衡:

①产需(产销)平衡。即生产任务与社会需求的平衡,反映为企业的产值、产量必须依据社会对建筑产品的需求量而定。企业在确定施工生产任务时,应先对建筑市场前景进行预测,编制承揽工程任务计划,在此基础上再编制出主要任务指标及各项生产计划。

②产供平衡。即生产任务与材料供应的平衡。产供平衡要求施工生产计划和材料供应计划保持一定的比例关系。材料供应计划应根据施工生产计划编制,从物资上保证施工生产任务的顺利完成。

③生产能力平衡。以上两个方面,解决了企业生产与社会需求、材料供应的关系,也是使企业生产任务和外部环境达到了平衡。但仅此是不够的,还必须使生产任务与生产能力保持一致。建筑企业的生产能力主要体现在人力、设备、技术和资金上。

7．经营计划的管理流程

编制计划仅仅是计划管理工作的开始,更重要的工作还在于如何贯彻执行、如何针对执行中的问题进行调整、控制。

(1)计划的下达。执行计划的第一步,是下达计划。下达计划之前,由计划的编制单位向执行部门进行全面交底。计划交底后,编制单位以计划文件形式下达给执行单位,经营计划文件的形式,主要是各种计划表格,经营计划一经下达,便形成企业生产经营活动的行动纲领和准则,企业各级管理部门,各个职能部门,全体职工都必须自觉维护计划的严肃性,保证计划全面实现。

(2)计划的控制。计划执行中的关键问题,是计划的控制。计划控制的方法主要指控制过程中发现偏差和纠正偏差,主要通过统计来发现和分析计划执行过程中的问题。

(3)计划的检查分析。计划执行完毕,并不意味着计划管理工作的结束。因为计划管理工作是一个周而复始的循环过程,任何一项计划都是上期计划的延续,下期计划的基础,计划是连续不断的。做好计划执行完毕后的检查分析,对提高下一轮计划的编制与控制水平,有十分重要的意义。

➢ 8.3.2 施工管理

施工管理是指企业为了完成建筑产品的施工任务,从接受施工任务开始到工程交工验收为止的全过程中,围绕施工对象和施工现场而进行的生产事务的组织管理工作。

建筑企业的主管业务就是从事建筑安装工程的施工生产活动,而在施工生产中,工程进度的快慢、工程质量的好坏、工程造价和资源的合理利用等都取决于施工管理的水平。所以,施工管理在很大程度上影响着建筑企业的生产经营实际效果,施工管理是建筑企业管理的重要组成部分。

1. 施工管理的任务

施工企业所从事的建筑安装工程由于具有单件性和多样性,因此要按工程类型、工程规模、工程地点和施工条件的不同,分别采用不同的施工方案、施工准备、劳动组织和技术措施。因此建筑安装工程必须按各工程对象的施工过程进行管理。

施工管理的主要任务是:根据不同的工程对象、不同的工程特点、不同的施工条件,结合企业的具体情况,进行详细周密的分析研究,在施工全过程中,合理地利用人力、物力,有效地使用时间和空间,采用较先进的施工方法,保证协调施工。以便用最快的速度,最好的质量,最少的消耗,取得最大的经济效益。

2. 施工管理的主要内容

施工管理贯穿于建筑产品生产的全过程,不同阶段的工作内容各不相同。施工管理全过程按阶段可划分为施工准备、建筑安装施工、交工验收三个阶段,其基本内容包括:①落实施工任务,签订承包合同。②进行开工前的各项业务准备和现场施工条件的准备,促成工程开工。③进行施工中的经常性准备工作。④按计划组织施工,进行施工过程的全面控制和全面协调。⑤加强对施工现场的平面管理,合理利用空间,保证良好的施工条件。⑥组织工程的交工验收。

施工管理是一种综合性很强的管理工作,包括与其他各专业管理的配合。没有专业管理,施工管理就失去了支柱,没有施工管理,专业管理会各行其是,缺乏应有的活力,不能服务于整体。因此施工管理之所以重要,关键在于它的协调和组织作用。

3. 施工准备工作

没有做好必要的准备就贸然施工,必然会造成现场混乱、交通阻塞、停工窝工,不仅浪费人力、物力、时间,而且还可能酿成重大的质量事故和安全事故。因此,开工前必须做好必要的施工准备工作,要有合理的施工准备期,研究和掌握工程特点、工程施工的进度要求,摸清工程施工的客观条件,合理地部署施工力量,从技术上、组织上和人力、物力等各方面为施工创造必要的条件。

施工准备工作的依据是工程合同、施工图纸、现场地形图和土壤地质钻探资料等。施工准备工作的主要内容有:

(1)技术准备。技术准备是指通过调查研究、搜集关于工程项目和施工区域的必要资料。编制合理的施工组织设计,为工程施工建立必要的技术条件。

技术准备是施工准备的核心,是确保工程质量、工期、施工安全和降低成本、增加企业经济效益的关键,由于任何技术的差错或隐患都可能引起人身安全和质量事故,造成生命、财产和经济的巨大损失,因此必须认真地做好技术准备工作。技术准备主要内容包括:熟悉与审查施工图纸、调查研究和收集资料、编制施工组织设计、编制施工图预算和施工预算文件。

技术准备的关键性成果是施工组织设计。为了使复杂的建筑工程的各项工作在施工中得到合理安排,有条不紊地进行,必须做好施工的组织工作和计划安排。施工组织和设计就是依据设计文件、工程情况、施工期限及施工调查资料,拟订施工方案,是指导工程施工的重要依据。施工组织设计的内容包括各项工程的施工期限、施工顺序、施工方法、工地布置、技术措施、施工进度以及劳动力的调配,以及机器、材料的供应日期等。

(2)施工物资准备。材料、构(配)件、制品、机具和设备是保证施工顺利进行的物质基础,这些物资的准备工作必须在工程开工之前完成。根据各种物资的需要量进行,分别落实货源,安排运输和储备,使其满足连续施工的要求。

物资准备工作主要包括建筑材料的准备;构(配)件和制品的加工准备;建筑安装机具的准备和生产工艺设备的准备。

(3)施工现场准备。施工现场是参加建筑施工的全体人员为优质、安全、低成本和高速度完成施工任务而进行工作的活动空间。施工现场准备工作是为拟建工程施工创造有利的施工条件和物质保证的基础。

施工现场准备主要内容包括:拆除障碍物,搞好"三通一平";做好施工场地的控制网测量与放线;搭设临时设施;安装调试施工机具,做好建筑材料、构配件等的存放工作;做好冬雨季施工安排;设置消防、保安设施和机构。

(4)劳动组织准备。劳动组织准备是施工企业根据编制的劳动力需用计划,建立现场施工指挥机构,集结施工力量,做好技术和安全培训,同时搞好后勤保障。

首先,根据拟建工程项目的规模、结构特点和复杂程度,确定领导机构。确定了组织机构之后,就是组建施工队伍。施工队伍的建立要认真考虑专业、工程的合理配合,技工、普工的比例要满足合理的劳动组织,专业工种工人要持证上岗,要符合流水施工组织方式的要求。

然后,组织劳动力进场,妥善安排各种教育,做好职工的生活后勤保障准备。施工前,企业要对施工队伍进行劳动纪律、施工质量及安全教育,注意文明施工,而且还要做好职工、技术人员的培训工作,使之达到标准后再上岗操作。

最后,向施工队组、工人进行施工组织设计、计划和技术交底。交底的目的是把拟建工程的设计内容、施工计划和施工技术等要求,详尽地向施工队组和工人讲解交代。其内容包括:工程的施工进度计划、月(旬)作业计划;施工组织设计,尤其是施工工艺、质量标准、安全技术措施、降低成本措施和施工验收规范的要求;新结构、新材料、新技术和新工艺的实施方案和保证措施;图纸会审中所确定的有关部门的设计变更和技术核定等事项。交底工作应该按照管理系统逐级进行,由上而下直到工人队组。交底的方式有书面形式、口头形式和现场示范形式等。

建立健全各项管理制度。工地的各项管理制度是否建立、健全,直接影响到施工活动的顺利进行。主要包括如下内容:工程质量检查与验收制度;工程技术档案管理制度;建筑材料(构件、配件、制品)的检查验收制度;技术责任制度;施工图纸学习与会审制度;技术交底制度;职工考勤、考核制度;工地及班组经济核算制度;材料出入库制度;安全操作制度;机具使用保养制度。

(5)对外施工准备。对外施工准备,是指施工单位在施工前需要做好的与外围各方的协调关系。由于施工进行过程中,由于分包单位的原因或材料设备供应单位的原因导致的施工单位的利益受损的情形很多,所以对外施工准备对为施工单位提供可靠的外部环境、保证工程施工的顺利进行有着非常重要的意义。

对外施工准备的内容主要有:选定材料、构配件和制品的加工订购地区和单位,签订加工订货合同;确定外包施工任务的内容,选择外包施工单位,签订分包施工合同;施工准备工作基本满足开工条件要求时,应及时填写开工申请报告,呈报上级批准。

(6)开工报告。当施工准备工作完成,且具备开工条件后,项目经理部应及时向监理工程师提出开工申请,经监理工程师审批,下达开工令,及时组织开工。

工程开工一般必须具备下列条件:

①施工图纸经过会审,图纸中存在的问题和错误已得到纠正。

②施工组织设计或施工方案已经批准并进行交底。

③施工图预算已经编制和审批、施工预算已编制。

④"三通一平"已完成或已满足开工要求。

⑤材料、成品、半成品和工艺设备等供应能满足连续施工的要求,基础工程需用材料已进场达80%以上。

⑥大型临时设施已能满足施工和生活的需要。

⑦施工机械、机具设备已进场,并经过检修能保证正常运转。

⑧劳动力已经调集,并已经过必要的技术安全和防火教育,安全消防设备已经具备。

⑨永久性或半永久性测量坐标和水准点已经设置。

⑩已办理开工许可证。

4. 现场施工管理

现场施工管理,就是对施工生产过程的组织和管理。组织施工在整个建筑生产过程中,占有极为重要的地位,因为只有通过合理地组织施工,才能最后形成最终建筑产品。要将施工现场的许多专业队组织起来,有节奏地、均衡地施工,使其达到工期短、质量好、成本低和安全性的目的。

(1)进度计划的贯彻。施工进度计划是现场施工管理的主要依据,根据施工方案编制的进度计划,确定了各分部分项工程的施工顺序,各施工过程的起讫时间和相互衔接关系,按日历指示了每天的工作项目和内容。

施工进度计划是一个动态过程,由于各种主客观因素的影响,实际进度与计划进度发生差异是常有的事,所以要定期及时地检查,掌握实际情况,分析进度超前或拖后的原因,研究对策和措施,保证整个工程施工进度计划的实施。

(2)施工过程的检查。施工过程中的检查包括技术、质量、安全等方面。

①技术检查。为了建立正常的施工秩序和保证工程质量,必须搞好技术检查。其主要内容:检查工程施工是否按图施工,是否符合设计要求;检查工程施工是否贯彻施工组织设计规定的施工顺序和施工方法,施工是否遵守操作规程;对测量放线及各施工过程的技术检查和复核,要求符合图纸规定,符合质量标准,误差应控制在技术规范和标准的允许范围内;对材料、半成品、生产设备均需由供应单位提出合格证明文件,否则应进行必要的检验试验;隐蔽工程要符合质量检查的规定,并作必要的记录。

②质量检查。由于建筑生产的单件性、流动性,不像一般工业产品的生产那样,有固定的生产流水线、有规范化的生产工艺和完善的检测技术、有成套的生产设备和稳定的生产环境,所以工程质量容易产生波动且波动大。一般建筑工程都是由分项工程、分部工程和单位工程所组成,施工项目是通过一道道工序来完成的。因此,质量检查是从工序质量到分项工程质量、分部工程质量、单位工程质量的系统控制过程,也是一个由对投入原材料的质量控制开始,直到完成工程质量检验位置的全过程。通常影响施工项目质量的因素主要由五大方面,即人(man)、材料(material)、机械(machine)、方法(method)和环境(environment),简称为4M1E因素。事前对这五方面的因素严加控制,是保证施工项目质量的关键。

③安全检查。建筑安装工程由于露天作业,有时还是立体交叉作业,施工条件较差,不安全因素多。因此加强施工过程中的安全检查,对保证安全生产,防止发生人身事故十分重要。安全检查是整个安全施工工作的一个重要环节,在做好安全教育、贯彻安全技术规程的基础上督促检查现场施工情况,发现隐患,杜绝事故。

(3)专业业务分析。在现场施工组织管理中,还要深入开展各项专业业务分析活动。要根据大量的统计数据资料进行核算和专题分析研究。例如工程质量分析、材料消耗分析、机械使用情况分析、成本费用分析、安全施工情况分析、文明施工情况分析等。分析是为了了解这些专业业务的情况,解决存在的问题或制止某种不良的倾向,因此要及时把各种专业业务分析的结论、信息反映给现场施工指挥和调度部门,使得现场管理工作或作出的决定更加全面和正确。

(4)施工总平面管理。施工总平面管理是合理使用场地,保证现场交通道路和排水系统畅通以及文明施工的重要措施。所有施工现场都必须以施工组织设计所确定的施工总平面规划为依据,进行经常性的管理工作。

由于施工是动态的、进展的,不同阶段施工平面布置的内容不同。因此,根据各施工单位不同时间对施工平面的要求,及时做好调整工作。

施工总平面的管理工作有以下几个方面:①检查施工总平面规划的贯彻执行情况,指定大宗材料、成品、半成品和生产设备的堆放位置。②确定大型暂设工程的位置和使用分配。如有增设、拆迁时,要经过有关部门批准方能执行。③保证施工用水、用电,排水沟渠的畅通无阻;对于现场局部停水、停电,事先要有计划,并得到总指挥批准后才能实施。④保证道路畅通。施工道路、轨道等交通线路上不准堆放材料,加强道路的维修,及时处理障碍物。⑤签署和审批建筑物、构筑物、管线、道路等工程的开工申请。⑥根据施工过程,不断修正施工总平面图。

5. 工程的交工验收

工程的交工验收是建筑生产组织管理的最后阶段,也是工程施工的最后一个环节。验收是一个法定手续,通过交工验收,甲乙双方办理结算解除合同关系。对建筑企业来说,交工验收意味着完成了一件最终产品,销售了一件建筑产品。因此,搞好交工验收工作,对全面完成设计文件规定的施工内容,促进工程项目的及时投产或交付使用起着重要的作用。

(1)交工验收的依据。主要包括:①上级主管部门批准的计划任务书以及有关文件。②建设单位和施工单位签订的工程合同。③施工图纸和设备技术说明书。④国家现行的施工技术验收规范。⑤从国外引进新技术或成套设备项目,还应按照签订的合同和国外提供的设计文件等资料进行验收。

(2)交工验收的标准。主要包括:①工程项目按照工程合同规定和设计图纸要求,已全部施工完毕,达到国家规定的质量标准,能满足使用要求。②交工验收达到地净、水通、灯亮,采暖通风设备能正常运转。③生产设备调试,试运转达到设计要求。④建筑物四周两米以内及由施工引起的其他场地已清理完毕。⑤技术档案资料齐全。

(3)交工验收的档案资料。单项工程交工验收以前,各有关单位应将所有技术资料和文件进行系统整理,竣工资料一般包括:竣工工程项目一览表;设备清单;工程竣工图;材料、构件及半成品合格证;隐蔽工程自检记录;工程定位测量记录;质量事故处理报告等。

(4)交工验收的程序。建筑安装企业在单项工程交工前,应进行预验收工作,并做好整理、收集各项交工验收资料,做好交工验收的各项准备工作。单项工程竣工后,施工单位应及时向建设单位交工,大中型及国家重点建设项目,由建设单位负责,施工单位协助向国家交工验收。交工验收工作一般可分为三个阶段:

①交工预验收。由施工单位组织建设单位的工程监督人员对交工验收工作预验收,目的是使正式交工验收工作顺利进行,避免拖延,发现不符合交工验收要求的应及时处理或返修。预验收不是正式交工验收,也不能办理交工验收手续。

②单项工程验收。因各单项工程的开工日期不同,凡是施工完毕,质量符合标准,具备使用或生产条件,可逐项组织验收。即可由建设单位组织验收,验收合格后,双方签订工程交工验收证书。

③全部验收。整个建设项目已符合交工验收标准时，由建设单位组织初验，合格后，向主管部门提出报告，请国家组织验收。对整个项目进行验收时，已验收过的单项工程可不再验收。工业项目的交工验收要进行试车检验，分为单体试车、重负荷联动试车、有负荷联动试车等。负荷联动试车合格后，在交工验收机构的主持下，施工、生产双方签证交工验收证书，对未完成的遗留尾项及需要返工、修补的工程，由交工验收机构确定完工期限，在交工验收证书的附件中加以说明，施工单位要按期完成。

各项交工验收手续办完后，工程即可全部移交建设单位使用。

▷ 8.3.3　生产要素管理

1. 技术管理

建筑企业的技术管理，是对企业生产经营过程中各项技术活动与其技术要素进行的各项管理活动的总称。技术是企业发展的源泉，因此技术管理是企业管理的一个重要组成部分。

（1）技术管理的内容。建筑企业的技术管理可以分为基础工作和业务工作两大部分内容。

①技术基础工作的管理，主要包括实行技术责任制、执行技术标准与技术规程、建立和健全技术管理规定、技术原始记录、技术档案、技术情报等工作。

②技术管理的业务工作，是指技术管理中日常开展的各项业务活动，包括图纸会审、技术交底、编制施工组织设计、材料及半成品技术检验、安全技术、技术开发与技术更新的管理。

（2）技术管理的基础工作。

①制定与贯彻技术标准和技术规程。建筑安装工程技术标准，是对建筑安装工程质量规格及其检验和评定工程质量等级的技术依据。施工验收规范主要规定分部、分项工程的技术要求、质量标准及其检验方法。质量评定标准则是根据验收规范的要求制定具体的检验方法，评定分部、分项和单位工程质量等级标准的依据。

技术规程是对建筑产品的施工生产过程、操作方法、设备的使用与维修、施工安全技术等方面所作的具体技术规定。

②建立与健全技术责任制。建立与健全技术责任制，就是在建筑企业对各级技术机构和技术人员进行有效的分工，规定明确的职责范围，使他们有职有权，并与内部经济责任制结合，推动整个企业的技术工作的有效进行。

③健全技术原始记录。技术原始记录是企业经营管理原始记录的重要组成部分。它反映了企业技术工作的原始状况，为开展技术管理提供依据，是技术分析、决策的基础。技术原始记录包括：材料、构配件及工程质量检验记录；质量、安全事故分析和处理记录；设计变更记录；施工日志等。在技术原始记录中，施工日志是反映施工生产过程的重要的原始记录，施工中必须严格建立和健全施工日志制度。

④建立工程技术资料档案。技术资料不仅是施工、科研试验等实践经验的记录，也是企业进行生产活动的技术依据。良好的技术资料档案管理，就可以根据施工科研的需要而及时提供技术资料，起到为生产、为科研服务的作用。

⑤做好技术情报、信息管理工作。建筑企业的技术情报是指国内外建筑生产、技术发展动态的资料和信息。主要包括有关的科技图书、科技刊物、科技报告、学术论文、科技展品等。技术情报可以保证企业及时获得先进的技术，并直接用于实践。技术情报的管理，就是有计划、有目的、有组织地对建筑生产技术情报的收集、加工、存储、检索的管理。

(3)技术管理的业务工作。

①图纸会审。图纸会审是指设计单位、建设单位、施工单位共同对图纸进行的审查。图纸会审的目的是为了领会设计意图，熟悉图纸内容，明确技术要求，及早发现并消除图纸中的错误，以便正确无误地进行施工。因此，图纸会审是一项极其严肃的施工技术准备工作。

施工单位接到施工图及有关的资料后，应组织有关人员学习，进行自审。经过认真的图纸自审后，即可进行图纸会审。图纸会审的要点是：建筑、结构、安装之间有无矛盾；所采用的标准图与设计图有无矛盾；主要尺寸、标高、轴线、孔洞、预埋件等是否有错误；设计假定与施工现场实际情况是否相符；推行新技术及特殊工程和复杂设备的技术可能性和必要性；图纸及说明是否齐全、清楚、有无矛盾；某些结构在施工中有无足够的强度和稳定性，对安全施工有无影响等。

图纸会审后，应将会审中提出的问题以及解决办法详细记录，经三方会签，形成正式文件，作为施工的依据，并列入工程档案。

②技术交底。为使施工人员熟悉工程情况，了解施工方法和技术要求，在施工中要做到心中有数，确保工程质量，全面完成施工任务，施工前必须由各级技术负责人将有关工程施工的各项技术要求逐级向下贯彻，直到基层。

技术交底的主要内容有工程任务、施工图纸要点、质量标准、操作规程、施工方法、施工技术措施、施工进度、安全施工技术等。对新结构、新材料、新工艺、新技术、新机具以及有特殊要求的工程，应进行专门的技术交底。

③材料、构件检验。为保证工程所用原材料、构件、零配件和设备的质量，以及确保工程质量和产品质量，必须加强材料检验工作，健全试验、检验机构，配备试验仪器设备及人员等，并使检验工作制度化。

④工程质量检查及验收。为了确保工程质量，在建筑安装工程的施工过程中必须依照国家颁发的《建筑安装工程质量检验评定标准》逐项检查操作质量。所有建设项目和单位工程，按照设计文件规定的内容全部建成后，根据施工图纸、施工验收规范、质量检验评定标准及有关施工规程对工程进行质量评定并进行检查验收。工程验收根据建筑安装工程的特点分别进行隐蔽工程验收、分项工程验收和交工验收。

⑤工程技术档案。为了给建筑安装工程交工后的合理使用、维护、改建、扩建提供依据，施工企业必须按建设项目及单位工程，建立工程技术档案。工程技术档案资料应在整个施工过程中建立，如实地反映情况，不得擅自修改、伪造和事后补做。

2. 劳动管理

劳动是劳动力的使用和支出，它是人类使用劳动手段改造自然的有意识的活动。劳动管理是有关劳动方面一切管理工作的总称。建筑企业劳动管理的内容，一般包括：劳动定额、劳动用工制度、劳动报酬和劳动保险等。

(1)劳动定额。定额，就是企业进行生产经营活动时，在人力、物力、财力消耗方面所遵守或达到的数量标准。建筑安装工程劳动定额是反映建筑产品劳动消耗数量的标准，是指在正常的施工生产技术组织条件下，为完成一定量的合格产品或完成一定量的工作所预先规定的必要劳动消耗量的标准。

建筑企业的劳动定额有两种基本形式，即时间定额和产量定额。时间定额是指完成某单位产品或某项工序所必需的劳动时间（建筑安装劳动定额一般以工日为计算单位）。产量定额是指在单位时间内应完成的产品数量（如建筑制品数量和工程实物量）。时间定额与产量定额互为倒数，成反比例关系。

劳动定额的贯彻和实施是企业计划管理的基础,是合理组织生产劳动的依据,是实行按劳分配的依据,是衡量工人劳动生产率的主要尺度,是推行经济责任制的依据,是企业实行经济核算的基础。因此,建筑企业要认真做好劳动定额的制定、修改和执行等各方面的工作。

(2)劳动用工制度。用工制度是指在生产经营过程中对劳动力的使用制度。目前我国建筑企业普遍推行全员劳动合同制。

全员劳动合同制是指企业的全体职工包括管理人员、技术人员和生产、服务人员与企业在平等、自愿、协商一致的基础上,通过签订劳动合同,明确双方责、权、利,以法律形式确定的劳动关系。采用全员劳动合同制用工的单位,企业与职工依法签订的劳动合同需具备的法定内容主要有:合同期限;工种(岗位);生产产品的数量、质量指标或应完成的工作任务;生产、工作条件和休息、休假的条件;劳动纪律、劳动时间、劳动报酬、保险福利待遇和劳动保护;劳动合同的终止、变更和解除的条件;劳动争议和处理秩序;违反劳动合同的责任;除上述条款外,双方认为需要约定的其他事宜等。

实行全员劳动合同制后,企业职工可按照劳动力流动的有关规定在各类所有制企业中自由流动,同时企业的厂长、经理等管理人员、技术人员需实行聘任制,受聘什么岗位就享受什么岗位的待遇,落聘后就不再保留原聘任期间的待遇。

(3)劳动报酬。在建筑企业中,劳动报酬的具体形式主要有三种:工资、奖金与津贴。其中工资是基本形式,主要包括计时工资和计件工资,奖金和津贴是辅助形式。

随着市场经济的发展和建筑企业改革的深入,工资制度也正以各种形式不断改革。目前,我国建筑企业普遍实行的是岗位技能工资制。岗位技能工资制是指企业按照分配的原则,以加强工资宏观调控为前提,以劳动技能、劳动责任、劳动强度和劳动条件等基本劳动要素评价为依据,以岗位工资和技能工资为主要内容的企业内部分配制度。

岗位工资是根据职工所在岗位、所任职务、所在职位的劳动责任轻重、劳动强度大小和劳动条件好坏并兼顾劳动技能要求高低确定的工资。

技能工资是根据不同岗位、职务、职位对劳动技能的要求同时兼顾职工所具备的劳动技能水平而确定的工资。

(4)劳动保险。劳动保险是国家和企业为保护和增进职工的身心健康,在职工暂时或永久丧失劳动能力时,给予社会保障性物质经济帮助的一种福利制度。

《中华人民共和国劳动保险条例》规定:工人和职员有享受集体劳动保险事业的权利。职工在疾病、负伤、残废、年老、死亡和生育等方面有特殊困难时,均按一定的条件和标准,享受补助金、病假工资、医药费、退休金、丧葬费、抚恤金等待遇及疗养、休养等集体福利。

目前常见保险种类有劳动事故保险、健康保险、养老保险、失业保险。随着经济体制改革的深入和企业经营机制的转换,企业劳动保险将会增设一些新的保险项目。

3. **材料管理**

建筑企业的材料管理,是对企业生产活动中所需要的各种材料的供应、管理和使用进行合理的组织、调配与控制,以最低的费用,适时、适量、按质地供应所需的材料,保证企业生产任务的顺利完成。

(1)材料管理的任务。建筑企业材料管理的任务,就是要根据施工生产任务的需要,适时、适地、按质、按量、配套地保证供应各种材料,并努力降低材料消耗,取得最佳的经济效益。

适时就是要按规定时间供应材料,供应时间过早,需要仓库存储或占用施工现场,供应时间过晚,则造成停工待料。适地就是要按规定的地点供应材料,材料卸货地点不适当,可能造成二次搬运,从而增加费用。按质就是要按规定的质量标准供应材料,低于所要求的质量标准,会造成工程质量下降,高于所要求的质量标准,则材料费增加,进而使成本增加。按量就是要按规定数量供应材料,多了造成超储积压,占用流动资金,少了则停工待料,影响施工进度,延误工期。配套供应就是要求材料的品种、规格要齐全、配套,要符合施工的需要。

在保证材料供应的同时,要努力节约材料费用。在材料采购、保管和使用中,建立和健全各种规章制度,严格执行材料定额,实行全面经济核算。

(2)材料定额。在材料管理工作中,不论是材料供应还是储备,都需要按一定标准确定恰当的数量,即按定额管理。材料定额是材料管理的基础工作,它分为材料消耗定额和材料储备定额两大类。

①材料消耗定额,是指在一定生产技术组织条件下,完成一定计量单位的工程或制造单位产品所必须消耗的材料数量标准。材料消耗定额在材料管理中具有重要作用,它是实行经济核算,确定材料需要量,合理使用材料,编制材料计划的基础。建筑企业常用的材料消耗定额有:概算定额、预算定额、施工定额。

②材料储备定额,是在一定的生产技术和组织管理条件下,为保证生产正常进行和企业生产经营取得较好的经济效益而建立的材料储备的数量标准。在施工生产中,建筑材料是逐渐消耗并转化为工程实体的,而材料的供应是间断地、分批分期地进入施工现场。这就要求材料储备量必须保持一个与施工生产过程进行相适应的合理水平,因而材料储备定额是编制材料供应计划、组织采购、订货的重要依据。材料储备定额又由经常储备定额和保险储备定额组成。

(3)材料供应方式。建筑企业材料供应方式通常有集中供应和分散供应之分。①集中供应方式是指全部供应工作集中在企业一级。由企业一级的材料供应部门统一计划、订货、调度、储备和管理。按施工进度、按质按量按期供给基层使用。这种方式,适用于从事大项目施工的现场型企业。②分散供应方式是指将供应工作分散到企业内部基层组织,由基层单位负责材料的订购、储备、管理。这种方式适用于施工战线长,甚至在几个地区施工的区域型企业。

4.机械设备管理

机械设备管理是对机械设备从选购、验收、使用、维护、修理、更新到调出或报废为止全过程的管理。建筑企业的机械设备可分为生产性机械设备和非生产性机械设备两类。生产性机械设备包括运输机械、施工机械、动力设备、维修加工设备、测量仪器设备、研究实验设备等;非生产性机械设备主要指医疗、生活福利、文化教育、宣传等用的设备。建筑机械设备是建筑企业的重要技术装备,是提高机械化水平的重要条件,是保证完成施工任务的物质基础。

(1)机械设备管理的内容。机械设备管理的内容如下:

①配置机械设备。根据技术先进、经济合理的原则,通过技术经济评价,为施工生产提供性能好、效率高、作业成本低、操作方便安全的机械设备。

②使用机械设备。在做好机械使用过程中的日常管理基础上,合理组织机械施工,充分发挥其效能,提高机械设备的利用率。

③维修与保养机械设备。按照检修制度,经常、及时地做好维护、保养和修理工作,使机械设备经常处于良好的技术状态,提高机械设备的完好率。

④建立和健全机械设备管理制度。针对机械设备管理的特点,从合理操作和经济效益两个方面着手建立和健全各项规章和管理制度。例如,机械设备的操作规程、计划检修制度、岗位责任制等。

⑤进行机械设备的更新。根据机械设备性能和企业的技术改造规划要求,有计划、有重点地

对现有机械设备进行技术改造和更新。

（2）机械设备的选择。选择机械设备，必须考虑设备本身的技术性能和经济性能，以技术经济性能是否先进为选择标准。技术性能包括：生产效率、工作质量、能耗程度、安全性能、可靠性能、灵活性、维修性、耐久性能等。经济性能包括设备原始价值、使用寿命和使用费用。

依据建筑生产的特点，重点装备的机械设备一般是：不用机械不能完成的作业；不用机械就不能保证和提高质量的作业；劳动强度大的工种。符合这一要求的有五大工种，即土石方开挖、混凝土作业、运输装卸、起重吊装、装修等。

在装备机械设备过程中要讲求经济效益，充分体现机械化的优越性。机械化的优越性不仅是机械的先进性，还要表现在经济上的合理性。

5. 财务管理

建筑企业财务管理，是企业经营管理的重要组成部分。它是根据建筑企业再生产过程中资金运动的客观规律，对资金运动及其产生的经济关系，进行组织、指挥、监督和调节。就是对生产经营过程中资金的取得、投入、使用、收回和分配等一系列运动过程进行管理。相关内容在后续章节将详细讲述。

8.4　建筑企业经营方式

▶8.4.1　建筑企业经营方式的发展

建筑企业的经营方式是指建筑企业向业主、用户等服务对象提供建筑产品或服务的方式，是建筑企业获得任务的方式，也是建筑企业组织与经营管理建筑安装工程所采取的方式。随着管理体制的改革、科学技术的进步和社会经济的发展，必然推动社会生产专业化和协作综合化的不断变化，其经营方式在这历史变革的发展中也是丰富多样的。

在国际上，以英国最为典型，其建筑企业经营方式经历了以下五个阶段：即第一阶段：业主直接雇佣工匠进行营造；第二阶段：营造师出现，并作为业主代理人，既担任设计工作，又负责管理工匠与组织施工；第三阶段：建筑师出现，建筑师担任设计，营造师管理工匠与组织施工（以上三个阶段是按自营方式进行建造活动的）；第四阶段：建筑承包企业出现，这就形成了业主、顾问（建筑师、工程师）与承包企业相互独立又相互协作的关系，并用经济合同将各方联系了起来；第五阶段：进入19世纪出现了总承包企业，到了20世纪，它已有了完整的体系，初步形成了以总包与分包这种承发包制为主要特征的多种经营。近年来，国际上又出现了设计—施工一体化和成套设备供应的经营方式，又称工程管理方式（construction management），简称CM方式。

从国内外的历史发展来看，经营方式由原始状态的业主自营，到总包与分包的出现，乃至最新CM方式的产生，充分说明了这些都是科学技术进步和社会生产高度发展的结果。

▶8.4.2　建筑企业经营方式的分类

1. 自营方式

这种方式是指建设工程项目由业主（建设单位）自己组织力量完成的经营方式。主要包括建设工程的计划编制、设计委托、地点选择、土地征用到施工组织，都由业主自行完成。其建筑安装工程施工活动中的力量组织、工人招募、施工机械购置或租赁、材料采购、施工组织与管理等，也都由业主自己负责完成。这种方式的优点是：有利于业主对工程全过程的集中统一管理，可以调动业主完成工程任务的主动性和积极性。其缺点是：组织机构不稳定，技术力量弱，管理水平低，经济效益差。

2. 承发包方式

这种方式是指业主(建设单位,称甲方)将建设工程项目发包给建筑承包企业(称乙方),并由承包企业按期优质全面完成建设施工任务的经营方式。它是我国目前普遍采用的一种经营方式,在经济关系上承包企业直接对业主负责,业主对国家或董事会负责。为了明确双方的经济关系,业主与承包企业通过签订工程承包合同或协议书,以分清责任、分工协作、互相制约、互相促进、共同努力保护工程任务的顺利完成。工程合同一旦签订,就具有法律效力,双方都必须严格履行合同条款。这种承发包经营方式,由于企业自身和外部条件的不同,分为以下几种具体的经营方式:

(1)总、分包方式。这种方式是指由一个建筑承包企业作为总包,并与业主直接签订工程总包合同,然后根据企业自身与外部环境等条件,将部分工程分包给分包商完成,通过签订分包合同的形式,明确双方的经济责任。即各分包对总包负责,总包对业主全面负责。这种方式经历了一个多世纪的发展,有比较完整的组织形式和责任体系。但是,采用总、分包经营方式,由于分工较细、环节较多,解决工程问题的未知因素也随之增多,这就加大了总包企业在管理与控制上的难度。

(2)联合承包方式。这种方式是指由两家或两家以上的建筑承包企业联合向业主承包,共同完成工程施工任务,并按各自的资金投入、人力份额或任务划分分享利润与承担风险。由于是几家企业联合承包经营,可取长补短、优势互补,在整体实力上,提高了竞争能力和得标机会。在海外承包工程中大多采用联合承包的经营方式。

(3)设计—施工联合承包方式。这种方式是指由设计院所和建筑施工企业联合承包,共同负责完成工程项目的设计和施工任务的施工承包方式。由于设计与施工一体化,可以减少中间合同的签订与变更,将开工日期提前、加快工程进度,经济效益较好,因而其在国内的采用面日益增大,美、日等国的建筑企业也都在采用这种经营方式。

3. 商品化方式

这种方式又称一揽子承包、交钥匙方式,属于开发式经营,也称一体化经营方式等,尽管名称不相同,但都是指由地区建委或主管部门将建设项目发包给一个建筑企业(如开发公司),由它负责全部建设工作,包括从计划、设计、施工到"交钥匙"供用户使用,实行一体化经营。这种方式在民用建筑上广泛应用,其优点是加强了建筑企业的自主权和责任心,减轻了业主负担,减少了各责任方之间矛盾,节省了人力、物力,有利于加快建设速度,提高经济效益。

4. 联合指挥部方式

这种方式一般是在一些大的、工艺复杂的重要工业建设项目中采用。由项目主管部门、建设单位、设计单位、建筑安装企业等共同派人组成联合(现场)指挥部,并全面负责该工程的建设任务。

从上述内容可知,由于建筑承包企业自身条件与外部环境等的不同,其经营方式也多种多样,但尤以承发包方式是最基本、采用最多,且历史也最为悠久的一种经营方式。从承包具体内容看,建筑企业经营方式又分为全部承包、部分承包、包工不包料等方式,目前我国采用全部承包的方式较多,这也是承发包制发展的方向。

▶ 8.4.3 建筑工程项目管理模式

建筑工程项目管理是以建筑工程项目为对象,以项目经理负责制为基础,以实现项目目标为目的,以构成建筑工程项目要素的市场为条件,以与此相适应的一整套施工组织制度和管理制度作保证,对建筑工程项目建设全过程进行控制和管理的建筑工程项目系统管理的方法体系。

1. 传统的设计—招标—建造模式（DBB）

传统模式,即设计—招标—建造模式(DBB),又称通用模式。世界银行、亚洲开发银行贷款项目以及采用 FIDIC 土木工程施工合同条件的项目都采用这种模式。这种模式有两个特点:一是施工总承包,业主与施工总承包商签订施工承包合同,二是工程项目的实施必须按设计—招标—建造的顺序方式进行,只有一个阶段结束后下一个阶段才能开始。

这种模式已经在世界各地长期广泛使用,程序和方法都很成熟,业主可自由选择咨询设计人员,可按要求控制设计,可采用各方熟悉的标准合同文本,利于合同管理和减少合同纠纷,施工采用竞争性招标,利于降低报价。这种模式的缺点是项目周期较长,业主管理费较高,设计与施工脱节,变更和索赔较多。

2. 工程总承包模式

工程总承包是指从事工程总承包的企业(以下简称工程总承包企业)受业主委托,按照合同约定对工程项目的勘察、设计、采购、施工、试运行(竣工验收)等实行全过程或若干阶段的承包。工程总承包企业按照合同约定对工程项目的质量、工期、造价等向业主负责,总承包的企业可依法将所承包工程中的部分工作发包给具有相应资质的分包企业,分包企业按照分包合同的约定对总承包企业负责。

工程总承包主要有施工总承包、设计建造总承包、设计采购施工总承包和交钥匙总承包等形式,具有以下优点:①充分利用工程总承包商先进的技术和经验,克服了业主经验不足和非专业机构实施项目管理的弊端。②实现设计、采购、施工、试运行等环节的内部协调,减少外部协调环节,保证项目顺利实施,按时交付使用。③实现设计、采购、施工、试运行等环节的深度合理交叉,利于采用快速轨道方式,缩短建设周期。④实现早期确定项目成本,利于业主的投资控制。

3. 建筑管理模式（CM）

建筑管理模式(construction management),其核心是以 CM 经理为核心的工程项目管理。在这种模式下,业主在项目开始阶段就雇佣施工经验丰富的咨询人员即 CM 经理,参与到项目中来,负责对设计和施工整个过程的管理。这种模式常常采用设计一块,招标一块,施工一块的快速轨道方式,从而有利于缩短工期和业主收回投资。

根据合同规定的 CM 经理的工作范围和角色,可分为代理型 CM 模式(agency CM)和风险型 CM 模式(risk CM)。

(1)代理型 CM。在这种模式中,CM 经理按固定酬金加管理费的办法与业主签订服务合同,担任业主的咨询和代理,业主在各个施工阶段与各专业分包商签订工程承包合同。这种模式的主要缺点是 CM 经理不对进度和成本作出保证,业主的风险较大。

(2)风险型 CM。所谓风险型 CM,就是由 CM 经理向业主保证一个最高成本限额的 CM 模式。有了最高成本限额,业主的风险就相应减少了。风险型 CM 中,各方的关系基本上介于传统模式与代理型 CM 之间,风险型 CM 经理的地位实际上相当于一个总承包商,他与各专业承包商之间有着直接的合同关系,并负责使工程以不高于最高成本限额的成本竣工,这就使得他所关心的问题与代理型 CM 经理有很大不同,尤其随着工程成本越接近 GMP(guaranteed maximum price,最大工程费用)上限,他的风险就越大,他对利润问题的关注也就越强烈。

4. 设计-管理模式

这种模式是一种类似 CM 模式但更为复杂的,由同一实体向业主提供设计和管理服务的工程管理模式,这一实体常常是设计机构与施工管理企业的联合体。设计—管理模式可以有两种形式,一是业主与设计—管理公司和施工总承包商分别签订合同,由设计—管理公司负责设计并对项目实施进行管理;另一种是业主只与设计—管理公司签订合同,而由设计—管理公司与各个单独的分包商和供应商签订合同,可以看做是 CM 模式与设计—施工总承包模式相结合的产物。

5. 建造—运营—移交模式（BOT）

这种模式是 20 世纪 80 年代在国外兴起的依靠外国私人资本进行基础设施建设的一种融资和建造的项目管理模式,或者说是国有项目民营化。它是指东道国政府开放本国基础设施建设与运营市场,吸收国外资金,授给项目公司特许权,由该公司负责融资和组织建设,建成后负责运营及偿还贷款,在特许期满时将项目移交给东道国政府。

BOOT（建设—拥有—运营—移交）、BOO（建设—拥有—运营）、BOS（建设—运营—出售）、ROT（修复—运营—移交）等都是 BOT 模式的演变形式,此外还有 TOT（移交—运营—移交）,指东道国把已经投产的项目在一定期限内交给外资经营,一次性从外商那里融得一笔资金用于建设新项目,外资经营期满后,再把原来的项目移交给东道国。

思考与练习

1. 建筑企业有哪些经营权和责任?

2. 企业素质的内容有哪些?

3. 建筑企业经营管理的特点有哪些?

4. 建筑企业经营管理的基础工作有哪些?

5. 经营计划的内容有哪些?

6. 施工管理的主要内容有哪些?

7. 工程交工验收的程序是哪些?

8. 技术管理的业务工作有哪些?

9. 材料管理的任务是什么?

10. 机械设备管理的内容是什么?

11. 建筑企业经营方式有哪些?

12. 建筑工程项目管理的方式有哪些?

第9章 经营预测与决策

本章学习要点

1. 了解经营预测的作用与经营预测的分类
2. 了解定性预测方法
3. 熟悉定量预测方法
4. 了解决策的分类
5. 熟悉决策的程序
6. 熟悉风险决策的准则
7. 了解风险决策技术
8. 熟悉决策树法
9. 了解建筑企业经营决策的内容

9.1 经营预测方法

9.1.1 经营预测概述

预测是从对历史及现状的了解出发,对社会某种现象进行分析研究,从中发现其发展变化的规律,进而推断未来可能发展趋势的一种管理行为。经营预测是预测的组成部分,是对企业经营活动密切相关的经济现象或经济变量未来发展趋势的预计和推测。由于建筑企业的经营活动处于不断变化之中,只有科学的预测,才能有正确的决策。

1. 经营预测的作用

(1)经营预测是企业制定发展规划和进行经营决策的依据。在市场经济条件下,企业的生存和发展与市场息息相关,而市场又是瞬息万变的,如果不了解建筑市场的动态和发展趋势,企业经营将缺乏根据,出现盲目经营,会导致企业受到经济损失。只有通过预测,掌握大量的第一手市场动态和发展的数据资料,才能了解情况明确方向,做出正确的经营决策,使之不断改善经营管理,取得最佳的经济效益。

(2)经营预测能增加企业的管理储备,增加企业的弹性。所谓管理储备,就是企业的积极弹性,指通过预测能使领导及有关人员对即将出现的情况有更多的认识,从而做好多种准备,增强应变能力,适应市场的需要。

(3)经营预测有利于提高企业的竞争能力。在实行招标投标制的情况下,建筑企业的竞争能力,主要表现为中标率的高低,企业依靠科学的预测,可以充分了解竞争的形势和竞争对手的情况,采取合理的投标策略,在竞争中争取主动,从而提高企业的竞争能力。可见,经营预测是正确决策的前提和必要条件,是科学管理的基础。

2. 经营预测的分类

(1)按预测范围不同,经营预测可分为宏观预测和微观预测。宏观预测是对整个国民经济或部门经济趋势的推断,如固定资产投资方向,建筑产品的需求,构成比例预测、竞争形势预测等。微观预测是对企业经济活动状态的估计,如:资源需求预测,企业生产能力预测,利润、成本预测等。

(2)按预测方法不同,经营预测可分为定性预测和定量预测。定性预测是利用直观材料,依靠人们主观判断分析的能力,对未来状况的预计。定量预测是根据历史数据,应用数理统计方法来推测事物的发展状况,或者是利用事物内部因果联系来推测未来。

(3)按预测时间不同,经营预测可分为长期预测、中期预测和短期预测。长期预测的期限一般在5年以上,它是有关生产能力、产品系列、服务构成变化等远景规划的基础。中期预测的期限为3年左右,其目的在于制订较为切实的企业发展计划。短期预测的期限在一年或一年以内,它为当前生产经营计划或实施具体计划提供依据。

3. 经营预测的步骤

经营预测过程一般可分为以下五个基本步骤:

(1)确定预测目标和要求。主要包括预测的项目、范围、性质、数量、时间、重点和目的,做到有的放矢,正确预测。

(2)调查收集整理资料。对资料进行加工整理,去粗取精,去伪存真,得出有用的真实可靠的数据资料。

(3)选择预测方法进行预测。根据不同的预测时间、不同的数据资料、不同的预测精度要求,并考虑预测所需的费用和预测方法的实用性,合理选择预测方法进行预测。

(4)分析和评价结果。对预测结果进行分析,检查是否达到预期的预测目标,预测结果是否合理等。如果得出否定结论,则需重新确定预测目标或选择其他预测方法,再次进行预测,并评价预测的结果是否合理。

(5)结果追踪与反馈。对预测结果进行追踪检查,了解预测的结论和建议被采纳的程度、实际的效果以及预测结论与实际情况是否一致等。随时对追踪的结果进行反馈,以便在今后预测时改进方法,纠正偏差。

▶ 9.1.2 定性预测方法

定性预测法是利用直观材料,依靠人的经验、知识和主观判断并进行逻辑推理,对事物未来变化趋势进行估计和推测的方法。它的优点是简单易行,时间快,是应用比较悠久的一种方法,至今在各类预测方法中仍占重要地位。缺点是易带片面性,精度不高。

1. 专家预测法

由专家们根据自己的经验和知识,对预测对象的未来发展作出判断,然后把专家们的意见归纳整理形成预测结论,又可分为专家个人预测法和专家会议预测法两种。

专家个人预测法是由本专业经验丰富的专家提出个人意见,然后将各专家的意见收集起来归纳整理形成预测结论。该法能充分发挥专家的创造能力,不受外界影响,没有心理压力,但此法容易受到专家知识面、知识深度、具有的资料以及对预测问题是否有兴趣等因素所制约,预测结果难免带有片面性和局限性。

专家会议预测法是向专家们提供需要预测的问题和信息,请他们事先做好准备,然后在确定的时间召开专家会议,由专家们各自提出预测的意见,相互交换,相互启发,弥补个人知识经验的不足,并通过讨论、补充、修正之后得出预测的结果的一种定性预测方法。此法的缺点是参加会议的人数有限,代表性不够广泛,另外,在会上发表意见还受到一些心理因素的影响,不能畅所欲言,容易受到权威意见和大多数人意见的影响,导致预测结果的可靠程度有限。

2. 德尔菲法

德尔菲法集专家个人预测法和专家会议预测法二者之长,采用书面的方式与专家们联系,而不采取开会的形式,因此又称为函调法。它以匿名的方式通过几轮咨询,征求专家们的意见。预测小组对每一轮的意见进行归纳整理和分类,作为参考资料以文件形式发给每个专家,供他们分析判断,提出新的论证,如此反复三至四轮,直到得出预测结论为止。该法采用匿名的方式征询专家意见,专家互不照面,各抒己见,博采众长,分析判断比较客观,预测结果比较准确,而且预测费用较低,广泛应用于技术预测、经营预测、短期预测、长期预测、预测量变和质变过程等多种情形。

德尔菲法的预测过程可分为:准备阶段、预测阶段和结果处理阶段三个阶段。

(1)准备阶段。其主要工作是确定预测主题和选择参加预测的专家。确定预测主题,制定目标—手段调查表,并在此基础上制定应答问题调查表,预测领导小组或专家一起,对已掌握的数据进行分析,确定预测对象的总目标和子目标以及达到目标的手段,编制手段调查表。当有多种手段时,应精选主要的、互不干扰的各种手段。手段调查表是德尔菲法预测的重要工具,是信息的主要来源,其质量对预测结果的准确程度影响很大。因此,制表时应非常慎重。

(2)预测阶段。第一轮,发给专家第一轮调查表,表中只提出预测问题,不带任何约束条件。围绕预测主题由专家提出应预测的事件,预测领导小组对专家填写后寄回的调查表进行汇总、归纳,用准确术语提出一个预测一览表。第二轮,发给专家第二轮调查表,即预测一览表,由专家对每个事件作出评价,并阐明理由,预测领导小组对专家意见进行统计处理。如此再进行第三轮、第四轮调查与统计,最终归纳出一个相对集中的预测意见。

(3)结果处理阶段。对应答结果进行分析和处理,是德尔菲法预测的最后阶段,也是最重要的阶段。处理方法和表达方式,取决于预测问题的类型和对预测的要求。根据大量的试验证明,专家的意见分析是接近或符合正态分布的。

德尔菲法虽然广泛应用于各个领域的预测,但只有合理、科学地操作,并注意扬长避短,才能得到可靠的预测结果。

9.1.3 定量预测方法

定量预测法是根据历史数据,应用数理统计方法来推测事物的发展状况,或利用事物内部因果关系来预测事物发展的未来状况的方法。它主要有时间序列预测分析法和回归分析法等。

1. 时间序列预测分析法

时间序列预测分析法是将预测对象的历史资料,按时间顺序排列起来,运用数学方法寻求其内在规律和发展趋势,预测未来状态的方法。

常用时间序列预测分析方法有简单平均法、移动平均法以及指数平滑法等。

(1)简单平均法。通过求特定观察期的数据平均数,以平均数为基础确定预测值的方法,称为简单平均法。它是市场预测的最简单的数学方法,简单易行,是短期预测中常用的一种方法。

①算术平均法。根据过去一定时期内的历史资料,求其算术平均值,作为预测数据。计算公式为:

$$\overline{X} = \frac{\sum\limits_{t=1}^{n} X_t}{n} \tag{9.1}$$

式中，$\overline{X}$——预测值的算术平均值；

X_t——第 t 期的数据；

n——资料数或期数。

此法适用于预测对象变化不大且无明显上升或下降趋势的情形。

②加权平均法。当一组统计资料每期数据的重要程度不同时，对各期数据分别给以不同的权数，然后加以平均，以作为预测数据。其计算公式为：

$$Y = \frac{\sum\limits_{t=1}^{n} W_t X_t}{\sum\limits_{t=1}^{n} W_t} \tag{9.2}$$

式中，Y——观测值的加权平均值；

X_t——第 t 期的数据；

W_t——第 t 期的权数。

该法的特点是所求得的平均数，包含了事件的长期变动趋势，适用于事件的发展比较平稳，仅有个别事件偶然性波动的情况。

加权平均法的关键是合理地确定观测值的权数。一般由于距离预测期愈近的数据预测值的影响愈大，则近期数据给予较大的权数，距离预测期远者则逐渐递减。当历史数据变化幅度较大时，权数之间可以采用等比级数；当历史数据变化比较平稳时，权数之间可用等差级数。

(2)移动平均法。假定预测值同预测期相邻的若干观察期数据有密切关系，把已知的统计数据划分为若干段，再按顺序逐点推移，逐点求其平均值，得出预测值。计算公式为：

$$M_{t+1} = \frac{X_t + X_{t-1} + \cdots + X_{t-n+1}}{n} \tag{9.3}$$

式中，M_{t+1}——对 $t+1$ 期的移动平均值；

X_t——第 t 期的数据；

n——每段内数据个数。

移动平均法的特点是对于具有趋势变化和季节性变动的统计数据，尤其是对于数值特别大或特别小的数据，经过移动平均的调整后，能够消除不规律的变化。因此，移动平均法常用于长期趋势变化和季节性变化的预测。

(3)指数平滑法。采用移动平均法需要一组数据，而且数据离现在越远，对未来的影响越小，因而有一定的局限性。指数平滑法对移动平均法进行改进，只用一个平滑系数 a、一个最新的数据 X_t 和前一期的预测值 F_t 就可进行指数平滑计算。预测值 F_{t+1} 是当期实际值 X_t 和上期预测值 F_t 不同比例之和。计算公式为：

$$F_{t+1} = \alpha X_t + (1-\alpha) F_t \tag{9.4}$$

式中，F_{t+1}——对 $t+1$ 期的预测值；

α——平滑系数，$0 < \alpha < 1$；

F_t——第 t 期的预测值。

指数平滑法的特点是：①进一步加强了观察期近期观察值对预测值的作用，对不同时间的观察值施予不同的权，加大了近期观察值的权数，使预测值能够迅速反映市场实际的变化。②对于观察值所赋予的权数有伸缩性,可以取不同的平滑系数 α 值以改变权数的变化速率。因此,运用指数平滑法,可以选择不同的 α 值来调节时间序列观察值趋势变化的平稳程度。它具备移动平均法的长处,又可以减少数据的存储量,所以应用比较广泛。

平滑系数 α 实际上是一个加权系数,它是新旧数据的分配比值。α 越小,F_t 所占的比重越大,所得的预测值就越平稳;α 越大,新数据 X 所占比重越大,预测值对新趋势的反映越灵敏。

对于初始值 F_1,当历史数据相当多($\geqslant 50$)时,可以取 $F_1 = X_1$,因为初始值 X_1 的影响将被逐步平滑掉;当历史数据较少时,可取 $F_1 = \overline{X}$。

【例 9－1】 某公司连续 12 个月的预制构件实际销售额如表 9－1 所示,试用时间序列预测分析法进行预测。

解: ①算术平均法。由式(9.1)有:

$$\overline{X} = \frac{\sum_{t=1}^{n} X_t}{n} = \frac{40+42+37+41+39+38+41+30+38+42+41+49}{12} = 39.8(万元)$$

② 加权平均法。

设 $W_t = \dfrac{1}{t}$,由式(9.2)有:

$$Y = \frac{\sum_{t=1}^{n} W_t X_t}{\sum_{t=1}^{n} W_t} = (40 \times 1 + 42 \times \frac{1}{2} + 37 \times \frac{1}{3} + 41 \times \frac{1}{4} + 39 \times \frac{1}{5} + 38 \times \frac{1}{6} + 41 \times \frac{1}{7} +$$

$$30 \times \frac{1}{8} + 38 \times \frac{1}{9} + 42 \times \frac{1}{10} + 41 \times \frac{1}{11} + 49 \times \frac{1}{12}) \times$$

$$\frac{1}{(1 + \frac{1}{2} + \frac{1}{3} + \frac{1}{4} + \frac{1}{5} + \frac{1}{6} + \frac{1}{7} + \frac{1}{8} + \frac{1}{9} + \frac{1}{10} + \frac{1}{11} + \frac{1}{12})}$$

$$= 39.8(万元)$$

③ 移动平均法。

当 $n = 3, t = 3$ 时,由式(9.3)有:

$$M_{t+1} = M_{3+1} = \frac{X_3 + X_2 + X_1}{3} = \frac{37 + 42 + 40}{3} = 39.7(万元)$$

又设 $n = 6, t = 6$ 时,有:

$$M_{t+1} = M_{6+1} = \frac{X_6 + X_5 + X_4 + X_3 + X_2 + X_1}{6}$$

$$= \frac{40 + 42 + 37 + 41 + 39 + 38}{6} = 39.5(万元)$$

依此类推,计算结果列入表 9－1 中,其变化趋势如图 9－1 所示。

④指数平滑法。

依规定,有 $F_1 = \overline{X} = 39.8$ (万元)

设 $\alpha = 0.7$ 时,由式(9.4)有:

$$F_2 = \alpha X_1 + (1-\alpha)F_1 = 0.7 \times 40 + (1-0.7) \times 39.8 = 39.9(万元)$$

$$F_3 = \alpha X_2 + (1-\alpha)F_2 = 0.7 \times 42 + (1-0.7) \times 39.9 = 41.4(万元)$$

又设 $\alpha = 0.2$ 时,由式(9.4)有:

$$F_2 = aX_1 + (1-a)F_1 = 0.2 \times 40 + (1-0.2) \times 39.8 = 39.8(万元)$$

$$F_3 = aX_2 + (1-a)F_2 = 0.2 \times 42 + (1-0.2) \times 39.8 = 40.2(万元)$$

依此类推,计算结果列入表9-1中,其变化趋势如图9-2所示。

表9-1 时间序列法分析计算表

时间周期 t(月)	实际销售额 X_t(万元)	M_{t+1} $n=3$ 预测值(万元)	M_{t+1} $n=6$ 预测值(万元)	F_{t+1} $a=0.7$ 预测值(万元)	F_{t+1} $a=0.2$ 预测值(万元)
1	40				
2	42			39.9	39.8
3	37			41.4	40.2
4	41	39.7		38.3	39.6
5	39	40.0		40.2	39.9
6	38	39.0		38.7	39.7
7	41	39.3	39.5	38.2	39.4
8	30	39.3	39.7	40.2	39.7
9	38	36.3	37.7	33.1	37.8
10	42	36.3	37.8	36.5	37.8
11	41	36.7	38.0	40.4	38.6
12	49	40.3	38.3	40.8	39.1
13		44	40.2	46.5	41.1

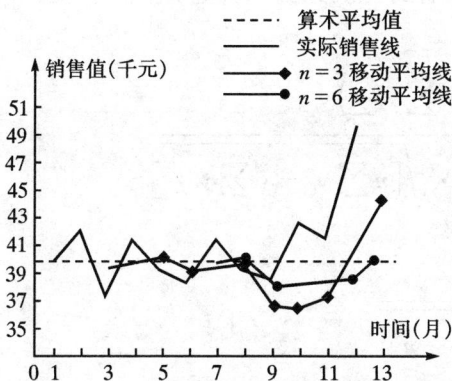

图9-1 移动平均法趋势图

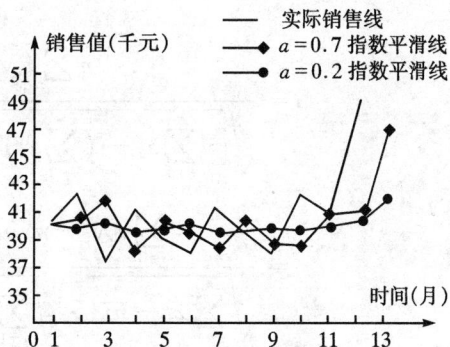

图9-2 指数平滑法趋势图

2. 回归分析法

回归分析法是从事物发展变化的因素关系出发,通过大量数据的统计分析找出各相关因素间的内在规律,从而对事物的发展趋势进行预测的方法。

回归分析法根据实际统计的数据,确定变量与变量之间互相依存的数量关系,建立数学模式,以推算变量的未来值。它是寻求已知数据变化规律的一种数理统计方法。如果处理的变量只有两个,称为一元回归分析,多于两个变量的称为多元回归分析。

一元回归分析只涉及两个变量,导出的数学关系式是直线,所以又称为直线回归分析法。其原理是:根据已知若干组 x 与 y 的历史数据,在直角坐标系上,描绘出各组数据的散点图,然后求出距离各组数据点距离之和最小的直线,即为预测值的回归直线,方程可表达为:

$$y = ax + b \tag{9.5}$$

式中,y——因变量;

x——自变量;

a——回归系数,回归直线的斜率;

b——回归系数,回归直线在 y 轴上的截距。

通常可用最小二乘法解得回归系数 a 与 b:

$$a = \frac{n\sum\limits_{i=1}^{n} x_i y_i - \sum\limits_{i=1}^{n} x_i \cdot \sum\limits_{i=1}^{n} y_i}{n\sum\limits_{i=1}^{n} x_i^2 - \left(\sum\limits_{i=1}^{n} x_i\right)^2} = \frac{\sum\limits_{i=1}^{n} x_i y_i - n\bar{x} \cdot \bar{y}}{\sum\limits_{i=1}^{n} x_i^2 - n\bar{x}^2} \tag{9.6}$$

$$b = \frac{n\sum\limits_{i=1}^{n} y_i - b\sum\limits_{i=1}^{n} x_i}{n} = \bar{y} - a\bar{x} \tag{9.7}$$

式中:$\bar{x} = \dfrac{1}{n}\sum\limits_{i=1}^{n} x_i \quad \bar{y} = \dfrac{1}{n}\sum\limits_{i=1}^{n} y_i$

采用直线回归分析法的关键是必须判断其预测变量(因变量)与自变量之间有无确定的因果关系,并且必须掌握预测对象与影响因素之间的因果关系,因为影响因素的增加或减少会导致回归直线随之发生变化。采用直线回归分析法时,数据点的多少决定着预测的可靠程度,而且所需数据点的实际数量,又取决于数据本身的性质及当时的经济情况。一般说来,历史数据观察点至少要在 20 个以上。

检验回归直线的拟合程度,可以用一个数量指标即相关系数来描述,通常用 r 表示,计算公式是:

$$r = \frac{n\sum\limits_{i=1}^{n} x_i y_i - \sum\limits_{i=1}^{n} x_i \sum\limits_{i=1}^{n} y_i}{\sqrt{\left[n\sum\limits_{i=1}^{n} x_i^2 - \left(\sum\limits_{i=1}^{n} x_i\right)^2\right]} \cdot \sqrt{\left[n\sum\limits_{i=1}^{n} y_i^2 - \left(\sum\limits_{i=1}^{n} y_i\right)^2\right]}}$$

$$= \frac{\sum\limits_{i=1}^{n} x_i y_i - n\bar{x} \cdot \bar{y}}{\sqrt{\sum\limits_{i=1}^{n} x_i^2 - n\bar{x}^2} \cdot \sqrt{\sum\limits_{i=1}^{n} y_i^2 - n\bar{y}^2}} \tag{9.8}$$

由式(9.6)和式(9.8),可以得出:

$$a = r \cdot \frac{\sqrt{\sum\limits_{i=1}^{n} y_i^2 - n\bar{y}^2}}{\sqrt{\sum\limits_{i=1}^{n} x_i^2 - n\bar{x}^2}} \tag{9.9}$$

从式(9.9)可知,当 $r=0$,此时 $a=0$,则回归直线是一条与 x 轴平行的直线,即 x 的变化与 y 无关,此时 x 与 y 无线性关系,即点 (x_i, y_i) 的散布是完全不规则的,如图 9-3 所示。

当 $r=1$ 时,所有点 (x_i, y_i) 均在回归直线上,称 x 与 y 为完全正相关,如图 9-4 所示。

当 $r=-1$ 时,所有点 (x_i, y_i) 也均在回归直线上,称 x 与 y 为完全负相关,如图 9-5 所示。

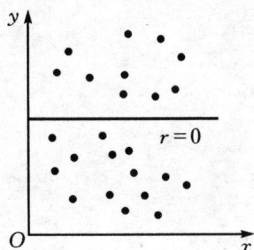

图9-3 x与y无线性关系　　　图9-4 x与y完全正相关　　　图9-5 x与y完全负相关

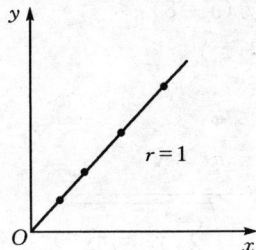

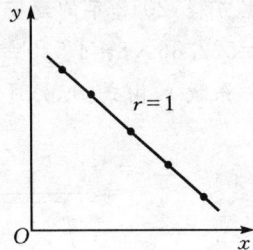

当 $0<|r|<1$ 时,r 的大小描述了 x 与 y 线性关系的密切程度。$r>0$ 称为正相关;$r<0$ 称为负相关。$|r|$ 愈接近 1,x 与 y 的线性关系愈密切;$|r|$ 愈接近于 0,x 与 y 的线性关系密切程度愈小。因此,在建立回归方程之后,常常要观察 $|r|$ 的大小以确定回归方程有无使用价值。一般说来,当数据的组数 $n\leqslant 10$ 时,$|r|$ 要大于 0.602;当 $n\leqslant 20$ 时,$|r|$ 要大于 0.444;当 $n\leqslant 52$ 时,$|r|$ 要大于 0.273,才有意义。

直线回归分析法是通过从实践观察的大量数据中寻找事物发展的内在规律性来预测事物的未来状况,对于外部条件如国家政策、市场供求关系、原材料和燃料供应、建材和劳务价格等变化都未作考虑。因此,预测值只能为确定计划指标提供参考,而不能作为唯一的依据。

【**例 9 - 2**】 已知某建筑公司 2005—2010 年度实际完成的建安工作量如表 9 - 2,试用直线回归分析法预测 2012 年的建安工作量。

表 9 - 2　回归分析计算表

年度	工作量 y_i(万元)	y_i^2	时间 x_i	x_iy_i(万元)	x_i^2
2005	5 000	25×10^6	1	5 000	1
2006	6 000	36×10^6	2	12 000	4
2007	5 500	30.25×10^6	3	16 500	9
2008	7 000	49×10^6	4	28 000	16
2009	6 600	43.56×10^6	5	33 000	25
2010	8 000	64×10^6	6	48 000	36
Σ	38 100	247.81×10^6	21	142 500	91

解:

$$\bar{x} = \frac{1}{n}\sum_{i=1}^{n}x_i = \frac{1}{6}\times 21 = 3.5$$

$$\bar{y} = \frac{1}{n}\sum_{i=1}^{n}y_i = \frac{1}{6}\times 38\ 100 = 6\ 350$$

由式(9.6)和式(9.7)有:

$$a = \frac{\sum x_iy_i - \bar{x}\sum y_i}{\sum x_i^2 - \bar{x}\sum x_i} = \frac{142\ 500 - 3.5\times 38\ 100}{91 - 3.5\times 21} = 522.86$$

$$b = \bar{y} - a\bar{x} = 6\ 350 - 522.86\times 3.5 = 4\ 520$$

则可得到方程:

$$y = ax + b = 522.86x + 4\ 520$$

依据方程,2012 年的建安工作量为($x=8$):

$y_8=522.86\times8+4\,520=8\,703$(万元)

相关系数 r,由式(9.8)可求得:

$$r=\frac{\sum\limits_{i=1}^{n}x_iy_i-n\bar{x}\cdot\bar{y}}{\sqrt{\sum\limits_{i=1}^{n}x_i^2-n\bar{x}^2}\cdot\sqrt{\sum\limits_{i=1}^{n}y_i^2-n\bar{y}^2}}$$

$$=\frac{142\,500-6\times3.5\times6\,350}{\sqrt{91-6\times3.5^2}\cdot\sqrt{247\,810\,000-6\times6\,350^2}}=0.902$$

根据规定,数据组数 $n\leqslant10$,$|r|$ 要大于 0.602,线性方程才能成立。本题的数据组数为 6 组,相关系数 $r=0.902$,据此可以认为线性关系成立。但是,由于本例中数据较少,因此所得的回归直线不够准确,精度有限,这一点在实际应用时要注意。

综上所述,定性预测法和定量预测法都有各自的适用范围,都有一定的局限性。在实践中常常将定性预测和定量预测结合起来,兼收并蓄,取长补短,进行综合预测,从而提高预测的可靠性、准确性和全面性。

9.2 风险决策方法

➤ 9.2.1 决策概述

1. 决策的概念

企业要合理分配和调节资源,就需要把现有的人力、物力和财力经营管理好,使其发挥最大的经济效益,因而必须具备有效的组织、合理的决策和良好的人际关系。而在这三者中,合理的决策是整个经营工作的核心和基础。

决策是企业经营的重点,是指为达到同一目标,在一定的约束条件下,从诸多可行方案中选择一个最佳方案的分析判断过程。决策是针对未来而做出的,而未来必然会涉及众多不确定因素,因此决策不仅影响着寻求成功的机会,而且也面临着风险与失败的可能。

在实施决策时,一方面需要有应该达到的既定目标,另一方面需要有能达到目标的可利用的代替方案。决策作为实际的管理活动,其价值在于结果的准确性,即预想的和现实的一致性,这就要求决策者对决策的假设条件、现实标准和决策方法的适应性和局限性进行认真的分析,以求提高决策的价值和有效程度。

2. 决策的分类

企业决策的分类,按其考虑的角度不同,可以分为不同的类型。

(1)按决策的范畴可分为战略决策和战术决策。①战略决策是指企业带全局性的重大问题的决策,又称经营决策。它指导企业的发展方向,是企业经营管理的首要问题,其主要内容是制订企业的经营目标、经营方针以及实现目标所需资源(人、财、物)的分配方案等。②战术决策是指企业内部短期的局部问题的决策,又称管理决策。其主要任务是解决各有关部门如何更好地使用所分配的资源,以提高工作效率的问题。

(2)按决策的时间跨度可分为长期决策和短期决策。①长期决策是指导企业战略目标和发展方向有关的重大安排,如投资方向与生产规模的选择、技术开发的发展方向、一个长时期的发展速度等。长期决策往往与长期规划有关,并较多注意企业的外部环境。②短期决策是实现战略目标所采取的手段,它比长期决策更具体,考虑的时间更短,并主要考虑如何组织动员企业内部力量来实现战略目标。

(3)按决策的模式可分为程序化决策和非程序化决策。①程序化决策是指这类决策属于反复的、定规的,当每一问题发生时,不必重新再实施新的决策,可按原有设立的一定方式进行决策。这种决策是属定型化、程序化或定规化的决策,主要适用于组织内部的日常业务工作和管理工作。主要由中、下层管理人员来承担,并多用定量分析方法来制定。②非程序化决策是属于新规定的、一次的、例外的、未加程序化或定型化的决策,这类决策活动,并不经常重复出现,一般由上层管理人员来承担。这类决策的制定,除采用适当的定量分析法外,主要采用定性分析法。大部分经营决策属非程序化决策,而管理决策属于程序化决策。

(4)按决策层级可分为经营决策、管理决策和业务决策。①经营决策是最高管理层进行的决策活动,谋求企业与外界环境中不断发展的决策,是长期决策或战略决策。②管理决策是中间管理层进行的决策,为实施经营决策方案准备条件,提供管理基础和保证的决策,是中、短期的战术决策。③业务决策是基层管理层进行的决策,在企业既定体系的基础上,为提高日常效率选择各种具体行动方案的决策。

企业的经营决策是三项决策中最主要的决定性决策,企业以经营决策为前提,结合管理决策、业务决策,构成了企业自上而下、由远至近的决策系统。这个决策系统围绕着经营目标和各级、各部门的具体目标进行决策。决策系统在很大程度上决定了企业的责任系统、权力系统。因此,决策是企业管理的核心职能。

3. 决策的目标

现代决策追求的目标,按照西蒙的观点是"适当满足",这与古典决策强调目标的"最大化"是有区别的。古典决策的目标是最大化标准,根据定量分析的结果,从收益上以最大值标准来选择方案,或从支出上以最小值标准来选择方案。现代决策的目标是适当满足标准,把定量分析和定性分析结合起来,把数值计算与决策者的主观判断结合起来,依据计算结果较好、能满足决策者要求、决策者认为合适的标准对方案进行选择。需要指出的是,现代决策并不排除最优化,只是不将其作为方案选择的唯一标准。现代决策既可以选择计算结果为较好而满足决策目标的、决策者认为适合的方案,也可以选择目标数值的计算结果为最大或最小的方案。

➤ 9.2.2 决策的程序

决策工作是一项动态的过程,不是一成不变的。不过,建立决策程序,有助于减少过于草率的判断和作出只凭直觉的决定。程序可以提醒决策者注意那些可能会被忽视的因素,为风险的识别、分类、分析以及处理提供了一套方法。

一般地,决策程序可以分为以下步骤:

(1)确定决策目标。明确提出决策所要解决的问题和达到的经营目的。目标应明确具体,责任到人。

(2)收集相关信息。信息是决策的前提条件,需要掌握大量真实可靠的信息,加以归类整理,并进行详尽的分析研究,才能做出正确的决策。

(3)备选方案设计。可以用专家会议法等方法研究并提出为解决问题和实现经营目标的各种可行的备选方案。

(4)备选方案评价。选择和建立评价模型,分析未来的可能状态和概率,对各种备选方案进行技术经济论证,在论证的基础上做出综合评价。

（5）方案选择。通过对各种方案的分析评价，从可行方案中选出最优方案。

（6）决策方案的实施与反馈。做出决策以后，还要抓好决策方案的实施，并以执行的结果来鉴定、检查决策是否正确。根据实际和反馈的情况对决策作出相应的调整或改变。

▶9.2.3 风险决策准则

按确定程度，决策可分为确定型决策、风险型决策和非确定型决策。确定型决策是研究环境条件为确定情况下的决策。确定型决策可以单纯运用数学方法进行计算，从而决定最佳决策方案。因此，在决策论中不研究这类问题，一般由运筹学研究。非确定型决策则是指不仅事先不知道在各种特定情况下的结果，甚至连可能的结果及概率也全然不知，也无过去的经验和数据可循，主要凭借决策人的知识和经验进行决策，在此也不做讨论。

因此，在此只介绍风险型决策。决策准则，也就是决策者对风险的态度，通常有四种决策准则。

1. **冒险准则**

冒险准则，又称最大收益值最大准则或大中取大准则。方法是：先从各种情况下选出每个方案的最大收益值，然后对各方案进行比较，以收益值最大的方案为选择方案。这是一种乐观决策方法，通常适合于敢于冒险的投资者，这种决策方法追求利益最大，有一定冒险性，只有资金、物资雄厚，即使出现损失对其影响也不大的企业才敢采用。

2. **保守准则**

保守准则，又称最小收益值最大准则或小中取大准则。将各种情况下最小收益值为最大的方案作为选定方案。这是一种悲观决策方法，适合于风险厌恶型投资者，这种准则对未来持保守或悲观的估计，以免可能出现较大的损失。

3. **等概率准则**

决策者无法预知每种情况出现的概率，就假定各种情况出现的概率都相等，计算出每一方案受益值的平均数，选取平均受益值最大的方案。这是一种稳健决策方法，适合于风险中性要求的投资者，是一种不存侥幸心理的中间型决策准则。

4. **后悔值准则**

后悔值准则又称为最小机会损失准则。后悔值是指自然状态下，最大收益方案与其他任一方案收益值之差。如果决策者选择了某一个方案，但后来事实证明他所选择的方案并非最优方案，他就会少得一定的收益或会承受一些损失。于是他后悔把方案选错了，或者感到遗憾，这个因选错方案而未得到的收益或遭受的损失叫做后悔值或遗憾值。应用事先计算出各方案的最大后悔值，进行比较，将最大后悔值为最小的方案作为最佳方案。

【例9-3】 某建筑制品厂计划生产一种新产品，由于缺少资料，只能设想出三种方案，以及各种方案在市场销路好、一般、差三种情况下的益损值如表9-3所示。另外，每种情况出现的概率也无从知道，试进行方案决策。

表9-3 益损矩阵表　　　　　　　　　　　　　　单位：万元

方案	市场销售状况		
	销路好	销路一般	销路差
A	36	23	-5
B	40	22	-8
C	21	17	9

解:

后悔值计算见表9-4。

表9-4 后悔值计算

方案	各状态下最大收益值			各方案最大后悔值
	销路好	销路一般	销路差	
	40	23	9	
A	40-36=4	23-23=0	9-(-5)=14	14
B	40-40=0	23-22=1	9-(-8)=17	17
C	40-21=19	23-17=6	9-9=0	19

经计算,各方案选择如表9-5所示。

表9-5 益损矩阵表 单位:万元

方案	决策准则			
	冒险准则	保守准则	等概率准则	后悔总则
A	36	-5	18	14
B	40	-8	18	17
C	21	9	15.67	19
选取方案	B	C	A 或 B	A

9.2.4 风险决策技术

风险型决策也叫统计型决策或随机型决策。这类决策问题具备如下条件:①存在着决策人希望达到的目标;②存在着两个以上的行动方案可供决策人选择,最后只选定一个方案;③存在着两个以上的不以决策人的主观意志为转移的自然状况;④不同的行动方案在不同状态下的相应益损值可以计算出来;⑤在几种不同的自然状态中未来究竟将出现哪种自然状态,决策人不能肯定,但是各种自然状态出现的可能性(即概率),决策人可以预先估计或计算出来。决策的正确程度与历史资料的拥有数量有关,与决策者的经验、判断能力以及对风险的看法和态度有关。

风险型决策常用方法有最大期望益损值法、最大可能法、决策树法以及敏感度分析法。

1. 最大期望益损值法

最大期望益损值法,是通过计算各行动方案在各种自然状态下的益损值,选其中最大值对应的方案为最优方案。

【例9-4】 一项工程需决定下月是否开工,历史资料表明,下月出现好天气的概率为0.3,坏天气的概率为0.7。如遇好天气,开工可得利润5万元;遇到坏天气,则要损失2万元;如不开工,不论什么天气都要付窝工费1千元,应如何决策?

解:

①开工方案:

$$E(F_1)=0.3 \times 50\ 000+0.7 \times (-20\ 000)=1\ 000(元)$$

②不开工方案：

$$E(F_2)=0.3\times(-1\ 000)+0.7\times(-1\ 000)=-1\ 000(元)$$

显然是开工方案优于不开工方案,开工可得最大期望值1 000元。

2. 最大可能法

自然状态的概率越大,表明发生的可能性越大,该法取概率最大自然状态下最大益损值对应的方案为最优方案,此即为最大可能法。

在【例9-4】中,坏天气概率最大,这样就不考虑好天气这个自然状态,在坏天气自然状态下,不开工方案的益损值(-1 000)大于开工方案(-20 000),所以不开工是最优方案。

最大可能法与最大期望益损值法的决策结果正好相反,这是由于考虑问题的出发点不同。最大可能法以自然状态发生的可能性作为决策的唯一标准,作为一次性决策有其合理性的一面,尤其是在一组自然状态中,其中某一状态出现的概率比其他状态出现的概率特别大,而它们相应的益损值差别不很大时,这种方法的效果较好。如果在一组自然状态中,它们发生的概率都很小,而且互相很接近,再采用这种决策方法,效果不好,有时甚至会引起严重错误。而对于多次反复的决策问题,采用最大期望益损值法则更为科学合理。

3. 决策树法

决策树法是解决风险型决策的一种主要方法,得到广泛应用。它将决策过程中各种可供选择的方案,可能出现的自然状态及其概率和产生的结果,用一个像树枝的图形表达出来,把一个复杂多层次的决策问题形象化,以便于决策分析、对比和选择。其突出的特点是迫使决策者构建出问题的结构,然后再以一种连贯和客观的方式加以分析。

(1)决策树的绘制方法。

①确定决策点。画一个方框作为出发点,称为决策点。

②确定方案分枝。从决策点引出若干直线,表示该决策点有若干可供选择的方案,在每条直线上标明方案名称,称为方案分枝。

③确定自然状态。在方案分枝的末端画一个圆圈,称为自然状态点或机会点。

④确定状态分枝。从状态点再引出若干直线,表示可能发生的各种自然状态,并表示出现的概率,称为状态分枝或概率分枝。

⑤确定结果。在概率分枝的末端画一个小三角形,写上各方案在每种自然状态下的收益值或损失值,称为结果点。最终形成的图形称为决策树,以树枝状图形把决策方案、自然状态及其概率、损益期望值系统地在图上反映出来,供决策者选择。

(2)决策树方法解题步骤。

①列出方案。通过资料的整理和分析,提出决策要解决的问题,针对具体问题列出方案,并绘制成表格。

②根据方案绘制决策树。画决策树的过程,实质上是拟订各种抉择方案的过程,是对未来可能发生的各种事情进行周密思考、预测和预计的过程,是对决策问题一步一步深入探索的过程。决策树按从左到右的顺序进行绘制。

③计算各方案的期望值。按事件出现的概率计算出来的可能得到的损益值,并不是肯定能够得到的损益值,所以叫期望值,计算时,从决策树的最右端的结果点开始。

期望值 $=\sum$ (各种自然状态的概率×收益值或损益值)

④方案的选择,即抉择。在各决策点上比较各方案的损益期望值,以其中最大者为最佳方案,在被舍弃的方案分枝上画两杠表示剪枝。

【例9-5】 某建筑公司拟建一预制构件厂,有建大厂和小厂两种方案。一个方案是建大厂,需投资300万元。建成后,如销路好,每年可获利100万元;如销路差,每年要亏损20万元。另一个方案是建小厂,需投资180万元。建成后,如销路好每年可获利40万元;如销路差,每年可获利30万元。

假定两方案的使用期均为10年,销路好的概率是0.7,销路差的概率是0.3,试用决策树法选择方案。

解:

①按题意,列出各种方案的经济效果,见表9-6。

表9-6 各种方案经济效果表

自然状态	概率	方案(万元)	
		建大厂	建小厂
销路好	0.7	100	40
效率差	0.3	−20	30

②绘制决策树,如图9-6。

③计算净收益。

期望值扣除投资后的收益即为净收益:

方案1净收益:$NE_1 = [100 \times 0.7 + (-20) \times 0.3] \times 10 - 300 = 340$(万元)

方案2净收益:$NE_2 = (40 \times 0.7 + 30 \times 0.3) \times 10 - 180 = 190$(万元)

④方案决策。

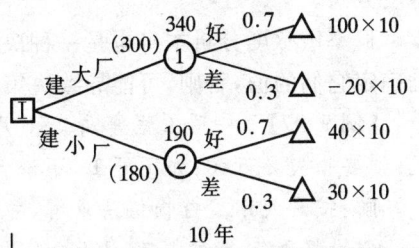

图9-6 【例9-5】的决策树

由于$NE_1 > NE_2$,即方案1净收益大于方案2净收益,也即是建大厂收益大于建小厂收益,故选用建大厂的方案。

以上这种决策树法,是一种单级决策问题,下面介绍一种多级决策问题。

【例9-6】 对【例9-5】进行扩展,假设再考虑一个方案,即先建设小车间,若销路好,则在3年以后再扩建,扩建投资130万元,可使用7年,每年盈利85万元。试用决策树法选择方案。

解:这个问题可以分前3年和后7年两期考虑,属于多级决策类型。

①绘制决策树,如图9-7。

②对于多级决策类型,首先考虑最小分枝的决策点。在本题中,即决策点Ⅱ。

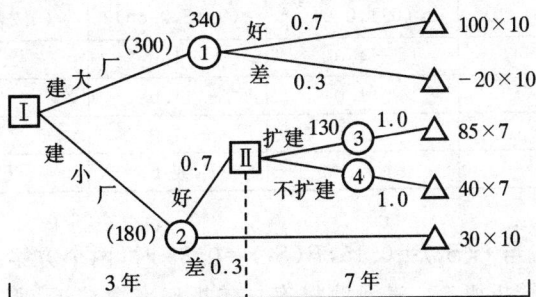

图9-7 【例9-6】的决策树

方案 3 和方案 4 净收益：

方案 3 净收益：$NE_3 = 85 \times 1.0 \times 7 - 130 = 465$（万元）

方案 4 净收益：$NE_4 = 40 \times 1.0 \times 7 = 280$（万元）

由于 $NE_3 > NE_4$，即方案 3 净收益大于方案 4 净收益，故选用扩建方案。

③分析决策点 I 的净收益。方案 1 和方案 2 净收益：

方案 1 净收益：$NE_1 = [100 \times 0.7 + (-20) \times 0.3] \times 10 - 300 = 340$（万元）

方案 2 净收益：$NE_2 = (40 \times 0.7 + 30 \times 0.3) \times 3 + 465 \times 0.7 + 30 \times 0.3 \times 7 - 180$

$\qquad = 319.5$（万元）

④方案决策。由于 $NE_1 > NE_2$，即方案 1 净收益大于方案 2 净收益，故仍选用建大厂的方案。

在本例中，有两个决策点 I 和 II，在多级决策中，期望值计算先从最小的分枝决策开始，逐级决定取舍到决策能选定为止。

4. 概率敏感度分析

在决策过程中，人们对自然状态概率的预测不可能十分准确，概率一旦发生变化，对期望值的计算和方案决策都将产生影响。研究和分析因概率发生变化而引起结果的变化，称为概率敏感度分析。

概率敏感度分析本身也是一种决策手段。对概率敏感度高的因素，决策者应认真对待，要准确确定它们的值，否则，可能导致决策的失误。

【例 9-7】 一项工程需决定下月是否开工，如遇好天气，开工可得利润 5 万元；遇到坏天气，则要损失 2 万元；如不开工，不论什么天气都要付窝工费 1 千元，应如何决策？

解： 按最大期望益损值法求解，并进行概率敏感度分析。

假设好天气 S_1 的概率 $P(S_1)$ 变为 0.1，则坏天气 S_2 的概率 $P(S_2)$ 变为 0.9，此时的最大期望益损值分别为：

①开工方案：

$$E(F_1) = 0.1 \times 50 + 0.9 \times (-10) = -4.0（千元）$$

②不开工方案：

$$E(F_2) = 0.1 \times (-1.0) + 0.9 \times (-1.0) = -1.0（千元）$$

③可见，$E(F_2) > E(F_1)$，则不开工方案为最优方案。

同样可计算其他概率值时的最大期望益损值，并列表 9-7。

表 9-7 益损值的概率敏感度分析表

方案	概率变化$[P(S_1), P(S_2)]$			
	(0.1, 0.9)	(0.15, 0.85)	(0.2, 0.8)	(0.25, 0.75)
F_1	−4.0	−1.0	2.0	5.0
F_2	−1.0	−1.0	−1.0	−1.0
$\max E(F_i)$	−1.0	−1.0	2.0	5.0
最优方案	F_2	F_1 或 F_2	F_1	F_1

由表 9-7 可以看出，当 $P(S_1) = 0.15$，$P(S_2) = 0.85$ 时，两个方案的期望益损值相等，可任意选择，此时的概率称为转折概率。若预测概率与转折概率愈接近，所选方案愈不稳定，若预测概率与转折概率相差较远，则最优方案比较稳定。

转折概率的条件是:在这种概率下,不同方案所得期望益损值相等,即:

$$V_{11} \times P(S_1) + V_{12} \times P(S_2) = V_{21} \times P(S_1) + V_{22} \times P(S_2) \atop P(S_2) = 1 - P(S_1) \Bigg\} \tag{9.10}$$

式中,$P(S_1)$、$P(S_2)$——转折概率;

V_{ij}——不同自然状态下各方案对应的益损值。

各种工程建设,如在决策上失误,往往给国家带来很大的经济损失。科学的决策方法可以帮助人们减少失误,而决策是领导者的基本职能,决策必须确定达到的目标,拟订若干个有价值的可行方案,通过对方案的比较和评估,从中选出最优方案付诸实施。

▷ 9.2.5 建筑企业的经营决策

在工程技术经济分析中,重点是在项目决策阶段进行的投资决策,如对投资时机和方向的抉择、投资项目的比选、确定项目的投资规模和总体实施方案等。在投资项目的决策阶段,决策的质量对总投资影响达到70%左右,对投资效益影响达到80%左右。同时项目的投资巨大,其活动过程具有不可逆性,因此,决策质量关系到项目的成功与否。

对于建筑企业而言,一般经营决策通常包括两大部分内容:一是企业经营状况分析;二是根据经营状况作出决策。经营分析就是运用各种科学方法,对企业各项生产经营活动的目标、资料条件、外界因素与内部能力等进行技术经济效果的定量分析。决策则是根据经营分析的结果及其技术经济效果的大小,拟定若干可行的计划或方案,再结合企业中其他不确定因素,综合判断后选择一个适当方案。经营决策贯穿于企业经营管理的各个方面和全过程,决策的内容主要包括:

①经营战略方面的决策。主要包括经营方向、经营目标、经营方针、经营策略、经营计划、经营组织与机构、企业发展规模、技术改造与更新、技术开发、人力资源开发等决策。

②招揽工程任务的决策。主要包括市场开拓与渗透、联合经营、多种经营、投标策略、投标报价等决策。

③生产技术管理方面的决策。主要包括工程质量管理、施工计划、施工组织、生产进度及调度、材料供应、技术装备、技术措施以及新技术、新工艺、新材料研究和推广等决策。

④财务管理方面的决策。主要包括企业目标利润与目标成本、财务计划、财务结算、资金信贷、材料采购与库存等决策。

⑤劳动人事方面的决策。主要包括劳动人事计划与组织及调配、副经理级领导人选、用工办法、职工培训等决策。

思考与练习

1.什么是经营预测?经营预测的作用有哪些?

2.经营预测如何分类的?

3.德尔菲法的主要步骤是什么?

4.定量预测方法都有哪些?

5.决策的分类有哪些?

6.试述风险决策的程序。

7.风险决策的准则都有哪些?

8.建筑企业经营决策的内容都有哪些?

9.某大型房地产企业的房屋销售量如下表所示,试用时间序列预测法和直线回归分析方法预测该企业 2012 年房屋销售面积。

某大型房地产企业的房屋销售量表

年份	2002	2003	2004	2005	2006	2007	2008	2009	2010	2011
房屋销售面积(万/m²)	101.6	110.2	130.3	152.8	177.4	185.3	182.4	190.8	195.4	200.5

10. 某建筑企业计划生产一种新产品,已知设计的三种方案以及各种方案在不同销售情况下的益损值,如下表所示。试用冒险准则、保守准则、等概率准则和后悔值准则进行方案决策。

益损矩阵表(单位:万元)

方案	市场销售状况		
	销路好	销路一般	销路差
A	70	11	−15
B	46	52	−8
C	35	27	28

11. 某建筑公司拟建一工厂生产新产品,有两种方案:①建大厂,需投资 500 万元。建成后,如销路好,每年可获利 200 万元;如销路差,每年要亏损 50 万元。②建小厂,需投资 200 万元。建成后,如销路好每年可获利 80 万元;如销路差,每年可获利 60 万元。假定两方案的使用期均为 10 年,销路好的概率是 0.7,销路差的概率是 0.3,试用决策树法选择方案。

第10章　建筑工程会计基础与财务管理

本章学习要点

1.掌握各种类型资产、负债的核算内容,所有者权益的来源及实收资本的核算,以及成本与费用的区别联系、工程成本及期间费用的核算

2.掌握收入的类型、确认原则,以及建造(施工)合同收入的核算

3.掌握利润的计算及所得税费用的确认,财务报表列报的内容及各类财务报表的作用、结构,财务分析的常用方法及企业状况与经营成果分析的内容、主要指标,以及现金、应收账款、存货的财务管理

4.熟悉会计的职能、假设、要素和会计等式,资本公积的形成及用途,财务报表附注的作用与内容,以及资金成本的计算及短期筹资、长期筹资的特点和方式

5.了解记账方法及会计凭证、会计账户,留存收益的性质及构成,以及利润分配的核算

在工程管理中,项目成本管理与财务管理水平的高低直接反映项目管理状况以及项目经济效果的优劣,因此,有必要了解会计与财务管理的基本知识。但是,项目管理人员不需要从事会计和财务管理的具体工作,故本章的内容不包括会计和财务管理的操作技能。

会计是经济管理的重要组成部分,包括财务会计和管理会计。财务会计主要向企业的投资者、债权人、政府部门,以及社会公众提供会计信息,反映企业的整体经营状况。管理会计侧重于规划未来,对企业的经营活动进行预测。本书使用的会计一词是指财务会计。

10.1　财务会计的职能与核算方法

10.1.1　会计的职能、假设与会计核算的原则

1. 会计的职能

会计是以通用的会计原则为指导,以货币为主要计量单位,运用专门的方法对企业的经济活动进行全面、连续、综合的核算和监督,对企业的资金运动进行反映和控制,并获取系统的会计信息,以取得最大的经济效益和管理效益为目的的一种管理活动。其职能包括核算、预测、参与决策、实行监督等。随着经济的发展,会计的职能在不断变化,但其最基本的职能仍是进行核算和实行监督。

(1)会计核算。会计核算是会计的首要职能,它是以货币计量为主要单位,对各种单位经济业务活动或者预算执行情况及其结果进行连续、系统、全面的记录和计量,并据以编制会计报表。它要求各单位必须根据实际发生的经济业务事项进行会计核算。其特点表现在以下三个方面:①会计核算主要是从价值量上反映各经济主体的经济活动状况。②会计核算具有连续性、系统性和完整性。③会计核算应对各单位经济活动的全过程进行反映。

（2）会计监督。会计监督职能又称会计控制职能，是指控制、规范单位经济活动的运行，使其达到预定目标的功能。它是全部会计管理工作的核心，与会计核算有着密切联系，具有监督经济活动的合法性与合理性的作用。其特点主要有：①会计监督与会计核算同时进行，因此具有基础性、完整性和连续性。②会计监督主要利用各种价值指标，以财务活动为主，具有综合性。③以国家的财经纪律和法规为约束，具有强制性和严肃性。

会计核算与会计监督是相互作用、相辅相成的。核算是监督的基础，没有核算，监督就无从谈起，而监督又是会计核算质量的保证。

2. 会计假设

会计假设是对会计核算所处的时间、空间环境所作的合理设定，也称之为会计核算的基本假设或基本前提。国内外会计界多数人公认会计核算的基本前提包括会计主体、持续经营、会计分期和货币计量四个方面的内容。

（1）会计主体。会计主体是指会计信息所反映的特定单位，也称为会计实体、会计个体。会计主体不同于法律主体。一般来讲，法律主体往往是一个会计主体，例如，一个企业作为一个法律主体，应当建立会计核算体系，独立反映其财务状况、经营成果和现金流量。但是，会计主体不一定是法律主体，比如在企业集团里，一个母公司拥有若干个子公司，在企业集团母公司的统一领导下开展经营活动。为了全面反映这个企业集团的财务状况、经营成果和现金流量，就有必要将这个企业集团的财务状况、经营成果和现金流量予以综合反映。有时，为了内部管理需要，也对企业内部的部门单独加以核算，并编制出内部会计报表，企业内部划出的核算单位也可以视为一个会计主体，但它却不是一个法律主体。

（2）持续经营。持续经营是指会计主体的生产经营活动将无限期地延续下去，在可以预见的将来，使企业不会面临清算、解散或倒闭。由于持续经营是根据企业发展的一般情况所作的设定，企业在生产经营过程中缩减经营规模乃至停业的可能性总是存在的，为此，往往要求定期对企业持续经营这一前提作出分析和判断，一旦判定企业不符合持续经营前提，就应当改变会计核算的方法。

（3）会计分期。会计分期是指将一个企业持续经营的生产经营活动划分为连续、相等的期间，又称为会计期间。会计期间一般可以按照日历时间划分，分为年、季、月。最常见的会计期间是一年，按年度编制的财务会计报表也称为年报。在我国，会计准则明确规定，采取公历年度，自每年1月1日至12月31日止。此外，国际上会计期间可以按实际的经济活动周期来划分，其周期或长、或短于公历年度。会计期间划分的长短会影响损益的确定，一般来说，会计期间划分得越短，反映经济活动的会计信息质量就越不可靠，当然，会计期间的划分也不可能太长，太长了会影响会计信息使用者及时使用会计信息的需要的满足程度，因此必须恰当地划分会计期间。

（4）货币计量。货币计量是指企业在会计核算过程中采用货币作为计量单位，记录和反映企业的生产经营活动。在我国，要求采用人民币作为记账本位币，是对货币计量这一会计前提的具体化。考虑到一些企业的经营活动更多地涉及外币，因此规定业务收支以人民币以外的货币为主的单位，可以选定其中一种货币为记账本位币，当然，提供给境内的财务会计报告使用者的应当折算为人民币。

3. 会计核算的原则

会计核算的一般原则是进行会计核算的指导思想和衡量会计工作成败的标准。具体包括两个方面，即衡量会计信息质量方面的一般原则，以及确认和计量的一般原则。

（1）会计信息质量方面的一般原则。

①客观性原则。客观性原则也称真实性原则,指企业应当以实际发生的经济业务及证明经济业务发生的合法凭证为依据,如实反映财务状况、经营成果,做到内容真实、数字准确、资料可靠。这一原则是对会计工作的基本要求。

②相关性原则。这是指企业所提供的会计信息应与财务会计报告使用者的经济决策相关,有助于财务会计报告使用者对企业过去、现在或者未来的情况作出评价或预测。

③明晰性原则。它要求会计信息简明、易懂,能够简单明了地反映企业的财务状况、经营成果和现金流量,从而有助于会计信息使用者正确理解、掌握企业的情况。

④可比性原则。这一原则包括两方面的内容:一是信息的横向可比,即企业之间的会计信息口径一致,相互可比;二是信息的纵向可比,即同一企业不同时期发生的相同或相似的交易或事项,应当采用一致的会计政策,不得随意改变,便于对不同时期的各项指标进行纵向比较。

⑤实质重于形式原则。这是指企业应当按照交易或事项的经济实质进行会计确认、计量和报告,而不应仅以交易或事项的法律形式作为依据。

⑥重要性原则。是指企业提供的会计信息应当反映与企业财务状况、经营成果和现金流量等有关的所有重要交易或事项。

⑦谨慎性原则。谨慎性原则又称稳健性原则,是指企业对交易或事项进行确认、计量和报告应当保持应有的谨慎,即在存在不确定因素的情况下作出判断时,不应高估资产或者收益、低估负债或者费用。

⑧及时性原则。这是指企业对于已经发生的交易或事项,应当及时进行会计确认、计量和报告,不得提前或延后。

(2)确认和计量的一般原则。

①权责发生制原则。这是指收入和费用是否计入某会计期间,不是以是否在该期间内收到或付出现金为标志,而是依据收入是否归属该期间的成果、费用是否由该期负担来确定。具体来说,凡在当期取得的收入或者应当负担的费用,不论款项是否已经收付,都应当作为当期的收入或费用,凡不属于当期的收入或费用,即使款项已经在当期收到或支付,都不能作为当期的收入或费用。因此,权责发生制原则,也称为应收应付原则。

与权责发生制相对应,是收付实现制。权责发生制与收付实现制都是会计核算的记账基础,建立在权责发生制基础之上的会计处理可以正确地将收入与费用想配合,正确计算损益。因此,企业即营利组织一般采用这种记账基础,而预算单位等常采用收付实现制。

②配比原则。这是指将收入与对应的费用、成本进行对比,以结出损益。正确运用配比原则,将收入与相关的成本、费用进行对比,才能完整地反映特定时期的经营成果,从而有助于正确评价企业的经营业绩。因此,当确定某一个会计期间已经实现收入之后,就必须确定与该收入有关的已经发生的费用,以正确确定该期间的损益。

配比原则包括两层含义,一是因果配比,将收入与其相关的成本费用配比;二是时间配比,将一定时期的收入与同时期的费用相配比。

③划分收益性支出与资本性支出原则。这是指会计核算中合理划分收益性支出与资本性支出,将收益性支出计入当期的损益,将资本性支出计入资产的价值。对于一项支出,如果支出所带来的经济效益仅与当期有关,则这项支出就作为收益性支出,如果该支出的经济效益不仅与本期间有关,而且与几个会计期间有关,那么该支出就是资本性支出。划分收益性支出与资本性支出,有助于正确确认当期损益和资产价值,保持会计信息的客观性。

④历史成本原则。历史成本原则是指将取得资产时所发生的成本作为资产的入账价值,在

资产处置前保持其入账价值不变的原则。其后,如发生减值,应当按规定计提相应的减值准备。按照此原则,企业的资产应以取得时所耗费的一切成本作为入账和计价的基础,而且此成本也是其以后分摊转为费用的基础。

企业在对会计要素进行计量时,应当采用历史成本,但也可以采用重置成本、可变现净值、现值、公允价值计量,但前提是,要保证所确定的会计要素金额能够取得并可以可靠计量。

➤ 10.1.2 会计要素和会计等式

1. 会计要素

企业按照交易或者事项的经济特征而进行的的基本分类项目称为会计要素,包括资产、负债、所有者权益、收入、费用和利润。

(1)资产,是指企业过去的交易或事项形成的、由企业拥有或控制的、预期会给企业带来经济利益的资源。

(2)负债,是指企业过去的交易或事项形成的、预期会给企业带来经济利益流出的现时义务,履行该义务预期将会导致经济利益流出企业。

(3)所有者权益,是指企业资产扣除负债后,由所有者享有的剩余权益。所有者权益是所有者在企业资产中享有的经济利益,其金额为资产减去负债后的余额,又称为净资产。

(4)收入,是指企业在日常活动中形成的、会导致所有者权益增加的、与所有者投入资本无关的经济利益的总流入。

(5)费用,是指指企业在日常活动中发生的、会导致所有者权益减少的、与向所有者分配利润无关的经济利益的总流出。

(6)利润,是指企业在一定会计期间的经营成果,包括收入减去费用后的净额、直接计入当期利润的利得和损失等。直接计入当期利润的利得和损失是指应当计入当期损益,会导致所有者权益发生增减变化的、与所有者投入资本或向所有者分配利润无关的利得和损失。

2. 会计等式

会计要素之间存在着严格的数量关系,揭示各会计要素之间关系的等式称为会计等式或会计恒等式。根据会计等式反映的内容不同,可分为静态会计等式和动态会计等式。

(1)静态会计等式。静态会计等式用公式可表示为:

$$资产=负债+所有者权益 \qquad (10.1)$$

静态会计等式明确了资产、负债及所有者权益间的关系,反映了资产的归属关系,是会计对象的公式化,其经济内容和数学上的等量关系,即是资金平衡的理论依据,也是设置账户、复式记账和编制资产负债表的理论依据。因此,该等式又称为基本会计等式。

(2)动态会计等式。动态会计等式用公式可表示为:

$$收入-费用=利润(或亏损) \qquad (10.2)$$

动态会计等式表明了收入、费用与利润之间的关系。

➤ 10.1.3 记账方法

为了有效地核算和监督会计对象,除了要按照规定的会计科目设置账户外,还应采用一定的记账方法。记账方法是指按照一定的规则,使用一定的符号,在账户中登记各项经济业务的技术方法。记账方法按记录方式不同,可分为单式记账法和复式记账法,目前各国普遍使用的是复式记账法。

1. 会计科目

会计科目简称"科目",是按经济内容对资产、负债、所有者权益、收入、费用和利润这六个会计要素作进一步分类的类别名称。

(1)会计科目的分类。会计科目按其所反映的经济内容的不同,可分为资产类科目、负债类科目、所有者权益类科目、损益类科目和成本类科目五大类。会计科目按其隶属关系,可分为总账科目、子目和细目。

(2)会计科目设置。为了总括而又详细地反映各会计要素的增减变动情况及其结果,在会计实务中既要设置总分类科目,又要设置明细分类科目。总分类科目,简称总账科目,亦称一级科目,是对会计要素的具体内容进行总括分类的科目,是总分类账户的名称。明细分类科目,简称明细科目,是对总分类科目进一步分类的科目,它所反映的经济内容或提供的指标比较具体详细,是明细分类账户的名称。有些总分类科目反映的经济内容比较广泛,可以在总分类科目下,先设置二级科目,在二级科目下再设置明细科目。

2. 复式记账法

复式记账法是指对每一笔经济业务,都要用相等的金额,在两个或两个以上相互联系的账户中进行记录的记账方法。如"以银行存款1 000元购买原材料"这笔业务在记账时,不仅记"银行存款"减少1 000元,同时还要记"原材料"增加1 000元。在复式记账法下,有科学的账户体系,通过对应账户的双重等额记录,能反映经济活动的来龙去脉,并能运用账户体系的平衡关系来检查全部会计记录的正确性。所以,复式记账法作为科学的记账方法被各国广泛地运用。

复式记账法根据记账符号、记账规则等不同,又可分为借贷记账法、增减记账法和收付记账法等。我国颁布的《企业会计准则》规定中国境内的所有企业都应该采用借贷记账法记账。

3. 借贷记账法

借贷记账法是以"借"、"贷"二字作为记账符号,记录会计要素增减变动情况的一种复式记账法。

(1)借贷记账法的理论基础。借贷记账法的对象是会计要素的增减变动过程及其结果,这个过程及结果可用下式表示:

$$资产＝负债＋所有者权益$$

这一恒等式揭示了三个方面的内容:

第一,会计主体各要素之间的数字平衡关系。有一定数量的资产,就必然有相应数量的权益(负债和所有者权益)与之相对应,任何经济业务所引起的要素增减变动,都不会影响这个等式的平衡。如果把等式的"左"、"右"两方用"借"、"贷"两方来表示的话,每一次记账的借方和贷方是平衡的,一定时期账户的借方、贷方的金额是平衡的,所有账户的借方、贷方余额的合计数是平衡的。

第二,各会计要素增减变化的相互联系。任何经济业务都会引起两个或两个以上相关会计项目发生金额变动,因此当经济业务发生后,在一个账户中记录的同时必然要有另一个或两个以上账户的记录与之对应。

第三,等式有关因素之间是对立统一的。当用左边(借方)表示资产类项目增加时,就要用右边(贷方)来记录资产类项目减少,与之相反,当用右方(贷方)记录负债和所有者权益增加额时,就需要通过左方(借方)来记录负债和所有者权益的减少额。

上述三个方面的内容贯穿了借贷记账法的始终。会计等式对记账方法的要求决定了借贷记账法的账户结构、记账规则、试算平衡的基本理论,因此说会计恒等式是借贷记账法的理论基础。

(2)借贷记账法的记账符号。"借"和"贷"是借贷记账法的标志。这对记账符号,要同借贷记账法的账户结构统一起来应用,才能真正反映出它们分别代表的会计对象要素增减变动的内容。

(3)借贷记账法的账户结构。在借贷记账法中,账户的基本结构是:左方为借方,右方为贷方。但哪一方登记增加,哪一方登记减少,则需要根据账户的性质和经济业务的内容来决定。

①资产类账户。该类账户的借方登记资产的增加额,贷方登记减少额,账户若有余额,一般为借方余额,表示期末的资产金额。

②负债及所有者权益类账户。该类账户的贷方登记负债、所有者权益和收入的增加额,借方登记负债、所有者权益和收入的减少额,账户若有余额,一般为贷方余额,表示期末的负债金额和所有者权益金额。

③费用成本类账户。该类账户的借方登记费用增加额,贷方登记减少(转销)额,该类账户期末一般没有余额。

④收入类账户。收入类账户的结构则与负债及所有者权益的结构一样,收入的增加额记入账户的贷方,收入转出(减少额)则记入账户的借方,由于贷方记录的收入增加额一般要通过借方转出,所以该类账户通常也没有期末余额。

⑤利润类账户。该类账户的贷方登记利润的增加额,借方登记利润的减少额,账户若有余额,既可能在贷方也可能在借方,贷方余额表示企业未分配利润,借方余额表示企业未弥补亏损。

(4)借贷记账法的记账规则。记账规则是进行会计记录和检查账簿登记是否正确的依据和规律。不同的记账方法,具有不同的记账规则,借贷记账法的记账规则可以用一句话概括:"有借必有贷,借贷必相等"。这一记账规则要求对每项经济业务都要以相等的金额、相反的方向,登记在两个或两个以上的账户中去。

(5)借贷记账法的运用。在实际运用借贷记账法的记账规则登记经济业务时,一般按三个步骤进行:①根据发生的经济业务设置相应会计科目和账户并判断其增加还是减少。②根据上述分析,确定它所涉及账户的性质,是资产要素的变化,还是负债或所有者权益的变化,哪些要素增加,哪些要素减少,或都是增加,都是减少,等等。③决定该账户的结构,即应记录的方向是借方还是贷方以及各账户应计金额。凡涉及资产及费用成本的增加,负债及所有者权益的减少,收入的减少转出,都应记入各该账户的借方。凡是涉及资产及费用成本的减少,负债及所有者权益的增加、收入的增加,都应记入各账户的贷方。

▶ 10.1.4 会计凭证及会计账簿

1. 会计凭证

(1)会计凭证的概念与作用。会计凭证是记录经济业务、明确经济责任的书面证明,也是登记账簿的依据。例如,购买商品、材料由供货方开出发票,支出款项由收款方开出收据,接收商品、材料入库要有收货单,发出商品要有发货单,发出材料要有领料单等。这些发票、收据、收据单、发货单、领料单都是会计凭证。所有会计凭证都必须认真填制,同时还得经过财会部门严格审核,只有审核无误的会计凭证才能作为经济业务发生或完成的证明,才能作为登记账簿的依据。会计凭证具有如下几方面的作用:

①为会计核算提供原始依据。会计凭证上记载了经济业务发生的时间和内容,从而为会计核算提供了原始凭据,保证了会计核算的客观性与真实性,克服了主观随意性,使会计信息的质量得到了可靠保障。

②通过审核会计凭证,可以充分发挥会计监督作用。

③有利于岗位责任制的落实。每一笔经济业务发生或完成都要填制和取得会计凭证,并由

相关单位和人员在凭证上签名盖章,这样能促使经办人员严格按照规章制度办事。一旦出现问题,便于分清责任,及时采取措施。

(2)会计凭证的种类。会计凭证按照编制的程序和用途不同,分为原始凭证和记账凭证。

①原始凭证。原始凭证是在经济业务发生或完成时由相关人员取得或填制的,用以记录或证明经济业务发生或完成情况并明确有关经济责任的一种文件,是会计核算的原始资料和填制记账凭证的依据。原始凭证必须具备的基本内容包括:原始凭证的名称;填制原始凭证的日期和凭证编号;接受凭证单位的名称;经济业务内容,如品名、数量、单价、金额大小写;填制原始凭证的单位名称和填制人姓名;经办人员的签名或盖章。

原始凭证按其来源不同,可以分为外来原始凭证和自制原始凭证。

外来原始凭证是在经济业务活动发生或完成时,从其他单位或个人直接取得的原始凭证。如增值税专用发票、非增值税及小规模纳税人的发票、铁路运输部门的火车票、由银行转来的结算凭证和对外支付款项时取得的收据等都是外来原始凭证。

自制原始凭证是指本单位内部具体经办业务的部门和人员,在执行或完成某项经济业务时所填制的原始凭证。如"收料单"、"领料单"、"销货发票"、"产品入库单"、"工资结算表"等。自制原始凭证按其填制手续和内容不同,又可以分为一次凭证、累计凭证、汇总原始凭证和记账编制凭证四种。

②记账凭证。记账凭证是财会部门根据审核无误的原始凭证进行归类、整理,记载经济业务简要内容,确定会计分录的会计凭证。它是登记会计账簿的直接依据。

记账凭证按其反映的经济内容不同,可分为收款凭证、付款凭证、转账凭证三种。此外,按其填制方式不同,可分为单式记账凭证和复式记账凭证两种;按其汇总方法不同,可分为分类汇总凭证和全部汇总凭证两种。

记账凭证必须具备的基本内容包括:记账凭证的名称,填制凭证的日期、凭证编号,经济业务的内容摘要,经济业务应记入账户的名称、记账方向和金额,所附原始凭证的张数和其他附件资料,会计主管、记账、复核、出纳、制单等有关人员签名或盖章。

2. 会计账簿

(1)会计账簿的概念。会计账簿简称账簿,是按照会计科目开设账户并由具有一定格式、相互连接的账页组成,以经过审核的会计凭证为依据,全面系统连续地记录各项经济业务的簿籍。

会计账簿是账户的表现形式,两者既有区别又有联系。账户是在账簿中以规定的会计科目开设户头,用以规定不同的账簿所记录的内容,账户存在于账簿之中,账簿中的每一账页就是账户的存在形式和信息载体。如果没有账户也就没有所谓的账簿,如果没有账簿,账户也成了一种抽象的东西,无法存在。但是账簿只是一种外在形式,账户才是它的真实内容。账簿序时分类地记载经济业务,是在个别账户中完成的,也可以说,账簿是由若干张账页组成的一个整体,而开设于账页上的账户则是这个整体上的个别部分。因此,账簿和账户的关系,是形式和内容的关系。

(2)会计账簿的作用。主要包括:①通过设置和登记账簿,可以系统地归纳和积累会计核算的资料,为改善企业经营管理、合理使用资金提供资料。②通过设置和登记账簿,可以为计算财务成果编制会计报表提供依据。③通过设置和登记账簿,利用账簿的核算资料,为开展财务分析和会计检查提供依据。

(3)会计账簿的种类。

①按用途不同,会计账簿可分为序时账簿、分类账簿和备查账簿。

序时账簿,又称日记账,是按经济业务发生或完成时间的先后顺序进行登记的账簿。按其记录的内容不同,序时账户又可分为普通日记账和特种日记账。普通日记账是指用来逐笔记录全部经济业务的序时账簿,即把每天发生的各项经济业务逐日逐笔地登记在日记账中,并确定会计分录,然后据以登记分类账。特种日记账是用来逐笔记录某一类经济业务发生的序时账簿,目前在我国,大多数单位一般只设现金日记账和银行存款日记账。

分类账簿,是按照分类会计科目设置的对各项经济业务进行分类登记的账簿。分类账簿按其反映内容的详细程度不同,又可分为总分类账和明细分类账。总分类账简称总账,是根据一级会计科目设置的,用来登记全部经济业务,进行总分类核算。明细分类账简称明细账,是根据二级或明细会计科目设置的,用来登记某一会计科目所涉及的经济业务的增减变化及其结果,进行明细分类核算。

备查账簿,简称备查账,是对某些在序时账簿和分类账簿中未能进行登记或者登记不够详细的经济业务事项进行补充登记时使用的账簿,又称为辅助账簿。

②按外形特征不同,会计账簿可以分为订本式账簿、活页式账簿和卡片式账簿。

订本式账簿,也称订本账,是指在账簿启用前就把具有账户基本结构并连续编号的若干张账页固定地装订成册的账簿。这种账簿一般使用于总分类账、现金日记账和银行存款日记账。

活页式账簿,也称活页账,是指年度内账页不固定装订成册,而是将其放置在活页账夹中的账簿。当账簿登记完毕之后(通常是一个会计年度结束之后),才能将账页予以装订,加具封面,并给各账页连续编号。各种明细分类账一般采用活页账式。

卡片式账簿,又称卡片账,是指由许多具有一定格式的卡片组成,存放在一定卡片箱内的账簿。卡片账的卡片一般装在卡片箱内,不用装订成册,随时可存放,也可跨年度长期使用。在我国,单位一般只对固定资产和低值易耗品等资产明细账采用卡片账形式。

③按账页的格式不同,会计账簿可以分为两栏式账簿、三栏式账簿、多栏式账簿、数量金额式账簿和横线登记式账簿。

两栏式账簿,是指只有借方和贷方两个基本金额栏目的账簿。普通日记账一般采用两栏式。

三栏式账簿,是指其账页的格式主要部分为借方、贷方和余额三栏或者收入、支出和余额三栏的账簿。三栏式账簿又可分为设对方科目和不设对方科目两种。它主要适用于各种日记账、总分类账以及资本、债权债务明细账等。

多栏式账簿,是指根据经济业务的内容和管理的需要,在账页的"借方"和"贷方"内再分别按照明细科目或某明细科目的各明细项目设置若干专栏的账簿。收入、费用明细账一般均采用这种格式的账簿。

数量金额式簿,是指在账页中分设"借方"、"贷方"和"余额"或者"收入"、"发出"和"结存"三大栏,并在每一大栏内分设数量、单价和金额等三小栏的账簿。数量金额式账簿能够反映出财产物资的实物数量和价值量。原材料和库存商品、产成品等明细账一般采用数量金额式账簿。

横线登记式账簿,是指账页分为借方和贷方两个基本栏目,每一个栏目再根据需要分设若干栏次,在账页两方的同一行记录某一经济业务自始至终所有事项的账簿。它主要适用于需要逐笔结算的经济业务的明细账,如物资采购、应收账款等明细账。

10.2 资产的核算

资产是指企业过去的交易或事项形成的、由企业拥有或控制的、预期会给企业带来经济利益的资源。在日常的资产核算过程中一般将资产分为流动资产、长期股权投资、固定资产、无形资产和其他资产。

➤ 10.2.1 流动资产的核算内容

流动资产是指可以在一年或者超过一年的一个正常营业周期中变现、出售或耗用的资产,主要包括货币资金、交易性金融资产、应收及预付款项和存货等。

1. 货币资金

货币资金是指在企业生产经营活动中停留于货币形态的那部分资金,按其形态和用途不同分为库存现金、银行存款和各种其他货币资金。库存现金是指存放于企业财会部门,由出纳人员经管的货币,包括人民币和外币。银行存款是指企业存入银行或其他金融机构的货币资金,包括人民币存款和外币存款。其他货币资金是指企业除现金和银行存款以外的其他各种货币资金,如外埠存款、银行汇票存款、银行本票存款、信用卡存款、信用证保证金存款、存出投资款等。

2. 交易性金融资产

交易性金融资产主要是指企业为了近期内出售而持有的金融资产,主要包括企业为交易目的持有的债券投资、股票投资、基金投资等。

3. 应收及预付款项

应收及预付款项是指企业日常生产经营活动中出现的一些待结未结的应收和预付款,包括应收票据、应收账款、预付账款和其他应收款等。

(1)应收票据。应收票据是指企业因结算工程价款,对外销售产品、材料等业务而持有的、尚未到期兑现的商业汇票。应收票据按承兑不同可以分为商业承兑汇票和银行承兑汇票。按是否计息可分为带息票据和不带息票据。

(2)应收账款。应收账款是指企业因销售商品、提供劳务等应收取的款项,主要包括企业销售商品或提供劳务等应向有关债务人收取的价款及代购货单位垫付的包装费、运杂费等。对施工企业而言,应收账款是施工企业在销售、结算过程中产生的债权,在正常情况下,它应在短期内收回,如在短期内无法收回就形成坏账。坏账是指施工企业无法收回的应收账款,由于发生坏账而产生的损失称为坏账损失。坏账损失应符合下列条件之一:①有确凿证据表明该项应收账款不能收回,如债务单位已经撤销、破产。②有确凿证据表明该项目应收款项收回的可能性不大,如债务单位资不抵债、现金流量严重不足、发生严重自然灾害等。③应收款项逾期三年以上。

(3)预付账款。预付账款是指企业按照购货合同或劳务合同规定,预先支付给供货方购货款项而产生的债权。对施工企业而言,预付账款主要包括预付工程款和预付备料款。企业的预付账款如符合坏账损失的确认条件,或有证据表明其不符合预付账款性质的,应计提相应的坏账损失。

(4)其他应收款。其他应收款是企业应收款项的另一重要组成部分,是企业除应收票据、应收账款和预付账款以外的各种应收暂付款项。主要包括:应收的各种赔款、罚款;应收出租包装物租金;应向职工收取的各种垫付款项;备用金(向企业各职能科室、车间等拨出的备用金);存出保证金,如租入包装物支付的押金;预付账款转入;其他各种应收、暂付款项。企业应当定期或者至少每年度终,对其他应收款进行检查,预计其可能发生的坏账损失,并计提坏账准备。

4. 存货

存货是指企业在日常活动中持有以备出售的产成品或商品、处在生产过程中的在产品、在生产过程或提供劳务过程中耗用的材料和物料等。施工企业的存货主要包括:各类库存材料、周转材料、低值易耗品、委托加工物资、在建施工产品、施工产品等。

(1)存货的确认。存货在同时满足以下两个条件时,才能加以确认:

①该存货包含的经济利益很可能流入企业。企业在确认存货时,需要判断与该项存货相关的经济利益是否很可能流入企业。在实务中,主要通过判断与该项存货所有权相关的风险和报酬是否转移到了企业来确定。通常情况下,取得存货的所有权是与存货相关的经济利益很可能流入本企业的一个重要标志。

②该存货的成本能够可靠地计量。存货的成本能够可靠地计量必须以取得确凿、可靠的证据为依据,并且具有可验证性。如果存货成本不能可靠地计量,则不能确认为一项存货。

(2)存货的计量。

①存货的初始计量。存货的初始计量应当按照成本进行初始计量。存货成本包括采购成本、加工成本和其他成本。不同存货的成本构成内容不同:通过购买而取得的存货的初始成本由采购成本构成,存货的采购成本包括购买价款、相关税费、运输费、装卸费、保险费以及其他可归属于存货采购成本的费用;通过进一步加工而取得的存货的成本由采购成本、加工成本以及为使存货达到目前场所和状态所发生的其他成本构成。

委托外单位加工完成的存货,以实际耗用的原材料或者半成品、加工费、运输费、装卸费等费用以及按规定应计入成本的税金,作为实际成本。

自行生产的存货的初始成本包括投入的原材料或半成品、直接人工和按照一定方式分配的制造费用。制造费用是指企业为生产产品和提供劳务而发生的各项间接费用,包括企业生产部门(如生产车间)管理人员的薪酬、折旧费、办公费、水电费、机物料消耗、劳动保护费、季节性和修理期间的停工损失等。

②存货领用、发出的计量。企业对于各项存货的日常收、发,必须根据有关收、发凭证,在既有数量又有金额的明细账内,逐项逐笔进行登记。企业进行存货的日常核算有两种方法:一种是采用实际成本进行核算;一种是采用计划成本进行核算。

A.实际成本法。采用实际成本进行核算的,一般适用于规模较小、存货品种简单、采购业务不多的企业。由于各种存货是分次购入或分批生产形成的,所以同一项目的存货,其单价或单位成本往往不同。要核算领用、发出存货的价值,就要选择一定的计量方法,只有正确地计算领用、发出存货的价值,才能真实地反映企业生产成本和销售成本,进而正确地确定企业的净利润。企业会计制度规定,企业领用或发出存货,按照实际成本核算的,可以根据实际情况选择采用先进先出法、加权平均法、移动平均法、个别计价法或后进先出法等确定其实际成本。

B.计划成本法。采用计划成本核算方法的,一般适用于存货品种繁多、收发频繁的企业。采用计划成本进行日常核算,其基本方法如下:首先,企业应制定各种原材料的计划成本目录;其次,平时收到原材料时,应按计划单位成本计算出收入原材料的计划成本填入收料单内,并将实际成本与计划成本的差额,作为"材料成本差异"分类登记;最后,将平时领用、发出的原材料,都按计划成本计算,月份终了再将本月发出原材料应负担的成本差异进行分摊,随同本月发出原材料的计划成本记入有关账户,将发出原材料的计划成本调整为实际成本。

③存货期末计量。会计期末,为了客观、真实、准确地反映企业期末存货的实际价值,企业在编制资产负债表时,要确定期末存货的价值。基于谨慎性原则,企业会计制度规定存货期末计量采用历史成本与可变现净值孰低来计价。

所谓成本与可变现净值孰低法,是指对期末存货按照历史成本与可变现净值两者中较低者计价的方法,即当历史成本低于可变现净值时,存货按历史成本计价;当可变现净值低于历史成本时,存货按可变现净值计价。可变现净值是指企业在正常经营过程中,以预计售价减去预计完工成本及销售所必需的预计费用后的价值,并不是指存货的现行售价。

可变现净值＝预计售价－至完工尚需投入的制造成本－销售所必需的预计费用

采用历史成本与可变现净值孰低对期末存货计价时，其历史成本与可变现净值的比较有三种方法，即可按单个存货、分类存货或全部存货作为比较的基础。单项比较法，是指库存中对每一种存货的历史成本与可变现净值逐项进行比较，每项存货都取较低数字确定存货的期末价值。分类比较法将存货类别的历史成本与相同类别的可变现净值进行比较，每类存货取其较低数确定存货的期末价值。总额比较法按全部存货的总历史成本与全部存货的可变现净值总额进行比较，比较低数作为期末全部存货的价值。

期末存货采用历史成本与可变现净值孰低计价时，如果历史成本低于可变现净值时，则不计提跌价准备，如果可变现净值低于历史成本时，应将成本降低至可变现净值，同时对于可变现净值低于历史成本的损失部分，通过比较存货的历史成本与可变现净值，计算出应计提的存货跌价准备，然后与"存货跌价准备"科目的余额进行比较，如果应提数大于已提数，应予补提，如果已提数大于应提数，则应予冲销部分多提数。

➤ 10.2.2 固定资产的核算内容

固定资产是指使用期限超过1年的房屋、建筑物、机器、机械、运输工具以及其他与生产、经营有关的设备、器具、工具等。不属于生产经营主要设备的物品，单位价值在2 000元以上，并且使用年限超过2年的，也应当作为固定资产。固定资产的特征为：生产商品、提供劳务、出租或经营管理而持有的，不为出售；使用寿命超过一个会计年度，但寿命有限，而且在使用过程中保持原来的物质形态不变。

1．固定资产的确认

固定资产同时满足下列条件才能予以确认：①与该固定资产有关的经济利益很可能流入企业。②该固定资产的成本能够可靠地计量。

2．固定资产的初始计量

固定资产应当按照成本进行初始计量。固定资产的成本，是指企业购建某项固定资产达到预定可使用状态前所发生的一切合理、必要的支出。这些支出包括直接发生的价款、运杂费、包装费和安装成本等，也包括间接发生的费用，如应承担的借款利息、外币借款折算差额以及应分摊的其他间接费用。根据固定资产的取得方式不同，其选择的初始计量方法也不同。

(1)企业外购固定资产。企业外购固定资产的成本包括购买价款、相关税费、使固定资产达到预定可使用状态前所发生的可归属于该项资产的运输费、装卸费、安装费和专业人员服务费等。外购固定资产分为购入不需要安装的固定资产和购入需要安装的固定资产两类。

(2)自行建造的固定资产。自行建造的固定资产，按建造该项资产达到预定可使用状态前所发生的必要支出，作为入账价值。其中，"建造该项资产达到预定可使用状态前所发生的必要支出"，包括工程用物资成本、人工成本、交纳的相关税费、应予资本化的借款费用以及应分摊的间接费用等。企业自行建造固定资产包括自营建造和出包建造两种方式。自营方式建造固定资产的入账价值应当按照建造该项固定资产达到预定可使用状态前所发生的必要支出确定。出包方式建造固定资产的入账价值应当按支付给承包单位的工程价款确定。

(3)租入的固定资产。在融资租赁方式下，承租人应于租赁开始日将租赁开始日租入固定资产公允价值与最低租赁付款额现值两者中较低者作为租入固定资产入账价，将最低租赁付款额作为长期应付款的入账价值，其差额作为未确认融资费用。

(4)其他方式取得的固定资产。其他方式取得固定资产主要指投资者投入、非货币性资产交换、债务重组等方式取得固定资产。

投资者投入固定资产的成本,应当按照投资合同或协议约定的价值确定,但合同或协议约定价值不公允的除外。而非货币性资产交换、债务重组等方式取得的固定资产的成本,应当分别按照有关规定确定。

3. 固定资产的后续计量

(1)固定资产折旧。固定资产折旧是指在固定资产的使用寿命内,按确定的方法对应计折旧额进行的系统分摊,是对固定资产在使用过程中因损耗而转移到产品中去的那部分价值的一种补偿方式。使用寿命是指固定资产预期使用的期限。应计折旧额应计提折旧的固定资产原价扣除其预计净残值后的余额。

固定资产应当按月计提折旧,并根据其用途计入相关资产的成本或者当期损益。当月增加的固定资产,当月不计提折旧,从下月起计提折旧;当月减少的固定资产,当月仍计提折旧,从下月起停止计提折旧。固定资产提足折旧后,不管能否继续使用,均不再提取折旧;提前报废的固定资产,也不再补提折旧。

企业应当根据与固定资产有关的经济利益的预期实现方式,合理选择固定资产折旧方法,固定资产折旧方法一经确定,不得随意变更。可选用的折旧方法包括年限平均法、工作量法、双倍余额递减法和年数总和法等。

①年限平均法。年限平均法又称直线法,是指将固定资产的应计折旧额均衡地分摊到固定资产预计使用寿命内的一种方法。采用这种方法计算的每期折旧额均相等。计算公式如下:

$$
\left.
\begin{aligned}
&年折旧率=(1-预计净残值率)\div 预计使用寿命(年)\times 100\% \\
&月折旧率=年折旧率\div 12 \\
&月折旧额=固定资产原价\times 月折旧率
\end{aligned}
\right\} \quad (10.4)
$$

②工作量法。工作量法是根据实际工作量计算每期应提折旧额的一种方法。计算公式如下:

$$
\left.
\begin{aligned}
&单位工作量折旧额=固定资产原价\times(1-预计净残值率)/预计总工作量 \\
&某项固定资产月折旧额=该固定资产当月工作量\times 单位工作量折旧额
\end{aligned}
\right\} \quad (10.5)
$$

③双倍余额递减法。双倍余额递减法是在不考虑固定资产净残值情况下,按双倍直线折旧率和固定资产净值来计算折旧的方法。计算公式如下:

$$
\left.
\begin{aligned}
&年折旧率=2\div 折旧年限 \\
&月折旧率=年折旧率\div 12 \\
&月折旧额=固定资产账面净值\times 月折旧率
\end{aligned}
\right\} \quad (10.6)
$$

采用此法,应当在其固定资产折旧年限到期前两年内,将固定资产净值扣除预计净残值后的净额平均摊销。

④年数总和法。年数总和法是将固定资产的原值减去残值后的净额乘以一个逐年递减的分数计算每年的折旧额。计算公式如下:

$$
\left.
\begin{aligned}
&年折旧率=(折旧年限-已使用年数)\div[折旧年限\times(折旧年限+1)\div 2] \\
&月折旧率=年折旧率\div 12 \\
&月折旧额=(固定资产原值-预计净残值)\times 月折旧率
\end{aligned}
\right\} \quad (10.7)
$$

(2)固定资产后续支出。固定资产后续支出,是指固定资产在使用过程中发生的更新改造支出、修理费用等。与固定资产有关的更新改造等后续支出,符合固定资产确认条件的,应当计入固定资产成本,同时将被替换部分的账面价值扣除。与固定资产有关的修理费用等后续支出,不符合固定资产确认条件的,应当根据不同情况分别在发生时计入当期管理费用或销售费用。

4. 固定资产处置

固定资产处置,包括固定资产的出售、转让、报废和毁损、对外投资、非货币性资产交换、债务重组等。企业出售、转让、报废固定资产或发生固定资产毁损,应当将处置收入扣除账面价值和相关税费后的金额计入当期损益。固定资产的账面价值是固定资产成本扣减累计折旧和累计减值准备后的金额。

▷ 10.2.3 长期股权投资的核算内容

长期股权投资是通过投资取得被投资单位的股权,投资企业成为被投资单位的股东,按所持股份的比例享有权益并承担相应责任的投资。

1. 长期股权投资核算的方法

投资者进行股权投资时,其最初取得股份时的投资记录是按实际支付的金额计价入账。在股份取得以后,其账务处理则要根据投资者在对被投资企业经营政策和财务方面所能产生的影响程度,决定是采用成本法还是采用权益法进行核算。

(1)成本法。所谓成本法,就是投资后按实际成本确认账面金额,并且期间一般不因被投资单位资产的增减而变动投资账面余额的方法。采用成本法核算的长期股权投资应当按照初始投资成本计价。追加或收回投资应当调整长期股权投资的成本,被投资单位宣告分派的现金股利或利润,确认当期投资收益。投资企业确认投资收益,仅限于被投资单位接受投资后产生的积累净利润的分配额,所获得的利润或现金股利超过上述数额的部分作为初始投资成本收回。

下列长期股权投资应当采用成本法核算:投资企业能够对被投资单位实施控制的长期股权投资;投资公司对投资单位不具有共同控制或重大影响,并且在活跃市场中没有报价、公允价值不能可靠计量的长期股权投资。

(2)权益法。所谓权益法,指投资最初以投资成本计价,以后根据投资企业享有被投资单位所有者权益份额的变动对投资的账面价值进行调整的方法。投资企业对被投资企业单位具有共同控制或重大影响的长期股权投资,应当采用权益法核算。

投资企业按照被投资单位宣告分派的利润或现金股利计算应分得的部分,相应减少长期股权投资的账面价值。投资企业对于被投资单位除净损益以外所有者权益的其他变动,应当调整长期股权投资的账面价值并计入所有者权益。

2. 长期股权投资分派股票的处理

分派股票股利,从理论上讲,被投资企业派发股票股利既没有使资产减少,也没有减少所有者权益,但每股净资产降低了,表明股份稀释;投资企业既没有收到资产,也没有增加所有者权益,仅仅是股份的增加,股份的增加也并未使持股比例增加,因此,股票股利不能作为一种收益加以确认。

▷ 10.2.4 无形资产的核算内容

无形资产是指企业拥有或者控制的没有实物形态的可辨认非货币性资产,主要包括专利权、商标权、著作权、土地使用权、非专利技术、特许权等。

1. 无形资产的特征

一般来说,无形资产具有如下特征:①不存在实物形态,这是与其他资产的最主要区别;②能够在较长时期内为企业提供经济利益;③企业持有无形资产的目的是使用而不是出售;④所能提供的未来经济效益具有不确定性;⑤是企业有偿取得的。

2. 无形资产确认的条件

满足下列条件,可确认为无形资产:①该资产为企业获得经济利益很可能流入企业;②该资产的成本能够可靠地计量;③能够从企业中分离或者划分出来,并能单独或者与相关合同、资产或负债一起,用于出售、转移、授予许可、租赁或者交换;④源自合同性权利或其他法定权利。

3. 无形资产的分类

(1)专利权。专利权是指国家专利主管机关,依法授予发明创造专利申请人对其发明创造在法定期限内所享有的专有权利。其包括发明专利权、实用新型专利权和外观设计专利权。

(2)商标权。商标权是指企业在某类指定的商品或产品上使用特定的名称、标记或图案的权利。商标权包括独占使用权和禁止权两个方面。我国商标法规定,商标权的有效期限为 10 年,期满前可继续申请延长注册期。

(3)著作权。著作权又称版权,是指作者对其创作的文学、科学和艺术作品依法享有的某些特殊权利。著作权包括精神权利(人身权利)和经济权利(财产权利)两个方面。精神权利包括发表权、署名权、修改权和保护作品完整权。

(4)土地使用权。土地使用权是指国家准许某企业在一定期间内对国有土地享有开发、利用、经营的权利。企业可以通过行政划拨、外购、投资者投入等方式取得土地的使用权。取得土地使用权有时可能不花费任何代价,如企业所拥有的未入账的土地使用权,不能将其作为无形资产核算。取得土地使用权时花费的支出,应将其资本化,作为无形资产核算。

(5)非专利技术。非专利技术是指未经公开也未申请专利,但在生产经营活动中已采用了的、不享有法律保护,但为发明人所垄断,具有实用价值的各种技术和经验,如设计图纸、资料、数据、技术规范、工艺流程、材料配方、管理制度和方法等。非专利技术具有经济性、机密性和动态性等特点。如果是自己研究开发的非专利技术,研究过程中发生的相关费用,会计核算上一般将其全部作为当期费用处理,不作为无形资产核算。从外部购入的非专利技术,应按实际发生的一切支出,予以本金化,作为无形资产入账核算。

(6)特许权。特许权又称经营特许权、专营权,是指企业在某一地区经营或销售某种特定商品的权利或是一家企业接受另一家企业使用其商标、商号、技术秘密等的权利。前者一般是由政府机构授权准许企业使用或在一定地区享有经营某种业务的特权,如水电、烟草专卖;后者指企业间依照签订的合同,有限期或无限期使用另一家企业的某些权利,如连锁店使用总店的名称。会计上的特许权主要是后一种情况。

4. 无形资产的摊销

企业应将入账的无形资产在一定年限内摊销,摊销金额计入管理费用,同时冲减无形资产账面价值。无形资产应当自取得当月起在预计使用年限内分期平均摊销。无形资产摊销主要涉及无形资产成本、摊销开始月份、摊销方法、摊销年限、残值等因素。

5. 无形资产的转让

转让无形资产的方式有两种:一种是转让其所有权;另一种是转让其使用权。企业转让无形资产所有权时,应将所得价款与该无形资产的账面价值之间的差额计入当期损益。转让无形资产使用权的情况下,不应注销无形资产的账面摊余价值,转让取得的收入计入其他业务收入,发生的与转让有关的各种费用支出,计入其他业务支出。

➤ 10.2.5 其他资产的核算内容

其他资产是指除长期投资、固定资产、无形资产以外的资产,主要包括长期待摊费用、临时设施和其他长期资产等。

（1）长期待摊费用。长期待摊费用是指企业已经支出，但摊销期限在1年以上（不含1年）的各项费用，包括开办费、租入固定资产的改良支出以及摊销期在1年以上的固定资产大修理支出、股票发行费用等。应当由本期负担的借款利息、租金等，不得作为长期待摊费用处理。

（2）临时设施。临时设施是指施工企业为保证施工生产活动和管理活动的正常进行而在施工现场建造的供施工生产和生活使用的临时房屋、建筑物、构筑物和其他各种临时性的简易设施。

（3）其他长期资产。其他长期资产一般包括国家批准储备的特种物资、银行冻结存款以及临时设施和涉及诉讼中的财产等。

10.3　负债的核算

负债是指企业过去的交易或事项形成的、预期会导致经济利益流出企业的现时义务。负债按照流动性可分为流动负债和非流动负债。

➤ 10.3.1　流动负债

流动负债是指将在1年或者超过1年的一个营业周期内偿还的债务。施工企业的流动负债包括短期借款、应付票据、应付账款、预收账款、应付职工薪酬、应付股利、应交税费、其他应付款和一年内到期的非流动负债等。

1.流动负债的特征

流动负除具备负债的一般特征外，还具有如下特点：

（1）流动负债在债权人提出要求时即期偿付，或者在1年或超过1年的一个营业周期内必须履行义务。

（2）流动负债作为义务，要用企业的流动资产或新的流动负债来清偿。

2.流动负债的分类

（1）按照流动负债产生的原因可分为：①借贷形成的流动负债，如短期借款；②结算过程中产生的流动负债，如应付账款；③经营过程中产生的流动负债，如应付职工薪酬；④利润分配产生的流动负债，如应付股利等。

（2）按照流动负债应付金额是否肯定可分为：①应付金额肯定的流动负债，如应付账款、应付票据、其他应付款等；②应付金额视经营情况而定的流动负债，如应交税金、应付股利等；③应付金额予以估计的流动负债，如产品质量担保债务。

3.流动负债核算的内容

（1）短期借款。短期借款是指企业向银行或其他金融机构等借入的期限在1年以下（含1年）的各种借款。短期借款应按借款本金，以确定的利率按期计提利息，计入当期损益。

（2）应付票据。应付票据是指企业在商品购销活动和对工程价款进行结算因采用商业汇票结算方式而发生的，由出票人出票，委托付款人在指定日期无条件支付确定的金额给收款人或者票据的持票人的一种凭证，它包括商业承兑汇票和银行承兑汇票。应付票据按是否带息分为带息应付票据和不带息应付票据两种。带息应付票据的面值就是票据的现值，在期末时，对尚未支付的应付票据应计提利息，计入财务费用；不带息应付票据，其面值就是票据到期时的应付金额。

（3）应付账款。应付账款是指企业因购买材料、商品或接受劳务供应等而应付给供应单位的款项，以及因出包工程而应付给其他单位的工程价款，是买卖双方在购销活动中由于取得物资与支付货款在时间上不一致而产生的负债。

(4)预收账款。预收账款是指企业按照合同或协议规定向购货方预收的购货款,以及向发包单位收取的预付备料款和预收工程款等。预收账款应于实际收到时确认为一项流动负债,并按照实际收到的金额计量确认。

(5)应付职工薪酬。应付职工薪酬是指企业为获得职工提供的服务而给予各种形式的报酬以及其他相关支出。职工薪酬不仅包括企业一定时期支付给全体职工的劳动报酬总额,也包括按照工资的一定比例计算并计入成本费用的其他相关支出。企业应当在职工为其提供服务的会计期间,将应付的职工薪酬确认为负债。

(6)应交税费。应交税费是指企业根据在一定时期内取得的营业收入、实现的利润等,按照权责发生制原则,采用一定的计税办法预先提取但尚未解交的各种税款,包括应交的增值税、营业税、消费税、资源税、所得税、土地增值税、城市维护建设税、房产税、土地使用税、车船使用税等。这些应交的税费在尚未缴纳之前暂时停留在企业,形成一项负债。

(7)应付股利。应付股利是指企业经董事会或股东大会,或类似机构决议确定分配的现金股利或利润。企业在宣告给投资者分配股利或利润时,一方面将冲减企业的所有者权益,另一方面也形成"应付股利"这样一笔负债,随着企业向投资者实际支付利润,该项负债即消失。

(8)其他应付款。其他应付款指企业应付、暂收其他单位或个人的款项,包括:应付经营租人固定资产和包装物的租金,职工未按期领取的工资,存入保证金,应付、暂收所属单位、个人的款项,其他应付、暂收款项。

(9)一年内到期的长期借款。一年内到期的非流动负债是反映企业各种非流动负债在一年之内到期的金额,包括一年内到期的长期借款、长期应付款和应付债券。本项目应根据上述账户分析计算后填列,计入(收录)流动负债中。

▷ 10.3.2 非流动负债

1. 非流动负债的含义及其特点

非流动负债是指偿还期在 1 年或者超过 1 年的一个营业周期以上的债务,包括长期借款、应付债券、长期应付款和专项应付款等。非流动负债具有数额较大、偿还期限长、可以分期付款偿还等特点。

2. 非流动负债核算的内容

(1)长期借款。长期借款是指企业向银行或其他金融机构借入的期限在一年以上(不含一年)的各种借款,一般用于固定资产的购建、改扩建工程、大修理工程、对外投资以及为了保持长期经营能力等方面。按照权责发生制原则的要求,长期借款的利息费用等应按期预提计入所购建资产的成本或直接计入当期财务费用。

(2)应付债券。应付债券是指企业为筹集(长期)资金而发行的债券。债券是企业为筹集长期使用资金而发行的一种书面凭证。企业债券发行价格的高低一般取决于债券票面金额、债券票面利率、发行当时的市场利率以及债券期限的长短因素。

债券发行有面值发行、溢价发行和折价发行三种情况。如果债券的票面利率与银行利率一致,债券按票面价格发行,则称之为面值发行。债券的票面利率高于银行利率,企业按超过债券票面价值的价格发行,称为溢价发行。债券的票面利率低于银行利率,企业按低于债券票面价值的价格发行,称为折价发行。

(3)长期应付款。长期应付款是指除了长期借款和应付债券以外的其他各种长期应付款,包括应付融资租入固定资产的租赁费、采用补偿贸易方式下引进国外设备价款等。

(4)专项应付款。专项应付款是指企业接受国家拨入的具有专门用途的拨款,如专项用于技术改造、技术研究等,以及从其他来源取得的款项。企业收到的专项拨款作为专项应付款处理,待拨款项目完成后,属于应当核销的部分,冲减专项应付款,其余部分转入资本公积。

3. 债务重组

债务重组是指在债务人发生财务困难的情况下,债权人按照其与债务人达成的协议或者法院的裁定做出让步的事项。所谓债权人做出让步是指债权人同意债务人现在或将来以低于重组债务账面价值的金额偿还债务。债务人根据转换协议将应付可转换公司债券转为资本,属于正常情况下的转换,不能作为债务重组处理。债务重组方式包括:以资产清偿债务,将债务转为资本,修改其他债务条件或这三种方式的组合。

(1)以资产清偿债务。以资产清偿债务又分为以现金清偿债务和以非现金资产清偿债务两种。以现金清偿债务时,债务人应将重组债务的账面价值与支付的现金之间的差额,计入当期损益。以非现金资产清偿债务时,债务人应将重组债务的账面价值与转让的非现金资产公允价值之间的差额,计入当期损益。

(2)债务转为资本。债务转为资本是指债务人将债务转为资本,同时债权人将债权转为股权的债务重组方式。债务转为资本的结果是,债务人因此而增加股本(或实收资本),债权人因此而增加长期股权投资。将债务转为资本的,债务人应当将债权人因放弃债权而享有股权的面值总额确认为股本,股份的公允价值总额与股本或者实收资本之间的差额确认为资本公积。重组债务的账面价值与股份的公允价值之间的差额,计入当期损益。

(3)修改其他债务条件。修改其他债务条件是指修改除上述两种情形以外的债务条件进行债务重组的方式,如减少债务本金、减少债务利息等。

10.4 所有者权益的核算

所有者权益是指资产扣除负债后由所有者应享的剩余利益,即一个会计主体在一定时期所拥有或可控制的具有未来经济利益资源的净额。对股份有限公司而言,所有者权益称为股东权益。所有者权益可分为实收资本(或股本)、资本公积、盈余公积和未分配利润等部分。盈余公积和未分配利润统称为留存收益。所有者权益的来源包括所有者投入的资本、直接计入所有者权益的利得和损失、留存收益等。

▷ 10.4.1 实收资本

1. 实收资本的概念

实收资本是指企业投资者按照企业章程或合同、协议的约定,实际投入企业的资本,包括货币资金、实物、无形资产等。投资者向企业投入的资本,在一般情况下无需偿还,可以长期周转使用。我国实行注册资本制,因而,在投资者足额缴纳资本之后,企业的实收资本应该等于企业的注册资本。

2. 实收资本的确认

企业应按照企业章程、合同、协议或有关规定,根据实际收到的货币、实物及无形资产来确认投入的资本。设立公司必须经过中国注册会计师进行验资。

3. 实收资本的核算

由于企业组织形式不同,所有者投入资本的会计核算方法也有所不同。除股份有限公司对股东投入的资本应设置"股本"科目外,其余企业均设置"实收资本"科目,核算企业实际收到的投资人投入的资本。企业收到投资者投入的资金,超过其在注册资本所占份额的部分,作为资本溢价或股本溢价,在"资本公积"科目中核算,不记入本科目。

▷ 10.4.2 资本公积

资本公积是企业收到投资者的超出其在企业注册资本(或股本)中所占份额的投资,以及直接计入所有者权益的利得和损失等。资本公积包括资本溢价(或股本溢价)和直接计入所有者权益的利得和损失等。资本公积的主要用途是转增资本和弥补亏损,根据我国公司法等法律的规定,资本公积的用途主要是用来转增资本(或股本)。

资本公积的核算包括资本溢价(或股本溢价)的核算、其他资本公积的核算和资本公积转增资本的核算等内容。

1. 资本溢价

资本溢价是指一般企业(包括有限责任公司)在筹集资金的过程中,投资人的投入资本超过其注册资本的数额。对于一般企业(包括有限责任公司)而言,在企业创立时,出资者认缴的出资额即为其注册资本,此时不会出现资本溢价。而当企业重组并有新投资者加入时,为了维护原有投资者的权益,新加入的投资者的出资额就不一定全部都能作为实收资本处理,其投入资本超过作为实收资本处理的部分就会形成资本公积。其原因主要有:①补偿原投资者资本的风险价值以及其在企业资本公积和留存收益中享有的权益;②补偿企业未确认的自创商誉;③除上述两个原因之外,在企业重组活动中,新投资者为了获得对企业的控制权,为了获得行业准入、为了得到政策扶持或者所得税优惠等原因,也会导致其投入资本高于其在实收资本中按投资比例所享有的份额,从而产生资本公积。

2. 股本溢价

股本溢价是指股份有限公司溢价发行股票而产生的,股票发行收入超过所发股票面值的部分扣除发行费后的余额。根据我国《公司法》第 131 条规定:股票发行价格可以等于票面金额,也可以超过票面金额,但不得低于票面金额。

在按面值发行股票的情况下,企业发行股票取得的收入,应全部作为股本处理;在溢价发行股票的情况下,企业发行股票取得的收入,等于股票面值部分作为股本处理,超出股票面值的溢价收入应作为股本溢价处理。发行股票相关的手续费、佣金等交易费用,如果是溢价发行股票的,应从溢价中抵扣,冲减资本公积(股本溢价);无溢价发行股票或溢价金额不足以抵扣的,应将不足抵扣的部分冲减盈余公积和未分配利润。

3. 其他资本公积

其他资本公积是指除资本溢价(或股本溢价)项目以外所形成的资本公积,主要是直接计入所有者权益的利得和损失。

直接计入所有者权益的利得和损失是指不应计入当期损益、会导致所有者权益发生增减变动的、与所有者投入资本或者向所有者分配利润无关的利得或者损失。利得是指由企业非日常活动所形成的、会导致所有者权益增加的、与所有者投入资本无关的经济利益的流入。损失是指由企业非日常活动所发生的、会导致所有者权益减少的、与向所有者分配利润无关的经济利益的流出。

采用权益法核算时,在持股比例不变的情况下,对因被投资单位除净损益以外的所有者权益的其他变动,如果是利得,则应按持股比例计算其应享有被投资企业所有者权益的增加数额;如果是损失,则作相反的分录。在处置长期股权投资时,应转销与该笔投资相关的其他资本公积。

4.资本公积转增资本

经股东大会或类似机构决议,用资本公积转增资本时,应冲减资本公积,同时按照转增前的实收资本(或股本)的结构或比例,将转增的金额记入"实收资本"(或"股本")科目下各所有者的明细分类账。

➤ 10.4.3　留存收益

留存收益是指企业从历年实现的净利润中提取或形成的留存于企业的内部积累。留存收益主要包括盈余公积和未分配利润两类。留存收益可分为已拨定的留存收益和未拨定的留存收益两部分,盈余公积属于已拨定留存收益,而未分配利润属于未拨定的留存收益。

1.盈余公积

(1)盈余公积的含义。盈余公积金是指按照国家有关规定从净利润中提取的公积金。盈余公积包括法定盈余公积和任意盈余公积。

法定盈余公积是指企业按照规定的比例从净利润中提取的盈余公积,它的提取比例一般为净利润的10%,当法定盈余公积累计金额达到企业注册资本的50%以上时,可以不再提取。对于非公司制企业而言,也可以按照超过净利润10%的比例提取。应注意,在计算提取法定盈余公积的基数时,不应包括企业年初未分配利润。

任意盈余公积是根据公司章程及股东会的决议或者非公司制企业类似权力机构批准,从公司盈余中提取的公积金。

法定盈余公积和任意盈余公积的区别在于提取的依据不同,法定盈余公积的提取以国家的法律或行政规章为依据;任意盈余公积的提取则由企业自行决定。

(2)盈余公积的用途。企业提取盈余公积的用途主要有以下几个方面:①弥补亏损。弥补亏损的渠道主要有三条:一是用以后年度税前利润弥补;二是用以后年度的税后利润弥补;三是以盈余公积弥补。②转增资本。当企业提取的盈余公积比较多时,可以将盈余公积转增资本,但转增后留存的盈余公积的数额不得少于注册资本的25%。③发放现金股利或利润。当企业累计的盈余公积比较多,而未分配利润较少时,符合规定条件的企业,可以用盈余公积分派现金利润或股利。

2.未分配利润

未分配利润是指经过弥补亏损、提取法定盈余公积、提取任意盈余公积和向投资者分配利润等利润分配之后剩余的利润,它是企业留待以后年度进行分配的历年结存的利润。未分配利润从数量上来说是期初未分配利润,加上本期实现的税后利润,减去提取的各种盈余公积和分出利润后的余额。相对于所有者权益的其他部分来说,企业对于未分配利润的使用有较大的自主权。

10.5　成本与费用的核算

➤ 10.5.1　费用与成本的概述

1.费用的概念与特点

费用是指企业在日常活动中发生的、会导致所有者权益减少的、与向所有者分配利润无关的经济利益的总流出。费用具有以下特点:

(1)费用是企业在日常活动中发生的经济利益的总流出。企业从事或发生的某些活动或事项也能导致经济利益流出企业,但不属于企业的日常活动。例如,企业处置固定资产、无形资产等非流动资产,因违约支付罚款,对外捐赠,因自然灾害等非常原因造成财产毁损等,这些活动或事项形成的经济利益的总流出属于企业的损失而不是费用。

(2)费用会导致企业所有者权益的减少。费用既可能表现为资产的减少,如减少银行存款、库存商品等;也可能表现为负债的增加,如增加应付职工薪酬、应交税费(应交营业税、消费税等)等。根据"资产-负债=所有者权益"的会计等式,费用一定会导致企业所有者权益的减少。

(3)费用与向所有者分配利润无关。向所有者分配利润或股利属于企业利润分配的内容,不构成企业的费用。

2.费用的分类

费用按经济内容可分为劳动对象方面的费用、劳动手段方面的费用和活劳动方面的费用三大类。此外,费用按经济用途可分为生产成本和期间费用两类。

(1)生产成本。生产成本是指构成产品实体、计入产品成本的那部分费用。施工企业的生产成本,就是指工程成本。生产成本又可以分为直接费用和间接费用。

施工企业的直接费用主要是施工过程中耗费的构成工程实体或有助于工程形成的各项支出,包括人工费、材料费、机械使用费和其他直接费。

施工企业的间接费用是企业下属的施工单位或生产单位为组织和管理施工生产活动所发生的费用。间接费用往往应由几项工程共同负担,应当采用适当的方法在各受益的工程成本核算对象之间进行分配。如企业所属各施工单位为组织和管理施工活动而发生的管理人员工资及福利费、折旧费、办公费、水电费、差旅费、排污费等。

(2)期间费用。期间费用是指企业当期发生的,与具体产品或工程没有直接联系,必须从当期收入中得到补偿的费用。期间费用主要包括管理费用、财务费用和营业费用。施工企业的期间费用则主要包括管理费用和财务费用。

3.费用与成本的关系

费用和成本是两个并行使用的概念,两者之间既有联系也有区别,这种关系体现在如下几方面:

(1)成本是生产和销售一定种类与数量产品以耗费资源、用货币计量的经济价值,也是一种耗费,但与费用不是一个概念。成本是针对一定的成本核算对象而言的,费用则是针对一定的期间而言的。

(2)企业一定期间内的费用构成完工产品生产成本的主要部分,但本期完工产品的生产成本包括以前期间发生而应由本期产品成本负担的费用,如待摊费用;也可能包括本期尚未发生、但应由本期产品成本负担的费用,如预提费用;本期完工产品的成本可能还包括部分期初结转的未完工产品的成本,即以前期间所发生的费用。企业本期发生的全部费用也不都形成本期完工产品的成本,它还包括一些应结转到下期的未完工产品上的支出,以及一些不由具体产品负担的期间费用。

(3)费用与成本都是企业为达到生产经营目的而发生的支出,体现为企业资产的减少或负债的增加,并需要由企业生产经营实现的收入来补偿。企业在一定会计期间内所发生的生产费用是构成产品成本的基础,成本是按一定对象所归集的费用,是对象化了的费用。产品成本是企业为生产一定种类和数量的产品所发生的生产费用的汇集,两者在经济内容上是一致的,并且在一定情况下费用和成本可以相互转化。

4．费用的确认与计量

（1）费用确认的原则。主要原则有：权责发生制原则、配比原则、划分收益性支出与资本性支出原则。

（2）费用确认的标准。基本标准是："费用只有在经济利益很可能流出从而导致企业资产减少或者负债增加、且经济利益的流出额能够可靠计量时才能予以确认"。此外，在确认费用时，还应遵循三个标准：一是按费用与收入的直接联系（或称因果关系）加以确认，二是直接作为当期费用确认，三是按系统、合理的分摊方式确认。

（3）费用的计量。费用是通过所使用或所耗用的商品或劳务的价值来计量的，通常的费用计量标准是实际成本。

10.5.2 工程成本的核算

工程成本是指施工企业在建筑安装工程施工过程中的实际耗费，包括物化劳动的耗费和活劳动中必要劳动的耗费。前者是指工程耗用的各种生产资料的价值，后者是指支付给劳动者的报酬。

1．工程成本核算的内容

工程成本包括从建造合同签订开始至合同完成止所发生的、与执行合同有关的直接费用和间接费用。具体如下：

（1）耗用的人工费用。包括企业从事建筑安装工程施工人员的工资、奖金、职工福利费、工资性质的津贴、劳动保护费等。

（2）耗用的材料费用。包括施工过程中耗用的构成工程实体的主要材料及原材料、辅助材料、构配件、零件、半成品的费用和周转材料的摊销及租赁费用。

（3）耗用的机械使用费。包括施工过程中使用自有施工机械所发生的机械使用费和租用外单位施工机械的租赁费，以及施工机械安装、拆卸和进出场费等。

（4）其他直接费用。包括施工过程中发生的材料二次搬运费、临时设施摊销费、生产工具用具使用费、检验试验费、工程定位复测资、工程点交费、场地清理费等。

（5）间接费用。主要是企业下属施工单位或生产单位为组织和管理工程施工所发生的全部支出，包括：临时设施摊销费用和施工单位管理人员工资、奖金、职工福利费，固定资产折旧费及修理费，物料消耗，低值易耗品摊销，取暖费，水电费，办公费，差旅费，财产保险费，检验试验费，工程保修费，劳动保护费，排污费及其他费用。间接费用不包括企业行政管理部门为组织和管理生产经营活动而发生的费用。

2．工程成本核算的对象

工程成本核算对象是指在成本核算时所选择的施工费用的归集目标，即建筑产品生产成本的承担者。工程成本核算对象的确定方法主要有如下几种：

（1）以单项建造（施工）合同作为施工工程成本核算对象。即以每一独立编制的施工图预算所列单项工程作为施工工程成本核算对象。

（2）对合同分立以确定施工工程成本核算对象。如果一项建造（施工）合同包括建造多项资产，而每项资产均有独立的建造计划，施工企业可以与甲方就每项资产单独进行谈判，双方能够接受或拒绝与每项资产有关的合同条款，并且建造每项资产的收入和成本均可以单独辨认。

（3）对合同合并以确定施工工程成本核算对象。如果一项或数项资产签订一组合同，该组合同无论对应单个客户还是几个客户均按一揽子交易签订，每项合同实际上已构成一项综合利润率工程的组成部分,并且该组合同同时或依次履行。

3. **工程成本核算的基本要求**

(1)严格遵守国家规定的成本、费用开支范围。按规定,下列支出不得列入产品成本:资本性支出;投资性支出;期间费用支出;营业外支出;资产减值准备;在公积金、公益金中开支的支出;其他不应列入产品成本的支出。

(2)正确划分各种费用支出的界限。

(3)建立适当的施工管理组织体制。

(4)加强成本核算的各项基础工作。施工企业成本核算的基础工作主要包括:建立健全原始记录制度;建立健全各项财产物资的收发、领退、清查和盘点制度;制定或修订企业定额;加强费用开支的审核和控制;建立工程项目台账。

4. **工程成本核算的程序**

工程成本核算程序,是指建设单位在工程成本核算工作中应遵循的一般顺序和步骤。按照工程成本核算内容的详细程度不同,工程成本核算程序可分为总分类核算程序和明细分类核算程序两个方面。

(1)工程成本的总分类核算程序。工程成本总分类核算程序,是指总括地核算工程成本时所采取的步骤和顺序。其程序如下:

①将本期发生的各项施工费用,按其用途和发生地点,归集到有关资金占用、资金来源类科目。

②将归集在"待摊费用"科目的各项费用,分摊记入"工程施工"、"机械作业"、"辅助生产"等科目。

③期末,将归集在"辅助生产"科目中的各项辅助生产费用,按照受益对象和数量进行分配,记入"工程施工"、"机构作业"等科目。

④按规定预提计入工程成本的费用,分别预提记入"工程施工"、"机械作业"等科目。

⑤期末,将归集在"机械作业"科目的各项费用,计算机械作业成本,按照受益对象和受益数量进行分配,记入"工程施工"科目。

⑥期末,将计算确定的已完工程实际成本从"工程施工"科目贷方结转记入"建筑安装工程投资"科目的借方。

(2)工程成本的明细分类核算程序。工程成本明细分类核算的程序如下:

①建设单位将本期发生的各项施工费用,按其用途和发生地点,根据各种凭证分别记入"工程成本明细账"(卡)、"辅助生产明细账"、"待摊费用明细账"、"预提费用明细账"和"机械作业明细账"等。

②根据"辅助生产明细账"所反映的辅助生产费用,按各项受益对象的受益数量进行分配,编制"辅助生产费用分配表",将辅助生产费用记入"工程成本明细账"(卡)、"机械作业明细账"等。

③根据"待摊费用明细账"所反映的待摊费用,编制"待摊费用计算表",将本期负担的费用记入"工程成本明细账"(卡)等有关明细账。

④编制"预提费用计算表",预提本期成本应负担的费用,记入"工程成本明细账"(卡)等有关明细账。

⑤根据"预提出费用计算表",登记"预提费用明细账"。

⑥根据"机械作业明细账"和"机械使用月报"等资料,编制"机械使用费分配表",将本期各成

本核算对象应负担的机械使用费,记入"工程成本明细账"(卡)。

⑦期末,对各项工程的未完施工进行盘点,确定各成本核算对象的未完施工的价值,据以在"工程成本明细账"(卡)中计算各项工程的已完工程实际成本。最后,将各个成本核算对象的已完工程成本从"工程成本明细账"(卡)中转入"建筑安装工程投资"三级明细账,将全部已完工程成本从"工程成本明细账"(卡)中转入"建筑安装工程投资"二级明细账,并编制"已完工程成本表"。

5. 工程成本的计算方法

工程成本的计算方法一般应根据工程价款的结算方式来确定。按有关规定,建设工程价款结算,可以采取按月结算、分段结算、竣工后一次结算,或按双方约定的其他方式结算。

(1)工程成本月份结算法。工程成本月份结算法,是在按单位工程归集施工费用的基础上,逐月定期地结算单位工程的已完工程实际成本。也就是既要以单位工程为成本计算对象,于工程竣工后办理单位工程成本结算,又要按月计算单位过程中已完分部分项工程成本,办理工程成本中间结算。已完工程实际成本可根据期末未结算工程成本累计减未完工程成本进行计算。

(2)工程成本分段结算法。实行分段结算办法的合同工程,已完工程实际成本的计算原理,与工程成本月份结算法相似。所不同的是,其已完工程是指已完成的工程阶段或部位,未完工程是指未完成的工程阶段或部位。

(3)工程成本竣工结算法。工程成本竣工结算法,是以合同工程(一般为单位工程)为对象归集施工过程中发生的施工费用,在工程竣工后按照所归集的全部施工费用,结算该项工程的实际成本总额。其计算公式为:

$$工程实际成本＝月初施工费用余额＋本月施工费用发生额 \tag{10.8}$$

▷ 10.5.3 期间费用的核算

1. 管理费用

管理费用是指企业为组织和管理生产经营活动所发生的各项费用,包括:公司经费、工会经费、职工教育经费、待业保险费(指按规定交纳的待业保险基金)、劳动保险费、董事会费(即董事会成员津贴、会议费、差旅费等)、聘请中介机构费、咨询费(含顾问费)、诉讼费、业务招待费、排污费、绿化费、房产税、车船使用税、土地使用税、印花税、技术转让费、矿产资源补偿费、无形资产和长期待摊费用摊销、研究与开发费、计提的坏账准备、存货跌价准备、存货盘亏、毁损和报废(减盘盈)等。

2. 财务费用

财务费用是指企业为筹集生产经营所需资金而发生的各项费用,包括利息净支出、汇兑净损失、金融机构手续费等。

10.6 收入与利润的核算

▷ 10.6.1 收入概述

1. 收入的概念与特点

收入是指企业在日常活动中形成的、会导致所有者权益增加的、与所有者投入资本无关的经济利益的总流入。收入有如下特点:①收入从企业的日常活动中产生,而不是从偶发的交易或事项中产生。②收入可能表现为企业资产的增加,也可能表现为企业负债的减少,或二者兼而有之。③收入能导致企业所有者权益的增加。④收入只包括本企业经济利益的流入,不包括为第三方或客户代收的款项。

2. 收入的分类

按性质不同,收入可以分为销售商品收入、提供劳务收入、让渡资产使用权收入、建造(施工)合同收入。

收入按企业营业的主次分类,收入可以分为主营业务收入和其他业务收入。主营业务收入也称基本业务收入,是指企业从事主要营业活动所取得的收入,可以根据企业营业执照上注明的主营业务范围来确定,施工企业的主营业务收入主要是建造(施工)合同收入。其他业务收入也称附营业务收入,是指企业非经常性的、兼营的业务所产生的收入,施工企业的其他业务收入主要包括材料销售收入、机械作业收入、无形资产出租收入、固定资产出租收入等。

3. 收入确认的原则

(1)销售商品收入的确认。销售商品收入应同时满足下列条件时予以确认:①企业已将商品所有权上的主要风险和报酬转换给购货方。②企业既没有保留通常与所有权相联系的继续管理权,也没有对已售出的商品实施控制。③收入的金额能够可靠地计量。④与交易相关的经济利益很可能流入企业。⑤相关的已发生或将发生的成本能够可靠地计量。

(2)提供劳务收入的确认。

①企业在资产负债表中提供劳务交易的结果能够可靠估计的,应当采用完工百分比法确认提供劳务的收入。完工百分比法是指按照提供劳务交易的完工进度确认收入与费用的方法。

根据会计准则,提供劳务的交易结果能否可靠估计的判断条件条件为:收入的金额能够可靠地计量、相关的经济利益很可能流入企业、交易的完工进度能够可靠地确定、交易中已发生和将发生的成本能够可靠地计量。

②资产负债表中劳务交易的结果不能可靠估计的,应当分情况进行处理:已经发生的劳务成本预计能够得到补偿的,按照已经发生的劳务成本金额确认提供劳务收入,并按相同金额结转劳务成本;已经发生的劳务成本预计不能够得到补偿的,应当将已经发生的劳务成本计入当期损益,不确认提供劳务收入。

(3)让渡资产使用权收入的确认。让渡资产使用权而发生的收入包括利息收入和转让无形资产使用费收入。利息收入和使用费收入的确认原则是:①与交易相关的经济利益很可能流入企业;②收入的确认能够可靠地计量。

▷ 10.6.2 建造(施工)合同收入的核算

1. 建造(施工)合同概述

建造合同,是指为建造一项或数项在设计、技术、功能、最终用途等方面密切相关的资产而订立的合同,分为固定造价合同和成本加成合同。此处所说的资产主要包括房屋、道路、桥梁、水坝等建筑物以及船舶、飞机、大型机械设备等。

(1)建造(施工)合同的特征。主要包括:①先有买主(即客户),后有标的(即资产),建造资产的造价在合同签订时就已经确定。②资产的建设周期长,一般要跨越一个会计年度。③所建资产的体积大、造价高。④建造(施工)合同一般为不可撤销合同。

(2)固定造价合同和成本加成合同。①固定造价合同,是指按照固定的合同价或固定单价确定工程价款的建造合同。固定合同价是指总造价固定,固定单价是指单价是固定的,总造价由固定的单价与单位量来决定。②成本加成合同,是指以合同约定或其他方式议定的成本为基础,加上该成本的一定比例或定额费用确定工程价款的建造合同。

固定造价合同与成本加成合同的主要区别在于它们各自所含风险的承担者不同。固定造价合同的风险主要由建造承包商承担,成本加成合同的风险主要由发包方承担。

2. 建造合同的分立与合并

建造合同的分立与合并,实际上是确定建造合同的会计核算对象。一般情况,企业应以所订立的单项合同为对象,分别计算和确认各单项合同的收入、费用和利润。但是,在某些情况下,为了反映一项或一组合同的实质,需要将单项合同进行分立或将数项合同进行合并。

(1)合同的分立。如果一项建造合同包括建造多项资产,在同时具备下列条件的情况下,每项资产应分立为单项合同处理:①每项资产均有独立的建造计划。②建造承包商与客户就每项资产单独进行谈判,双方能够接受或拒绝与每项资产有关的合同条款。③每项资产的收入和成本可以单独辨认。如果不同时具备上述三个条件,则不能将建造合同进行分立,而应将其作为一项合同进行会计处理。

(2)合同的合并。为建造一项或数项资产而签订一组合同,这组合同无论对应单个客户还是几个客户,在同时具备下列条件的情况下,应合并为单项合同处理:①该组合同按一揽子交易签订。②该组合同密切相关,每项合同实际上已构成一项综合利润率工程的组成部分。③该组合同同时或依次履行。如果不同时具备上述三个条件,则不能将该组合同进行合并,而应以各单项合同进行会计处理。

3. 建造合同收入的内容

建造合同收入包括合同规定的初始收入和因合同变更、索赔、奖励等形成的收入两部分。

(1)合同规定的初始收入。合同规定的初始收入是指建造承包商与客户在双方签订的合同中最初商定的合同总金额,它构成合同收入的基本内容。

(2)因合同变更、索赔、奖励等形成的收入。这部分收入只有在符合规定条件时,才能构成合同总收入。

①合同变更款。合同变更是指客户为改变合同规定的作业内容而提出的调整。合同变更款同时满足下列条件的,才能构成合同收入:客户能够认可因变更而增加的收入;该收入能够可靠地计量。

②索赔款。索赔款是指因客户或第三方的原因造成的、向客户或第三方收取的、用以补偿不包括在合同造价中成本的款项。索赔款同时满足下列条件才能构成合同收入:根据谈判情况,预计对方能够同意该项索赔;对方同意接受的金额能够可靠地计量。

③奖励款。奖励款是指工程达到或超过规定标准,客户同意支付的额外款项。奖励款同时满足下列条件才能构成合同收入:根据合同目前完成情况,足以判断工程进度和工程质量能够达到或超过规定标准;奖励金额能够可靠地计量。

4. 建造合同收入的确认

建造合同收入确认要根据建造合同结果能否可靠估计采取不同的确认原则。

(1)建造(施工)合同结果能否可靠估计的标准。

①固定造价合同结果能否可靠估计的标准。固定造价合同结果能否可靠估计应同时具备以下条件:合同总收入能够可靠地计量;与合同相关的经济利益能够流入企业;为完成合同已经发生的合同成本能够清楚地区分和可靠地计量;在资产负债表日合同完工进度和为完成合同尚需

发生的成本能够可靠地确定。

②成本加成合同的结果能否可靠估计的标准。成本加成合同的结果能否可靠估计应同时具备以下条件：与合同相关的经济利益能够流入企业；实际发生的合同成本能够清楚地区分并且能够可靠地计量。

(2)合同结果能可靠估计时建造(施工)合同收入的确认。

①当期完成的建造(施工)合同收入的确认。当期完成的建造(施工)合同,应当在完成时确认合同收入。计算公式为：

$$当期确认的合同收入＝实际合同总收入－以前会计期间累计已确认收入 \qquad (10.9)$$

②当期不能完成的建造(施工)合同收入的确认。当期不能完成的建造(施工)合同,在资产负债表日企业应当根据完工百分比法确认合同收入和费用。计算公式为：

$$当期确认的合同收入＝(合同总收入×完工进度)－以前会计期间累计已确认的收入$$

$$(10.10)$$

(3)合同结果不能可靠估计时建造(施工)合同收入的确认。建造合同的结果不能可靠估计的,应当分别按下列情况处理：合同成本能够收回的,合同收入根据能够收回的实际合同成本加以确认,合同成本在其发生的当期作为费用；合同成本不能收回的,应当在发生时立即作为费用,不确认收入。

▷ 10.6.3　利润的核算

1. 利润的概念

利润是企业在一定会计期间的经营成果,包括收入减去费用后的净额、直接计入当期利润的利得和损失。利得和损失分为两种：一种是直接计入所有者权益的利得或损失,如直接计入资本公积的利得；一种是直接计入当期利润的利得或损失,如营业外收入、营业外支出等。

2. 利润的计算

根据 2006 新的《企业会计标准》,利润表分为：营业利润、利润总额和净利润三个不同的计算口径。

(1)营业利润。计算公式如下：

$$营业利润＝营业收入－营业成本(或营业费用)－营业税金及附加－$$
$$管理费用－销售费用－财务费用－资产减值损失＋$$
$$公允价值变动收益(损失为负)＋投资收益(损失为负) \qquad (10.11)$$

式中,营业收入是指企业经营业务所确认的收入总额,包括主营业务收入和其他业务收入；营业成本是指企业经营业务所发生的实际成本总额,包括主营业务成本和其他业务成本；资产减值损失是指企业计提各项资产减值准备所形成的损失；公允价值变动收益(或损失)是指企业交易性金融资产等公允价值变动形成的应计入当期损益的利得(或损失)；投资收益(或损失)是指企业以各种方式对外投资所取得的收益(或发生的损失)。

(2)利润总额。计算公式如下：

$$利润总额＝营业利润＋营业外收入－营业外支出 \qquad (10.12)$$

式中,营业外收入是指企业发生的与其日常活动无直接关系的各项利得,主要包括非流动资产处置利得、盘盈利得、罚没利得、捐赠利得、确实无法支付而按规定程序经批准后转作营业外收入的应付款项等；营业外支出是指企业发生的与其日常活动无直接关系的各项损失,主要包括非流动资产处置损失、盘亏损失、罚款支出、公益性捐赠支出、非常损失等。

(3)净利润。计算公式如下：

$$净利润＝利润总额－所得税费用 \tag{10.13}$$

式中,所得税费用是指企业确认的应从当期利润总额中扣除的所得税费用。

3. 所得税费用的确认

(1)所得税费用的概念。此处的所得税是指企业所得税。企业核算所得税,主要是为确定当期应缴所得税以及利润表中应确认的所得税费用。按照资产负债表债务法核算所得税的情况下,利润表中的所得税费用由两个部分组成:当期所得税和递延所得税。

当期所得税是指企业按照企业所得税法规定针对当期发生的交易和事项,确定应纳税所得额计算的应纳税额,即应缴所得税。当期所得税应以适用的企业所得税法规定为基础计算确定。计算公式为:

$$当期所得税＝应纳税所得额×适用税率－减免税额－抵免税额 \tag{10.14}$$

递延所得税,是指按照所得税准则规定,应予确认的递延所得税资产和递延所得税负债,在期末应有的金额相对于原已确认金额之间的差额,即递延所得税资产及递延所得税负债当期发生额的综合结果。用公式表示即为:

$$递延所得税＝(期末递延所得税负债－期初递延所得税负债)－$$
$$(期末递延所得税资产－期初递延所得税资产) \tag{10.15}$$

(2)所得税费用的计量。企业在计算确定当期所得税(即当期应缴所得税)以及递延所得税费用(或收益)的基础上,应将两者之和确认为利润表中的所得税费用(或收益),但不包括直接计入所有者权益的交易或事项的所得税影响。即:

$$所得税费用＝当期所得税＋递延所得税费用(或减递延所得税收益) \tag{10.16}$$

4. 利润分配的核算

利润分配,是指企业按照国家财务制度规定的分配形式和分配顺序,将企业当年实现的净利润和以前年度未分配的利润所进行的分配。根据有关法规的规定,企业当年实现的净利润,一般应按照下列顺序进行分配:①弥补以前年度亏损。②提取法定盈余公积金和任意盈余公积金。③提取法定公益金,根据《公司法》规定,法定公益金按税后利润的5%～10%提取,提取的公益金用于企业职工的集体福利设施。④向投资人分配利润,企业以前年度未分配的利润,可以并入本年度分配。⑤未分配利润,经过上述四项分配后,所余部分为未分配利润,可留待以后年度进行分配。

需要说明的是企业如果上年度发生亏损,在结转本年利润时将自然弥补上年度亏损,因此用利润弥补上年亏损不必作专门的账务处理。现行制度规定,企业在发生亏损以后的5年内可以用税前利润弥补,超过5年的只能用税后利润弥补。

10.7 企业财务报表列报

财务报表是指对企业财务状况、经营成果和现金流量的结构性描述,是反映企业某一特定日期财务状况和某一会计期间经营成果、现金流量的书面文件。财务报表列报是指在财务报表中的列示和在财务报表附注中的披露,它是企业的投资者、经营者、债权人、政府机构以及其他与企业有利害关系的人士获取企业信息,进行风险判断,从而作出正确决策的重要依据。

➤ 10.7.1　财务报表列报的构成与编制要求

1. 财务报表列报的构成

财务报表列报主要由财务报表和相关附注构成,包括财务报表及其附注和其他应当在财务会计报告中披露的相关信息和资料。财务报表至少应当包括资产负债表、利润表、现金流量表、所有者权益(或股东权益)表和附注。

2. 财务报表列报编制要求

编制财务报表列报的基本要求主要包括以下内容:

(1)以企业持续经营作为编制基础。

(2)财务报表项目的列报应当在各个会计期间保持一致,不得随意变更。

(3)重要项目单独列报,重要性应当根据企业所处环境,从项目的性质和金额大小两方面加以判断。

(4)报表列示项目不应相互抵消,但资产项目按扣除减值准备后的净额列示不属于抵消,非日常活动产生的损益,以收入扣减费用后的净额列示不属于抵消。

(5)报表列报项目与上期报表列报项目具有可比性。

(6)企业应当在财务报表的显著位置至少披露编报企业的名称、资产负债表日或财务报表涵盖的会计期间、人民币金额单位、财务报表是否是合并财务报表。

(7)按年编制财务报表,年度财务报表涵盖的期间短于一年的,应当披露年度财务报表的涵盖期间,以及短于一年的原因。

➤ 10.7.2　资产负债表的作用及结构

资产负债表是总括反映企业在某一特定日期(月末、季末或年末)全部资产、负债和所有者权益情况的会计报表。

1. 资产负债表的作用

资产负债表总括地提供了企业的经营者、投资者和债权人等各方面所需要的信息,其具体作用如下:

(1)通过资产负债表可以了解企业所掌握的经济资源及其分布的情况,经营者可据此分析企业资产分布是否合理,以改进经营管理,提高管理水平。

(2)通过资产负债表可以了解企业资金的来源渠道和构成,投资者和债权人可据此分析企业所面临的财务风险,以监督企业合理使用资金。

(3)通过资产负债表可以了解企业的财务实力、短期偿债能力和支付能力,投资者和债权人可据此作出投资和贷款的正确决策。

(4)通过对前后期资产负债表的对比分析,可了解企业资金结构的变化情况,经营者、投资者和债权人可据此掌握企业财务状况的变化趋势。

2. 资产负债表的结构

资产负债表由表头和基本内容(正表)两部分构成。表头部分概括地说明报表名称、编制单位、编制日期、报表编号、货币名称、货币计量单位等。基本内容(正表)是资产负债表的主体,列示用以说明企业财务状况的各个项目。

资产负债表的格式主要有报告式和账户式两种。报告式资产负债表是上下结构，上半部列示资产，下半部列示负债和所有者权益。账户式资产负债表的格式是左右结构，左边列示资产，右边列示负债和所有者权益，左、右两方各项目前后顺序按流动性排列，如表 10 - 1 所示。我国会计制度规定，企业的资产负债表一般采用账户式。

表 10 - 1　资产负债表　　　　　　　　　　会企 01 表

编制单位：　　　　　　　　　　年　月　日　　　　　　　　　　单位：元

资产	期末余额	年初余额	负债和所有者权益	期末余额	年初余额
流动资产：			流动负债：		
货币资金			短期借款		
交易性金融资产			交易性金融负债		
应收票据			应付票据		
应收账款			应付账款		
预付款项			预收账款		
应收利息			应付职工薪酬		
应收股利			应交税费		
其他应收款			应付利息		
存货			应付股利		
一年内到期的非流动资产			其他应付款		
其他流动资产			一年内到期的非流动负债		
流动资产合计			其他流动负债		
非流动资产：			流动负债合计：		
可供出售金融资产			非流动负债：		
持有至到期投资			长期借款		
长期应收款			应付债券		
长期股权投资			长期应付款		
投资性房地产			专项应付款		
固定资产			预计负债		
工程物资			递延所得税负债		
在建工程			其他非流动负债		
固定资产清理			非流动负债合计		
生产性生物资产			负债合计		
油气资产			所有者权益：		
无形资产			实收资本		
开发支出			资本公积		
商誉			减：库存股		
递延所得税资产			盈余公积		
其他非流动资产			未分配利润		
非流动资产合计			所有者权益合计		
资产总计			负债和所有者权益总计		

（1）资产的排列顺序。

①流动资产。流动资产在资产负债表上排列顺序为：货币资金、交易性金融资产、应收票据、应收账款、预付款项、应收利息、应收股利、其他应收款、存货、一年内到期的非流动资产等。

②非流动资产。非流动资产在资产负债表上排列顺序为：可供出售金融资产、持有至到期投资、长期股权投资、长期应收款、投资性房地产、固定资产、在建工程、工程物资、固定资产清理、生产性生物资产、油气资产、无形资产、开发支出、商誉、递延所得税资产等。

（2）负债的排列顺序。

①流动负债。流动负债在资产负债表上排列顺序为：短期借款、交易性金融负债、应付票据、应付账款、预收款项、应付职工薪酬、应交税费、应付利息、应付股利、其他应付款、一年内到期的非流动负债等。

②非流动负债。非流动负债在资产负债表上排列顺序为：长期借款、应付债券、长期应付款、专项应付款、预计负债、递延所得税负债等。

（3）所有者权益的排列顺序。所有者权益包括所有者投资、企业在生产经营过程中形成的盈余公积和未分配利润。在资产负债表上的排列顺序为：实收资本、资本公积、盈余公积和未分配利润等。

▷ 10.7.3 利润表的作用及结构

利润表，是总括反映企业在一定时期（年度、季度或月份）内经营成果的会计报表，用以反映企业一定时期内利润（或亏损）的实际情况。

1. 利润表的作用

利润表是财务报表中的主要报表，其作用主要有如下几方面：

（1）通过利润表可以了解企业利润（或亏损）的形成情况，据以分析、考核企业经营目标及利润计划的执行结果，分析企业利润增减变动的原因，以促进企业改善经营管理，不断提高管理水平和盈利水平。

（2）通过利润表可以评比对企业投资的价值和报酬，判断企业的资本是否保全。

（3）根据利润表提供的信息可以预测企业在未来期间的经营状况和盈利趋势。

2. 利润表的结构

利润表一般包括表首、正表两部分。表首概括说明报表名称、编制单位、编制日期、报表编号、货币名称、计量单位，正表是利润表的主体，反映形成经营成果的各个项目和计算过程。

正表的格式一般有两种：单步式和多步式利润表。单步式利润表是将当期所有的收入列在一起，然后将所有的费用列在一起，两者相减得出当期净损益。多步式利润表是通过对当期的收入、费用、支出项目按性质加以归类，按利润形成的主要环节列示一些中间性的利润指标，如营业利润、利润总额、净利润，分步计算当期净损益。目前，我国采用的是多步式利润表，其格式如表 10-2 所示。

为了清楚地反映各项指标的报告期数及从年初到报告期为止的累计数，在利润表中应分别设置"本月数"和"本年累计数"两栏。

表 10-2 利 润 表　　　　　　　　　会企 02 表

编报单位：　　　　　　　　　年　　月　　　　　　　　　单位：元

项目	本期金额	上期金额
一、营业收入		
减：营业成本		
营业税金及附加		
销售费用		
管理费用		
财务费用		
资产减值损失		
加：公允价值变动收益（损失以"一"号填列）		
投资收益（损失以"一"号填列）		
其中：对联营企业和合并企业的投资收益		
二、营业利润（亏损以"一"号填列）		
加：营业外收入		
减：营业外支出		
其中：非流动资产处置损失		
三、利润总额（净亏损以"一"号填列）		
减：所得税费用		
四、净利润		
五、每股收益		
（一）基本每股收益		
（二）稀释每股收益		

▷ 10.7.4　现金流量表的作用及结构

现金流量表是指反映企业在一定会计期间经营活动、投资活动和筹资活动对现金及现金等价物产生影响的会计报表。

1. 现金流量表的作用

现金流量表是以现金的流入与流出，汇总说明企业报告期内经营活动、投资活动及筹资活动的动态报表。其作用表现在以下几个方面：①现金流量表可以提供企业的现金流量信息，从而有助于对企业整体财务状况作出客观的评价。②通过现金流量表可以对企业的支付能力和偿债能力，以及企业对外部资金的需求情况作出较为可靠的判断。③通过现金流量表不仅可以了解企业当前的财务状况，还可以预测未来的发展情况。④通过现金流量表有助于报表使用者评估报告期内与现金有关和无关的投资及筹资活动。

2. 现金流量表的结构

现金流量表由正表和补充资料两部分组成，其结构和基本格式如表 10-3 和表 10-4 所示。

现金流量表的正表有五项：一是经营活动产生的现金流量；二是投资活动产生的现金流量；三是筹资活动产生的现金流量；四是汇率变动对现金及现金等价物的影响；五是现金及现金等价物净增加额。

补充资料有三项:一是将净利润调节为经营活动现金流量;二是不涉及现金收支的重大投资和筹资活动;三是现金及现金等价物净增加情况。

表10-3　现　金　流　量　表(正表)　　　　会企03表

编报单位:　　　　　　年　　度　　　　　　　　　　　　　　　单位:元

项目	本期金额	上期金额
一、经营活动产生的现金流量		
销售商品、提供劳务收到的现金		
收到的税费返还		
收到的其他与经营活动有关的现金		
现金流入小计		
购买商品、接受劳务支付的现金		
支付给职工以及为职工支付的现金		
支付的各项税费		
支付的其他与经营活动有关的现金		
现金流出小计		
经营活动产生的现金流量净额		
二、投资活动产生的现金流量		
收回投资所收到的现金		
取得投资收益所收到的现金		
处置固定资产、无形资产和其他长期资产所收回的现金净额		
处置子公司及其他营业单位收到的现金净额		
收到的其他与投资活动有关的现金		
现金流入小计		
购建固定资产、无形资产和其他长期资产所支付的现金		
投资所支付的现金		
取得子公司及其他营业单位支付的现金净额		
支付的其他与投资活动有关的现金		
现金流出小计		
投资活动产生的现金流量净额		
三、筹资活动产生的现金流量		
吸收投资所收到的现金		
借款所收到的现金		
收到的其他与筹资活动有关的现金		
现金流入小计		
偿还债务所支付的现金		
分配股利、利润或偿付利息所支付的现金		
支付的其他与筹资活动有关的现金		
现金流出小计		
筹资活动产生的现金流量净额		
四、汇率变动对现金及现金等价物的影响		
五、现金及现金等价物净增加额		
加:期初现金及现金等价物余额		
六、期末现金及现金等价物余额		

表 10-4　现金流量表(补充资料)　　　　　　　　会企 03 表

补充资料:	本期金额	上期金额
1.将净利润调节为经营活动现金流量		
净利润		
加:资产减值准备、油气资产折旧、生产性生物资产折旧		
无形资产摊销		
长期待摊费用摊销		
处置固定资产、无形资产和其他长期资产的损失(减:收益)		
固定资产报废损失(减:收益)		
公允价值变动损失(减:收益)		
财务费用(减:收益)		
投资损失(减:收益)		
递延所得税资产减少(减:增加)		
递延所得税负债增加(减:减少)		
存货的减少(减:增加)		
经营性应收项目的减少(减:增加)		
经营性应付项目的增加(减:减少)		
其他		
经营活动产生的现金流量净额		
2.不涉及现金收支的重大投资和筹资活动		
债务转为资本		
一年内到期的可转换公司债券		
融资租人固定资产		
3.现金及现金等价物净增加情况		
现金的期末余额		
减:现金的期初余额		
加:现金等价物的期末余额		
减:现金等价物的期初余额		
现金及现金等价物净增加额		

编报单位:　　　　　　　　　　年　　度　　　　　　　　　单位:元

▷ 10.7.5　所有者权益变动表的作用及结构

所有者权益变动表是指反映所有者权益的各组成部分当期的增减变动情况的会计报表。

1. **所有者权益变动表的作用**

所有者权益变动表反映各项交易和事项导致的所有者权益的增减变动,以及所有者权益各组成部分增减变动的结构性信息,体现了对所有者权益的界定,便于会计信息使用者深入分析企业所有者权益的增减变动情况,并进而对企业的资本保值增值情况作出正确判断,从而提供对决策有用的信息。

2. **所有者权益变动表的结构**

所有者权益变动表包括表头和正表两部分。表头说明报表名称、编制单位、编制日期、报表编号、货币名称、计量单位;正表具体说明所有者权益变动表的各项内容,包括实收资本(股本)、资本公积、盈余公积、未分配利润等,每个项目中又分为年初余额、本年增加额、本年减少额、年末余额四个小项。所有者权益变动表的格式如表10-5所示。

表 10 - 5 权益变动表   会企 04 表

编报单位: 年   度   单位:元

项　目	本年金额						上年金额					
	实收资本(或股本)	资本公积	减:库存股	盈余公积	未分配利润	所有者权益合计	实收资本(或股本)	资本公积	减:库存股	盈余公积	未分配利润	所有者权益合计
一、上年年末余额												
加:会计政策变更												
前期差错更正												
二、本年年初余额												
三、本年增减变动金额(减少以"一"号填列)												
(一)净利润												
(二)直接计入所有者权益的利得和损失												
1.可供出售金融资产公允价值变动净额												
2.权益法下被投资单位其他所有者权益变动的影响												
3.与计入所有者权益项目相关的所得税影响												
4.其他												
上述(一)和(二)小计												
(三)所有者投入和减少资本												
1.所有者投入资本												
2.股份支付计入所有者权益的金额												
3.其他												
(四)利润分配												
1.提取盈余公积												
2.对所有者(或股东)的分配												
3.其他												
(五)所有者权益内部结转												
1.资本公积转增资本(或股本)												
2.盈余公积转增资本(或股本)												
3.盈余公积弥补亏损												
4.其他												
四、本年年末余额												

➤ 10.7.6 财务报表附注的作用及内容

财务报表附注是对在资产负债表、利润表、现金流量表和所有者权益变动表等报表中列示项目的文字描述或明细资料,以及对未能在这些报表中列示项目的说明等。

1. 作用

财务报表附注的作用主要是:增进会计信息的可理解性,突出会计信息的重要性,提高会计信息的可比性,而且还可以反映作为整个会计报表组成部分的非数量信息以及其他比报表本身更为详细的信息。

2. 内容

财务报表附注的主要内容包括:财务报表的编制基础,遵循《企业会计准则》的声明,重要会计政策的说明,重要会计估计的说明,会计政策和会计估计变更以及差错更正的说明,资产负债表日后、财务报告批准报出日前提议或宣布发放的股利总额和每股股利总额,在与财务报表一起公布的其他信息未作披露,企业还应在附注中披露企业的基本情况。

10.8 财务分析

财务分析是以会计核算和报告资料及其他相关资料为依据,采用一系列专门的分析技术和方法,对企业过去和现在的有关筹资活动、投资活动、经营活动的盈利能力、营运能力、偿债能力和增长能力状况等进行分析与评价,为企业的投资者、债权者、经营者及其他关心企业的组织或个人了解企业过去、评价企业现状、预测企业未来、作出正确决策与估价提供准确的信息或依据。

➤ 10.8.1 财务分析方法

财务分析方法多种多样,但常用的方法是比率分析法、因素分析法和趋势分析法。

1. 比率分析法

比率分析法是把两个相互联系的项目加以对比,计算出比率,以确定经济活动变动情况的分析方法。

(1)主要的比率指标。比率指标主要有以下三类:

①效率比率。效率比率是反映经济活动中投入与产出、所费与所得的比率,以考察经营成果,评价经济效益的指标。如成本利润率、销售利润率及资本利润率等指标。

②结构比率。结构比率又称构成比率,是某项经济指标的某个组成部分与总体的比率,反映部分与总体的关系。

③相关比率。相关比率是将两个不同但又有一定关联的项目加以对比得出的比率,以反映经济活动的各种相互关系。财务分析的许多指标都是这种相关比率,如流动比率、资金周转率等。

(2)运用比率分析法应注意的问题。比率分析法的优点是计算简便,计算结果容易判断分析,而且可以使某些指标在不同规模企业间进行比较。但要注意以下几点:

①对比项目的相关性。计算比率的分子和分母必须具有相关性,否则就不具有可比性。构成比率指标必须是部分与总体的关系,效率比率指标要具有某种投入产出关系,相关比率指标分子、分母也要有某种内在联系,否则比较就毫无意义。

②对比口径的一致性。计算比率的子项和母项在计算时间、范围等方面要保持口径一致。

③衡量标准的科学性。要选择科学合理的参照标准与之对比，以便对财务状况作出恰当评价。

2. 因素分析法

(1)因素分析法的含义。一个经济指标往往是由多种因素造成的。它们各自对某一个经济指标都有不同程度的影响。只有将这一综合性的指标分解成各个构成因素，才能从数量上把握每一个因素的影响程度，给工作指明方向，这种通过逐步分解来确定几个相互联系的因素对某一综合性指标的影响程度的分析方法叫因素分析法或连环替代法。

(2)应用因素分析法应注意的问题。应用因素分析法须注意以下几个问题：

①因素分解的关联性。即构成经济指标的各因素确实是形成该项指标差异的内在构成原因，它们之间存在着客观的因果关系。

②因素替代的顺序性。替代因素时，必须按照各因素的依存关系，排列成一定顺序依次替代，不可随意加以颠倒，否则各个因素的影响值就会得出不同的计算结果。在实际工作中，往往是先替代数量因素，后替代质量因素；先替代实物量、劳动量因素，后替代价值量因素；先替代原始的、主要的因素，后替代派生的、次要的因素；在有除号的关系式中，先替代分子，后替代分母。

③顺序替代的连环性。计算每个因素变动的影响数值时，都是在前一次计算的基础上进行的，并采用连环比较的方法确定因素变化影响结果。只有保持这种连环性，才能使各因素影响之和等于分析指标变动的总差异。

④计算结果的假定性。由于因素分析法计算各个因素变动的影响值会因替代计算顺序的不同而有差别，因而，计算结果具有一定顺序上的假定性和近似性。

3. 趋势分析法

趋势分析法是将两期或连续数期财务报告中相同指标进行对比，确定其增减变动的方向、数额和幅度，以说明企业财务状况及经营成果变动趋势的一种方法。采用趋势分析法时，应注意：用于对比的各项指标的计算口径要一致；应剔除偶然性因素的影响，使分析数据能反映正常的经营及财务状况；对有显著变动的指标要作重点分析。

趋势分析法主要有三种比较方式：

(1)重要财务指标的比较。这种方法是将不同时期财务报告中相同的重要指标或比率进行比较，直接观察其增减变动情况幅度及发展趋势。它又分两种比率：①定基动态比率。它是将分析期数额与某一固定基期数额对比计算的比率。②环比动态比率。它是将每一分析期数额与前一期同一指标进行对比计算得出的动态比率。

(2)会计报表的比较。这种方法是将连续数期的会计报表有关数字并行排列，比较相同指标的增减变动金额及幅度，以此来说明企业财务状况和经营成果的发展变化。一般可以通过编制比较资产负债表、比较损益表及比较现金流量表来进行，计算出各有关项目增减变动的金额及变动百分比。

(3)会计报表项目构成的比较。这种方法是以会计报表中某个总体指标作为100%，再计算出报表各构成项目占该总体指标的百分比，依次来比较各个项目百分比的增减变动，以及判断有关财务活动的变化趋势。这种方法即可用于同一企业不同时期财务状况的纵向比较，又可用于不同企业间的横向比较，并且还可以消除不同时期(不同企业)间业务规模差异的影响，有助于正确分析企业财务状况及发展趋势。

➤ 10.8.2　企业状况与经营成果分析

1. 盈利能力分析

在分析企业盈利能力时,应当排除证券买卖等非正常经营项目、已经或将要停止的营业项目、重大事故或法律更改等特别项目、会计准则或财务制度变更带来的累积影响等因素。

反映企业盈利能力的指标,通常使用的主要有净资产收益率和总资产报酬率。

(1)净资产收益率。它是反映企业盈利能力的核心指标。该指标越高,净利润越多,说明企业盈利能力越好。

$$净资产收益率＝净利润÷平均净资产 \tag{10.17}$$

(2)总资产报酬率。计算公式如下:

$$总资产报酬率＝息税前利润总额÷平均资产总额 \tag{10.18}$$

$$息税前利润总额＝利润总额＋利息支出 \tag{10.19}$$

2. 营运能力分析

企业运营能力的比率主要包括总资产周转率、流动资产周转率、存货周转率和应收账款周转率等。

(1)总资产周转率。计算公式如下:

$$总资产周转率(次)＝主营业务收入净额÷平均资产总额 \tag{10.20}$$

总资产周转率越大表示资金周转越快,反映企业销售能力越强,它的大小主要取决于流动资产周转率和流动资产占总资产的比重。

(2)流动资产周转率。通常用周转次数和周转天数来表示。流动资产在一定时期的周转次数越多,也即每周转一次所需要的天数越少,表明周转速度越快,流动资产营运能力就越好。

$$流动资产周转次数＝主营业务收入净额÷平均流动资产余额 \tag{10.21}$$

$$流动资产周转天数＝计算期天数÷流动资产周转次数 \tag{10.22}$$

(3)存货周转率。通常用存货周转次数和存货周转天数表示。一般情况下,存货周转率越高、周转天数越短,说明该指标越好,它表明企业存货周转速度快,经营效率高,库存存货适度。提高存货周转率可提高企业的变现能力,而存货周转速度越慢则企业的变现能力越差。

$$存货周转次数＝主营业务成本÷存货平均余额 \tag{10.23}$$

$$存货周转天数＝计算期天数÷存货周转次数 \tag{10.24}$$

(4)应收账款周转率。应收账款周转率是指企业在某一时期赊销收入净额和同期应收账款平均余额之间的比率。一般认为应收账款周转率越高、周转天数越短越好,表明企业应收账款收回速度快,这样一方面可以节约资金,同时也说明企业信用状况好,不易发生坏账损失。

$$应收账款周转率(周转次数)＝主营业务收入净额÷应收账款平均余额 \tag{10.25}$$

$$应收账款周转天数＝计算期天数÷应收账款周转次数 \tag{10.26}$$

3. 偿债能力分析

企业偿债能力的比率主要有资产负债率、速动比率和流动比率。

(1)资产负债率。它是综合反映企业偿债能力的重要指标。从企业债权人角度看,资产负债率越低,说明企业偿债能力越强,债权人的权益就越有保障。从企业所有者和经营者角度看,通常希望该指标高些,这样一方面有利于筹集资金扩大企业规模,另一方面有利于利用财务杠杆增加所有者获利能力。但资产负债率过高,反过来又会影响企业的筹资能力。一般地说,该指标为

50％比较合适,有利于风险与收益的平衡。

$$资产负债率＝负债总额÷资产总额 \tag{10.27}$$

(2)速动比率。它是衡量企业流动资产中可以立即用于偿还流动负债的能力。经验认为,速动比率为1就说明企业有偿债能力。

$$速动比率＝速动资产÷流动负债 \tag{10.28}$$

速动资产是指能够迅速变现为货币资金的各类流动资产,它通常有两种计算方法。

$$速动资产＝流动资产－存货 \tag{10.29}$$

$$速动资产＝货币资金＋短期投资＋应收票据＋应收账款＋其他应收款 \tag{10.30}$$

(3)流动比率。它是企业流动资产与流动负债的比率。一般来说,生产企业合理的最低流动比率是2。

$$流动比率＝流动资产÷流动负债 \tag{10.31}$$

4. 发展能力分析

企业发展能力的指标主要有销售(营业)增长率和资本积累率。

(1)销售(营业)增长率。它是衡量企业经营状况和市场占有能力、预测企业经营业务拓展趋势的重要标志,也是企业扩张资本的重要前提。该指标若大于零,表明企业本年的销售(营业)收入有所增长,指标值越高,表明增长速度越快,企业市场前景越好,反之则说明企业市场份额萎缩。

$$销售(营业)增长率＝本年主营业务收入增长额÷上年主营业务收入总额 \tag{10.32}$$

(2)资本积累率。它体现了企业资本的积累能力,是评价企业发展潜力的重要指标,也是企业扩大再生产的源泉。资本积累率反映了投资者投入企业资本的保全性和增长性,该指标越高,表明企业的资本积累越多,企业资本保全性越强,应付风险、持续发展的能力越大;该指标如为负值,表明企业资本受到侵蚀,所有者权益受到损害,应予以充分重视。

$$资本积累率＝本年所有者权益增长额÷年初所有者权益 \tag{10.33}$$

10.9 筹资管理

筹资管理是指企业根据其生产经营、对外投资和调整资本结构的需要,通过筹资渠道和资本(金)市场,运用筹资方式,经济有效地为企业筹集所需资本(金)的财务行为。筹资方式主要有筹措股权资金和筹措债务资金。筹资管理的目的是满足公司资金需求,降低资金成本,减少相关风险。

▶10.9.1 资金成本及其计算

1. 资金成本的含义与作用

(1)资金成本的含义。资金成本是指企业从自身利益考虑,在筹集和使用资金时所付出的代价,包括资金占用费和资金筹集费两部分。资金筹集费用指资金筹集过程中支付的各种费用,如发行股票、债券支付的印刷费、律师费、公证费、担保费及广告宣传费等。资金占用费是指占用他人资金应支付的费用,或者说是资金所有者凭借其对资金所有权向资金使用者索取的报酬,如股东的股息、红利、债券及银行借款支付的利息。

资金成本可以用绝对数表示,也可以用相对数表示。绝对数表示法是指为筹集和使用资金到底发生了多少费用。相对数表示法是通过资金成本率指标来表示的,资金成本率简称资金成本,其计算公式为:

$$资金成本率＝资金使用费用÷[筹资总额×(1－筹资费用率)] \tag{10.34}$$

资金成本率的高低主要由无风险收益率和风险报酬率决定。

(2)资金成本的作用。资金成本的作用主要体现在筹资决策和投资决策中。

在企业筹资决策中的作用表现为:资金成本是影响企业筹资总额的重要因素,资金成本是企业选择资金来源的基本依据,资金成本是企业选用筹资方式的参考标准,资金成本是确定最优资金结构的主要参数。

在投资决策中的作用表现为:在利用净现值指标进行投资决策时,常以资金成本作为折现率;在利用内部收益率指标进行决策时,一般以资金成本作为基准收益率。

2. 资金成本的计算

(1)个别资金成本计算。个别资金成本是指各种筹资方式的成本,主要包括债券成本、银行借款成本、优先股成本、普通股成本和留存收益成本,前两者可统称为负债资金成本,后三者统称为权益资金成本。

①债券成本。债券成本的计算公式为:

债券成本＝年利息×(1－所得税税率)÷[债券筹资额×(1－债券筹资费率)] (10.35)

式中,债券筹资额按实际发行价格确定,年利息的计算公式为:

年利息＝债券面值×债券票面利息率 (10.36)

②银行借款成本。银行借款成本的计算公式为:

银行借款成本＝年利息×(1－所得税税率)÷[筹资总额×(1－借款筹资费率)] (10.37)

③优先股筹资成本。优先股筹资成本的计算公式为:

优先股成本＝优先股每年的股利÷[发行优先股总额×(1－优先股筹资费率)] (10.38)

④普通股成本。如果每年股利固定,普通股成本的计算公式为:

普通股成本＝每年固定股利÷普通股金额×(1－普通股筹资费率) (10.39)

如果股利不固定,而是以一个固定的年增长率增加,则可依照下式计算:

普通股成本＝第一年股利÷普通股金额×(1－普通股筹资费率)＋年增长率 (10.40)

公式中的普通股金额按发行价计算。

⑤留存收益成本。留存收益成本除了无筹资费用外,基本同于普通股成本。

普通股股利固定情况下,计算公式如下:

留存收益成本＝每年固定股利÷普通股金额 (10.41)

普通股股利以固定增长率递增情况下,计算公式如下:

留存收益成本＝第一年股利÷普通股金额＋年增长率 (10.42)

(2)加权平均资金成本计算。从一个企业的全部资金来源看,不可能是采用单一的筹资方式取得的,而是各种筹资方式的组合。因此,企业总的资金成本也就不能由单一资金成本决定,而是需要计算综合资金成本。计算综合资金成本的方法是根据不同资金所占的比重加权平均计算所得。加权平均资金成本的计算公式为:

$$K_w = \sum_{j=1}^{N} W_j K_i \qquad (10.43)$$

式中:K_w—— 加权平均资金成本率;

W_j—— 为第 j 种资金来源占全部资金来源的比重;

K_j—— 第 j 种资金来源的资金成本率;

N—— 筹资方式的种类。

➤ 10.9.2　短期筹资的特点与方式

1. 短期筹资的特点

短期筹资是指为满足公司临时性流动资产需要而进行的筹资活动,又称为流动负债筹资或短期负债筹资。与长期筹资相比,短期筹资具有速度快、弹性大、成本低、风险大等特点。

2. 短期筹资的方式

短期筹资最主要的形式是商业信用和短期银行借款。

(1)商业信用筹资。商业信用是指在商品交易中以延期付款或预收货款的方式进行购销活动所形成的借贷关系,它是企业之间的一种直接信用关系。商业信用运用广泛,在企业短期资金来源中占有相当大的比重。商业信用的形式主要包括:应付账款、应付票据、预收账款、票据贴现。

①应付账款。应付账款即赊购商品,是一种最典型、最常见的商业信用形式。在这种方式下,买卖双方发生商品交易,卖方允许买方在购货后一定时期内支付货款,既允许买方延期付款,延期付款又可分为不涉及现金折扣和早付款可享受现金折扣两种情况。

延期付款、但不涉及现金折扣是指企业购买商品时,卖方允许企业在交易发生后的一定时期内按发票金额支付货款的情形,如"net45",是指在 45 天内按发票全额付款。

延期付款、但早付款可享受现金折扣是指买方若提前付款,卖方可给予一定的现金折扣,如果买方不享受现金折扣,则必须在一定时期内付清账款。如"2/10、1/20、0/30"表示,在信用期间 10 天内付款可享受 2%的折扣,20 天内付款可享受 1%的折扣,超过 20 天则全额付款。

②应付票据。应付票据是指企业在商品购销活动和对工程价款进行结算因采用商业汇票结算方式而发生的,由出票人出票,委托付款人在指定日期无条件支付确定的金额给收款人或者票据的持票人,它包括商业承兑汇票和银行承兑汇票。如承兑人是银行的票据,则为银行承兑汇票;如承兑人为购货单位的票据,则为商业承兑汇票。

应付票据按是否带息分为带息应付票据和不带息应付票据两种。带息票据是指按票据上表明的利率,在票据票面金额上加上利息的票据,到期承兑时,除支付票面金额外,还要支付利息。不带息票据是指票据到期时按面值支付,票据上无利息的规定。目前,我国常用的是不带息票据。

③预收账款。预收账款是指卖方企业在交付货款之前向买方预先收取部分或全部货款的信用形式。例如施工企业向建设单位、房地产开发企业等发包单位收取的预收备料款和预收工程款等均属于商业信用筹资方式,以缓解资金占用过多的矛盾。

④票据贴现。票据贴现是指持票人把未到期的商业票据转让给银行,贴付一定的利息以取得银行资金的一种信用形式。企业采用票据贴现的形式,一方面可以使购买方融通临时资金,另一方面也可使自身及时得到所需要的资金,是企业一种灵活的筹资方式。

(2)短期银行借款。短期银行借款是指企业根据借款合同向银行或非银行金融机构借入的期限在 1 年以内(含 1 年)的借款。短期银行借款的种类很多,可以按照不同的角度、标准进行分类。施工企业的短期银行借款一般分为无担保借款和担保贷款两大类。短期银行借款利息的支付方式一般有利随本清法、贴现法和加息法。

①无担保借款。无担保借款是指企业凭借自身的信誉从银行获得贷款。按照规定,银行在向企业发放短期贷款之前,应对企业进行风险、收益分析,从而决定是否向企业贷款。在贷款条件中往往涉及以下信用条件:

A. 信贷额度。信贷额度即贷款限额,是借款企业与银行之间正式或非正式协议规定的允许借款企业向银行借款的最高限额。

B. 周转信贷协议。周转信贷协议是指银行从法律上承诺向企业提供不超过某一最高限额的贷款协议。在协议的有效期内,只要企业的借款总额未超过最高限额,银行必须满足企业任何时候提出的借款要求。企业享用周转信贷协议,通常要对贷款限额的未使用部分付给银行一笔承诺费。

C. 补偿性余额。补偿性余额是指银行要求借款人在银行中保持按贷款限额或实际借用额的一定百分比(通常为 $10\%\sim20\%$)计算的最低存款余额。

D. 偿还条件。无论何种借款,一般都会规定还款的期限。短期借款的偿还期限,有到期一次偿还和在贷款期内定期(每月、季)等额偿还两种方式。

E. 其他承诺。银行有时还要求企业为取得短期借款而作出其他承诺,如及时提供财务会计报告、保持适当的财务水平(如特定的流动比率)等。如果企业违背所作出的承诺,银行可以要求企业立即偿还全部贷款。

②担保贷款。担保贷款是指以一定的财产作抵押或以一定的保证人作担保为条件所取得的借款。银行向财务风险较大的企业或对其信誉不甚有把握的企业发放贷款时,要求借款企业提供抵押品进行担保,以减少自己蒙受损失的风险。短期借款的担保品一般包括借款企业的应收账款、应收票据和存货等。

3. 短期筹资策略

(1)流动资产组合策略。企业的流动资产可分为临时性流动资产和永久性流动资产两部分。一般情况下,临时性资本需求通过短期负债筹资解决,永久性资本需求通过长期负债和股权资本筹资解决。临时性和永久性流动资产的筹资策略一般有如下三种类型:

①稳健型筹资策略。稳健型筹资策略是一种较为谨慎的筹资策略,其目的主要是规避风险。采取此种策略时,企业的长期资本不但能满足永久性资产的资本需求,而且还能满足部分短期或临时性流动资产的资本需求。其优点是企业的短期负债比率相对较低,可增强企业的偿债能力;缺点是企业的资金成本增加,利润减少。

②激进型筹资策略。激进型筹资策略是一种扩张型筹资策略,其主要目的是追求高利润。采取此种策略时,企业长期资本不能满足永久性资产的资本需求,要依赖短期负债来弥补。其缺点是降低了流动比率、加大了偿债风险,优点是融资成本低。

③折中型筹资策略。折中型筹资策略是一种介于上述两者之间的一种筹资策略。采取此种策略时,企业的长期资本正好满足永久性资产的资本需求量,而临时性流动资产的资本则全部需要由短期负债筹资解决。

(2)短期负债各项目的组合策略。短期负债各项目的组合策略主要是根据生产经营的规律性,合理安排短期银行借款、应付账款、应付票据的借款期限、还款期限和支用期限,既按不同的偿还期限筹措各种短期资本来源,以保证既能满足生产经营需要,又能及时清偿各种到期债务。

▶10.9.3 长期筹资的特点与方式

1. 长期筹资的特点

长期筹资具有速度快、成本低、弹性大、可发挥财务杠杆作用,但同时也存在着风险高、限制条件多、筹资数量有限等不足之处。

2. 长期筹资的方式

长期筹资包括长期负债筹资和长期股权筹资两大类方式。

(1)长期负债筹资。长期负债筹资包括长期借款、长期债券筹资、租赁筹资、可转换债券筹资四种方式。

①长期借款。

A. 企业取得长期借款的条件。企业在申请贷款时应具备的条件包括：独立核算、自负盈亏、有法人资格；经营方向和业务范围符合国家产业政策，借款用途属于银行贷款办法规定的范围；借款企业具有一定的物资和财产保证，担保单位具有相应的经济实力；具有偿还贷款的能力；财务管理和经济核算制度健全，资金使用效益以及企业经济效益良好；在银行设有账户，办理结算。

B. 长期借款的保护性条款。保护性条款一般有如下三类：

a. 一般性保护条款。其内容主要包括：对借款企业流动资金保持量的规定；对支付现金股利和回购股票的限制；对资本支出规模的限制；限制其他长期债务。

b. 例行性保护条款。其内容主要包括：借款企业定期向银行提交财务会计报告；不准在正常情况下出售较多资产；如期缴纳税金和清偿其他到期债务；限制租赁固定资产的规模；不准以任何资产作为其他承诺的担保或抵押；不准贴现应收票据或出售应收账款，以避免或有负债。

c. 特殊性保护条款。其内容主要包括：贷款专款专用；不准企业投资于短期内不能收回资金的项目；限制企业高级职员的薪金和资金总额；④要求企业主要领导人在合同有效期间担任领导职务；要求企业主要领导人购买人身保险等。

C. 长期借款的利率。长期借款的利率可以采用固定利率、变动利率和浮动利率三种。

D. 长期借款的偿还方式。长期借款的偿还方式一般有：到期一次还本付息；定期付息、到期一次偿还本金；每期偿还小额本金及利息，到期偿还大额本金；定期等额偿还本利。

②长期债券筹资。

A. 长期债券筹资的条件。企业通过发行长期债券筹资，必须具备的条件包括：股份有限公司的净资产额不低于人民币3 000万元，有限责任公司的净资产额不低于人民币6 000万元；累计债券总额不超过公司净资产额的40%；最近3年平均可分配利润足以支付公司债券1年的利息；所筹集资金的投向符合国家产业政策；债券的利率不得超过国务院限定的利率水平；国务院规定的其他条件。

B. 债券的发行价格。债券的发行价格有如下三种：a. 平价：当票面利率与市场利率一致时，以债券的票面金额为发行价格。b. 溢价：当票面利率高于市场利率时，以高于债券票面金额的价格为发行价格。c. 折价：当票面利率低于市场利率时，以低于债券票面金额的价格为发行价格。

③租赁筹资。租赁是出租人以收取租金为条件，在一定期限内将其所拥有的资产转让给承租人使用的一种交易。租赁可以分为经营租赁和融资租赁两种。将租赁作为一种筹资方式，主要是针对融资租赁而言的。融资租赁是指承租人向出租人支付租金，获取设备的使用权以及与所有权相关的收益权，并承担相关的成本，同时承租人对租赁取得设备按照固定资产计提折旧，租赁期满设备一般归承租人所有的租赁行为。

A. 融资租赁的优点主要有：融资租赁是一种融资与融物相结合的筹资方式，能够迅速获得所需长期资产的使用权；可以避免长期借款筹资所附加的各种限制性条款，具有较强的灵活性；可以减少设备引进费，从而降低设备取得成本；租赁费以及融资租赁设备的折旧费均可在税前支付，可以减轻所得税负担。

B. 融资租赁的特征主要有：租赁资产的收益和风险由承租人承受；租赁的期限较长，一般会超过租赁资产寿命的一半；租金与租赁资产的价值接近；承租人通常负责租赁资产的折旧计提和日常维护；承租人可以在租赁期满后廉价购买租赁资产；租赁合同稳定，非经双方同意，中途不可撤销；一般是先由承租人向出租人提出租赁申请，出租人按照承租人的要求引人资产，再交付承租人使用。

C. 融资租赁的租金。融资租赁的租金包括如下三大部分：租赁资产的成本由资产的购买价、运杂费、运输途中的保险费等项目构成；租赁资产的成本利息；租赁手续费，包括出租人承办租赁业务的费用以及出租人向承租人提供租赁服务所赚取的利润。

④可转换债券筹资。可转换债券是一种允许持有人在规定的时间内按规定的价格转换为发行公司或其他公司普通股股票的有价证券。目前，我国只有上市公司和重点国有企业具有发行可转换债券筹资的资格。

(2) 长期股权筹资。长期股权筹资包括优先股筹资、普通股股票筹资、认股权证筹资三种方式。

①优先股股票筹资。优先股股票是一种兼具普通股股票和债券特点的一种有价证券。

A. 优先股具有如下特征：

a. 优先股较普通股而言具有一定的优先权。优先股股息分配先于普通股红利分配；优先股股东对公司剩余财产的求偿权虽在债权人之后但先于普通股股东，其求偿额为优先股的票面价值加累计未支付的股利。

b. 优先股股息率是固定的，但具有很大的灵活性。当公司无利润或利润不足时，可不支付，以后也不一定补偿。这与债券有着根本性的区别。另外，债券债息在税前支付，而优先股股息在税后分配，没有抵减所得税的作用。

B. 优先股筹资具有如下优点：优先股是公司的永久性资金，极大地减轻了公司的财务负担；优先股的股利标准是固定的，但支付却有一定的灵活性；优先股的发行不会改变普通股股东对公司的控制权；发行优先股能提高公司的举债能力。

②普通股股票筹资。普通股股票是股份有限公司发行的无特别权利的股份，是最基本的、标准的股票。股份有限公司通过发行普通股股票可以筹集公司最基本的资金。

A. 普通股筹资的优点。普通股筹资与负债筹资方式相比具有如下的优点：普通股没有到期日，是公司的一种永久性资金；普通股没有固定的股利负担；普通股筹资是公司最基本的资金来源，能够反映公司的实力，增强公司的举债能力；通过发行普通股可以起到对外宣传作用，从而扩大公司影响，提高公司信誉和知名度。

B. 公开发行的普通股股票上市的目的。股票上市是指股份有限公司公开发行的股票经批准在证券交易所进行挂牌交易。股份有限公司申请股票上市的目的主要包括：实现资本大众化，分散风险；提高股票的流动性和变现能力；提高企业的信誉度，便于筹措新的资金；提高公司的知名度，树立良好的公司形象；便于确定公司的价值。

③股票上市应符合《证券法》规定的如下条件：股票经国务院证券监督管理机构核准已公开发行；公司股本总额不少于人民币3000万元；公开发行的股份达到公司股份总数的25%以上，但股本总额超过人民币4亿元的公开发行比例为10%以上；公司最近3年无重大违法行为，财务会计报告无虚假记载。

④认股权证筹资。认股权证是指由发行人所发行的附有特定条件的一种有价证券，它允许

持有人按某一特定价格在规定的期限内购买既定数量的标的资产(如股票、股指、黄金、外汇或商品)。从本质上看,认股权证的交易是一种期权的买卖,是以股票或其他证券为标的物的一种长期买进期权。认股权证筹资与可转换债券筹资基本相同。

10.10 流动资产财务管理

流动资产涉及的内容很多,其中现金管理、应收账款管理以及存货管理最重要。

➤ 10.10.1 现金和有价证券的财务管理

有价证券是现金的一种转换形式。很多企业制定了现金持有量的上限和下限,当现金超过了上限,出现现金暂时闲置时,就把多出来的部分拿去买有价证券,当现金持有量低于下限,就把有价证券卖掉转换成现金。在这种情况下,有价证券就成了现金替代品,被视为现金的一部分。

企业置存一定数量现金主要是为了满足交易性需要、预防性需要和投机性需要。企业缺乏必要的现金将不能满足交易性、预防性和投机性需要,使企业经营蒙受损失。但是如果企业置存过量的现金,又会因此增大机会成本。因此,企业现金管理的目标,就是在资产的流动性和盈利性之间作出决策,提高资金收益率。企业现金管理的内容主要包括:目标现金持有量的确定、现金收支日常管理和闲置现金投资管理等。

1. **目标现金持有量的确定**

企业确定适当的现金持有量可采用下列几种方法:

(1)成本分析模式。成本分析模式是通过分析持有现金的成本,寻找持有成本最低的现金持有量。企业持有现金的成本通常由以下三个部分组成。

①短缺成本。现金的短缺成本是指现金持有量不足又无法及时通过有价证券变现加以补充而给企业带来的损失。现金的短缺成本与现金持有量负相关,现金持有量越大,短缺成本越小。

②机会成本。机会成本就是选择最优方案,放弃次优方案所带来的损失。持有现金就放弃了别的投资机会,就会导致机会成本。现金持有量越大,机会成本越高。

③管理成本。现金管理成本是指现金管理的费用,一般来是固定的。最佳的现金持有量应该是短缺成本、机会成本和管理成本之和最小的持有量。

(2)随机模式。随机模式是在现金需求难以预知的情况下进行现金持有量控制的方法。企业可以根据历史经验和现实需要,测算出一个现金持有量的控制范围,即制定出现金持有量的上限和下限,将现金量控制在上、下限之间。当现金持有量不在控制范围内时,可通过有价证券转换进行调整。

(3)存货模式。它的基本原理是将公司现金持有量和有价证券联系起来衡量,即将持有现金的机会成本同转换有价证券的交易成本进行权衡,以求得二者相加总成本最低时的现金持有量,从而得出目标现金持有量。

2. **现金收支日常管理**

企业现金收支日常管理的目的在于提高现金的使用效率。为了实现效率目的,企业除执行国家规定外,还可以通过加速收款(既缩短应收账款的时间),力争现金流量同步(即力争现金流入与流出发生的时间趋于一致),合理使用现金浮游量,在不影响自己信誉的前提下尽可能推迟应付款的支付期等措施加强现金收支管理。

3. 闲置现金投资管理

企业闲置现金只能投资于流动性强、风险低、交易期限短的金融工具中,满足现金的持有动机。可选择的金融工具主要有国库券、可转让大额存单、回购协议等。

▷ 10.10.2 应收账款的财务管理

近年来,随着市场竞争的日趋加剧,企业的应收账款数额明显增多,从而造成资金成本、坏账损失等费用的增加。应收账款非正常的增长还会造成企业资产虚肿、资金周转不畅、运转不灵、财务状况恶化等不良影响。因此,应收账款管理越来越重要。应收账款管理的目的,就是正确衡量信用成本和信用风险,合理确定信用政策,及时回收账款,尽可能地降低应收账款成本,保证流动资产价值的真实性。

1. 应收账款的成本

应收账款的成本是指企业持有一定应收账款所付出的代价。应收账款的成本主要包括机会成本、管理成本和坏账成本三部分。

(1)机会成本。应收账款的机会成本是指因资金投放在应收账款上而丧失的其他收入。

(2)管理成本。应收账款的管理成本是指企业对应收账款进行管理而消耗的各种费用,主要包括对客户的资信调查费用、收账费用及其他相关费用等。

(3)坏账成本。应收账款基于商业信用产生,存在无法收回的可能性。由此给应收账款持有企业带来的损失就是坏账成本。把应收账款确认为坏账的条件有:债务人破产,债务人死亡,应收账款在很长时间内收不回来,现在已经有足够的证据表明无法收回,或者收回的可能性极小。

2. 应收账款的管理政策

应收账款的管理政策主要包括信用标准、信用条件和收账政策。

(1)信用标准。信用标准是指客户获得企业的商业信用所应具备的基本要求。若客户不能满足企业的信用标准,便不能享受企业提供的商业信用。在设定某客户的信用标准时,应先评价客户的信用品质。一般情况下,利用"5C"系统标准来评价客户的信用品质。"5C"就是品行、能力、抵押、资本、条件,具体如表10-6所示。要从这五个方面来看客户的综合情况,然后再决定是否向客户赊销。

表 10-6 客户信用评价 5C 标准

5C		内 容
capital	资本	客户的财务实力、总资产和股东权益的大小
capacity	能力	对客户支付能力的判断,考察客户流动资产的数量和性质
character	品行	客户的信誉,过去负债的记录和债务偿还情况
collateral	抵押	客户为得到信用而提供的可作为抵押品的资产
condition	条件	当前客户付款的经济环境

(2)信用条件。信用条件是指企业要求客户支付赊销款项的条件,主要包括信用期限、折扣期限和现金折扣。

①信用期限。信用期限是容许客户从购货到支付货款的时间限度,也就是客户付款的实际期限。信用期限的确定,主要是分析改变现行信用期限对收入和成本的影响。延长信用期,会使销售额增加,产生有利影响;与此同时,应收账款、收账费用和坏账损失增加,会产生不利影响。

当前者大于后者时，可以延长信用期限，否则不宜延长。如果缩短信用期限，情况与此相反。

②折扣期限。折扣期限是为客户规定的可享受现金折扣的付款时间。

③现金折扣。现金折扣是在客户提前付款时给予的优惠。因为现金折扣是与信用期间结合采用的，所以，确定折扣程度的方法与过程实际上与前述信用期限的确定一致，只不过要把所提供的延期付款时间和折扣综合起来，看各方案的延期与折扣能取得多大的收益增加，再计算各方案带来的成本变化，最终确定最佳方案的现金折扣政策，实际上是在鼓励对方尽快付款，折扣不能太高，否则会对本企业不利。

(3)收账政策。收账政策是指企业向客户收取逾期未付款的收账策略与措施。企业制定收账政策时，要注意把握宽严程度，针对不同的客户采取相应的措施，以尽量确保在不丧失客户的情况下收回账款，减少收款费用和坏账损失。对过期较短的顾客，不过多地打扰，以免将来失去这一市场；对过期较长的顾客，频繁地信件催款并电话催询；对过期很长的顾客，可在催款时措辞严厉，必要时提请有关部门仲裁或提请诉讼等。此外，企业在确定收账政策时，还要在增加的收账费用与减少应收账款而节约的存置成本和坏账损失之间进行权衡。

3. **应收账款风险防范与控制**

企业防范与控制应收账款的坏账风险，减少坏账损失可采取如下措施：①建立弥补坏账损失的准备金制度。②做好日常应收账款的核算工作，定期与客户对账。③加强账龄分析。④制定合理的收账政策。⑤指定合理的收账程序和讨债方法。

▷ 10.10.3　存货的财务管理

存货是指企业在日常活动中持有以备出售的产成品或商品、处在生产过程中的在产品、在生产过程或提供劳务过程中耗用的材料、物料等。存货管理就是对企业的存货进行管理，主要包括存货的信息管理和在此基础上的决策分析，最后进行有效控制，达到存货管理的最终目的提高经济效益。存货管理的主要目的是，通过有效的库存管理，控制存货水平，防范断货风险和存货积压风险，降低存货成本，节约资金成本。

1. **存货成本**

存货成本是指存货所耗费的总成本，是企业为存货所发生的一切支出。主要包括采购成本、订货成本、存储成本、缺货成本等部分。

(1)订货成本。订货成本指为订货而发生的各种成本，包括采购人员的工资、采购部门的一般经费(如办公费、水电费、折旧费等)和采购业务费(如差旅费、邮电费、检验费等)。订货成本可分为两个部分：在订货成本中，为维持一定的采购能力而发生的、各期金额比较稳定的成本，称为固定订货成本；而随订货次数的变动呈正比例变动的成本，称为变动订货成本。

(2)采购成本。采购成本是由买价和运杂费构成的成本，其数额取决于采购数量和单位成本。单位采购成本一般不随采购数量的变动而变动。因此，存货的采购成本，在采购批量决策中一般属于无关成本，但如果供应商采用"数量折扣"等优惠办法，采购成本就成了决策中的有关成本。

(3)存储成本。存储成本指因存储而发生的各种成本，包括支付给储运部门的仓储费、存货占有资本应计的利息、保险费、损耗费、公司自设仓库的一切费用等。存储成本也可分为两部分：在存储成本中，金额稳定，与存储存货数量和存储时间无关的成本，称为"固定成本"；总额大小取决于存货数量和储存时间的成本，称为变动储存成本。

(4)缺货成本。缺货成本指由于存货数量不能及时满足生产和销售的需要而给公司带来的损失。如停工待料而引起的损失、由于商品不足而失去的销售机会、由于采取紧急措施补足所需存货而发生的超额费用等。

2. 存货的经济订货批量

按照存货管理的目的,需要安排合理的进货批量和进货时间,使存货的总成本最低。存货总成本最低的进货批量称为经济订货批量,在一般情况下,采购批量越小,采购次数越多,订货成本越高,但存储成本越低;反之,采购批量越大,采购次数越少,订货成本越低,但存储成本越高。存货决策的目的就是要找出使两种成本合计数最低的订货批量,即经济订货批量。根据经济订货批量就可以合理安排经济进货时间。

存货的经济订货批量可以通过经济订货批量的基本模型来计算。假设条件如下:

(1)公司能够及时补充存货,所需存货市场供应充足,在需要存货时可以立即到位。

(2)存货集中到货,而不是陆续入库。

(3)不允许缺货,即无缺货成本。

(4)一定时期的存货需求量能够确定,即需求量为常量。

(5)存货单价不变,且为已知的常量,不考虑现金折扣。

(6)公司现金充足,不会因现金短缺而影响进货。

在上述假设条件下,存货总成本等于年储存成本和年订货成本之和,用公式表示为:

$$T = Q/2 \times C + A/Q \times P \tag{10.44}$$

式中:A——某种存货的全年需要量;

Q——订货批量;

A/Q——订货次数;

P——每次订货成本;

C——单位存货年存储成本;

T——年成本合计。

对公式(10.51)求一阶导数并令其结果为零,即可求得经济订货批量 Q^* 为:

$$Q^* = \sqrt{2A \cdot P/C} \tag{10.45}$$

由此求出最低年成本合计 T^* 的计算公式为:

$$T^* = \sqrt{2A \cdot P \cdot C} \tag{10.46}$$

3. 存货经济订货点的确定

通过制定经济订货批量,就使存货建立在经济合理的基础上,但由于生产不断进行,产品不断的销售,就必然使存货不断减少,所以必须正确确定在什么时候订货最为适宜,也就是要确定"订货点"。如果订货过早,会增加存货的储存量,造成物资与资本的积压,如果订货过迟,将会使存货储备减少,一旦供货不及时,就会影响生产需要,所以正确地确定订货点是存货决策的重要方面。

影响订货点的主要因素除上述所说经济订货批量之外,还有"正常的消耗量"、"提前期"、"安全储备量"等。正常消耗量是指产品在正常生产消耗过程中预计的每天或每周材料的正常消耗量;提前期是指从提出订货到收到订货的时间间隔;安全储备量是指为了预防临时用量增大而多储备的存货量,其计算公式为:

$$安全储备量 = (预计每天最大消耗量 - 平均每日正常消耗量) \times 提前期天数 \tag{10.47}$$

安全储备量加上提前期内正常消耗量,称为订货点,其计算公式为:

$$订货点 = 平均每日正常消耗量 \times 提前期 + 安全储备量 \tag{10.48}$$

4. 存货管理的其他方法

(1)ABC分析法。它是对存货各项目(如原材料、在产品、产成品等)按种类、品种或规格分清主次,重点控制的方法。ABC 分析法的操作步骤如下:①计算一种存货在一定期内(通常为一年)的资金占用额;②计算每种存货资金占用额占全部资金占用额的百分比,并按大小顺序排列,编成表格;③将存货占用资金巨大、品种数量较少的确定为 A 类,将存货占用资金一般,品种数量相对较多的确定为 B 类,将存货品种数量繁多,但价值金额较小的确定为 C 类;④对 A 类存货进行重点规划和控制,对 B 类进行次重要管理,最后对 C 类存货实行一般管理。

(2)适时供应法。适时供应法指存货恰好在需要时取得并且投入流程的方法。在工艺流程中,适时供应思想能够使得生产准备成本最小,经济订货批量下降,存货占有资金量较低。这就要求公司具有高效的采购计划、极为可靠的供应商以及有效的存货处理系统。通过计算机网络获得及时信息,有利于适时供应思想成为现实。

对于原材料存货,可以通过提高内部管理效率来减少,同时,通过与可靠供应商的合作,对于降低原材料库存至关重要;对于减少在产品的占用,通过提高内部物流管理效率可以达到目标;对于产成品存货而言,将受客户满意程度的影响,适销对路,必须减少库存。适时供应将导致较快的生产流程,要求管理者一方面降低存货水平,另一方面防止缺货成本的发生,实现最佳的存货水平。

思考与练习

1. 简述会计的含义及其职能。

2. 什么是会计假设?

3. 会计核算应遵循哪些原则?

4. 什么是会计要素?

5. 简述借贷记账法及其记账规则。

6. 什么是会计凭证? 什么是会计账户?

7. 简述流动资产的含义及其核算内容。

8. 简述固定资产的含义及其核算内容。

9. 简述长期股权投资核算的方法。

10. 简述无形资产的特点及其核算内容。

11. 简述其他资产的核算内容。

12. 什么是负债? 流动负债和非流动负债一般是如何区分的? 各自的核算内容包括哪些?

13. 简述所有者权益的含义及其来源。

14. 简述资本公积的核算内容。

15. 法定盈余公积的提取依据是什么? 有哪些用途?

16. 简述费用与成本的区别、联系。

17. 简述工程成本核算的内容、对象、基本要求和计算方法。

18. 简述收入的确认原则。

19. 简述建造(施工)合同收入的内容及其确认原则。

20. 如何计算利润?

21. 如何计算所得税费用?

22. 简述财务报表列报的含义及内容。

23. 简述资产负债表的作用与结构。

24. 简述利润表的作用与结构。

25. 简述现金流量表的作用与结构。

26. 简述所有者权益变动表的结构。

27. 常用的财务分析方法有哪些?

28. 反映企业状况与经营成果的指标有哪些? 如何计算这些指标?

29. 短期筹资的方式有哪些?

30. 长期筹资的方式有哪些?

31. 简述企业现金管理的目标和内容。

32. 如何确定企业适当的现金持有量?

33. 应收账款的管理政策有哪些?

34. 如何确定存货的经济订货批量?

35. 如何运用 ABC 分析法管理存货?

第 11 章　建设工程项目估价

本章学习要点

1. 了解我国基本建设程序与工程多次计价之间的关系
2. 熟悉建设工程项目总投资的组成
3. 熟悉设备及工器具购置费的组成
4. 熟悉工程建设其他费用的组成
5. 熟悉预备费的组成
6. 熟悉建设期利息的计算
7. 熟悉建筑安装工程费项目构成
8. 熟悉投资估算的内容与作用
9. 熟悉投资估算的阶段划分与精度要求
10. 了解投资估算的编制依据、程序及方法
11. 熟悉设计概算的作用和内容
12. 熟悉设计概算的编制依据和步骤
13. 熟悉单位工程设计概算、单项工程综合概算的编制方法
14. 熟悉建设工程项目总概算的编制
15. 熟悉建设工程项目施工图预算

在国外的基本建设程序中,可行性研究阶段、方案设计阶段、基础设计阶段、详细设计阶段及招投标阶段对建设工程项目投资所做的测算统称为"工程估价",但在各个阶段,其详细程度和准确度是有差别的。

基本建设程序是指建设项目从设想、选择、评估、决策、设计、施工到竣工验收、投入生产等的整个建设过程中,各项工作必须遵循的先后次序法则。目前,我国基本建设程序的主要阶段有:项目建议书阶段、可行性研究报告阶段、设计阶段、建设准备阶段、建设实施阶段和竣工验收阶段,即决策阶段、实施阶段和运行阶段。其中每个阶段又有不同内容,图 11-1 为我国基本建设程序与工程多次计价之间的关系。

按照我国的基本建设程序,在项目建议书及可行性研究阶段,对建设工程项目投资所做的测算称之为"投资估算";在初步设计、技术设计阶段,对建设工程项目投资所做的测算称之为"设计概算";在施工图设计阶段,称之为"施工图预算";在投标阶段,称之为"投标报价";承包人与发包人签订合同时形成的价格称之为"合同价";在合同实施阶段,承包人与发包人结算工程价款时形成的价格称之为"结算价";工程竣工验收后,实际的工程造价称之为"竣工决算价"。

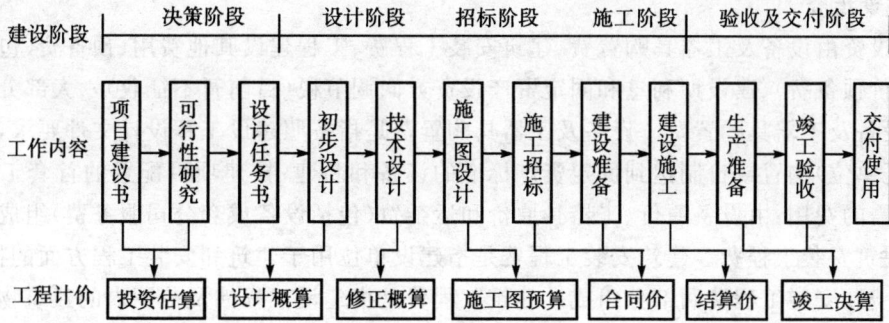

图 11-1 我国基本建设程序与工程多次计价之间的关系

11.1 建设工程项目总投资

➤ 11.1.1 建设工程项目总投资的构成

建设工程项目总投资,一般是指进行某项工程建设花费的全部费用,见图 11-2。

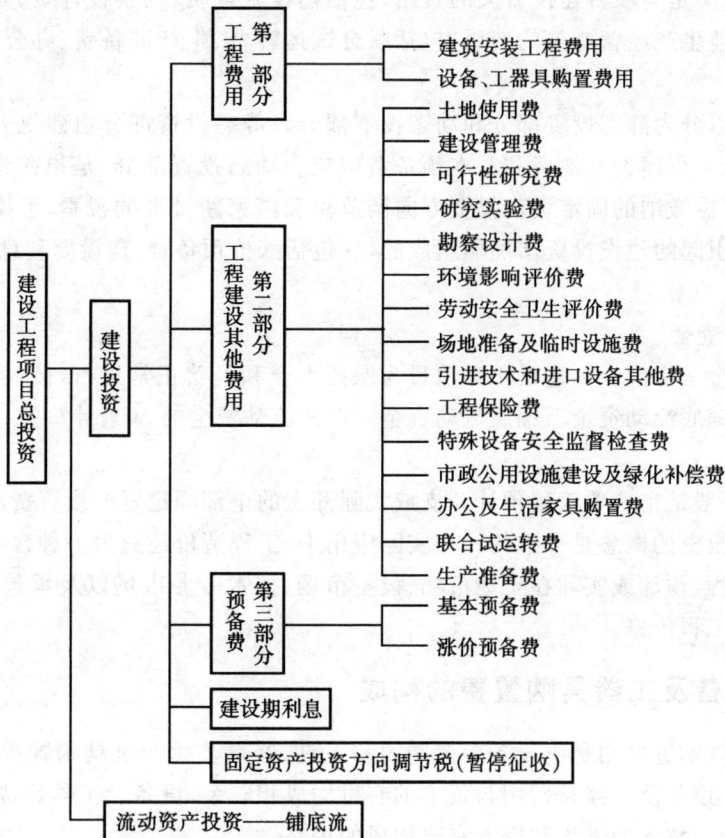

图 11-2 建设工程项目总投资构成

对于生产性建设工程项目,总投资包括建设投资和铺底流动资金两部分;而非生产性建设工程项目,总投资则只包括建设投资。

1. 建设投资

建设投资由设备及工器具购置费、建筑安装工程费、工程建设其他费用、预备费(包括基本预备费和涨价预备费)、建设期利息和固定资产投资方向调节税(目前暂不征收)六大部分组成。

(1)设备及工器具购置费。设备及工器具购置费是指按照建设工程设计文件要求,建设单位(或其委托单位)购置或自制达到固定资产标准的设备和新建、扩建项目配置的首套工器具及生产家具所需的费用,由设备原价、工器具原价和运杂费(包括设备成套公司服务费)组成。

(2)建筑安装工程费。建筑安装工程费是指建设单位用于建筑和安装工程方面的投资,它由建筑工程费和安装工程费两部分组成。建筑工程费是指建设工程涉及范围内的建筑物、构筑物、场地平整、道路、室外管道铺设、大型土石方工程费用等。安装工程费是指主要生产、辅助生产、公用工程等单项工程中需要安装的机械设备、电器设备、专用设备、仪器仪表等设备的安装及配件工程费,以及工艺、供热、供水等各种管道、配件、闸门和供电外线安装工程费用等。

(3)工程建设其他费用。工程建设其他费用是指未纳入以上两项的,根据设计文件要求和国家有关规定应由项目投资支付的,为保证工程建设顺利完成和交付使用后能够正常发挥效用而发生的一些费用。

工程建设其他费用可分为三类:第一类是土地使用费,包括土地征用及迁移补偿费和土地使用权出让金;第二类是与项目建设有关的费用,包括建设管理费、勘察设计费、研究试验费等;第三类是与未来企业生产经营有关的费用,包括联合试运转费、生产准备费、办公和生活家具购置费等。

建设投资可以分为静态投资部分和动态投资部分。静态投资部分由建筑安装工程费、设备及工器具购置费、工程建设其他费和基本预备费构成。动态投资部分,是指在建设期内,因建设期利息、建设工程需缴纳的固定资产投资方向调节税和国家新批准的税费、汇率、利率变动以及建设期价格变动引起的建设投资增加额组成的,它包括涨价预备费、建设期利息和固定资产投资方向调节税。

2. 铺底流动资金

铺底流动资金是指生产性建设工程项目为保证生产和经营正常进行,按规定应列入建设工程项目总投资的铺底流动资金。铺底流动资金一般按流动资金的30%计算。

3. 工程造价

工程造价,一般是指一项工程预计开支或实际开支的全部固定资产投资费用,在这个意义上工程造价与建设投资的概念是一致的。在实际应用中,工程造价还有另一种含义——工程价格,即为建成一项工程,预计或实际在土地市场、设备市场、技术劳务市场以及承包市场等交易活动中所形成的建设工程价格。

➤ 11.1.2 设备及工器具购置费的构成

设备及工器具购置费用是由设备购置费用和工具、器具及生产家具购置费用组成。在工业建设工程项目中,设备及工器具费用与资本的有机构成相联系,设备及工器具费用占投资费用的比例大小,表明生产技术的进步和资本有机构成的提高。

1. 设备购置费的组成和计算

设备购置费是指为建设工程项目购置或自制的达到固定资产标准的设备、工具、器具的费用。

所谓固定资产标准,是指使用年限在一年以上,单位价值在国家或各主管部门规定的限额以上。新建项目和扩建项目的新建车间购置或自制的全部设备、工具、器具,不论是否达到固定资产标准,均计入设备、工器具购置费中。

设备购置费包括设备原价(对于进口设备,指其抵岸价)和设备运杂费。

设备运杂费是指设备原价中未包括的包装和包装材料费、运输费、装卸费、采购费及仓库保管费、供销部门手续费等。如果设备是由设备成套公司供应的,成套公司的服务费也应计入设备运杂费中。

设备原价是指国产标准设备、非标准设备原价。

(1)国产标准设备原价。国产标准设备是指按照主管部门颁布的标准图纸和技术要求,由设备生产厂批量生产的,符合国家质量检验标准的设备。国产标准设备原价一般指的是设备制造厂的交货价,即出厂价。如设备系由设备成套公司供应,则以订货合同价为设备原价,有的设备有两种出厂价,即带有备件的出厂价和不带有备件的出厂价。在计算设备原价时,一般按带有备件的出厂价计算。

(2)国产非标准设备原价。非标准设备是指国家尚无定型标准,各设备生产厂不可能在工艺过程中采用批量生产只能按一次订货,并根据具体的设备图纸制造的设备。非标准设备原价有多种不同的计算方法,如成本计算估价法、系列设备插入估价法、分部组合估价法、定额估价法等。无论哪种方法,都应该使非标准设备计价的准确度接近实际出厂价,且计算方法要简便。

(3)进口设备抵岸价构成及计算。进口设备抵岸价是指抵达买方边境港口或边境车站,且交完关税以后的价格。

①进口设备的交货方式。进口设备的交货方式可分为内陆交货类、目的地交货类、装运港交货类。

A.内陆交货类。即卖方在出口国内陆的某个地点完成交货任务。在交货地点,卖方及时提交合同规定的货物和有关凭证,并承担交货前的一切费用和风险;买方按时接受货物,交付货款,承担接货后的一切费用和风险,并自行办理出口手续和装运出口。货物的所有权也在交货后由卖方转移给买方。

B.目的地交货类。即卖方要在进口国的港口或内地交货,包括目的港船上交货价,目的港船边交货价(FOS)和目的港码头交货价(关税已付)及完税后交货价(进口国目的地的指定地点)。目的地交货类的特点是买卖双方承担的责任、费用和风险是以目的地约定交货点为分界线,只有当卖方在交货点将货物置于买方控制下方算交货,方能向买方收取货款。这类交货价对卖方来说承担的风险较大,在国际贸易中卖方一般不愿意采用这类交货方式。

C.装运港交货类。即卖方在出口国装运港完成交货任务,主要有装运港船上交货价(FOB),习惯称为离岸价;运费在内价(CFR);运费、保险费在内价(CIF),习惯称为到岸价。装运港交货类的特点是:卖方按照约定的时间在装运港交货,只要卖方把合同规定的货物装船后提供货运单据便完成交货任务,并可凭单据收回货款。

采用装运港船上交货(FOB)时,卖方的责任是:负责在合同规定的装运港口和规定的期限内将货物装上买方指定的船只,并及时通知买方;负责货物装船前的一切费用和风险;负责办理出口手续;提供出口国政府或有关方面签发的证件;负责提供有关装运单据。

买方的责任是:负责租船或订舱,支付运费,并将船期、船名通知卖方;承担货物装船后的一切费用和风险;负责办理保险及支付保险费,办理在目的港的进口和收货手续;接受卖方提供的有关装运单据,并按合同规定支付货款。

②进口设备的抵岸价格构成。进口设备如果采用装运港船上交货价(FOB),其抵岸价构成

为：

进口设备抵岸价＝货价＋国外运费＋国外运输保险费＋银行财务费＋外贸手续费＋

进口关税＋增值税＋消费税＋海关监管手续费　　　　　　(11.1)

A. 进口设备的货价。一般可采用下列公式计算：

货价＝离岸价(FOB 价)×人民币外汇牌价　　　　　　(11.2)

B. 国外运费。我国进口设备大部分采用海洋运输方式，小部分采用铁路运输方式，个别采用航空运输方式。

国外运费＝离岸价×运费率　　　　　　(11.3)

或：

国外运费＝运量×单位运价　　　　　　(11.4)

式中，运费率或单位运价参照有关部门或进出口公司的规定。计算进口设备抵岸价时，再将国外运费换算为人民币。

C. 国外运输保险费。对外贸易货物运输保险是由保险人(保险公司)与被保险人(出口人或进口人)订立保险契约，在被保险人交付议定的保险费后，保险人根据保险契约的规定对货物在运输过程中发生的承保责任范围内的损失给予经济上的补偿。计算公式为：

国外运输保险费＝(离岸价＋国外运费)×国外运输保险费率　　　　　　(11.5)

计算进口设备抵岸价时，再将国外运输保险费换算为人民币。

D. 银行财务费。一般指银行手续费，计算公式为：

银行财务费＝离岸价×人民币外汇牌价×银行财务费率　　　　　　(11.6)

银行财务费率一般为 0.4%～0.5%。

E. 外贸手续费。外贸手续费是指按原外经贸部规定的外贸手续费率计取的费用，外贸手续费率一般取 1.5%。计算公式为：

外贸手续费＝进口设备到岸价×人民币外汇牌价×外贸手续费率　　　　　　(11.7)

进口设备到岸价(CIF)＝离岸价(FOB)＋国外运费＋国外运输保险费　　　　　　(11.8)

F. 进口关税。进口关税是由海关对进出国境的货物和物品征收的一种税，属于流转性课税。计算公式为：

进口关税＝到岸价×人民币外汇牌价×进口关税率　　　　　　(11.9)

G. 增值税。增值税是我国政府对从事进口贸易的单位和个人，在进口商品报关进口后征收的税种。进口应税产品均按组成计税价格，依税率直接计算应纳税额，不扣除任何项目的金额或已纳税额。即：

进口产品增值税额＝组成计税价格×增值税率　　　　　　(11.10)

组成计税价格＝到岸价×人民币外汇牌价＋进口关税＋消费税　　　　　　(11.11)

增值税基本税率为 17%。

H. 消费税。消费税对部分进口产品(如轿车等)征收。计算公式为：

$$消费税＝\frac{到岸价×人民币外汇牌价＋关税}{1－消费税率}×消费税率　　　　　　(11.12)$$

I. 海关监管手续费。海关监管手续费是指海关对发生减免进口税或实行保税的进口设备，实施监管和提供服务收取的手续费。全额收取关税的设备，不收取海关监管手续费。其计算公式为：

海关监管手续费＝到岸价×人民币外汇牌价×海关监管手续费率　　　　(11.13)

(4)设备运杂费。设备运杂费通常由下列各项构成：

①国产标准设备由设备制造厂交货地点起至工地仓库(或施工组织设计指定的需要安装设备的堆放地点)止所发生的运费和装卸费；进口设备则由我国到岸港口、边境车站起至工地仓库(或施工组织设计指定的需要安装设备的堆放地点)止所发生的运费和装卸费。

②在设备出厂价格中没有包含的设备包装和包装材料器具费，在设备出厂价或进口设备价格中如已包括了此项费用，则不应重复计算。

③供销部门的手续费，按有关部门规定的统一费率计算。

④建设单位(或工程承包公司)的采购与仓库保管费。这是指采购、验收、保管和收发设备所发生的各种费用，包括设备采购、保管和管理人员工资、工资附加费、办公费、差旅交通费、设备供应部门办公和仓库所占固定资产使用费、工具用具使用费、劳动保护费、检验试验费等。这些费用可按主管部门规定的采购保管费率计算。

设备运杂费按设备原价乘以设备运杂费率计算。其计算公式为：

设备运杂费＝设备原价×设备运杂费率　　　　(11.14)

其中，设备运杂费率按各部门及省、市等的规定计取。一般来讲，沿海和交通便利的地区，设备运杂费率相对低一些，内地和交通不很便利的地区就要相对高一些，边远省份则要更高一些。对于非标准设备来讲，应尽量就近委托设备制造厂，以大幅度降低设备运杂费。进口设备由于原价较高，国内运距较短，因而运杂费率应适当降低。

2. 工具、器具及生产家具购置费的构成及计算

工具、器具及生产家具购置费是指新建项目或扩建项目初步设计规定所必须购置的不够固定资产标准的设备、仪器、工卡模具、器具、生产家具和备品备件的费用。其一般计算公式为：

工具、器具及生产家具购置费＝设备购置费×定额费率　　　　(11.15)

▷ 11.1.3　工程建设其他费的组成

工程建设其他费用是指工程项目从筹建到竣工验收交付使用止的整个建设期间，除建筑安装工程费用和设备、工器具购置费以外的，为保证工程建设顺利完成和交付使用后能够正常发挥效用而发生的一些费用。

工程建设其他费用大体可分为三类：第一类为土地使用费，由于工程项目必须占用一定量的土地，也就必然要发生为获得建设用地而支付的费用；第二类是与项目建设有关的费用；第三类是与未来企业生产和经营活动有关的费用。

1. 土地使用费

土地使用费是指按照《中华人民共和国土地管理法》等规定，建设工程项目征用土地或租用土地应支付的费用。

(1)农用土地征用费。它由土地补偿费、安置补助费、土地投资补偿费、土地管理费、耕地占用税等组成，并按被征用土地的原用途给予补偿。

征用耕地的补偿费用包括土地补偿费、安置补助费以及地上附着物和青苗的补偿费。

①征用耕地的土地补偿费。为该耕地被征用前三年平均年产值的6～10倍。

②征用耕地的安置补助费。按照需要安置的农业人口数计算。需要安置的农业人口数，按照被征用的耕地数量除以征地前被征用单位平均每人占有耕地的数量计算。每一个需要安置的

农业人口的安置补助费标准,为该耕地被征用前三年平均年产值的 4～6 倍。但是,每公顷被征用耕地的安置补助费,最高不得超过被征用前三年平均年产值的 15 倍。

征用其他土地的土地补偿费和安置补助费标准,由省、自治区、直辖市参照征用耕地的土地补偿费和安置补助费的标准规定。

③征用土地上的附着物和青苗的补偿标准。由省、自治区、直辖市规定。

④征用城市郊区的菜地。用地单位应当按照国家有关规定缴纳新菜地开发建设基金。

(2)取得国有土地使用费。主要包括:土地使用权出让金、城市建设配套费、拆迁补偿与临时安置补助费等。

①土地使用权出让金。土地使用权出让金是指建设工程通过土地使用权出让方式,取得有限期的土地使用权,依照《中华人民共和国城镇国有土地使用权出让和转让暂行条例》规定,支付的土地使用权出让金。

②城市建设配套费。城市建设配套费是指因进行城市公共设施的建设而分摊的费用。

③拆迁补偿与临时安置补助费。此项费用由两部分构成,即拆迁补偿费和临时安置补助费或搬迁补助费。拆迁补偿费是指拆迁人对被拆迁人,按照有关规定予以补偿所需的费用。拆迁补偿的形式可分为产权调换和货币补偿两种形式。产权调换的面积按照所拆迁房屋的建筑面积计算,货币补偿的金额按照被拆迁人或者房屋承租人支付搬迁补助费。在过渡期内,被拆迁人或者房屋承租人自行安排住处的,拆迁人应当支付临时安置补助费。

2. 与项目建设有关的其他费用

(1)建设管理费。建设管理费指建设单位从项目筹建开始直至工程竣工验收合格或交付使用为止发生的项目建设管理费用。包括以下费用:

①建设单位管理费。建设单位管理费是指建设单位发生的管理性质的开支,如工作人员工资、施工现场津贴、职工福利费、保险费、办公费、差旅交通费、劳动保护费、印花税和其他管理性质开支。

建设管理如果采用工程总承包方式,其总包管理费由建设单位与总包单位根据总包工作范围在合同中商定,从建设管理费中支出。

建设单位管理费以建设投资中的工程费用为基数乘以建设单位管理费费率计算,公式如下:

$$建设单位管理费＝工程费用×建设单位管理费费率 \qquad (11.16)$$

工程费用是建筑安装工程费用和设备及工、器具购置费用之和。

②工程监理费。工程监理费是指建设单位委托工程监理单位实施工程监理的费用。由于工程监理是受建设单位委托的工程建设技术服务,属建设管理范畴。如采用监理,建设单位部分管理工作量转移至监理单位。监理费应根据委托的监理工作范围和监理深度在监理合同中商定或按当地或所属行业部门有关规定计算。

③工程质量监督费。工程质量监督费是指工程质量监督检验部门检验工程质量而收取的费用。

(2)可行性研究费。可行性研究费是指在建设工程项目前期工作中,编制和评估项目建议书(或预可行性研究报告)、可行性研究报告所需的费用。

可行性研究费依据前期研究委托合同列计或参照国家相关规定计算。编制预可行性研究报告参照编制项目建议书收费标准并可适当调增。

(3)研究试验费。研究试验费是指为建设工程项目提供或验证设计数据、资料等进行必要的研究试验及按照设计规定在建设过程中必须进行试验、验证所需的费用。研究试验费按照研究试验内容和要求进行编制。

研究试验费不包括以下项目：①应由科技三项费用（即新产品试制费、中间试验费和重要科学研究补助费）开支的项目；②应在建筑安装费用中列支的施工企业对建筑材料、构件和建筑物进行一般鉴定、检查所发生的费用及技术革新的研究试验费；③应由勘察设计费或工程费用中开支的项目。

（4）勘察设计费。勘察设计费是指委托勘察设计单位进行工程水文地质勘察、工程设计所发生的各项费用。其中包括：工程勘察费；初步设计费、施工图设计费；设计模型制作费。勘察设计费依据勘察设计委托合同计列，或参照国家相关规定计算。

（5）环境影响评价费。环境影响评价费是指按照国家相关规定，为全面、详细评价建设工程项目对环境可能产生的污染或造成的重大影响所需的费用。主要包括编制环境影响报告书（含大纲）、环境影响报告表和评估环境影响报告书（含大纲）、评估环境影响报告表等所需的费用。环境影响评价费依据环境影响评价委托合同计列，或按照国家相关规定计算。

（6）劳动安全卫生评价费。劳动安全卫生评价费是指按照国家相关规定，为预测和分析建设工程项目存在的职业危险、危害因素的种类和危险危害程度，并提出先进、科学、合理可行的劳动安全卫生技术和管理对策所需的费用。主要包括编制建设工程项目劳动安全卫生预评价大纲和劳动安全卫生预评价报告书以及为编制上述文件所进行的工程分析和环境现状调查等所需费用。劳动安全卫生评价费，依据劳动安全卫生预评价委托合同计列，或按照建设工程项目所在省（市、自治区）劳动行政部门规定的标准计算。

（7）场地准备及临时设施费。场地准备及临时设施费是指建设场地准备费和建设单位临时设施费。

①场地准备费。场地准备费是指建设工程项目为达到工程开工条件所发生的场地平整和对建设场地遗留的有碍于施工建设的设施进行拆除清理的费用。

②场地准备及临时设施费。场地准备及临时设施费是指为满足施工建设需要而供到场地界区的、未列入工程费用的临时水、电、路、信、气等其他工程费用和建设单位的现场临时建（构）筑物的搭设、维修、拆除、摊销或建设期间租赁费用，以及施工期间专用公路或桥梁的加固、养护、维修等费用。此项费用不包括已列入建筑安装工程费用中的施工单位临时设施费用。计算公式如下：

$$场地准备和临时设施费 = 工程费用 \times 费率 + 拆除清理费 \qquad (11.17)$$

场地准备及临时设施应尽量与永久性工程统一考虑。建设场地的大型土石方工程应进入工程费用中的总图运输费用中。

新建项目的场地准备和临时设施费应根据实际工程量估算或按工程费用的比例计算。改扩建项目一般只计拆除清理费。

发生拆除清理费时，可按新建同类工程造价或主材费、设备费的比例计算。凡可回收材料的拆除工程采用以料抵工方式冲抵拆除清理费。

（8）引进技术和进口设备其他费。其中包括出国人员费用、国外工程技术人员来华费用、技术引进费、分期或延期付款利息、担保费以及进口设备检验鉴定费。

①出国人员费用。出国人员费用指为引进技术和进口设备派出人员到国外培训和进行设计联络、设备检验等的差旅费、制装费、生活费等。这项费用根据设计规定的出国培训和工作的人

数、时间及派往国家,按财政部、外交部规定的临时出国人员费用开支标准及中国民用航空公司现行国际航线票价等进行计算,其中使用外汇部分应计算银行财务费用。

②国外工程技术人员来华费用。国外工程技术人员来华费用指为安装进口设备,引进国外技术等聘用外国工程技术人员进行技术指导工作所发生的费用,按每人每月费用指标计算。

③技术引进费。技术引进费指为引进国外先进技术而支付的费用。主要包括专利费、专有技术费(技术保密费)、国外设计及技术资料费、计算机软件费等。这项费用根据合同或协议的价格计算。

④分期或延期付款利息。分期或延期付款利息指利用出口信贷引进技术或进口设备采取分期或延期付款的办法所支付的利息。

⑤担保费。担保费指国内金融机构为买方出具保函的担保费。这项费用按有关金融机构规定的担保率计算(一般可按承保金的5‰计算)。

⑥进口设备检验鉴定费用。进口设备检验鉴定费用指进口设备按规定付给商品检验部门的进口设备检验鉴定费,这项费用按进口设备货价的3‰~5‰计算。

(9)工程保险费。工程保险费是指建设工程项目在建设期间根据需要对建筑工程、安装工程、机器设备和人身安全进行投保而发生的保险费用。包括建筑安装工程一切险、进口设备财产保险和人身意外伤害险等,不包括已列入施工企业管理费中的施工管理用财产、车辆保险费。不投保的工程不计取此项费用。

不同的建设工程项目可根据工程特点选择投保险种,根据投保合同计列保险费用。编制投资估算和概算时可按工程费用的比例估算。

(10)特殊设备安全监督检验费。特殊设备安全监督检验费是指在施工现场组装的锅炉及压力容器、压力管道、消防设备、燃气设备、电梯等特殊设备和设施,由安全监察部门按照有关安全监察条例和实施细则以及设计技术要求进行安全检验,应由建设工程项目支付的,向安全监察部门缴纳的费用。

特殊设备安全监督检验费,按照建设工程项目所在省(市、自治区)安全监察部门的规定标准计算。无具体规定的,在编制投资估算和概算时可按受检设备现场安装费的比例估算。

(11)市政公用设施建设及绿化补偿费。市政公用设施建设及绿化补偿费是指使用市政公用设施的建设工程项目,按照项目所在地省一级人民政府有关规定建设或缴纳的市政公用设施建设配套费,以及绿化工程补偿费。按工程所在地人民政府规定标准计列;不发生或按规定免征项目不计取。

3. 与未来企业生产经营有关的其他费用

(1)联合试运转费。联合试运转费是指新建项目或新增加生产能力的项目,在交付生产前按照批准的设计文件所规定的工程质量标准和技术要求,进行整个生产线或装置的负荷联合试运转或局部联动试车所发生的费用净支出(试运转支出大于收入的差额部分费用)。

试运转支出包括试运转所需原材料、燃料及动力消耗、低值易耗品、其他物料消耗、工具用具使用费、机械使用费、保险金、施工单位参加试运转人员工资以及专家指导费等。试运转收入包括试运转期间的产品销售收入和其他收入。

联合试运转费不包括应由设备安装工程费用开支的调试及试车费用,以及在试运转中暴露出来的因施工原因或设备缺陷等发生的处理费用。

不发生试运转或试运转收入大于(或等于)费用支出的工程,不列此项费用。

当联合试运转收入小于试运转支出时：

$$联合试运转费＝联合试运转费用支出 － 联合试运转收入 \qquad (11.18)$$

试运行期，按照以下规定确定：引进国外设备项目按建设合同中规定的试运行期执行，国内一般性建设工程项目试运行期原则上按照批准的设计文件所规定期限执行。个别行业的建设工程项目试运行期需要超过规定试运行期的，应报项目设计文件审批机关批准。试运行期一经确定，建设单位应严格按规定执行，不得擅自缩短或延长。

(2)生产准备费。生产准备费是指新建项目或新增生产能力的项目，为保证竣工交付使用进行必要的生产准备所发生的费用。主要包括以下费用：

①生产职工培训费。主要包括自行培训、委托其他单位培训人员的工资、工资性补贴、职工福利费、差旅交通费、学习资料费、学费、劳动保护费。

②提前进厂工资福利等费用。主要包括生产单位提前进厂参加施工、设备安装、调试等以及熟悉工艺流程及设备性能等人员的工资、工资性补贴、职工福利费、差旅交通费、劳动保护费等。

新建项目按设计定员为基数计算，改扩建项目按新增设计定员为基数计算：

$$生产准备费＝设计定员×生产准备费指标(元/人) \qquad (11.19)$$

(3)办公和生活家具购置费。办公和生活家具购置费是指为保证新建、改建、扩建项目初期正常生产、使用和管理所必须购置的办公和生活家具、用具的费用。

改、扩建项目所需的办公和生活用具购置费，应低于新建项目。其范围包括办公室、会议室、资料档案室、阅览室、文娱室、食堂、浴室、理发室和单身宿舍等。

这项费用按照设计定员人数乘以综合指标一般建设工程项目很少发生或一些具有明显行业特征的工程建设其他费项目，如移民安置费、水资源费、水土保持评价费、地质灾害危险性评价费、河道占用补偿费、种质检测费、引种测试费等，具体项目发生时依据有关政策规定列入。

▶ 11.1.4 预备费与建设期利息

1. 预备费的组成

按我国现行规定，预备费包括基本预备费和涨价预备费。

(1)基本预备费。基本预备费是指在项目实施中可能发生难以预料的支出，需要预先预留的费用，又称不可预见费，主要指设计变更及施工过程中可能增加工程量的费用。计算公式为：

$$基本预备费＝(设备及工器具购置费＋建筑安装工程费＋工程建设其他费)×基本预备费率$$
$$(11.20)$$

(2)涨价预备费。涨价预备费是指建设工程项目在建设期内由于价格等变化引起投资增加，需要事先预留的费用。涨价预备费以建筑安装工程费、设备工器具购置费之和为计算基数。计算公式为：

$$PC = \sum_{t=1}^{n} I_t [(1+f)^t - 1] \qquad (11.21)$$

式中，PC——涨价预备费；

n——建设期；

I_t——第 t 年的建筑安装工程费、设备及工器具购置费之和；

f——建设期价格上涨指数。

【例 11-1】 某建设工程项目在建设期初的建筑安装工程费和设备工器具购置费为 45 000

万元。按本项目实施进度计划,项目建设期为 3 年,投资分年使用比例为:第一年 45%,第二年 35%,第三年 20%,建设期内预计年平均价格总水平上涨率为 5%。建设期贷款利息为 1 400 万元,建设工程项目其他费用为 3 800 万元,基本预备费率为 10%。

试估算该项目的建设投资。

解:①计算项目的涨价预备费。

第一年末的涨价预备费 PC_1 为:

$$PC_1 = 45\,000 \times 45\% \times [(1+0.05)^1 - 1] = 1\,012.5(万元)$$

第二年末的涨价预备费 PC_2 为:

$$PC_2 = 45\,000 \times 35\% \times [(1+0.05)^2 - 1] = 1\,614.38(万元)$$

第三年末的涨价预备费 PC_3 为:

$$PC_3 = 45\,000 \times 20\% \times [(1+0.05)^3 - 1] = 1\,418.63(万元)$$

该项目建设期的涨价预备费总额为

$$\sum PC = 1\,012.5 + 1\,614.38 + 1\,418.63 = 4\,045.51(万元)$$

②计算项目的建设投资。

建设投资＝静态投资＋建设期贷款利息＋涨价预备费

$$= (45\,000 + 3\,800) \times (1 + 10\%) + 1\,400 + 4\,045.51 = 59\,125.51(万元)$$

2. 建设期利息

建设期利息是指项目借款在建设期内发生并计入固定资产的利息。为了简化计算,在编制投资估算时通常假定借款均在每年的年中支用,借款第一年按半年计息,其余各年份按全年计息。计算公式为:

各年应计利息＝(年初借款本息累计＋本年借款额/2)×年利率 　　　　(11.22)

【例 11-2】 某新建项目,建设期为 3 年,共向银行贷款 1 500 万元,贷款时间为:第一年 500 万元,第二年 600 万元,第三年 400 万元,年利率为 6%,计算建设期利息。

解:建设期各年应计利息计算如下:

$$I_1 = 500/2 \times 6\% = 15(万元)$$

$$I_2 = (500 + 15 + 600/2) \times 6\% = 48.9(万元)$$

$$I_3 = (500 + 15 + 600 + 48.9 + 400/2) \times 6\% = 81.83(万元)$$

建设期利息总和为:

$$\sum I = 15 + 48.9 + 81.83 = 145.73(万元)$$

11.2　建筑安装工程费用项目的组成与计算

1. 按费用构成要素划分的建筑安装工程费用项目组成

按照费用构成要素划分,建筑安装工程费由人工费、材料(包含工程设备,下同)费、施工机具使用费、企业管理费、利润、规费和税金组成。其中人工费、材料费、施工机具使用费、企业管理费和利润包含在分部分项工程费、措施项目费、其他项目费中(见图 11-3)。

(1)人工费。人工费是指按工资总额构成规定,支付给从事建筑安装工程施工的生产工人和附属生产单位工人的各项费用。具体包括以下费用:

①计时/计件工资。计时/计件工资是指按计时工资标准和工作时间或对已做工作按计件单

```
                          ┌─ 计时/计件工资
                          ├─ 奖金
                 ┌ 人工费 ─┼─ 津贴、补助 ──────────────────┐ 分部分项工程费
                 │        ├─ 加班、加点工资               └
                 │        └─ 特殊情况下支付的工资
                 │
                 │        ┌─ 材料原价
                 │        ├─ 运杂费          ┌─ 折旧费
                 │ 材料费 ─┼─ 运输损失费       ├─ 大修理费
                 │        └─ 采购及保管费      ├─ 经常修理费
                 │                          ├─ 安拆费及场外运费
                 │ 施工机具使用费 ─┬─ 施工机械使用费 ─┼─ 人工费 ──────── 措施项目费
建              │              └─ 仪器、仪表使用费 ├─ 燃料动力费
筑              │                                 └─ 税费
安  （按
装  费用        │        ┌─ 管理人员工资
工  构成        │        ├─ 办公费
程  要素        │        ├─ 差旅交通费
费  划          │        ├─ 固定资产使用费
    分          │        ├─ 工具用具使用费
    ）          │        ├─ 劳动保险和职工福利费
                │ 企业管理费 ┼─ 劳动保护费
                │        ├─ 检验、试验费
                │        ├─ 工会经费
                │        ├─ 职工教育经费
                │        ├─ 财产保险费
                │        ├─ 财务费
                │        ├─ 税金
                │        └─ 其他
                │
                ├ 利润 ─────────────────────────── 其他项目费
                │                       ┌─ 养老保险费
                │        ┌─ 工程排污费     ├─ 失业保险费
                │ 规费 ──┼─ 社会保险费 ───┼─ 医疗保险费
                │        └─ 住房公积金     ├─ 生育保险费
                │                       └─ 工伤保险费
                │        ┌─ 营业税
                └ 税金 ──┼─ 城市维护建设税
                         ├─ 教育费附加
                         └─ 地方教育附加
```

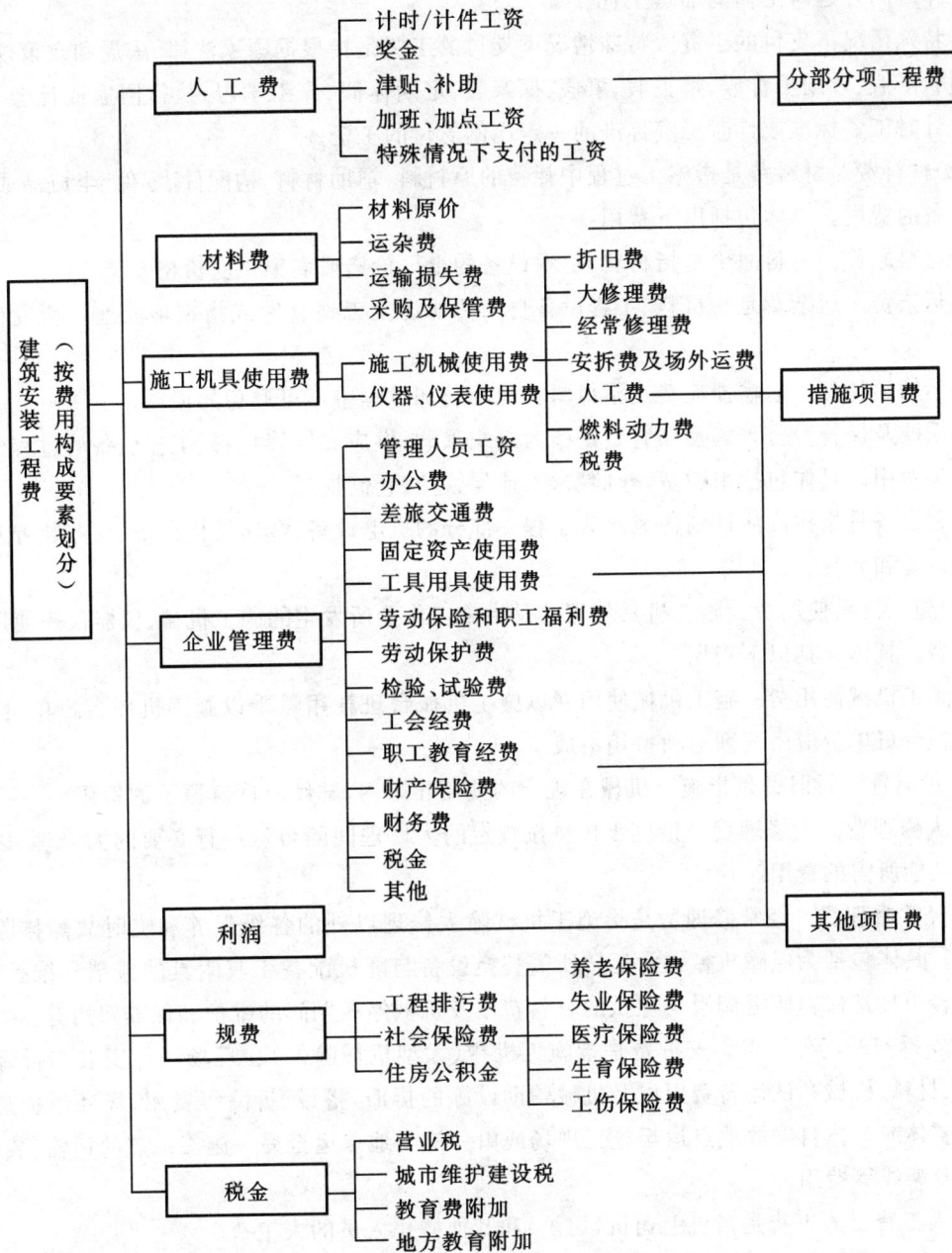

图 11-3 按费用构成要素划分的建筑安装工程费用项目组成

价支付给个人的劳动报酬。

②奖金。奖金是指对超额劳动和增收节支支付给个人的劳动报酬。如节约奖、劳动竞赛奖等。

③津贴补贴。津贴补贴是指为了补偿职工特殊或额外的劳动消耗和因其他特殊原因支付给个人的津贴，以及为了保证职工工资水平不受物价影响支付给个人的物价补贴。如流动施工津贴、特殊地区施工津贴、高温(寒)作业临时津贴、高空津贴等。

④加班、加点工资。加班、加点工资是指按规定支付的在法定节假日工作的加班工资和在法

定日工作时间外延时工作的加点工资。

⑤特殊情况下支付的工资。特殊情况下支付的工资是指根据国家法律、法规和政策规定,因病、工伤、产假、计划生育假、婚丧假、事假、探亲假、定期休假、停工学习、执行国家或社会义务等原因按计时工资标准或计时工资标准的一定比例支付的工资。

(2)材料费。材料费是指施工过程中耗费的原材料、辅助材料、构配件、零件、半成品或成品、工程设备的费用。具体包括以下费用:

①材料原价。材料原价是指材料、工程设备的出厂价格或商家供应价格。

②运杂费。运杂费是指材料、工程设备自来源地运至工地仓库或指定堆放地点所发生的全部费用。

③运输损耗费。运输损耗费是指材料在运输装卸过程中不可避免的损耗。

④采购及保管费。采购及保管费是指为组织采购、供应和保管材料、工程设备的过程中所需要的各项费用。具体包括采购费、仓储费、工地保管费、仓储损耗。

工程设备是指构成或计划构成永久工程一部分的机电设备、金属结构设备、仪器装置及其他类似的设备和装置。

(3)施工机具使用费。施工机具使用费是指施工作业所发生的施工机械、仪器仪表使用费或其租赁费。具体包括以下费用:

①施工机械使用费。施工机械使用费以施工机械台班耗用量乘以施工机械台班单价表示,施工机械台班单价应由下列七项费用组成。

A.折旧费。折旧费是指施工机械在规定的使用年限内,陆续收回其原值的费用。

B.大修理费。大修理费是指施工机械按规定的大修理间隔台班进行必要的大修理,以恢复其正常功能所需的费用。

C.经常修理费。经常修理费是指施工机械除大修理以外的各级保养和临时故障排除所需的费用。具体包括为保障机械正常运转所需替换设备与随机配备工具附具的摊销和维护费用,机械运转中日常保养所需润滑与擦拭的材料费用及机械停滞期间的维护和保养费用等。

D.安拆费及场外运费。安拆费是指施工机械(大型机械除外)在现场进行安装与拆卸所需的人工、材料、机械和试运转费用以及机械辅助设施的折旧、搭设、拆除等费用;场外运费是指施工机械整体或分体自停放地点运至施工现场或由一施工地点运至另一施工地点的运输、装卸、辅助材料及架线等费用。

E.人工费。人工费是指机上司机(司炉)和其他操作人员的人工费。

F.燃料动力费。燃料动力费是指施工机械在运转作业中所消耗的各种燃料及水、电等产生的费用。

G.税费。税费是指施工机械按照国家规定应缴纳的车船使用税、保险费及年检费等。

②仪器、仪表使用费。仪器、仪表使用费是指工程施工所需使用的仪器、仪表的摊销及维修费用。

(4)企业管理费。企业管理费是指建筑安装企业组织施工生产和经营管理所需的费用。具体包括以下费用:

①管理人员工资。管理人员工资是指按规定支付给管理人员的计时工资、奖金、津贴补贴、加班加点工资及特殊情况下支付的工资等。

②办公费。办公费是指企业管理办公用的文具、纸张、账表、印刷、邮电、书报、办公软件、现场监控、会议、水电、烧水和集体取暖降温(包括现场临时宿舍取暖降温)等费用。

③差旅交通费。差旅交通费是指职工因公出差调动工作的差旅费、住勤补助费,市内交通费和误餐补助费,职工探亲路费,劳动力招募费,职工退休、退职一次性路费,工伤人员就医路费,工地转移费以及管理部门使用的交通工具的油料、燃料等费用。

④固定资产使用费。固定资产使用费是指管理和试验部门及附属生产单位使用的属于固定资产的房屋、设备、仪器等的折旧、大修、维修或租赁费。

⑤工具用具使用费。工具用具使用费是指企业施工生产和管理使用的不属于固定资产的工具、器具、家具、交通工具和检验、试验、测绘、消防用具等的购置、维修和摊销费。

⑥劳动保险和职工福利费。劳动保险和职工福利费是指由企业支付的职工退职金、按规定支付给离休干部的经费,集体福利费、夏季防暑降温费、冬季取暖补贴、上下班交通补贴等。

⑦劳动保护费。劳动保护费是企业按规定发放的劳动保护用品的支出。如工作服、手套、防暑降温饮料以及在有碍身体健康的环境中施工的保健费用等。

⑧检验、试验费。检验、试验费是指施工企业按照有关标准规定,对建筑以及材料、构件和建筑安装物进行一般鉴定、检查所发生的费用,包括自设试验室进行试验所耗用的材料等费用;不包括新结构、新材料的试验费,对构件做破坏性试验及其他特殊要求检验试验的费用和发包人委托检测机构进行检测的费用,对此类检测发生的费用,由发包人在工程建设其他费用中列支。但对施工企业提供的具有合格证明的材料进行检测其结果不合格的,该检测费用由施工企业支付。

⑨工会经费。工会经费是指企业按《工会法》规定的全部职工工资总额比例计提的工会经费。

⑩职工教育经费。职工教育经费是指按职工工资总额的规定比例计提,企业为职工进行专业技术和职业技能培训,专业技术人员继续教育、职工职业技能鉴定、职业资格认定以及根据需要对职工进行各类文化教育所发生的费用。

⑪财产保险费。财产保险费是指施工管理用财产、车辆等的保险费用。

⑫财务费。财务费是指企业为施工生产筹集资金或提供预付款担保、履约担保、职工工资支付担保等所发生的各种费用。

⑬税金。税金是指企业按规定缴纳的房产税、车船使用税、土地使用税、印花税等。

⑭其他。其他包括技术转让费、技术开发费、投标费、业务招待费、绿化费、广告费、公证费、法律顾问费、审计费、咨询费、保险费等。

(5)利润。利润是指施工企业完成所承包工程获得的盈利。

(6)规费。规费是指按国家法律、法规规定,由省级政府和省级有关权力部门规定必须缴纳或计取的费用。

①社会保险费。具体包括以下费用:

A.养老保险费,是指企业按照规定标准为职工缴纳的基本养老保险费。

B.失业保险费,是指企业按照规定标准为职工缴纳的失业保险费。

C.医疗保险费,是指企业按照规定标准为职工缴纳的基本医疗保险费。

D.生育保险费,是指企业按照规定标准为职工缴纳的生育保险费。

E.工伤保险费,是指企业按照规定标准为职工缴纳的工伤保险费。

②住房公积金。住房公积金是指企业按规定标准为职工缴纳的住房公积金。

③工程排污费。工程排污费是指按规定缴纳的施工现场工程排污费。

其他应列而未列入的规费,按实际发生计取。

(7)税金。税金是指国家税法规定的应计入建筑安装工程造价内的营业税、城市维护建设税、教育费附加以及地方教育附加。

2.按造价形成划分的建筑安装工程费用项目组成

建筑安装工程费按照工程造价形成由分部分项工程费、措施项目费、其他项目费、规费、税金组成,分部分项工程费、措施项目费、其他项目费包含人工费、材料费、施工机具使用费、企业管理费和利润(见图11—4)。

(1)分部分项工程费。分部分项工程费是指各专业工程的分部分项工程应予列支的各项费用。

①专业工程。专业工程是指按现行国家计量规范划分的房屋建筑与装饰工程、仿古建筑工程、通用安装工程、市政工程、园林绿化工程、矿山工程、构筑物工程、城市轨道交通工程、爆破工程等各类工程。

②分部分项工程。分部分项工程指按现行国家计量规范对各专业工程划分的项目。如房屋建筑与装饰工程划分的土石方工程、地基处理与桩基工程、砌筑工程、钢筋及钢筋混凝土工程等。

各类专业工程的分部分项工程划分见现行国家或行业计量规范。

(2)措施项目费。措施项目费是指为完成建设工程施工,发生于该工程施工前和施工过程中的技术、生活、安全、环境保护等方面的费用。

①安全文明施工费。具体包括以下几种费用:

A.环境保护费,是指施工现场为达到环保部门要求所需要的各项费用。

B.文明施工费,是指施工现场文明施工所需要的各项费用。

C.安全施工费,是指施工现场安全施工所需要的各项费用。

D.临时设施费,是指施工企业为进行建设工程施工所必须搭设的生活和生产用的临时建筑物、构筑物和其他临时设施费用。包括临时设施的搭设、维修、拆除、清理费或摊销费等。

②夜间施工增加费。夜间施工增加费是指因夜间施工所发生的夜班补助费、夜间施工降效、夜间施工照明设备摊销及照明用电等费用。

③二次搬运费。二次搬运费是指因施工场地条件限制而发生的材料、构配件、半成品等一次运输不能到达堆放地点,必须进行二次或多次搬运所发生的费用。

④冬雨期施工增加费。冬雨期施工增加费是指在冬期或雨期施工需增加的临时设施、防滑、排除雨雪,人工及施工机械效率降低等费用。

⑤已完工程及设备保护费。已完工程及设备保护费是指竣工验收前,对已完工程及设备采取的必要保护措施所发生的费用。

⑥工程定位复测费。工程定位复测费是指工程施工过程中进行全部施工测量放线和复测工作的费用。

⑦特殊地区施工增加费。特殊地区施工增加费是指工程在沙漠或其边缘地区、高海拔、高寒、原始森林等特殊地区施工增加的费用。

⑧大型机械设备进出场及安拆费。大型机械设备进出场及安拆费是指机械整体或分体自停

```
                                          ┌── 房屋建筑与装饰工程 ──┬── 土石方工程
                                          │                      ├── 桩基工程
                                          ├── 仿古建筑工程        └── ……
                                          ├── 通用安装工程
                                          ├── 市政工程
                           ┌── 人工费      ├── 园林绿化工程 ──────────────────── 人工费
                           │              ├── 矿山工程
                           │              ├── 构筑物工程
                           │              ├── 城市轨道交通工程
                           │              ├── 爆破工程
                           │              └── ……
                           │
                           │              ┌── 安全文明施工费    安拆装及场外运费
                           │              ├── 夜间施工增加费    人工费              ────── 材料费
                           │              ├── 二次搬运费        燃料动力费
                           │              ├── 冬雨季施工增加费  税费
  建筑安装工程费            ├── 措施项目费  ├── 已完工程及设备保护费
  （按造价形成划分）        │              ├── 工程定位复测费 ──────────────────── 施工机具使用费
                           │              ├── 特殊地区施工增加费
                           │              ├── 大型机械进出场及安装费
                           │              ├── 脚手架工程费 ────────────────────── 企业管理费
                           │              └── ……
                           │
                           │              ┌── 暂列金额
                           ├── 其他项目费  ├── 计日工
                           │              ├── 总承包服务费 ────────────────────── 利润
                           │              └── ……
                           │
                           │                              ┌── 养老保险费
                           │              ┌── 工程排污费    ├── 失业保险费
                           ├── 规费        ├── 社会保险费 ──┼── 医疗保险费
                           │              └── 住房公积金    ├── 生育保险费
                           │                              └── 工伤保险
                           │
                           │              ┌── 营业税
                           └── 税金        ├── 城市维护建设税
                                          ├── 教育费附加
                                          └── 地方教育附加
```

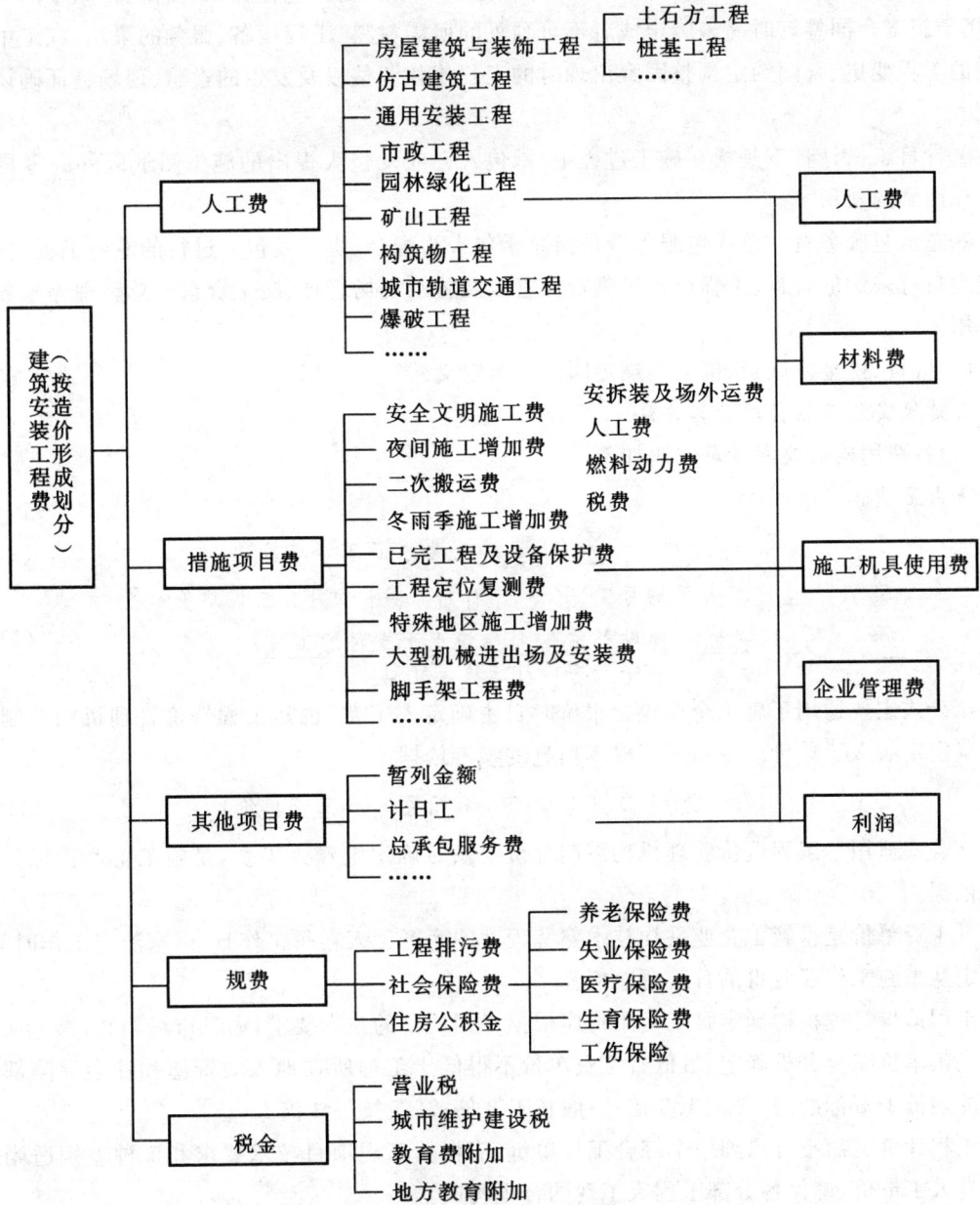

图 11-4 按造价形成划分的建筑安装工程费用项目组成

放场地运至施工现场或由一个施工地点运至另一个施工地点,所发生的机械进出场运输及转移费用及机械在施工现场进行安装、拆卸所需的人工费、材料费、机械费、试运转费和安装所需的辅助设施的费用。

⑨脚手架工程费。脚手架工程费是指施工需要的各种脚手架搭、拆、运输费用以及脚手架购置费的摊销(或租赁)费用。

措施项目及其包含的内容详见各类专业工程的现行国家或行业计量规范。

(3)其他项目费。

①暂列金额。暂列金额是指发包人在工程量清单中暂定并包括在工程合同价款中的一笔款项，用于施工合同签订时尚未确定或者不可预见的所需材料、工程设备、服务的采购，施工中可能发生的工程变更、合同约定调整因素出现时的工程价款调整以及发生的索赔、现场签证确认等的费用。

②计日工。计日工是指在施工过程中，承包人完成发包人提出的施工图纸以外的零星项目或工作所需的费用。

③总承包服务费。总承包服务费是指总承包人为配合、协调发包人进行的专业工程发包，对发包人自行采购的材料、工程设备等进行保管以及施工现场管理、竣工资料汇总整理等服务所需的费用。

(4)规费、税金。规费、税金的规定同前一节定义。

3.建筑安装工程费用计算方法

(1)各费用构成要素计算方法如下：

①人工费。

$$人工费 = \sum(工日消耗量 \times 日工资单价) \tag{11.23}$$

$$= \frac{\begin{matrix}生产工人平均月工资(计时、计价) + 平均月日工资单价\\(奖金 + 津贴补贴 + 特殊情况下支付的工资)\end{matrix}}{年平均每月法定工作日} \tag{11.24}$$

该公式主要适用于施工企业投标报价时自主确定人工费，也是工程造价管理机构编制计价定额确定定额人工单价或发布人工成本信息的参考依据。

$$人工费 = \sum(工程工日消耗量 \times 日工资单价) \tag{11.25}$$

该公式适用于工程造价管理机构编制计价定额时确定定额人工费，是施工企业投标报价的参考依据。

日工资单价是指施工企业平均技术熟练程度的生产工人在每工作日(国家法定工作时间内)按规定从事施工作业应得的日工资总额。

工程造价管理机构确定日工资单价应根据工程项目的技术要求，通过市场调查，参考实物工程量人工单价综合分析确定，最低日工资单价不得低于工程所在地人力资源和社会保障部门所发布的最低工资标准的：普工1.3倍；一般技工2倍；高级技工3倍。

工程计价定额不可只列一个综合工日单价，应根据工程项目技术要求和工种差别适当划分多种日人工单价，确保各分部工程人工费的合理构成。

②材料费。

A.材料费。计算公式如下：

$$材料费 = \sum(材料消耗量 \times 材料单价) \tag{11.26}$$

$$材料单价 = [(材料原价 + 运杂费) \times [1 + 运输损耗率(\%)]] \times [1 + 采购保管费率(\%)] \tag{11.27}$$

B.工程设备费。

$$工程设备费 = \sum(工程设备量 \times 工程设备单价) \tag{11.28}$$

$$工程设备单价 = (设备原价 + 运杂费) \times [1 + 采购保管费率(\%)] \tag{11.29}$$

③施工机具使用费。

A.施工机械使用费。计算公式如下：

$$施工机械使用费 = \sum（施工机械台班消耗量 \times 机械台班单价）\quad (11.30)$$

$$机械台班单价 = 台班折旧费 + 台班大修费 + 台班经常修理费 + 台班安拆费及$$
$$场外运费 + 台班人工费 + 台班燃料动力费 + 台班车船税费 \quad (11.31)$$

折旧费计算公式为：

$$台班折旧费 = 机械预算价格 \times （1 - 残值率）/ 耐用总台班数 \quad (11.32)$$

$$耐用总台班数 = 折旧年限 \times 年工作台班 \quad (11.33)$$

大修理费计算公式如下：

$$台班大修理费 = 一次大修理费 \times 大修次数 / 耐用总台班数 \quad (11.34)$$

工程造价管理机构在确定计价定额中的施工机械使用费时，应根据《建筑施工机械台班费用计算规则》结合市场调查编制施工机械台班单价。施工企业可以参考工程造价管理机构发布的台班单价，自主确定施工机械使用费的报价，如租赁施工机械，公式为：

$$施工机械使用费 = \sum（施工机械台班消耗量 \times 机械台班租赁单价）\quad (11.35)$$

B.仪器仪表使用费。

$$仪器仪表使用费 = 工程使用的仪器仪表摊销费 + 维修费 \quad (11.36)$$

④企业管理费费率。

A.以分部分项工程费为计算基础。计算公式如下：

$$企业管理费费率（\%） = \frac{生产工人年平均管理费}{年有效施工天数 \times 人工单价} \times 人工费占分部分项工程费比例（\%）$$

$$(11.37)$$

B.以人工费和机械费合计为计算基础。计算公式如下：

$$企业管理费费率（\%） = \frac{生产工人年平均管理费}{年有效施工天数 \times （人工单价 + 每一工日机械使用费）} \times 100\%$$

$$(11.38)$$

C.以人工费为计算基础。计算公式如下：

$$企业管理费费率（\%） = \frac{生产工人年平均管理费}{年有效施工天数 \times 人工单价} \times 100\% \quad (11.39)$$

上述公式适用于施工企业投标报价时自主确定管理费，是工程造价管理机构编制计价定额确定企业管理费的参考依据。

工程造价管理机构在确定计价定额中企业管理费时，应以定额人工费或（定额人工费＋定额机械费）作为计算基数，其费率根据历年工程造价积累的资料，辅以调查数据确定，列入分部分项工程和措施项目中。

⑤利润。

A.施工企业根据企业自身需求并结合建筑市场实际自主确定，列入报价中。

B.工程造价管理机构在确定计价定额中利润时，应以定额人工费或定额人工费与定额机械费之和作为计算基数，其费率根据历年工程造价积累的资料，并结合建筑市场实际确定，以单位（单项）工程测算，利润在税前建筑安装工程费的比重可按不低于5%且不高于7%的费率计算。利润应列入分部分项工程和措施项目中。

⑥规费。

A. 社会保险费和住房公积金。社会保险费和住房公积金应以定额人工费为计算基础,根据工程所在地省、自治区、直辖市或行业建设主管部门规定费率计算。

$$社会保险费和住房公积金 = \sum(工程定额人工费 \times 社会保险费率和住房公积金费率)$$

$$(11.40)$$

式中,社会保险费率和住房公积金费率可按每万元发承包价的生产工人人工费、管理人员工资含量与工程所在地规定的缴纳标准综合分析取定。

B. 工程排污费。工程排污费等其他应列而未列入的规费应按工程所在地环境保护等部门规定的标准缴纳,按实计取列入。

⑦税金。税金计算公式如下:

$$税金 = 税前造价 \times 综合税率(\%)$$
$$(11.41)$$

$$综合税率 = \left[\frac{1}{1 - a(1 + b + c_1 + c_2)} - 1\right] \times 100\%$$
$$(11.42)$$

式中,a 为营业税税率,b 为城市维护建筑税税率,c_1 为教育费附加费率,c_2 为地方教育附加费率。

A. 纳税地点在市区的企业。计算公式如下:

$$综合税率 = \left[\frac{1}{1 - 3\%(1 + 7\% + 3\% + 2\%)} - 1\right] \times 100\% = 3.48\%$$
$$(11.43)$$

B. 纳税地点在县城、镇的企业。计算公式如下:

$$综合税率 = \left[\frac{1}{1 - 3\%(1 + 5\% + 3\% + 2\%)} - 1\right] \times 100\% = 3.41\%$$
$$(11.44)$$

C. 纳税地点不在市区、县城、镇的企业。计算公式如下:

$$综合税率 = \left[\frac{1}{1 - 3\%(1 + 3\% + 3\% + 2\%)} - 1\right] \times 100\% = 3.28\%$$
$$(11.45)$$

D. 实行营业税改增值税的,按纳税地点现行税率计算。

规费和税金的计价方法见表 11-1。

表 11-1 规费、税金项目计价表

工程名称: 标段:

序号	项目名称	计算基础	计算基数	金额(元)
1	规费	定额人工费		
1.1	社会保障费	定额人工费		
(1)	养老保险费	定额人工费		
(2)	失业保险费	定额人工费		
(3)	医疗保险费	定额人工费		
(4)	工伤保险费	定额人工费		
(5)	生育保险费	定额人工费		
1.2	住房公积金	定额人工费		
1.3	工程排污费	按工程所在地环境保护部门的收取标准,按实计入		

序号	项目名称	计算基础	计算基数	金额(元)
2	税金	分部分项工程费＋措施项目费＋其他项目费＋规费－按规定不计税的工程设备金额		
合　计				

（2）建筑安装工程计价

①分部分项工程费。

$$分部分项工程费 = \sum（分部分项工程量 \times 综合单价）\qquad(11.46)$$

式中，综合单价包括人工费、材料费、施工机具使用费、企业管理费和利润以及一定范围的风险费用（下同）。

②措施项目费。

A. 国家计量规范规定应予计量的措施项目，其计算公式为：

$$措施项目费 = \sum（措施项目工程量 \times 综合单价）\qquad(11.47)$$

B. 国家计量规范规定不宜计量的措施项目计算方法如下：

a. 安全文明施工费。计算公式如下：

$$安全文明施工费 = 计算基数 \times 安全文明施工费费率（\%）\qquad(11.48)$$

计算基数应为定额基价（定额分部分项工程费＋定额中可以计量的措施项目费）、定额人工费或（定额人工费＋定额机械费），其费率由工程造价管理机构根据各专业工程的特点综合确定。

b. 夜间施工增加费。计算公式如下：

$$夜间施工增加费 = 计算基数 \times 夜间施工增加费费率（\%）\qquad(11.49)$$

c. 二次搬运费。计算公式如下：

$$二次搬运费 = 计算基数 \times 二次搬运费费率（\%）\qquad(11.50)$$

d. 冬雨期施工增加费。计算公式如下：

$$冬雨期施工增加费 = 计算基数 \times 冬雨期施工增加费费率（\%）\qquad(11.51)$$

e. 已完工程及设备保护费。计算公式如下：

$$已完工程及设备保护费 = 计算基数 \times 已完工程及设备保护费费率（\%）\qquad(11.52)$$

上述 b～e 项措施项目的计费基数应为定额人工费或（定额人工费＋定额机械费），其费率由工程造价管理机构根据各专业工程特点和调查资料综合分析后确定。

③其他项目费。

A. 暂列金额由发包人根据工程特点，按有关计价规定估算，施工过程中由发包人掌握使用、扣除合同价款调整后如有余额，归发包人。

B. 计日工由发包人和承包人按施工过程中的签证计价。

C. 总承包服务费由发包人在招标控制价中根据总包服务范围和有关计价规定编制，承包人投标时自主报价，施工过程中按签约合同价执行。

④规费和税金。发包人和承包人应按照省、自治区、直辖市或行业建设主管部门发布的标准计算规费和税金，不得作为竞争性费用。

4.建筑安装工程计价程序

发包人工程招标控制价计价程序见表11-2,承包人工程投标报价计价程序见表11-3,竣工结算计价程序见表11-4。

表 11-2　发包人工程招标控制价计价程序

工程名称:　　　　　　　　　　　　　　　　标段:

序号	内　　容	计算方法	金额(元)
1	分部分项工程费	按计价规定计算	
1.1			
1.2			
1.3			
……			
2	措施项目费	按计价规定计算	
2.1	其中:安全文明施工费	按规定标准计算	
3	其他项目费		
3.1	其中:暂列金额	按计价规定估算	
3.2	专业工程暂估价	按计价规定估算	
3.3	计日工	按计价规定估算	
3.4	总承包服务费	按计价规定估算	
4	规费	按规定标准计算	
5	税金(扣除不列入计税范围的工程设备金额)	(1+2+3+4)×规定税率	

招标控制价合计=1+2+3+4+5

表 11-3　承包人工程投标报价计价程序

工程名称:　　　　　　　　　　　　　　　　标段:

序号	内　　容	计算方法	金额(元)
1	分部分项工程费	自主报价	
1.1			
1.2			
1.3			
……			
2	措施项目费	自主报价	
2.1	其中:安全文明施工费	按规定标准计算	
3	其他项目费		
3.1	其中:暂列金额	按招标文件提供金额计列	
3.2	专业工程暂估价	按招标文件提供金额计列	
3.3	计日工	自主报价	
3.4	总承包服务费	自主报价	
4	规费	按规定标准计算	
5	税金(扣除不列入计税范围的工程设备金额)	(1+2+3+4)×规定税率	

招标控制价合计=1+2+3+4+5

表 11－4　竣工结算计价程序

工程名称：　　　　　　　　　　　　　　　　　　　标段：

序号	内容	计算方法	金额(元)
1	分部分项工程费	按合同约定计算	
1.1			
1.2			
1.3			
……			
2	措施项目费	按合同约定计算	
2.1	其中:安全文明施工费	按规定标准计算	
3	其他项目费		
3.1	其中:暂列金额	按合同约定计算	
3.2	专业工程暂估价	按计日工签证计算	
3.3	计日工	按合同约定计算	
3.4	总承包服务费	按发承包双方确认数额计算	
4	规费	按规定标准计算	
5	税金(扣除不列入计税范围的工程设备金额)	(1＋2＋3＋4)×规定税率	
招标控制价合计＝1＋2＋3＋4＋5			

【例 11－1】某高层商业办公综合楼工程建筑面积为 90 586m²。根据计算,建筑工程造价为 2 300 元/m²,安装工程造价为 1 200 元/m²,装饰装修工程造价为 1 000 元/m²,其中定额人工费占分部分项工程造价的 15%。措施费以分部分项工程费为计费基础,其中安全文明施工费费率为 1.5%,其他措施费费率合计 1%。其他项目费合计 800 万,规费费率为 8%,税率 3.41%,计算招标控制价。

解:招标控制价计价程序见表 11－5。

表 11－5　某商业办公综合楼招标控制价计价程序

序号	内容	计算方法	金额(万元)
1	分部分项工程费	(1.1＋1.2＋1.3)	40 763.70
1.1	建筑工程	90 586×2 300	20 834.78
1.2	安装工程	90 586×1 200	10 870.32
1.3	装饰装修工程	90 586×1 000	9 058.60
2	措施项目费	(1)×2.5%	1 019.09
2.1	其中:安全文明施工费	(1)×1.5%	611.46
3	其他项目费		800.00
4	规费	(1)×15%×8%	489.16
5	税金(扣除不列入计税范围的工程设备金额)	(1＋2＋3＋4)×3.41%	1 468.75
招标控制价合计＝(1＋2＋3＋4＋5)＝44 540.7 万元			

11.3 工程项目投资估算

▶ 11.3.1 工程项目投资估算概述

工程项目估算指标是确定建设工程项目在建设全过程中的全部投资支出的技术经济指标。它具有较强的综合性和概括性,范围涉及建设前期、建设实施期和竣工验收交付使用期等各阶段的费用支出,其内容包括工程费用和工程建设其他费用。

不同行业、不同项目和不同工程的费用构成差异很大,因此估算指标既有能反映整个建设工程项目全部投资及其构成的指标,又有组成建设工程项目投资的各单项工程投资的指标。既能综合使用,也能个别分解使用。其中占投资比重大的建筑工程和工艺设备的指标,既有量又有价,根据不同结构类型的建筑物列出每 $100m^2$ 的主要工程量和主要材料量,主要设备要列出其规格、型号和数量;同时又有以编制年度为基期的价格。这样便于不同方案、不同建设期中对估算指标进行价格的调整和量的换算,使估算指标具有更大的覆盖面和适用性。

1. 投资估算的作用

投资估算的准确性不仅影响到可行性研究工作的质量和经济评价结果而且也直接关系到下一阶段设计概算和施工图预算的编制,同时对建设工程项目资金筹措方案也有着直接的影响。因此,全面准确地估算建设工程项目的投资,是可行性研究乃至整个决策阶段造价管理的重要任务。投资估算的作用包括以下几点:①项目建议书阶段的投资估算是项目主管部门审批项目建议书的依据之一,并对项目的规划、规模起参考作用。②项目可行性研究阶段的投资估算是项目投资决策的重要依据,也是研究、分析、计算项目投资经济效果的重要条件。③项目投资估算对工程设计概算起控制作用,当可行性研究报告被批准之后,设计概算就不得突破批准的投资估算额。④项目投资估算可作为建设单位项目资金筹措及制订建设贷款计划的依据,进行资金筹措和向银行申请贷款。⑤项目投资估算是核算建设工程项目建设投资需要额和编制建设投资计划的重要依据。

2. 投资估算的内容

建设工程项目投资估算是在对项目的建设规模、产品方案、工艺技术及设备方案、工程方案及项目实施进度等进行研究并基本确定的基础上,估算项目所需资金总额(包括建设投资和流动资金)并测算建设期分年资金使用计划。投资估算是拟建项目编制项目建议书、可行性研究报告的重要组成部分,是项目决策的重要依据之一。

投资估算的内容,从费用构成来讲应包括该项目从筹建、设计、施工直至竣工投产所需的全部费用,分为建设投资和流动资金两部分。建设投资估算内容按照费用的性质划分,包括建筑安装工程费、设备及工器具购置费、工程建设其他费、基本预备费、涨价预备费、建设期利息等。流动资金是指生产经营性项目投产后,用于购买原材料、燃料、支付工资及其他经营费用等所需的周转资金。流动资金是伴随着建设投资而发生的长期占用的流动资产投资,即为财务中的营运资金。

3. 估算指标项目表

估算指标的项目表一般分建设工程项目综合指标、单项工程指标和单位工程指标三个层次。

(1)建设工程项目综合指标。建设工程项目综合指标是反映建设工程项目从立项到竣工验收交付使用所需的全部投资指标,包括建设投资(单项工程投资和工程建设其他费用)和流动资产投资。

(2)单项工程指标。单项工程指标是反映建造能独立发挥生产能力或使用效益的单项工程所需的全部费用指标。主要包括建筑工程费用、安装工程费用和该单项工程内的设备、工器具购置费用,不包括工程建设其他费用。

(3)单位工程指标。单位工程指标是反映建造能独立组织施工的单位工程的造价指标,即建筑安装工程费用指标,包括直接费、间接费、利润和税金,类似于概算指标。

▷ 11.3.2 投资估算阶段划分

1. 国外投资估算的阶段划分

在英美等国,一个建设工程项目从开发设想直至施工图设计,各个阶段的项目投资的预计额均称估算。只是各阶段的设计深度不同,技术条件不同,对投资估算的准确度要求不同。英美等国把建设工程项目的投资估算分为以下五个阶段。

(1)投资设想阶段。在尚无工艺流程图、平面布置图,也未进行设备分析的情况下,即根据假想条件比照同类型已投产项目的投资额,并考虑涨价因素来编制项目所需要的投资额,所以这一阶段称为毛估阶段,或称比照估算。这一阶段投资估算的意义是,判断一个项目是否需要进行下一步的工作,估算的误差大于±30%。

(2)投资机会研究阶段。此时应有初步的工艺流程图、主要生产设备的生产能力及项目建设的地理位置等资料,故可套用相近规模项目的单位生产能力建设费来估算拟建项目所需要的投资额,据以初步判断项目是否可行,或据以审查项目引起投资兴趣的程度。这一阶段称为粗估阶段,或称因素估算,估算精度的要求为误差控制在±30%以内。

(3)初步可行性研究阶段。此时已具有设备规格表、主要设备的生产能力和尺寸、项目的总平面布置、各建筑物的大致尺寸、公用设施的初步位置等资料。此时的投资预算额,可据以决定拟建项目是否可行,或据以列入投资计划。这一阶段称为初步估算阶段,或称认可估算,估算精度的要求为误差控制在±20%以内。

(4)详细可行性研究阶段。此时项目的细节已经清楚,并已经进行了建筑材料、设备的询价,亦已进行了设计和施工的咨询,但工程图纸和技术说明尚不完备。可根据此时的投资估算额进行筹款。这一阶段称为确定估算,或称控制估算,估算精度的要求为误差控制在±10%以内。

(5)设计阶段。此时应具有项目的全部设计图纸、详细的技术说明、材料清单、工程现场勘察资料等,故可根据单价逐项计算并汇总出项目所需要的投资额,再据此投资估算来控制项目的实际建设。这一阶段称为详细估算,或称投标估算,估算精度的要求为误差控制在±5%以内。

综上所述,国外投资估算阶段划分及其对比如表 11-6 所示。

表 11-6 国外投资估算阶段划分及对比

项目决策阶段	工作性质	估算方法	误差率	作用
初步设想阶段	比照估算	比照投产同类项目投资额及涨价因素	±30%	判断项目是否需要进行下一步工作
投资机会研究阶段	因素估算			

项目决策阶段	工作性质	估算方法	误差率	作用
套用相近规模项目单位生产能力建设费	±30%	初步判断项目是否可行		
初步可行性研究阶段	认可估算	依据本工程的估计条件	±20%	决定拟建项目是否可行
详细可行性研究阶段	控制估算	依据本工程的细节及相关询价	±10%	根据此时的投资估算额进行筹款
设计阶段	投标估算	根据单价逐项计算并汇总	±5%	控制项目的实际建设

2. 我国投资估算的阶段划分

在我国,项目投资估算是在做初步设计之前的一项工作。在做初步设计之前,根据需要可邀请设计单位参与编制项目规划和项目建议书,并可委托设计单位承担项目的初步可行性研究、可行性研究的编制工作,同时应根据项目已明确的技术经济条件,编制和估算出精确度不同的投资估算额。我国建设工程项目的投资估算分为以下几个阶段:

(1)项目规划阶段。项目规划阶段是指有关部门根据国民经济发展规划、地区发展规划和行业发展规划的要求,编制一个项目的建设规划。此阶段是按项目规划的要求和内容,粗略地估算项目所需要的投资额。投资估算允许误差大于±30%。

(2)项目建议书阶段。项目建议书阶段是指按项目建议书中的产品方案、项目建设规模、产品主要生产工艺,企业车间组成、初选建厂地点等,估算项目所需要的投资额。此阶段项目投资估算是为了判断一个项目是否需要进行下一阶段的工作。投资估算精度的要求为误差控制在±30%以内。

(3)初步可行性研究阶段。此阶段是在掌握了更详细、更深入的资料条件下,估算项目所需的投资额。此阶段项目投资估算是为了确定是否进行详细可行性研究。投资估算精度的要求为误差控制在±20%以内。

(4)详细可行性研究阶段。此阶段的投资估算至关重要,因为这个阶段的投资估算经审查批准之后,便是工程设计任务书中规定的项目投资限额,并可据此列入项目年度基本建设计划。投资估算精度的要求为误差控制在±10%以内。

综上所述,我国投资估算阶段划分及其对比如表 11-7。

表 11-7 我国投资估算阶段划分及对比

项目决策阶段	工作性质	估算方法	误差率	作用
项目规划阶段	项目设想	生产能力指数法	±30%	鉴别投资方向
项目建议书阶段	项目建议	资金周转率法	±30%	判断项目是否可以进行下一阶段工作
初步可行性研究	项目初选	比例系数法	±20%	广泛分析、筛选方案;确定项目初步可行;确定专题研究课题
		指标估算法		
详细可行性研究	项目拟订	模拟概算法	±10%	多方案比较,提出结论性建议,确定项目投资的可行性

➤ 11.3.3 影响投资估算准确程度的因素

由于建设项目处在一个复杂的社会经济环境中,影响投资估算准确程度的因素必然很多,主要有如下因素:

(1)项目本身的复杂程度及其认知程度。有些项目本身相当复杂,没有或很少有已建的类似项目资料,如磁浮工程。在估算此类项目总投资时,就容易发生漏项、过高或过低地估计某些费用。

(2)对项目构思和描述的详细程度。一般来说,构思愈深入,描述愈详细,则估算的误差率愈低。

(3)工程计价的技术经济指标的完整性和可靠程度。工程计价的技术经济指标,尤其是综合性较强的单位生产能力(或效益)投资指标,不仅要有价,而且要有量(主要工程量、材料量、设备量等),还应包括对投资有重大影响的技术经济条件(建设规模、建设时间、结构特征等),以利于准确使用和调整这些技术经济指标。

工程计价的技术经济指标是平时对建设工程造价资料进行日积月累、去粗取精、去伪存真,用科学的方法编制而成的,且不是固定的,必须随着生产力发展、技术进步进行不断的修正,使其能正确反映当前生产力水平。过时的、落后的技术经济指标应及时更新或淘汰。

(4)项目所在地的自然环境描述的翔实性。即建设场地的地形和地势,工程地震、水文地质,气候条件等情况的详细程度和真实性。

(5)对项目所在地的经济环境描述的翔实性。即城市规划、交通运输、基础设施和环境保护等条件的全面性和可靠性。

(6)价格信息及可靠程度。即有关建筑材料、设备的价格信息和预测数据的可信度。

(7)估算人员的能力。即项目投资估算人员的知识结构、经验和水平等。

(8)估算方法。即投资估算编制所采用的方法。

➤ 11.3.4 投资估算的编制依据与步骤

1. 投资估算的编制依据

(1)主要工程项目、辅助工程项目及其他各单项工程的建设内容及工程量。

(2)专门机构发布的建设工程造价及费用构成、估算指标、计算方法,以及其他有关估算文件。

(3)专门机构发布的建设工程其他费用计算办法和费用标准,以及政府部门发布的物价指数。

(4)已建同类工程项目的投资档案资料。

(5)影响工程项目投资的动态因素,如利率、汇率、税率等。

2. 投资估算的编制步骤

投资估算是根据项目建议书或可行性研究报告中建设工程项目的总体构思和描述报告,利用以往积累的工程造价资料和各种经济信息,凭借估价人员的知识、技能和经验编制而成的。编制过程见图 11-5。

(1)估算建筑工程费用。根据总体构思和描述报告中的建筑方案和结构方案构思、建筑面积分配计划和单项工程描述,列出各单项工程的用途、结构和建筑面积;利用工程计价的技术经济指标和市场经济信息,估算出建设工程项目中的建筑工程费用。

(2)估算设备及工器具购置费用及设备安装工程费用。根据可研报告中机电设备构思和设备购置及安装工程描述,列出设备购置清单,参照设备安装工程估算指标及市场经济信息,估算

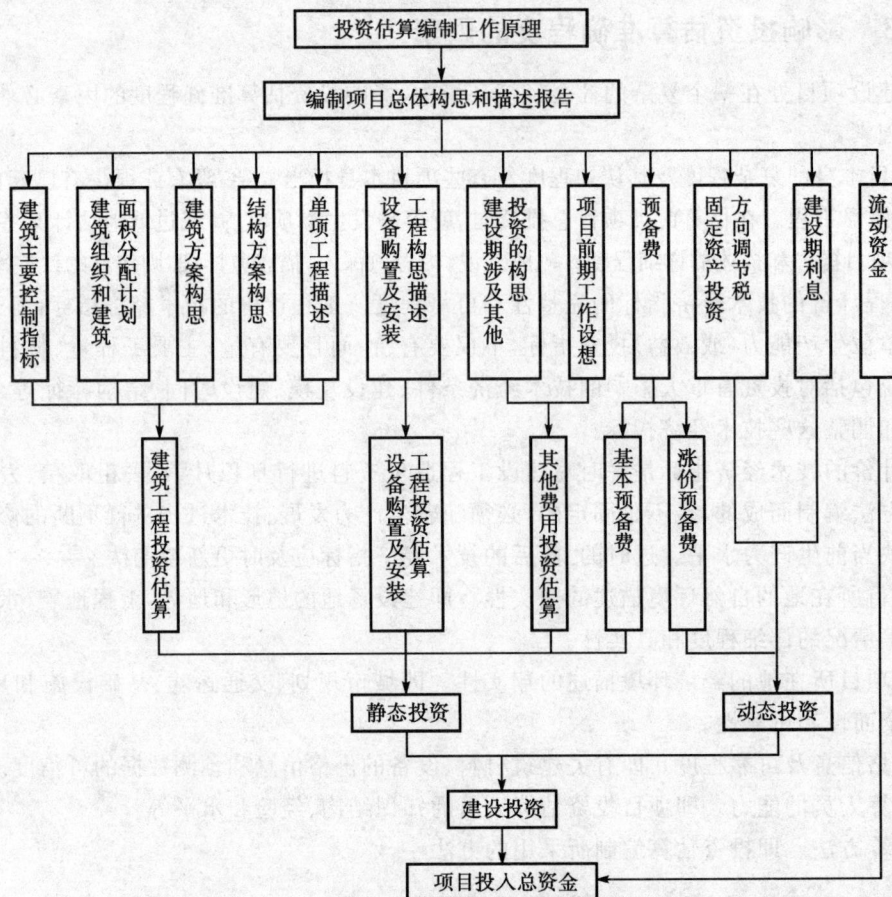

图 11-5 建设工程项目投资估算的编制流程

出设备、工器具购置费用以及需安装设备的安装工程费用。

(3)估算其他费用。根据建设中可能涉及的其他费用构思和前期工作设想,按照国家、地方有关法规和政策,编制其他费用估算(包括预备费用和贷款利息)。

(4)估算流动资金。根据产品方案,参照类似项目流动资金占用率,估算流动资金。

(5)汇总总投资。将建筑安装工程费用、设备及工器具购置费用、其他费用和流动资金汇总,估算出建设工程项目总投资。

▶11.3.5 投资估算的编制方法

建设投资的估算采用何种方法应取决于要求达到的精确度,而精确度又由项目前期研究阶段的不同以及资料数据的可靠性决定。因此在项目的不同前期研究阶段,允许采用详简不同、深度不同的估算方法。流动资金估算一般是参照现有同类企业的状况采用分项详细估算法,个别情况或者小型项目可采用扩大指标法。建设投资常用的估算方法有:资金周转率法、生产能力指数法、比例估算法、指标估算法、分类估算法等。

1. 资金周转率法

该法是从资金周转率的定义推算出投资额的一种方法。

当资金周转率为已知时,则:

$$C = \frac{Q \times P}{T} \tag{11.53}$$

式中,C——拟建项目投资,

Q——产品年产量;

P——产品单价;

T——资金周转率,$T = \dfrac{年销售总额}{总投资}$。

该方法概念简单明了,方便易行但误差较大。不同性质的工厂或生产不同产品的车间,资金周转率都不同,要提高投资估算的精确度,必须做好相关的基础工作。

2. **生产能力指数法**

按国外对化工厂投资的统计分析,生产能力不同的两个装置,其初始投资与生产能力之比的指数幂成正比。计算公式为:

$$C_2 = C_1 \left(\frac{x_2}{x_1}\right)^n \times f \tag{11.54}$$

式中,C_2——拟建项目或装置的投资额;

C_1——已建同类型项目或装置的投资额;

x_2——拟建项目的生产能力;

x_1——已建同类型项目的生产能力;

f——价格调整系数;

n——生产能力指数。

其中生产能力指数 n 是一个关键因素。不同行业、性质、工艺流程、建设水平、生产率水平的项目,应取不同的指数值。选取 n 值的原则是:靠增加设备、装置的数量,以及靠增大生产场所扩大生产规模时,n 取 $0.8 \sim 0.9$;靠提高设备、装置的功能和效率扩大生产规模时,n 取 $0.6 \sim 0.7$。另外,拟建项目生产能力与已建同类项目生产能力的比值应有一定的限制范围,比值不能超过 50 倍,而在 10 倍以内效果较好。生产能力指数法多用于估算生产装置投资。

3. **比例估算法**

(1)设备费基数计算。以拟建项目或装置的设备费为基数,根据已建成的同类项目的建筑安装工程费和其他费用等占设备价值的百分比,求出相应的建筑安装工程及其他有关费用,其总和即为拟建项目或装置的投资额。计算公式为:

$$C = E(1 + f_1 \times P_1 + f_2 \times P_2 + f_3 \times P_3) + I \tag{11.55}$$

式中,C——拟建项目的固定资产投资额;

E——根据设备清单按现行价格计算的设备费(包括运杂费)的总和;

P_1, P_2, P_3——已建成项目中的建筑、安装及其他工程费用分别占设备费的百分比;

f_1, f_2, f_3——由于时间因素引起的定额、价格、费用标准等变化的综合调整系数;

I——拟建项目的其他费用。

这种方法适用于设备投资占比例较大的项目。

(2)设备投资基数计算。以拟建项目中主要的、投资比重较大的工艺设备的投资(含运杂费,也可含安装费)为基数,根据已建类似项目的统计资料,计算出拟建项目各专业工程费占工艺设备的比例,求出各专业投资,加合得到工程费用,再加上其他费用,求得拟建项目的建设投资。

4. **指标估算法**

估算指标是以独立的建设工程项目、单项工程或单位工程为对象,综合项目全过程投资和建设中的各类成本和费用,反映出其扩大的技术经济指标,具有较强的综合性和概括性,是编制和确定项目可行性研究报告中投资估算的基础和依据。

投资估算指标分为建设工程项目综合指标、单项工程指标和单位工程指标三种。

(1)建设工程项目综合指标。一般以项目的综合生产能力单位投资表示,如元/t、元/kw;或以使用功能表示,如医院床位用元/床。

(2)单项工程指标。一般以单项工程生产能力单位投资表示,如一般工业与民用建筑用元/m²;工业窑炉砌筑用元/m³;变配电站用元/(kV·A)等。

(3)单位工程指标。按规定应列入能独立设计、施工的工程项目的费用,即建筑安装工程费用,一般以如下方式表示:房屋区别不同结构形式以元/m² 表示;管道区别不同材质、管径以元/m 表示。

5. 分类估算法

分类估算法是对建设投资进行分类,然后按分类分别估算,最后综合得到建设投资估算价格。一般地,将建设投资分为:建筑工程费、设备及工器具购置费、安装工程费、工程建设其他费用、基本预备费、涨价预备费,分别进行估算。

(1)建筑工程费的估算。建筑工程投资估算一般采用以下方法:

①单位建筑工程投资估算法。单位建筑工程投资估算法,以单位建筑工程量的投资乘以建筑工程总量计算。一般工业与民用建筑以单位建筑面积(m²)的投资,工业窑炉砌筑以单位容积(m³)的投资,水库以水坝单位长度(m)的投资,铁路路基以单位长度(km)的投资,矿山掘进以单位长度(m)的投资,乘以相应的建筑工程总量计算建筑工程费。

②单位实物工程量投资估算法。单位实物工程量投资估算法,以单位实物工程量的投资乘以实物工程总量计算。土石方工程按每立方米投资,矿井巷道衬砌工程按每延长米投资,路面铺设工程接每平方米投资,乘以相应的实物工程总量计算建筑工程费。

③概算指标投资估算法。对于没有上述估算指标且建筑工程费占投资比例较大的项目,可采用概算指标估算法。采用这种估算法,应有较为详细的工程资料、建筑材料价格和工程费用指标,投入的时间和工作量较大。具体估算方法见有关专门机构发布的概算编制办法。

(2)设备及工器具购置费估算。分别估算各单项工程的设备和工器具购置费,需要主要设备的数量、出厂价格和相关运杂费资料,一般运杂费可接设备价格的百分比估算。进口设备要注意按照有关规定和项目实际情况估算进口环节的有关税费,并注明需要的外汇额。主要设备以外的零星设备费可按占主要设备费的比例估算,工器具购置费一般也按占主要设备费得比例估算。

(3)安装工程费估算。需要安装的设备应估算安装工程费,包括:各种机电设备装配和安装工程费用,与设备相连的工作台、梯子及其装设工程费用,附属于被安装设备的管线敷设工程费用,安装设备的绝缘、保温、防腐等工程费用;单体试运转和联动无负荷试运转费用等。安装工程费通常按行业或专门机构发布的安装工程定额、取费标准和指标估算投资。

具体计算可按安装费率、每吨设备安装费或者每单位安装实物工程量的费用估算,即:

$$安装工程费 = 设备原价 \times 安装费率 \tag{11.56}$$

$$安装工程费 = 设备吨位 \times 每吨安装费 \tag{11.57}$$

$$安装工程费 = 安装工程实物量 \times 安装费用指标 \tag{11.58}$$

(4)工程建设其他费用估算。其他费用种类较多,无论采用何种投资估算分类,一般其他费用都需要按照国家、地方或部门的有关规定逐项估算。要注意随着地区和项目性质的不同,费用科目可能会有所不同。在项目的初期阶段,也可以按照工程费用的百分数综合估算。

(5)基本预备费估算。基本预备费以工程费用、第二部分其他费用之和为基数,乘以适当的基本预备费率(百分数)估算。预备费率的取值一般按行业规定,并结合估算深度确定。通常对外汇和人民币部分取不同的预备费率。

(6)涨价预备费估算。一般以分年工程费用为基数,分别估算各年的涨价预备费,再进行加总、求得总的涨价预备费。

最后,将上述费用进行总和,即得到建设投资估算价格。

6. 流动资金估算的方法

(1)分项详细估算法。对构成流动资金的各项流动资产和流动负债应分别进行估算。在可行性研究中,为简化计算,仅对存货、现金、应收账款这三项流动资产和应付账款这项流动负债进行估算。

(2)扩大指标估算法。扩大指标估算法是一种简化的流动资金估算方法,一般可参照同类企业流动资金占建设投资、经营成本、销售收入的比例,或者单位产量占用流动资金的数额估算。

11.4 建设工程项目设计概算

▷ 11.4.1 设计概算概述

设计概算是设计文件的重要组成部分,是由设计单位根据初步设计(或技术设计)图纸及说明、概算定额(或概算指标)、各项费用定额或取费标准(指标)、设备及材料预算价格等资料或参照类似工程预决算文件,编制和确定的建设工程项目从筹建至竣工交付使用所需全部费用的文件。

1. 设计概算的内容

设计概算可分为单位工程概算、单项工程综合概算和建设工程项目总概算三级。各级概算之间的相互关系如图11-6所示。

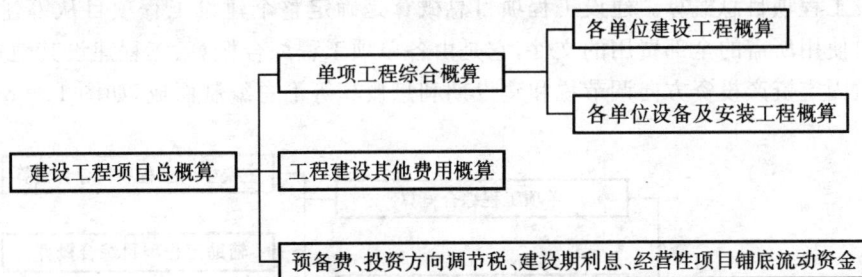

图 11-6 设计概算文件的组成内容

(1)单位工程概算。单位工程概算是确定各单位工程建设费用的文件,它是根据初步设计或扩大初步设计图纸和概算定额或概算指标以及市场价格信息等资料编制而成的。

对于一般工业与民用建筑工程而言,单位工程概算按其工程性质分为建筑工程概算和设备及安装工程概算两大类。建筑工程概算包括土建工程概算、给排水采暖工程概算、通风空调工程概算、电气照明工程概算、弱电工程概算、特殊构筑物工程概算等;设备及安装工程概算包括机械设备及安装工程概算、电气设备及安装工程概算、热力设备及安装工程概算以及工器具及生产家具购置费概算等。

单位工程概算由直接费、间接费、利润和税金组成,其中直接费是由分部、分项工程直接工程费的汇总加上措施费构成的。

(2)单项工程综合概算。单项工程综合概算是确定一个单项工程所需建设费用的文件,是由单项工程中的各单位工程概算汇总编制而成的,是建设工程项目总概算的组成部分。对于一般工业与民用建筑工程而言,单项工程综合概算的组成内容如图 11-7 所示。

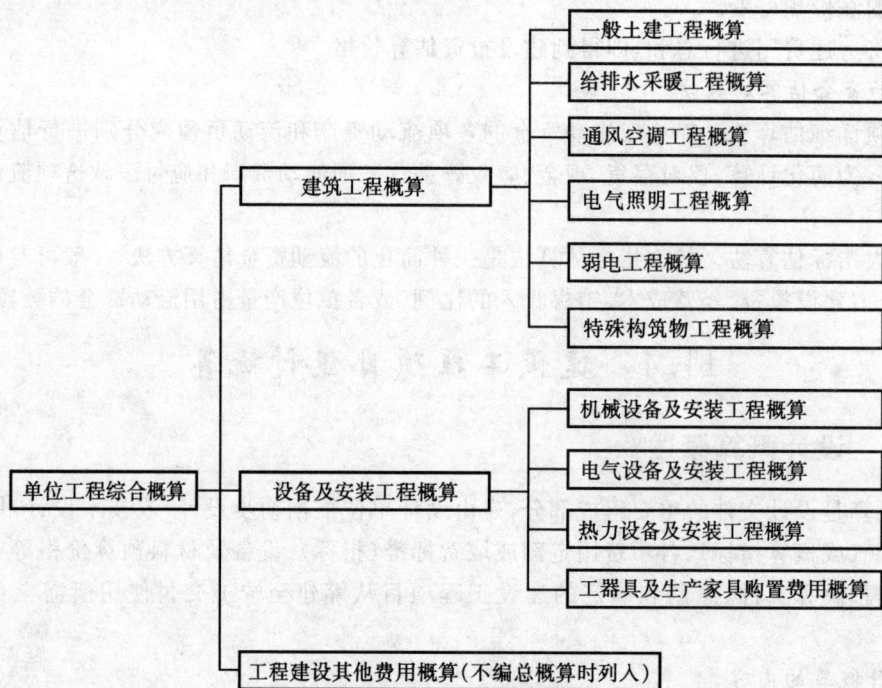

```
                                        ┌─ 一般土建工程概算
                                        ├─ 给排水采暖工程概算
                                        ├─ 通风空调工程概算
                        ┌─ 建筑工程概算 ─┤─ 电气照明工程概算
                        │               ├─ 弱电工程概算
                        │               └─ 特殊构筑物工程概算
                        │
                        │                       ┌─ 机械设备及安装工程概算
单位工程综合概算 ───────┤─ 设备及安装工程概算 ─┤─ 电气设备及安装工程概算
                        │                       ├─ 热力设备及安装工程概算
                        │                       └─ 工器具及生产家具购置费用概算
                        │
                        └─ 工程建设其他费用概算(不编总概算时列入)
```

图 11-7　单项工程综合概算的组成内容

(3)建设工程项目总概算。建设工程项目总概算是确定整个建设工程项目从筹建开始到竣工验收、交付使用所需的全部费用的文件,它是由各单项工程综合概算、工程建设其他费用概算,以及预备费、固定资产投资方向调节税和建设期利息概算等汇总编制而成,如图 11-8 所示。

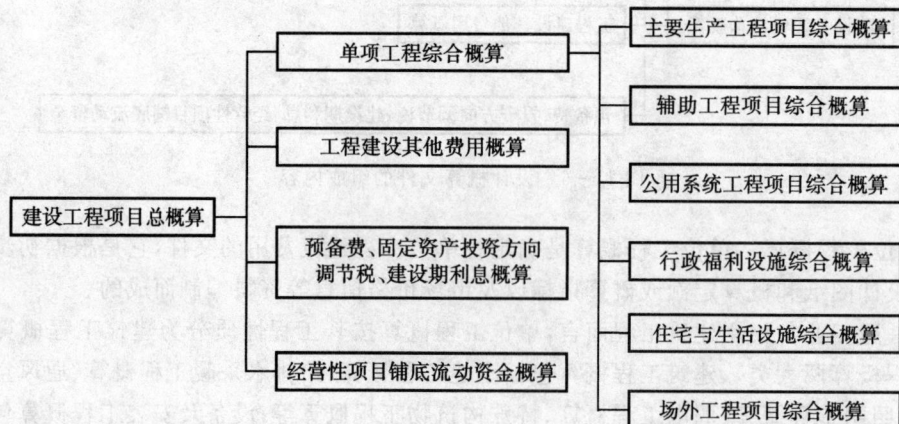

```
                                                 ┌─ 主要生产工程项目综合概算
                      ┌─ 单项工程综合概算 ──────┤─ 辅助工程项目综合概算
                      │                          ├─ 公用系统工程项目综合概算
                      │                          ├─ 行政福利设施综合概算
建设工程项目总概算 ──┤─ 工程建设其他费用概算    ├─ 住宅与生活设施综合概算
                      │                          └─ 场外工程项目综合概算
                      │─ 预备费、固定资产投资方向
                      │  调节税、建设期利息概算
                      │
                      └─ 经营性项目铺底流动资金概算
```

图 11-8　建设工程项目总概算的组成内容

2．设计概算的作用

(1)国家制定和控制建设投资的依据。对于使用政府资金的投资建设项目按照规定报请有关部门或单位批准初步设计及总概算，一经上级批准，总概算就是总造价的最高限额，不得有任意突破，如有突破须报原审批部门批准。

(2)编制建设计划的依据。建设工程项目年度计划的安排、其投资需要量的确定、建设物资供应计划和建筑安装施工计划等，都以主管部门批准的设计概算为依据。若实际投资超出了总概算，设计单位和建设单位需要共同提出追加投资的申请报告，经上级计划部门批准后，方能追加投资。

(3)银行贷款的依据。银行根据批准的设计概算和年度投资计划进行贷款，并严格监督控制。

(4)签订工程总承包合同的依据。对于施工期限较长的大中型建设工程项目，可以根据批准的建设计划、初步设计和总概算文件确定工程项目的总承包价，采用工程总承包的方式进行建设。

(5)考核方案和控制设计的依据。这是考核设计方案的经济合理性和控制施工图预算和施工图设计的依据。

(6)考核和评价建设工程项目成本和投资效果的依据。可以将以概算造价为基础计算的项目技术经济指标与以实际发生造价为基础计算的指标进行对比，从而对建设工程项目成本及投资效果进行评价。

▷11.4.2 设计概算的编制

1．编制依据

(1)国家及主管部门的有关法律和规章，批准的建设工程项目可行性研究报告。

(2)设计单位提供的初步设计或扩大初步设计图纸文件、说明及主要设备材料表。

(3)国家现行的建筑工程和专业安装工程概算定额、概算指标及各省、市、地区经地方政府或其授权单位颁发的地区单位估价表和地区材料、构件、配件价格、费用定额及建设工程项目设计概算编制办法。

(4)现行的有关人工和材料价格、设备原价及运杂费率等。

(5)现行的其他费用定额、指标和价格。

(6)建设场地自然条件和施工条件，有关合同、协议等。

(7)其他有关资料。

2．编制步骤

建设工程项目设计概算一般按照图 11-9 顺序编制。

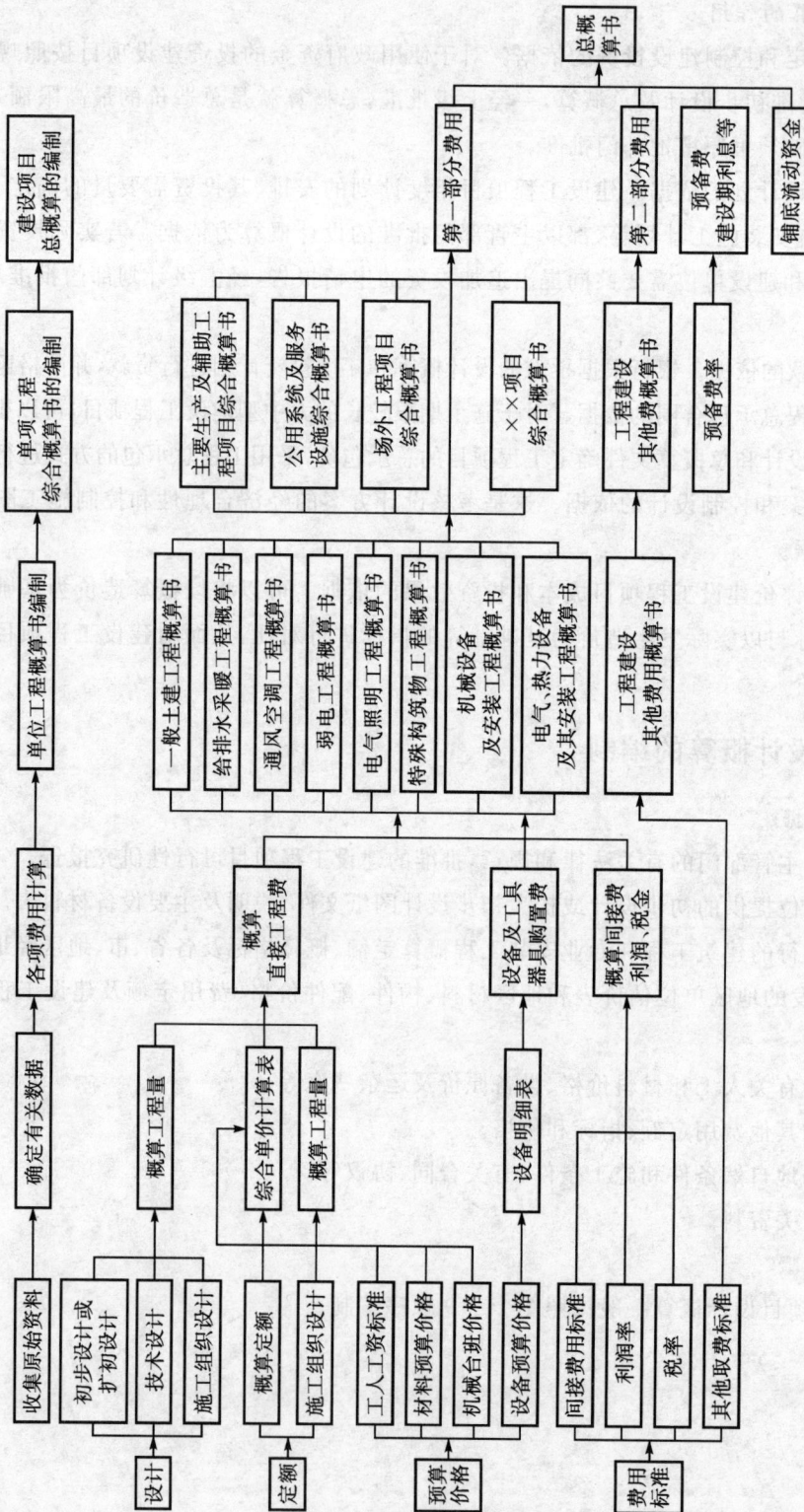

图 11-9 设计概算编制程序示意图

➤ 11.4.3 单位工程设计概算的编制

单位工程概算分建筑工程概算和设备及安装工程概算两大类。建筑工程概算的编制方法有概算定额法、概算指标法、类似工程预算法。设备及安装工程概算的编制方法有预算单价法、扩大单价法、设备价值百分比法和综合吨位指标法等。

1. 单位建筑工程概算编制方法

(1)概算定额法。概算定额法又叫扩大单价法或扩大结构定额法。它与利用预算定额编制单位建筑工程施工图预算的方法基本相同。其不同之处在于编制概算所采用的依据是概算定额,所采用的工程量计算规则是概算工程量计算规则。该方法要求初步设计达到一定深度,建筑结构比较明确时方可采用。

利用概算定额法编制设计概算的具体步骤如下:

①按照概算定额分部分项顺序,列出各分项工程的名称。工程量计算应按概算定额中规定的工程量计算规则进行,并将计算所得各分项工程量按概算定额编号顺序,填入工程概算表内。

②确定各分部、分项工程项目的概算定额单价(基价)。工程量计算完毕后,逐项套用相应概算定额单价和人工、材料消耗指标,然后分别将其填入工程概算表和工料分析表中。如遇设计图中的分项工程项目名称、内容与采用的概算定额手册中相应的项目有某些不相符时,则按规定对定额进行换算后方可套用。

有些地区根据地区人工工资、物价水平和概算定额编制了与概算定额配合使用的扩大单位估价表,该表确定了概算定额中各扩大分部分项工程或扩大结构构件所需的全部人工费、材料费、机械台班使用费之和,即概算定额单价。在采用概算定额法编制概算时,可以将计算出的扩大分部分项工程的工程量,乘以扩大单位估价表中的概算定额单价进行直接工程费的计算。概算定额单价的计算公式为:

$$概算定额单价 = 概算定额人工费 + 概算定额材料费 + 概算定额机械台班使用费$$
$$= \sum(概算定额中人工消耗量 \times 人工单价) +$$
$$\sum(概算定额中材料消耗量 \times 材料预算单价) +$$
$$\sum(概算定额中机械台班消耗量 \times 机械台班单价) \tag{11.59}$$

③计算单位工程直接工程费和直接费。将已算出的各分部分项工程项目的工程量分别乘以概算定额单价、单位人工、材料消耗指标,即可得出各分项工程的直接工程费和人工、材料消耗量。再汇总各分项工程的直接工程费及人工、材料消耗量,即可得到该单位工程的直接工程费和工料总消耗量。最后,再汇总措施费即可得到该单位工程的直接费。如果规定有地区的人工、材料价差调整指标,计算直接工程费时,按规定的调整系数或其他调整方法进行调整计算。直接费的计算公式如下:

$$直接费 = 直接工程费 + 直接工程费 \times 措施费费率 \tag{11.60}$$

④根据直接费,结合其他各项取费标准,分别计算间接费、利润和税金。计算公式如下:

$$间接费 = 直接费 \times 间接费费率 \tag{11.61}$$
$$利润 = (直接费 + 间接费) \times 利润率 \tag{11.62}$$
$$税金 = (直接费 + 间接费 + 利润) \times 税率 \tag{11.63}$$

⑤计算单位工程概算造价。计算公式为:

$$单位工程概算造价 = 直接费 + 间接费 + 利润 + 税金 \tag{11.64}$$

（2）概算指标法。当初步设计深度不够，不能准确地计算工程量，但工程设计采用的技术比较成熟而又有类似工程概算指标可以利用时，可以采用概算指标法编制工程概算。

概算指标法将拟建厂房、住宅的建筑面积或体积乘以技术条件相同或基本相同的概算指标而得出直接工程费，然后按规定计算出措施费、间接费、利润和税金等。概算指标法计算精度较低，但由于其编制速度快，因此对一般附属、辅助和服务工程等项目，以及住宅和文化福利工程项目或投资比较小、比较简单的工程项目投资概算有一定实用价值。

①拟建工程结构特征与概算指标相同时的计算。在使用概算指标法时，如果拟建工程在建设地点、结构特征、地质及自然条件、建筑面积等方面与概算指标相同或相近，就可直接套用概算指标编制概算。

根据选用的概算指标的内容，可选用两种计算方法。

A. 以工程单位造价为依据。以指标中所规定的工程每平方米或立方米的直接工程费单价，乘以拟建单位工程建筑面积或体积，得出单位工程的直接工程费，再计算其他费用，即可求出单位工程的概算造价。直接工程费计算公式为：

$$直接工程费＝概算指标每平方米（立方米）直接工程费单价×拟建工程建筑面积（体积）$$

$$(11.65)$$

这种简化方法的计算结果参照的是概算指标编制时期的价格标准，未考虑拟建工程建设时期与概算指标编制时期的价差，所以在计算直接工程费后还应用物价指数另行调整。

B. 以概算指标为依据。以概算指标中规定的每 $100m^2$ 建筑物面积（或 $1\,000m^3$）所耗人工工日数、主要材料数量为依据，首先计算拟建工程人工、主要材料消耗量，再计算直接工程费，并取费。概算指标一般规定了 $100m^2$ 建筑物面积（或 $1\,000m^3$ 体积）所耗工日数、主要材料数量，通过套用拟建地区当时的人工工资单价和主材预算价格，便可得到每 $100m^2$（或 $1\,000m^3$）建筑物的人工费和主材费而无需再作价差调整。计算公式为：

$$100m^2 建筑物面积的人工费＝指标规定的工日数×本地区人工工日单价 \quad (11.66)$$

$$100m^2 建筑物面积的主要材料费＝\sum（指标规定的主要材料数量×地区材料预算单价）$$

$$(11.67)$$

$$100m^2 建筑物面积的其他材料费＝主要材料费×其他材料费占主要材料费的百分比$$

$$(11.68)$$

$$100m^2 建筑物面积的机械使用费＝（人工费＋主要材料费＋其他材料费）×机械使用费所占$$
$$百分比 \quad (11.69)$$

则：

$$1m^2 建筑面积的直接工程费＝（人工费＋主要材料费＋其他材料费＋机械使用费）÷100$$

$$(11.70)$$

根据直接工程费，结合其他各项取费方法，分别计算措施费、间接费、利润和税金，得到每 $1m^2$ 建筑面积的概算单价，乘以拟建单位工程的建筑面积，即可得到单位工程概算造价。

②拟建工程结构特征与概算指标有局部差异时的调整。由于拟建工程往往与类似工程的概算指标的技术条件不尽相同，而且概算编制年份的设备、材料、人工等价格与拟建工程当时当地的价格也会不同，在实际工作中，还经常会遇到拟建对象的结构特征与概算指标中规定的结构特征有局部不同的情况，因此必须对概算指标进行调整后方可套用。调整方法如下所述：

A. 调整概算指标中的单位造价。当设计对象的结构特征与概算指标有局部差异时需要进行这种调整。这种调整方法是将原概算指标中的单位造价进行调整（仍使用直接工程费指标），扣除每 1 m²(1 m³)原概算指标中与拟建工程结构不同部分的造价,增加每 1 m²(1 m³)拟建工程与概算指标结构不同部分的造价,使其成为与拟建工程结构相同的工程单位直接工程费造价。计算公式为:

$$结构变化修正概算指标(元/m²) = J + Q_1 \times P_1 - Q_2 \times P_2 \qquad (11.71)$$

式中,J——原概算指标;

Q_1——概算指标中换入结构的工程量;

Q_2——概算指标中换出结构的工程量;

P_1——换入结构的直接工程费单价;

P_2——换出结构的直接工程费单价。

则拟建单位工程的直接工程费为:

$$直接工程费 = 修正后的概算指标 \times 拟建工程建筑面积(或体积) \qquad (11.72)$$

求出直接工程费后,再按照规定的取费方法计算其他费用,最终得到单位工程概算价值。

B.调整概算指标中的工、料、机数量。这种方法是将原概算指标中每 100m²(1 000m³)建筑面积(体积)中的工、料、机数量进行调整,扣除原概算指标中与拟建工程结构不同部分的工、料、机消耗量,增加拟建工程与概算指标结构不同部分的工、料、机消耗量,使其成为与拟建工程结构相同的每 100m²(1 000m³)建筑面积(体积)工、料、机数量。计算公式为:

修正概算指标的工、料、机数量 = 原概算指标的工、料、机数量 +

换入结构件工程量 × 相应定额工、料、机消耗量 −

换出结构件工程量 × 相应定额工、料、机消耗量 $\qquad (11.73)$

以上两种方法,前者是直接修正概算指标单价,后者是修正概算指标的工、料、机数量。修正之后,方可按上述第一种情况分别套用。

(3)类似工程预算法。类似工程预算法是利用技术条件与设计对象相类似的已完工程或在建工程的工程造价资料来编制拟建工程设计概算的方法。该方法适用于拟建工程初步设计与已完工程或在建工程的设计相类似且没有可用的概算指标的情况,但必须对建筑结构差异和价差进行调整。

2.设备及安装工程概算编制方法

(1)设备购置费概算。设备购置费由设备原价和运杂费两项组成。设备购置费是根据初步设计的设备清单计算出设备原价,并汇总求出设备总价,然后按有关规定的设备运杂费率乘以设备总价,两项相加即为设备购置费概算,计算公式为:

$$设备购置费概算 = \sum (设备清单中的设备数量 \times 设备原价) \times (1 + 运杂费率) \qquad (11.74)$$

或

$$设备购置费概算 = \sum (设备清单中的设备数量 \times 设备预算价格) \qquad (11.75)$$

国产标准设备原价可根据设备型号、规格、性能、材质、数量及附带的配件,向制造厂家询价或向设备、材料信息部门查询或按主管部门规定的现行价格逐项计算。

国产非标准设备原价在编制设计概算时可以根据非标准设备的类别、重量、性能、材质等情况,以每台设备规定的估价指标计算原价,也可以以某类设备所规定吨重估价指标计算。

(2)编制方法。设备安装工程概算的编制方法通常有预算单价法、扩大单价法和概算指标法三种。

①预算单价法。当初步设计有详细设备清单时,可直接按预算单价(预算定额单价)编制设

备安装工程概算。根据计算的设备安装工程量,乘以安装工程预算单价,经汇总求得。用预算单价法编制概算,计算比较具体,精确性较高。

②扩大单价法。当初步设计的设备清单不完备,或仅有成套设备的重量时,可采用主体设备、成套设备或工艺线的综合扩大安装单价编制概算。

③概算指标法。当初步设计的设备清单不完备,或安装预算单价及扩大综合单价不全,无法采用预算单价法和扩大单价法时,可采用概算指标编制概算。概算指标形式较多,概括起来主要可按以下几种指标进行计算。

A. 按占设备价值的百分比(安装费率)的概算指标计算。计算公式如下

$$设备安装费 = 设备原价 \times 设备安装费率 \tag{11.76}$$

B. 按每吨设备安装费的概算指标计算。计算公式如下:

$$设备安装费 = 设备总吨数 \times 每吨设备安装费(元/吨) \tag{11.77}$$

C. 按座、台、套、组、根、或功率等为计量单位的概算指标计算。如工业炉,按每台安装费指标计算;冷水箱,按每组安装费指标计算安装费。

D. 按设备安装工程每平方米建筑面积的概算指标计算。设备安装工程有时可按不同的专业内容(如通风、动力、管道等)采用每平方米建筑面积的安装费用概算指标计算安装费。

▷ 11.4.4 单项工程综合概算的编制

单项工程综合概算,是以其所包含的建筑工程概算表和设备及安装工程概算表为基础汇总编制的。当建设工程项目只有一个单项工程时,单项工程综合概算(实为总概算)还应包括工程建设其他费用概算(含建设期利息、预备费和固定资产投资方向调节税)。

单项工程综合概算文件一般包括编制说明和综合概算表两部分。

(1)编制说明。主要包括编制依据、编制方法、主要设备和材料的数量及其他有关问题。

(2)综合概算表。综合概算表是根据单项工程所辖范围内的各单位工程概算等基础资料,按照国家规定的统一表格进行编制。综合概算表如表 11-8 所示。

表 11-8　综合概算表

建设工程项目名称:×××
单项工程名称:×××
概算价值:×××元

序号	综合概算编号	工程或费用名称	概算价值(万元)						技术经济指标			占投资总额(%)	备注
			建筑工程费	安装工程费	设备购置费	工器具及生产家具购置费	其他费用	合计	单位	数量	单位价值(元)		
1	2	3	4	5	6	7	8	9	10	11	12	13	14
		一、建筑工程											
1	6-1	土建工程	×					×	×	×	×	×	
2	6-2	给水工程	×					×	×	×	×	×	
3	6-3	排水工程	×					×	×	×	×	×	
4	6-4	采暖工程	×					×	×	×	×	×	
5	6-5	电气照明工程	×					×	×	×	×	×	
		……											
		小计	×					×	×	×	×	×	

续表 11 - 8

序号	综合概算编号	工程或费用名称	概算价值(万元)						技术经济指标			占投资总额(%)	备注
			建筑工程费	安装工程费	设备购置费	工器具及生产家具购置费	其他费用	合计	单位	数量	单位价值(元)		
1	2	3	4	5	6	7	8	9	10	11	12	13	14
6	6-6	二、设备及安装工程 机械设备及安装工程		×	×			×	×	×	×	×	
7	6-7	电气设备及安装工程		×	×			×	×	×	×	×	
8	6-8	热力设备及安装工程		×	×			×	×	×	×	×	
		…… 小计											
9	6-9	三、工器具及生产家具购置费				×		×	×	×	×	×	
		总计	×	×	×	×		×	×	×	×	×	

审核:　　　　　核对:　　　　　编制:　　　　　年　月　日

11.4.5　建设工程项目总概算的编制

总概算是以整个建设工程项目为对象,确定项目从立项开始,到竣工交付使用整个过程的全部建设费用的文件。它由各单项工程综合概算及其他工程和费用概算综合汇编而成。

1. 总概算书的内容

总概算书一般由编制说明、总概算表及所含综合概算表、其他工程和费用概算表组成。

(1)工程概况:说明工程建设地址、建设条件、期限、名称、产量、品种、规模、功用及厂外工程的主要情况等。

(2)编制依据:说明设计文件、定额、价格及费用指标等依据。

(3)编制范围:说明总概算书包括与未包括的工程项目和费用。

(4)编制方法:说明采用何种方法编制等。

(5)投资分析:分析各项工程费用所占比重、各项费用构成、投资效果等。此外,还要与类似工程比较,分析投资高低原因,以及论证该设计是否经济合理。

(6)主要设备和材料数量:说明主要机械设备、电气设备及主要建筑材料的数量。

(7)其他有关问题:说明在编制概算文件过程中存在的其他有关问题。

2. 总概算表的编制步骤

建设工程项目总概算的编制步骤如下:

(1)单项工程综合概算汇总列表。按总概算组成的顺序和各项费用的性质,将各个单项工程综合概算及其他工程和费用概算汇总列入总概算表,如表 11-9 所示。

(2)填入费用名称与数值并汇总。将工程项目和费用名称及各项数值填入相应各栏内,然后按各栏分别汇总。

(3)计算建设工程投资项目。以汇总后总额为基础,按取费标准计算预备费、建设期利息、固定资产投资方向调节税、铺底流动资金。

(4)计算回收金额。回收金额是指在整个基本建设过程中所获得的各种收入。如原有房屋拆除所回收的材料和旧设备等的变现收入,试车收入大于支出部分的价值等。回收金额的计算方法,应按地区主管部门的规定执行。

表 11-9 建设工程总概算表

建设工程项目：×××

总概算价值：××× 其中回收金额：×××××

序号	概算表编号	工程或费用名称	概算价值（万元）						技术经济指标			占投资总额（%）	备注
			建筑工程费	安装工程费	设备购置费	工器具及生产家具购置费	其他费用	合计	单位	数量	单位价值（元）		
1	2	3	4	5	6	7	8	9	10	11	12	13	14
1 2		第一部分工程费用 一、主要生产工程项目 ×××厂房 ×××厂房 …… 小计	× × ×	× × ×	× × ×	× × ×		× × ×	× × ×	× × ×	× × ×	× × ×	
3 4		二、辅助生产项目 机修车间 木工车间 …… 小计	× × ×	× × ×	× × ×	× × ×		× × ×	× × ×	× × ×	× × ×	× × ×	
5 6		三、公用设施工程项目 变电所 锅炉房 …… 小计	× × ×	× × ×	× × ×	× × ×		× × ×	× × ×	× × ×	× × ×	× × ×	
7 8		四、生活、福利、文化教育 及服务项目 职工住宅 办公楼 …… 小计	× × ×	× × ×	× × ×	× × ×		× × ×	× × ×	× × ×	× × ×	× × ×	
		第一部分工程费用合计	×	×	×	×		×					
9 10		第二部分其他工程和 费用项目 土地使用费 勘察设计费 ……					× ×	× ×					
		第二部分其他工程 和费用合计					×	×					
		第一、二部分工程 费用总计	×	×	×	×	×	×					
11		预备费			×		×	×					
12		建设期利息	×	×	×	×	×	×					
13		固定资产投资方向 调节税	×					×					
14		铺底流动资金	×	×	×	×	×						
15		总概算价值											
16		其中回收金额											
17		投资比例（%）											

审核： 核对： 编制： 年 月 日

(5)计算总概算价值。

总概算价值＝第一部分费用＋第二部分费用＋预备费＋建设期利息＋

固定资产投资方向调节税＋铺底流动资金－回收金额 (11.78)

(6)计算技术经济指标。整个项目的技术经济指标应选择有代表性和能说明投资效果的指标填列。

(7)投资分析。为对基本建设投资分配、构成等情况进行分析,应在总概算表中计算出各项工程和费用投资占总投资比例,在表的末栏计算出每项费用的投资占总投资的比例。

11.5 施工图预算

从传统意义上讲,施工图预算是指在施工图设计完成以后,按照主管部门制定的预算定额、费用定额和其他取费文件等编制的单位工程或单项工程预算价格的文件;从现有意义上讲,只要是按照施工图纸以及计价所需的各种依据在工程实施前所计算的工程价格,均可以称为施工图预算价格,该施工图预算价格可以是按照主管部门统一规定的预算单价、取费标准、计价程序计算得到的计划中的价格,也可以是根据企业自身的实力和市场供求及竞争状况计算的反映市场的价格。

▶ 11.5.1 施工图预算概述

1. 施工图预算编制的模式

按照预算造价的计算方式和管理方式的不同,施工图预算可以划分为两种计价模式,即传统计价模式和工程量清单计价模式。

(1)传统计价模式。我国的传统计价模式是采用国家、部门或地区统一规定的定额和取费标准进行工程造价计价的模式,通常也称为定额计价模式。由于清单计价模式中也要用到消耗定额,为避免造成歧义,称其为传统计价模式。

传统计价模式下,由主管部门制定工程预算定额,并且规定间接费的内容和取费标准。建设单位和施工单位均先根据预算定额中规定的工程量计算规则、定额单价计算直接工程费,再按照规定的费率和取费程序计取间接费、利润和税金,汇总得到工程造价。其中,预算定额单价既包括了消耗量标准,又含有单位价格。

传统计价模式的工、料、机消耗量是根据"社会平均水平"综合测定,取费标准是根据不同地区价格水平平均测算,企业自主报价的空间很小,不能结合项目具体情况、自身技术管理水平和市场价格自主报价,也不能满足招标人对建筑产品质优价廉的要求。同时,由于工程量计算由投标的各方单独完成,计价基础不统一,不利于招标工作的规范性。在工程完工后,工程结算繁琐,易引起争议。

(2)工程量清单计价模式。工程量清单计价模式是指按照工程量清单规范规定的全国统一工程量计算规则,由招标人提供工程量清单和有关技术说明,投标人根据企业自身的定额水平和市场价格进行计价的模式。

2. 施工图预算的作用

施工图预算对于参与工程项目的不同方而言,具有不同的作用,以下从建设单位、施工单位和其他单位三个方面加以分析:

（1）对建设单位的作用。

①施工图预算是施工图设计阶段确定建设工程项目造价的依据，是设计文件的组成部分。

②施工图预算是建设单位在施工期间安排建设资金计划和使用建设资金的依据。建设单位按照施工组织设计、施工工期、施工顺序、各个部分预算造价安排建设资金计划，确保资金有效使用，保证项目建设顺利进行。

③施工图预算是招投标的重要基础，既是工程量清单的编制依据，也是标底编制的依据。

④施工图预算是拨付进度款及办理结算的依据。

（2）对施工单位的作用。

①施工图预算是确定投标报价的依据。在竞争激烈的建筑市场，施工单位需要根据施工图预算造价，结合企业的投标策略，确定投标报价。

②施工图预算是施工单位进行施工准备的依据，是施工单位在施工前组织材料、机具、设备及劳动力供应的重要参考，是施工单位编制进度计划、统计完成工作量、进行经济核算的参考依据。施工图预算的工、料、机分析，为施工单位材料购置、劳动力及机具和设备的配备提供参考。

③施工图预算是控制施工成本的依据。根据施工图预算确定的中标价格是施工单位收取工程款的依据，施工单位只有合理利用各项资源，采取技术措施、经济措施和组织措施降低成本，将成本控制在施工图预算以内，施工单位才能获得良好的经济效益。

（3）对其他方面的作用。

①对于工程咨询单位而言，尽可能客观、准确地为委托方做出施工图预算，是其业务水平、素质和信誉的体现。

②对于工程造价管理部门而言，施工图预算是监督检查执行定额标准、合理确定工程造价、测算造价指数及审定招标工程标底的重要依据。

▶ 11.5.2 施工图预算编制的依据

施工图预算的编制依据包括以下内容：

（1）经批准和会审的施工图设计文件及有关标准图集。施工图纸需经主管部门批准，经业主、设计单位参加图纸会审并签署"图纸会审纪要"。通过施工图设计文件及有关标准图集，项目建设场地的工程地质勘查和地形地貌测量图纸等资料，可熟悉编制对象的工程性质、内容、构造等工程情况。

（2）施工组织设计。它是编制施工图预算的重要依据之一，通过它可充分了解各分部分项工程的施工方法、施工进度计划、施工机械的选择、施工平面图的布置及主要技术措施等内容，是传统计价模式中工程量计算和定额套用的依据，也是工程量清单计价中计取措施费的依据。

（3）与施工图预算计价模式有关的计价依据。所采用的预算造价计价模式不同，预算编制依据也不同。根据所采用的计价模式，需要相应的计价依据。若采用传统计价模式，则需要预算定额、地区单位估价表、费用定额和相应的工程量计算规则等计价依据。若采用工程量清单计价模式，则需要工、料、机的市场价格，有关分部分项工程的综合指导价和《计价规范》中规定的相关工程量计算规则等计价依据。

（4）经批准的设计概算文件。经批准的设计概算文件是控制工程拨款或贷款的最高限额，也是控制单位工程预算的主要依据。如果施工图预算确定的投资总额超过设计概算，需补充调整设计概算,经原批准机构批准后方可实施。

(5)预算工作手册。预算工作手册是编制预算必备的工具书之一,主要有各种常用数据、计算公式、金属材料的规格、单位重量等内容。查用预算手册可以加快预算编制速度。

11.5.3 施工图预算编制的方法

施工图预算、招标标底和投标报价由成本、利润和税金构成,其编制可以采用工料单价法和综合单价法两种计价方法。工料单价法是传统计价模式采用的计价方式,综合单价法是工程量清单计价模式采用的计价方式。

1. 工料单价法

工料单价法是指分部分项工程单价为直接工程费单价,以分部分项工程量乘以对应分部分项工程单价后的合计为单位工程直接工程费。直接工程费汇总后另加措施费、间接费、利润、税金生成工程承发包价。

按照分部分项工程单价产生方法的不同,工料单价法又可以分为预算单价法和实物法。

(1)预算单价法。即用地区统一单位估价表中的各分项工料预算单价乘以相应的各分项工程的工程量,求和后得到包括人工费、材料费和机械使用费在内的单位工程直接工程费,措施费、间接费、利润和税金可根据统一规定的费率乘以相应的计取基数求得。将上述费用汇总后得到单位工程的施工图预算。预算单价法编制施工图预算的基本步骤如下:

①准备资料,熟悉施工图纸。准备施工图纸、施工组织设计、施工方案、现行建筑安装定额、取费标准、统一工程量计算规则和地区材料预算价格等各种资料。在此基础上详细了解施工图纸,全面分析工程各分部分项工程,充分了解施工组织设计和施工方案,注意影响费用的关键因素。

②计算工程量。工程量计算一般按如下步骤进行:根据工程内容和定额项目,列出需计算工程量的分部分项工程;根据一定的计算顺序和计算规则,列出分部分项工程量的计算式;根据施工图纸上的设计尺寸及有关数据,代入计算式进行数值计算;对计算结果的计量单位进行调整,使之与定额中相应的分部分项工程的计量单位保持一致。

③套用预算单价,计算直接工程费。核对工程量计算结果后,利用地区统一单位估价表中的分项工程预算单价,计算出各分项工程合价,汇总求出单位工程直接工程费。单位工程直接工程费计算公式如下:

$$单位工程直接工程费 = \sum (分项工程量 \times 预算单价) \tag{11.79}$$

计算直接工程费时需注意以下几项内容:分项工程的名称、规格、计量单位与预算单价或单位估价表中所列内容完全一致时,可以直接套用预算单价;分项工程的主要材料品种与预算单价或单位估价表中规定材料不一致时,不可以直接套用预算单价,需要按实际使用材料价格换算预算单价;分项工程施工工艺条件与预算单价或单位估价表不一致而造成人工、机械的数量增减时,一般调量不换价;分项工程不能直接套用定额、不能换算和调整时,应编制补充单位估价表。

④编制工料分析表。根据各分部分项工程项目实物工程量和预算定额项目中所列的用工及材料数量,计算各分部分项工程所需人工及材料数量,汇总后算出该单位工程所需各类人工、材料的数量。

⑤按计价程序计取其他费用,并汇总造价。根据规定的税率、费率和相应的计取基础,分别

计算措施费、间接费、利润、税金。将上述费用累计后与直接工程费进行汇总,求出单位工程预算造价。措施费、间接费、利润、税金的计取程序见建筑安装工程费用项目的组成与计算。

⑥复核。对项目填列、工程量计算公式、计算结果、套用的单价、采用的取费费率、数字计算、数据精确度等进行全面复核,以便及时发现差错,及时修改,提高预算的准确性。

⑦编制说明、填写封面。封面应写明工程编号、工程名称、预算总造价和单方造价、编制单位名称、负责人和编制日期以及审核单位的名称、负责人和审核日期等。编制说明主要应写明预算所包括的工程内容范围、依据的图纸编号、承包方式、有关部门现行的调价文件号、套用单价需要补充说明的问题及其他需说明的问题等。

预算单价法的编制步骤见图 11-10。

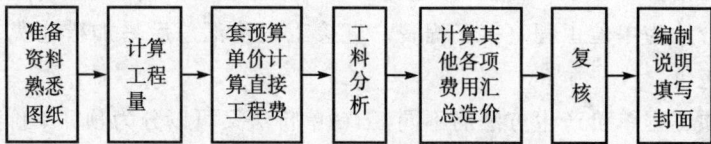

图 11-10　预算单价法的编制步骤

(2)实物法。实物法编制施工图预算是指按工程量计算规则和预算定额确定分部分项工程的人工、材料、机械消耗量后,按照资源的市场价格计算出各分部分项工程的工料单价,以工料单价乘以工程量汇总得到直接工程费,再按照市场行情计算措施费、间接费、利润和税金等,汇总得到单位工程费用。

$$分部分项工程工料单价 = \sum(材料预算定额用量 \times 当时当地材料预算价格) +$$

$$\sum(人工预算定额用量 \times 当时当地人工工资单价) +$$

$$\sum(施工机械预算台班定额用量 \times 当时当地机械台班单价)$$

$$(11.80)$$

$$单位工程直接工程费 = \sum(分部分项工程量 \times 分部分项工程工料单价) \qquad (11.81)$$

实物法编制施工图预算的步骤如下:

①准备资料,熟悉施工图纸。全面收集各种人工、材料、机械的当时当地的实际价格,应包括不同品种、不同规格的材料预算价格,不同工种、不同等级的人工工资单价,不同种类、不同型号的机械台班单价等。要求获得的各种实际价格应全面、系统、真实、可靠。具体可参考预算单价法相应步骤的内容。

②计算工程量。本步骤的内容与预算单价法相同,不再赘述。

③套用消耗定额,计算人工、材料、机械消耗量。定额消耗量中的"量"在相关规范和工艺水平等未有较大变化之前具有相对稳定性,据此确定符合国家技术规范和质量标准要求,并反映当时施工工艺水平的分项工程计价所需的人工、材料、施工机械的消耗量。

根据预算人工定额所列各类人工工日的数量,乘以各分项工程的工程量,计算出各分项工程所需各类人工工日的数量,统计汇总后确定单位工程所需的各类人工工日消耗量。同理,根据材料预算定额、机械预算台班定额分别确定出工程各类材料消耗数量和各类施工机械台班数量。

④计算并汇总人工费、材料费、机械使用费。通常采用实物法计算预算造价时,在计算出分

部分项工程的人工、材料、机械消耗量后,先按类相加求出单位工程所需的各种人工、材料、施工机械台班的消耗量,再分别乘以当时当地各种人工、材料、机械台班的实际单价,求得人工费、材料费和施工机械使用费并汇总求和。

根据当时当地工程造价管理部门定期发布的或企业根据市场价格确定的人工工资单价、材料预算价格、施工机械台班单价分别乘以人工、材料、机械消耗量,汇总即为单位工程人工费、材料费和施工机械使用费。计算公式为:

$$单位工程直接工程费 = \sum(工程量 \times 材料预算定额用量 \times 当时当地材料预算价格) +$$

$$\sum(工程量 \times 人工预算定额用量 \times 当时当地人工工资单价) +$$

$$\sum(工程量 \times 施工机械预算定额台班用量 \times 当时当地机械台班单价)$$

$$(11.82)$$

⑤计算其他各项费用,汇总造价。对于措施费、间接费、利润和税金等的计算,可以采用与预算单价法相似的计算程序,只是有关的费率是根据当时当地建筑市场供求情况予以确定。将上述单位工程直接工程费与措施费、间接费、利润、税金等汇总即为单位工程造价。

⑥复核。检查人工、材料、机械台班的消耗量计算是否准确,有无漏算、重算或多算,套取的定额是否正确;检查采用的实际价格是否合理。其他内容可参考预算单价法相应步骤的介绍。

⑦编制说明、填写封面。本步骤的内容和方法与预算单价法相同。

实物法的编制步骤见图 11-11。

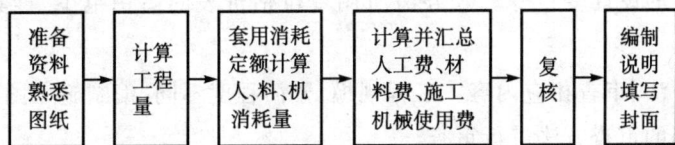

图 11-11 实物法的编制步骤

实物法编制施工图预算的步骤与预算单价法基本相似,但在具体计算人工费、材料费和机械使用费及汇总三种费用之和方面有一定区别。实物法编制施工图预算所用人工、材料和机械台班的单价都是当时当地的实际价格,编制出的预算可较准确地反映实际水平,误差较小,适用于市场经济条件波动较大的情况。由于采用该方法需要统计人工、材料、机械台班消耗量,还需搜集相应的实际价格,因而工作量较大、计算过程繁琐。

2. 综合单价法

综合单价是指分部分项工程单价综合了除直接工程费以外的多项费用内容。按照单价综合内容的不同,综合单价可分为全费用综合单价和部分费用综合单价。

(1)全费用综合单价。全费用综合单价即单价中综合了直接工程费、措施费、管理费、规费、利润和税金等,以各分项工程量乘以综合单价的合价汇总后,就生成工程承发包价。

(2)部分费用综合单价。我国目前实行的工程量清单计价采用的综合单价是部分费用综合单价,分部分项工程单价中综合了直接工程费、管理费、利润,并考虑了风险因素,单价中未包括措施费、规费和税金,是不完全费用综合单价。以各分项工程量乘以部分费用综合单价的合价汇总,再加上项目措施费、规费和税金后,生成工程承发包价。综合单价法的计算程序见工程量清单计价。

▷ 11.5.4 施工图预算的审查

1. 施工图预算审查的内容

施工图预算审查的重点是工程量计算是否准确,定额套用、各项取费标准是否符合现行规定或单价计算是否合理等方面。审查的具体内容如下:

(1)审查工程量。审查工程量是否按照规定的工程量计算规则计算工程量,编制预算时是否考虑了施工方案对工程量的影响,定额中要求扣除项或合并项是否按规定执行,工程计量单位的设定是否与要求的计量单位一致。

(2)审查单价。套用预算单价时,各分部分项工程的名称、规格、计量单位和所包括的工程内容是否与定额一致;有单价换算时,换算的分项工程是否符合定额规定及换算是否正确。采用实物法编制预算时,资源单价是否反映了市场供需状况和市场趋势。

(3)审查其他的有关费用。采用预算单价法编制预算时,审查的主要内容有:是否按本项目的性质计取费用,有无高套取费标准;间接费的计取基础是否符合规定;利润和税金的计取基础和费率是否符合规定,有无多算或重算。

2. 施工图预算审查的步骤

(1)审查前准备工作。主要包括:①熟悉施工图纸。施工图纸是编制与审查预算的重要依据,必须全面熟悉。②根据预算编制说明,了解预算包括的工程范围。如配套设施、室外管线、道路,以及会审图纸后的设计变更等。③弄清所用单位估价表的适用范围,搜集并熟悉相应的单价、定额资料。

(2)选择审查方法、审查相应内容。工程规模、繁简程度不同,编制施工图预算的繁简和质量就不同,应选择适当的审查方法进行审查。

(3)整理审查资料并调整定案。综合整理审查资料,同编制单位交换意见,定案后编制调整预算。经审查若发现差错,应与编制单位协商,统一意见后进行相应增加或核减的修正。

3. 施工图预算审查的方法

(1)逐项审查法。逐项审查法又称全面审查法,即按定额顺序或施工顺序,对各项工程细目逐项全面详细审查的一种方法。其优点是全面、细致,审查质量高、效果好。缺点是工作量大,时间较长。这种方法适合于一些工程量较小、工艺比较简单的工程。

(2)标准预算审查法。标准预算审查法就是对利用标准图纸或通用图纸施工的工程,先集中力量编制标准预算,以此为准来审查工程预算的一种方法。按标准设计图纸施工的工程,一般上部结构和做法相同,只是根据现场施工条件或地质情况不同,仅对基础部分做局部改变。凡这样的工程,以标准预算为准,对局部修改部分单独审查即可,不需逐一详细审查。该方法的优点是时间短、效果好、易定案。其缺点是适用范围小,仅适用于采用标准图纸的工程。

(3)分组计算审查法。分组计算审查法就是把预算中有关项目按类别划分若干组,利用同组中的一组数据审查分项工程量的一种方法。这种方法首先将若干分部分项工程按相邻且有一定内在联系的项目进行编组,利用同组分项工程间具有相同或相近计算基数的关系,审查一个分项工程数据,由此判断同组中其他几个分项工程的准确程度。如一般的建筑工程中将底层建筑面积可编为一组。先计算底层建筑面积或楼(地)面面积,从而得知楼面找平层、顶棚抹灰的工程量等,依次类推。该方法特点是审查速度快、工作量小。

(4)对比审查法。对比审查法是当工程条件相同时,用已完工程的预算或未完但已经过审查修正的工程预算对比审查拟建工程的同类工程预算的一种方法。采用该方法一般需符合下列条件:

①拟建工程与已完或在建工程预算采用同一施工图,但基础部分和现场施工条件不同,则相同部分可采用对比审查法。

②工程设计相同,但建筑面积不同,两工程的建筑面积之比与两工程各分部分项工程量之比大体一致。此时可按分项工程量的比例,审查拟建工程各分部分项工程的工程量,或用两工程每平方米建筑面积造价、每平方米建筑面积的各分部分项工程量对比进行审查。

③两工程面积相同,但设计图纸不完全相同,则相同的部分,如厂房中的柱子、层架、层面、砖墙等,可进行工程量的对照审查。对不能对比的分部分项工程可按图纸计算。

(5)筛选审查法。筛选是能较快发现问题的一种方法。建筑工程虽面积和高度不同,但其各分部分项工程的单位建筑面积指标变化却不大。将这样的分部分项工程加以汇集、优选,找出其单位建筑面积工程量、单价、用工的基本数值,归纳为工程量、价格、用工三个单方基本指标,并注明基本指标的适用范围。这些基本指标用来筛选各分部分项工程,对不符合条件的应进行详细审查,若审查对象的预算标准与基本指标的标准不符,就应对其进行调整。

筛选审查法的优点是简单易懂,便于掌握,审查速度快,便于发现问题。但问题出现的原因尚需继续审查。该方法适用于审查住宅工程或不具备全面审查条件的工程。

(6)重点审查法。重点审查法是抓住施工图预算中的重点进行审核的一种方法。审查的重点一般是工程量大或者造价较高的各种工程、补充定额、计取的各项费用(计费基础、取费标准)等。重点审查法的优点是突出重点,审查时间短、效果好。

思考与练习

1.试述我国基本建设程序与工程多次计价之间的关系。

2.建设工程总投资组成包括哪些?

3.进口设备的交货方式包括哪些?

4.进口设备的抵岸价构成包括哪些?

5.工程建设其他费的组成包括哪些?

6.预备费的组成包括哪些?

7.建筑安装工程费的组成内容有哪些?

8.直接工程费、措施费、间接费的组成有哪些?

9.建设工程项目投资估算的内容有哪些?

10.投资估算的作用是什么?

11.国外建设工程项目投资估算的阶段划分和精度要求是如何规定的?

12.我国投资估算的阶段划分和精度要求是如何规定的?

13.设计概算的内容包括哪些?

14.设计概算的作用是什么?

15.设计概算的编制程序和步骤是什么?

16. 概算定额法编制设计概算的步骤是什么？

17. 概算指标法是如何进行设计概算的估算的？

18. 建设工程项目总概算的编制方法是什么？

19. 施工图预算的作用有哪些？

20. 施工图预算的编制依据有哪些？

21. 施工图预算的编制方法有哪些？

22. 施工图预算的审查方法有哪些？

第 12 章　建筑企业招标与投标

本章学习要点

1. 熟悉招标投标概念
2. 了解我国招标投标的特点
3. 熟悉招标投标的基本条件
4. 了解工程招标方式和方法
5. 熟悉工程招标文件的组成
6. 了解工程招标程序
7. 熟悉工程投标文件及编制内容
8. 了解工程投标程序
9. 了解国际工程招标与投标基本概况
10. 熟悉国际工程招标投标程序
11. 熟悉国际工程投标报价程序
12. 熟悉国际工程投标报价的组成
13. 熟悉国际工程单价分析和标价汇总
14. 了解国际工程投标报价策略

12.1　招标投标概述

招标投标是一种商品交易行为,它包括招标和投标两方面的内容。目前,招标投标在国际上广泛采用。不仅政府、企业、事业单位用它来采购原材料、器材和机械设备,而且各种工程项目也逐渐用这种方式进行物资采购和工程承包。

由于招标投标是由一家买主通过发布招标广告,吸引多家卖主前来投标进行洽谈,这样,买主可享有灵活的选择权。所以,它非常适合期货交易方式的需要。买卖双方通过招标投标达成协议,成立交易之后,还没有实行交割,此时还需要签订合同,以保证交易顺利进行。

▶ 12.1.1　基本概念

1. 招标

招标人在购买物资、发包建设工程项目之前,以公告或邀请书的方式提出招标的项目、条件、价格和要求,由愿意承担项目的投标人按照招标文件的条件和要求,提出自己的价格,填好标书进行投标,这个过程称为招标。招标是招标人通过招标的手段,利用投标人之间的竞争,择优选购商品的购买行为。至于选优的标准,要视每个招标人本身的需要及要求而定。

2．投标

投标人在同意招标文件中的条件和要求的前提下,对招标项目估算自己的报价,在规定的日期内填写标书并递交给招标人,参加竞争及争取中标,这个过程称为投标。投标是投标人利用报价,公开竞争,销售自己商品的交易行为。

3．开标

招标人在规定的地点和时间内,在有投标人出席的情况下,公开拆开标书,宣布投标人的名称、投标价格和投标价格的有效修改等主要内容,这个过程称为开标。开标应当在法律保障和通过公证员的监督下公开进行。

4．评标

评标又称议标,招标人按照招标文件的要求,由专门的评标委员会,对各投标人所报送的投标函件进行全面审查,择优选定中标人。评标是一项比较复杂的工作,要求有生产、质量、检验、供应、财务、计划等各方面的专业人员参加,对各投标人的质量、价格、期限等条件,进行综合分析和评比,并根据招标人的要求,择优评出中标人。

5．中标

招标人以中标通知书的形式,正式通知投标人中标。对招标人而言为接受投标,对投标人而言为中标。在开标以后,经过评标择优选定的投标人,叫做中标人,在国际工程招标投标中称之为成功的投标人。

6．招投标

招投标是招标投标的简称,是指招标人通过发布公告,吸引众多投标者前来参加投标,择优选定,最后达成协议。

7．招标投标制

为体现招标投标双方的经济权力、经济责任,推动投标人员负起经济责任,就必须建立一整套管理制度来维护、巩固这一系列权力、责任和利益,这就是招标投标制。

▷ 12.1.2 我国招标投标的特点

建筑产品是商品,实行公开买卖,就要有竞争,要使价值规律对建筑产品价格起调节作用,必须让企业生产产品的个别价格到市场上去竞争。如果企业中标,也就意味着建筑产品的个别价格得到社会承认。这样,企业的发展取决于市场竞争,而不是行政推动。

招标投标在发达国家很早就出现了,是建筑业的主要竞争形式。承包商要想获得工程,就需要组织技术经济情报资料,不断地开拓新技术、改善经营管理,提供具有竞争力的报价。由于各国国情不同,招标投标制度也不尽相同,我国招标投标的特点如下:

1．在国家计划指导下进行

我国建筑安装工程招标投标试行办法规定:"实行招标的建筑安装工程必须是已列入国家或省、市、自治区年度计划,有经国家批准的设计单位出具的施工图和概算。"这就是说,各建筑企业通过招标投标竞争获得的任务,是组成国家计划的内容,受国家计划的指导,是国家计划下和监督下的一种任务分配落实的方式,并且竞争的条件如工程造价、质量、工期等受国家标准的限制,一般不许突破。这是我国招标投标与西方国家的根本区别。

2．受计划价格指导

我国标价的确定,一般控制在已经审定的标底为基数的上下限范围内。标底的计算仍以施工图预算为主,即以计划价格为指导定标,其目的是保护企业的合理经济利益。

在国际承包市场投标,通常由承包商根据业主对工程项目规模、质量、工期等方面的要求,以及承包需投入的人工、材料、机械、管理等费用,加之预期利润,提出标价。以当地(国家)的实际价格为依据,按承包商的施工和管理水平确定人工、材料、机械台班消耗量和管理费用自由定价。所以标价的高低,直接受市场供求、竞争对手和预期利润的影响。

3. 在行政组织领导与监督下实施

我国招标投标的实施是在国家主管部门的领导与监督下进行的,各地建筑业行政管理部门用招标投标工作办法来领导和监督,目的是为了使招标工程严格按基本建设程序办事,完善招标和施工条件,保证招标投标工作按照法令办事,防止违反法令的事件在施工中出现,避免造成不必要的损失。

在西方国家,工程招标完全是在自由市场中进行。只要遵守有关法律规定,业主可以自由招标,除军事工程或政府建设工程要由工程所属机关出面、审计机关及上级机关派人员参加监督外,一般政府不出面组织。

▷ 12.1.3 招标投标的基本条件

1. 工程项目招标的基本条件

我国实行招标的工程项目必须具备下列基本条件:①该工程已列入国家或省、市、自治区年度计划,即招标的工程项目必须是计划以内的工程;②有经国家批准的设计单位出具的施工图和概算;③建设用地已经征妥;④建设资金、设备、材料和协作配套条件等准备工作,均分别落实;⑤已取得建筑许可证书;⑥招标文件和工程标底已报经审批。

上述基本条件是为了保证工程项目实行招标承包的实现。各地区在进行招标投标时,还有一些详尽的说明,可参见各地的有关规定。

2. 投标企业应具备的基本条件

投标企业必须符合《建筑企业经营管理条例》中的有关条文和符合当地有关规定,才能参加投标。投标企业应具备的基本条件如下:①必须持有营业执照,取得法人资格;②承建工程技术资格(企业等级)必须符合招标工程的要求;③具有承包建筑安装工程施工的能力;④符合当地有关规定。

12.2 工程项目招标

工程项目招标,是指业主在拟建工程具备了工程招标所必需的招标文件、施工图纸和有关的技术经济资料等基本条件以后,公开发布或单独邀请若干建筑承包企业参加投标,并按招标文件规定的条件和要求,择优选定拟建工程的承包企业的过程。

目前国内外的建设工程项目普遍采用工程招标的方法发包工程任务。业主通过工程招标,吸引建筑承包企业投标,利用他们之间的竞争,达到择优选定建筑承包企业的目的。

▷ 12.2.1 工程招标的方式

工程招标前应做好准备工作。在国外,工程招标准备工作多由业主委托的咨询公司承担,主要是编写招标文件和施工图设计等工作,而我国工程招标准备工作,一般由工程发包单位组织专门机构人员进行。招标工作的质量高低,关键取决于招标前的准备工作,在招标准备工作中,标底的确定是至关重要的,必须保密。在准备工作完成后,就具备了招标的基本条件,即可进行招标。招标方式主要有:

1. 公开招标

公开招标是一种无限竞争性招标，也叫开放型招标，业主公开发表招标公告，宣布招标工程项目的内容和要求，各建筑承包企业均可参与投标活动，一旦通过资格预审，即可购买招标文件，参与竞标。

公开招标的优点是给一切有法人资格的建筑承包企业以平等竞争机会参加投标。业主则可从众多的投标书中，获取较为价廉且优质的报价，优中选优，选定理想的承包人。其缺点是参加投标者越多竞争愈趋激烈，少数承包企业为了得标，采取故意压低报价的手段，力图排挤那些持严肃认真态度的承包企业。不过只要认真严格地对标书进行审查，这种方式仍是十分有效的。

2. 邀请招标

邀请招标是一种有限竞争性招标，也叫选择性招标，业主根据工程项目的特点和复杂程度等条件，有选择地邀请若干具有承包该项工程资格和能力的承包企业前来投标。

业主根据见闻、经验和情报资料等信息获得这些承包企业的能力资信情况，在加以选择后，并以发招标邀请书来进行的，经过资格预审和标书评审后，择优选定中标人和发出中标通知书。

这种方式目标明确，经过选定的承包企业，在施工经验、施工技术和信誉上都比较可靠，有能力保证工程质量和施工进度。整个组织管理工作比公开招标相对要简单一些，但是其前提条件是对承包企业应充分了解，其报价也可能高于公开招标方式。

3. 协商议标

协商议标是一种谈判协商招标方式。业主通过主管部门的同意，直接选择承包企业发出招标通知书，召开双方有关人员会议，直接商谈招标条件和要求，达成协议后工作可立即展开。若达不成协议，则可再找一家谈判协商，直到达成协议。

这种方式适用于专业性强、技术要求高的特殊工程，或者工期比较紧迫的工程。这种方式所认定的建筑承包企业是按其经验、技术、能力、信誉和资格而选定，其优点是：灵活性较大，易处理一些问题，有利于保证工程质量和工期，业主省省了招标广告费用，但可能出现标价稍高。因此，国内外都常采用此方式进行工程招标。

▶ 12.2.2 工程招投标的方法

根据工程特点和招标对象的不同，其招标投标具体方法也有所不同。

1. 一次招投标方法

一次招投标是指业主（建设单位）在招标准备工作结束和基本条件具备后，将整个建设工程任务进行一次性发包，并进行招标投标活动，择优选定建筑承包企业。

目前，国内外普遍采用这种方法进行工程招投标。由于业主采取一次性招标与签约确定整个工程承发包的内容，减少了多次招标的工作，方便了管理。这种方法前期准备工作较长，特别是一些大型工程，因此投资见效就要慢一些。

2. 两次报价方法

这种方法即业主虽将建设工程任务进行一次性发包，但要求建筑承包企业分两次进行投标报价。即第一次采取公开招标报价，经开标评标比较后，再邀请3～5家报价低或满意的建筑承包企业进行二次投标报价，再经评审最后选定中标企业。

这种方法适用于新的、没有经验的工程项目，第一次报价作为摸底初选，第二次详细报价作为优选的主要依据。在国际工程招投标中常用这种方法，效果也比较好。

3. **多次招投标方法**

多次招投标是对一些大型工程采取按工程主要部位或项目分阶段连续招投标。如大型土石方与场地平整、基础工程、主体结构工程、装饰装修工程和环境绿化工程等。由于工程规模较大和施工图纸分阶段设计,业主为了争取时间提前开工,以便早见效益。

这种方法往往是边设计、边施工或边施工、边营业,这给后面的再次招标和竣工结算造成一定的困难,同时还会增加分阶段招投标的工作量。

➤ 12.2.3 工程招标文件

招标文件是业主自行编制或委托其他单位编制的,作为招标、评标、定标和与中标企业签订工程合同的法律、技术与财务等依据。在招标文件中,业主要完整地阐明拟建工程的规模、内容、建设要求、合同条件及招标投标中的业务工作规定等。

投标企业对招标文件中的内容、要求、条件、规定等,只能依照执行,不能自行更改,投标企业对招标文件中有不理解的内容或发现其有明显的错误,可用信函方式要求业主在开标前答复。若业主发现招标文件中的错误,也应在开标前以书面形式予以修改,作为投标企业编制标函的依据。

我国目前对招标文件的内容要求,尚无统一明确的规定。一般招标文件由招标书、设计资料和投标须知三部分组成,向投标人公开。投标人取得资格预审后,可在规定时间内向招标人购买。

1. **招标书的组成**

(1)工程综合说明。以简明扼要的文字对工程概况加以说明,包括工程名称、批准文号、建设地点、工程结构类型及特点、工程主要内容、设计标准、建设前期的准备情况等。

(2)工程范围。说明工程招标范围,即发包的工程内容。发包工程内容可以根据招标人的意图,采取一次性发包或按单项(单位)工程发包,还可以进行专业工程发包等。

(3)工程承包方式。招标人根据工程性质和工程条件,采取总价承包、固定单价承包或成本加酬金承包等。

(4)材料供应方式。标书中要明确规定各种工程用料的供应办法,并明确材料涨价或定额调整的处理方法。

(5)工程价款结算方式。主要指预付款比例、进度款分期支付和竣工结算等规定。

(6)工期要求。主要包括建设项目、单项工程或单位工程的工期,以及计算工期的方法。

(7)工程质量。主要包括设计标准、技术规范、质量评定方法、质量事故处理规定等。

(8)奖惩办法。即对工期和质量等方面的奖惩条件和办法。

(9)其他。主要包括标前会议和现场勘察的日期。

2. **工程设计资料**

工程设计资料包括工程项目设计图纸、资料、说明书、工程量清单等。

工程招标时,应成套分发(收取资料费或押金)给有资格投标的施工企业。

3. **投标须知**

投标须知是业主对投标人在编制标函的过程中,在业务上、手续上和信誉上所作的规定,以及对主要评标、定标等方法的细则所作的说明。主要包括以下几个方面:①招标文件的单位、联系人、业务方法等方面的说明;②设计单位和投标人发生业务联系的方式;③填写标书的规定和投标、开标的时间、地点等;④投标企业的担保方式;⑤投标人对招标文件有关内容提出建议的方式;⑥招标人的权利,主要指招标人保留拒绝接受不合要求的标函,以及在特殊情况下可以推迟投标、开标日期的权利;⑦招标人对投标文件有保密的义务等。招标文件有一个重要组成部分不向投标人公开,即标底。由业主或委托招标咨询单位根据设计图纸和有关规定计算,并经招标办公室审定的发包标价,称为标底。它是招标人自行或委托其他单位根据设计文件和当地规定进行编制的,是评标定标的主要依据。

➤ 12.2.4 工程项目招标程序

我国目前的工程招标尚无统一的程序模式,一般程序如图 12-1 所示。

1. 组建招标机构

拟建工程项目确定后,招标人着手组建招标机构、配备专业人员等相关的准备工作。

2. 编制招标文件

标底的计算与确定是招标文件编制的关键环节。标底的内容除合理造价外,还包括与造价相对应的质量、施工方案,以及为缩短工期所需的措施费等。标底是进行评标和定标工作的主要依据之一,在开标前要严格保密。

标底的计算多数按现行计价定额为计算基础,标底的确定是以工程预算造价为依据,并将满足工程要求所需的措施费用、材料调价费用以及不可预计费用,都列入工程造价。

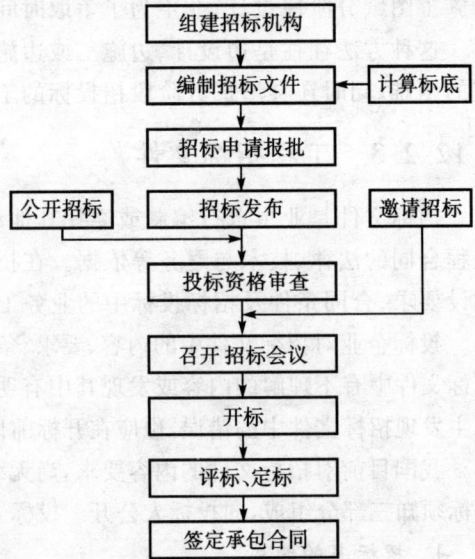

图 12-1 招标程序图

3. 招标申请报批

招标人在工程招标准备工作基本完毕后,应向政府建设主管部门报送招标申请文件,并由主管部门对招标人进行招标条件审查,招标人必须待审查批准后才能进行招标。

招标条件审查的主要内容包括建设资金有无保证、主要建筑材料与设备招标文件内容是否齐全、工程标底是否计算完毕、工程招标方式是否确定等。

4. 投标资格审查

招标领导小组对投标人进行工程投标资格审查是一项重要工作,按照国家现行规定,只有通过投标资格审查合格后,才具有参加该项工程投标的资格。

投标资格审查内容主要是对投标人是否是取得法人资格的建筑承包企业、企业等级是否与工程项目要求相适应进行审查,不允许越级承包工程项目。同时,还应对投标人的施工能力、企业信誉、队伍素质、施工装备、财务状况和过去完成类似工程的情况等进行全面的审查。一般是由投标人填报资格审查表,并由招标领导小组、招标人共同进行审查。

5. 召开投标会议

招标领导小组或招标人在工程招标准备工作结束后,就可以召开邀请有投标人、设计单位、建设银行和当地招标管理部门等参加的招标会议,同时对通过资格审查的投标人发售招标文件等资料。

招标会议一般是由当地招标主管部门主持,招标人介绍工程情况及施工要求,解答提出的有关问题,补充与完善招标文件中的内容,明确投标人报送标函的具体时间与地点等。

会后,招标人可组织各投标人对施工现场进行考查。现场考查内容包括:施工现场可提供的场地面积和房屋数量,施工用水、电源位置及可供量,施工运输道路和桥梁承载能力情况,拟建工程项目与已建房屋的关系,施工现场的地貌、地质、水文情况等。

6. 开标

开标一般是由招标领导小组或招标人在规定的时间、地点,在有招标人、投标人、建设银行、工程招标主管部门和公证机关参加下公开举行,并当众启封标函,宣布投标人的报价等主要内容。工程招标的开标应当在有法律保障和公证员监督的条件下公开进行。

按我国现行办法的规定,凡有标函未密封、标函未按要求填写或填写字迹模糊辨认不清、标函未加盖本企业和法人印鉴、标函寄出(交付)时间超过投标截止日期(以邮戳为准)等情况之一者均按废标处理。

7. 评标、定标

(1)评标。评标是招标领导小组或招标人,对投标人所报送的标函进行审查、评分和分析的过程。评标人在评标时,应贯彻公正平等、经济合理、技术先进的原则,并按规定的评标标准进行评标。

评标标准包括:标价合理、工期适当、保证质量、企业信誉好等。这四条在不同工程、不同条件下,其评定标准不尽相同。

目前常用的评标方法主要有条件对比法和打分评标法两种。

①条件对比法。公开开标后,按条件分单位进行登记排列次序,然后对比各项条件,选择综合条件优越者为中标单位。优选的条件为:标价、工期、质量、安全、技术素质、协作条件等。

②打分评标法。打分评标法是对各投标企业的标函按工期、造价、质量、材料、社会信誉等水平进行定量评价,选择最高分为中标单位。目前一些单位对标函的评分指标构成情况大致为:工程造价30分(或20分);工期30分(或20分);工程质量15分(或20分);材料15分(或10分);附加条件(15分)。另外,也有地区采用评分与评议相结合的办法进行定标。

(2)定标。它是在开标后,由招标领导小组或招标人,对各投标人的标函经过各项条件的对比分析、综合平衡,择优确定最佳中标人的过程,也称决标。

中标人的评定定标方法有以下几种:①全面评比、全面综合分析条件,最优者为中标人(承包企业);②按各项指标打分评标,以得分最高者为中标人(承包企业);③以能否满足招标人(业主)的特殊要求或侧重条件,如工期短或报价低等,选择中标人(承包企业)。

8. 签订承包合同

确定中标企业后,应填写中标通知书,报送城乡建设主管部门审核签发,并与中标企业约定时间、地点进行合同磋商,最后签订承包合同。

凡未在规定时间内(一般中标后20天或一个月)签订合同的,经建设主管部门裁决,其责任属于投标企业的,取消其该工程的承包权;其责任属于业主的,须由业主赔偿投标企业延期开工损失,其额度由建设主管部门确定。

12.3　工程项目施工投标

工程项目施工投标,是指建筑承包企业取得投标资格后,在认真研究招标文件所提条件和要求的基础上,对招标工程项目的成本、造价等进行估算及编制标函,并在规定的期限内向业主递交,积极参加竞标。

▷ 12.3.1　工程投标文件

1. 投标报价依据

在我国参加工程项目投标的施工企业,必须是按其经营范围,具有法人资格的施工企业,也就是说,必须是资格审查通过后的施工企业。其报价依据如下:①当地规定的招标投标办法(或细则);②招标文件;③设计图纸及资料;④国家及地方现行的定额与规定;⑤施工组织设计或施工方案;⑥其他参考资料;⑦本企业现行生产经营资料。

2. 投标标价计算

投标人在参加业主召开的招标会议和了解施工现场情况后,根据招标文件要求,结合企业投标原则,即可开始投标报价计算。

一般工程均在有施工图的情况下进行报价计算,其方法与编制施工图预算的方法基本相同,但应注意以下问题:

(1)明确工程量计算项目。目前我国各省、市、自治区的计价定额都有自己的规定,导致单价、费用、定额工程内容都不尽相同,必须熟悉工程所在地的定额及规定,将工程量计算时的项目划分清楚。同时,应注意不可调整工程项目的计算。一般来说,上部工程的工程量不可调整,计算时应尽量准确无误,而允许调整(视招标文件规定)的工程项目,其准确性可以降低。

(2)正确套用单价。要掌握定额单价所包含的内容,又要与各分部分项工程的施工工艺和操作过程相一致。这就需要做标人除了掌握定额外,还应对施工组织设计或施工方案有较深的了解,又要熟悉本企业主要项目施工工艺的一般做法。

(3)准确计算各种数据。工程量、单价以及各种费用的计算等都是各种数据的计算,上述数据中存在着大量互相关联数据,一旦出现一处错误,必然会引起一系列的错误。因此在计算完后,一定要耐心而细致地复核,以减少运算上的错误。

(4)合理确定各类费用。确定各类费用的收取标准是国内报价的核心问题。投标人应尽力掌握企业当前经营状况的各种资料,才能确定其收取费用标准,主要应从企业管理费、现场管理费、其他间接费、材料价差等方面进行核算,以取得可靠数据,才能确定取费标准和合理计算各项费用。

▶ 12.3.2 投标报价决策

投标报价决策,就是要根据工程情况、报价原则、计算方法、费用计取标准等,对报价作深入分析,包括分析竞争对手、市场材料价格、企业盈亏、企业当前任务情况等,最后作出报价决策,即报价下调或上浮的比例。

投标竞争取胜的关键就是报价的高低,报价过低,虽易中标,但无利可图,甚至亏损;报价过高,难以中标,失去获胜机会。因此,在工程投标竞争中,准确计算和合理确定报价,是战胜竞争对手而中标的重要条件。在确定报价的过程中,存在着大量的削价和加价的因素,分析清楚,有利于制定合理的投标报价。

1. 报价削价因素

(1)对于大批量工程或有后续工程、分期建设的工程,可适当减计大型临时设施费用。

(2)对施工图设计详细无误、不可预见因素小的工程可减计不可预见包干费。

(3)对无冬、雨季施工的工程,可以免计冬、雨季施工增加费。

(4)对工期要求不紧、无需赶工的工程,可减免计夜间施工增加费。

(5)技术装备水平较高的建筑企业,可减计技术装备费。

(6)大量使用当地民工的,可适当减计偏远地区施工增加费和机构调迁费。

(7)采用先进技术、先进施工工艺或廉价材料等,也可列入削价范围。

2. 报价加价因素

(1)合同签订后的设计变更,可另行结算。

(2)签订合同后的材料差价变更,可另行结算或列入报价。

(3)材料代用增加费用,可另行结算或列入报价。

(4)大量压缩工期增加的赶工措施费用,可增加报价。

(5)把握不准,防止意外费用发生,可在允许范围内增加报价。

(6)无预付款的工程,可考虑增加流动资金贷款利息,列入报价。

(7)要求垫支资金或材料的,可增加有关费用。

上述削价、加价因素,应视其招标办法和合同条款而定,不能随便套用。一般来说,承包合同签订后增加的费用,应另行结算,不列入报价。

12.3.3 编制投标文件

决定投标报价之后,即应进行标函的编制工作。

建筑承包企业在熟悉招标文件、了解施工现场和材料设备价格等情况的基础上,就可以开始计算工程标价,编制标函。

标函(投标文件)的主要内容包括:①标函综合说明;②工程数量、单价和总报价;③工程质量达到等级及保证质量与安全的技术措施;④工程计划开、竣工日期;⑤施工组织与工程形象进度;⑥主要的施工方法和选用的施工机械。

编制标函工作的重点是标价(即总报价)的计算与确定。标价的确定,是在认真进行风险分析和盈亏预测的基础上,根据承包企业内部条件和外部环境的实际情况,作出的最后报价决策。

12.3.4 工程投标程序

工程投标的程序如图 12-2 所示。

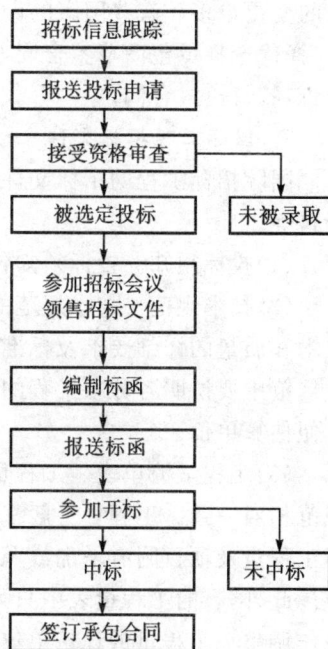

图 12-2 工程投标程序图

12.4 国际工程招标与投标

国际工程是指一个工程项目的策划、咨询、融资、采购、承包、管理以及培训等各个阶段或环节,其主要参与者(单位或个人,产品或服务)来自不止一个国家或地区,并且按照国际上通用的工程项目管理理念进行管理的工程。国际工程包括我国公司去海外参与投资或实施的各项工程,也包括国际组织或国外的公司到中国来投资和实施的工程。

12.4.1 国际工程招标

1. 国际工程招标方式

国际工程招标大都实行全过程招标,也可分阶段进行招标,不管采用哪种招标形式,都必须按照国际工程招标程序及相关规定进行建设工程的招标工作。

当前国际上工程招标主要采取邀请招标(选择性招标)和公开招标两种方式,前者由业主自己挑选若干家比较熟悉的承包商参加投标,目前在私人或私营企业中较为普遍采用这种方式。后者则由业主通过登报、电视或广播公开招请承包商参加投标,适用于较大规模的政府工程,但对参加者也有一定的限制。采用邀请方式的招标文件,承包商只要接受业主的邀请函,按规定付款购买招标文件即可。采用公开招标方式的招标文件,在领取前,业主须先对承包商进行资格预审,合格者才允许购买。

2. 国际工程招标阶段

招标阶段分施工图设计阶段和方案设计阶段两种。目前国际上采用前者较多,其优点是工程量正确性较高,以后在施工中的修改变更也少;缺点则是在设计阶段所花时间较长。后者一般适用于工期较长、规模较大的工程,其优点是可以充分利用时间,早签合同早开工;其缺点是,在招标时所用的工程量往往是根据类似工程调整估算的,其正确性较差,以后的施工图设计和施工中的变更也多。有些国家的做法甚至连工程量也提不出来,在招标中只要求投标者提供工程单价,择优选择承包商草签合同,先进行施工准备工作,一旦施工图出来有了工程量后,再计算工程造价,签订正式合同。

3. 国际工程招标文件

国际招标工程的招标文件一般包括四大类,即投标须知、技术规范、工程量清单及设计图纸资料等。

(1)投标须知。投标须知包括投标人须知、投标方式、合同条款与投标书(标函)等。

(2)技术规范。技术规范的主要内容包括:总纲、工程概况以及各分部分项工程对材料、施工技术和质量的详细要求及标准。有的设计只做到方案设计,图纸往往缺少具体做法的详图。这时规范中要说明各分项工程的简单做法。因此投标确定单价时,必须对图纸规范进行详细审阅,以便估算单价。

(3)工程量清单表。工程量清单表是报价的主要依据,其分部分项的划分及次序,应与技术规范相对一致。工程量一般都较正确,即使发现错误,也不允许随便改变。有的招标文件中,对于工程量及项目附有增加或调整的表格,以便在工程量有出入或漏项时,可以在该表格上补充调整。此外,有的工程量表中只列项目名称和内容,有的工程量表中还列有"暂定数额"。上述情况可作调整。工程量的计量单位基本与国内相同,但也有不同的,见表 12-1。

表 12-1　国外建筑工程分部工程划分表

序号	国际通用《建筑工程量计算原理》	英国《建筑工程计算工程量标准方法》
1	现场工程	建筑物拆除工程
2	混凝土工程	土石方工程
3	砌筑工程	打桩及地下室连续墙工程
4	金属工程	混凝土工程
5	木作工程	砌砖及砌块工程
6	隔热和防潮工程	托换基础工程
7	门窗	砌毛石工程
8	饰面工程	其他砌体工程
9	附件工程	沥青工程
10	设备	屋面工程
11	家具陈设	木作工程
12	特殊工程	钢结构
13	传送系统	金属(铁件)工程
14	机械设备安装工程	管道及机械安装工程

序号	国际通用《建筑工程量计算原理》	英国《建筑工程计算工程量标准方法》
15	电气安装工程	电气安装工程
16		饰面工程
17		玻璃工程
18		油漆及装饰工程
19		排水工程
20		围栏工程

（4）设计图纸。国外施工图的表示方法与国内基本相同,但粗细程度有所不同。土建图纸较粗,对于建筑上的一些具体做法用文字说明的较多(技术规范内),用详图表示的较少。水电设备图纸的表示方法,都比国内详细,甚至对设备及管件都画出放大的详图。至于方案设计图纸,在国外一般仅提供单线的总体布置图,以及个体建筑的平、立、剖面图等。

12.4.2 国际工程投标

国际工程承包市场的竞争是一个比实力、比技术、比能力、比策略、比信誉的竞争,实际上是一个高度的智力竞争、人才竞争。因此,必须组织一个专门的工作机构,依靠工程、物资、财务等部门及外部环境提供的各种信息,才能做好工程投标工作。

国际工程承包市场的竞争是一个比实力、比技术、比能力、比策略、比信誉的竞争,实际上是一个高度的智力竞争、人才竞争。因此,单凭做标人个人的智慧是难以做好投标报价工作的,必须组织一个专门的工作机构,依靠工程、物资、财务等部门及外部环境提供的各种信息,才能做好工程投标报价工作。

1. 准备工作

准备工作的内容,包括组织投标报价班子、研究招标文件、工程项目调查及标前会议与现场勘察。具体内容可以参考本章第四节。

2. 工程量复核和施工规划制定

（1）工程量复核。国外工程量复核的依据是技术规范、图纸和工程量清单。首先,要对照图纸与技术规范复核工程量清单中有没有漏项;其次,要从复核工程量数量,有些招标文件里没有工程量表,需要投标人计算,其计算依据是技术规范和施工图。无论是复核还是计算工程量,都应力求准确。因为工程量直接影响到标价的高低。对于采用固定总价承包方式来说,漏算了工程量,更会带来不可挽回的损失。

（2）施工规划的制定。国外施工规划,不同于国内的施工组织设计,它的内容和深度没有施工组织设计要求高。但是,施工规划的目的是为了报价时便于计算有关费用。一旦中标,它对编制施工组织设计有指导作用。

施工规划的内容一般包括施工方法、施工机械、施工进度(粗线)、材料、设备、劳动力需用计划、临时设施计划等。其编制依据是:施工图纸,已复核的工程量,业主提出的开、竣工日期,现场施工条件和调查研究收集的资料。施工规划制定的原则是在保证工程质量、工期的前提下,尽可能使工程成本最低,经济效益最好。

3. 单价分析

在国外承包工程,尤其是较大的建设工程应专门制定一套分项工作单价表。在作单价分析时,有关现场情况、气候情况、工程复杂程度、工期长短、材料、设备有何特殊要求、是否免税项目、有哪些竞争对手、是否积极争取得标等,都得全面考虑,确定投标作价的战略性方针。然后通过市场调查,对专业设备或分包工程的对外询价、施工方案的确定,工效、机械和管理水平的测算或调整,最后逐项确定工资、材料价格、施工机械费、管理费及利润等的具体数据,作为确定分项单价的依据。所有工料、机械等基本单价一定要合理确定,然后根据工程说明书和工程量表中的工程项目要求,逐项进行工料、机械用量单价分析,还要按照国际通常做法,将管理费、利润都列入每项单价中,以确定分项单价,再与工程量相乘,从而确定分部分项造价,直至全部工程总价。

4. 开办费的估算

在国际工程投标中,开办费,又称初期费用,要专门单独报价,一般是列在各分部分项工程的最前面。其内容因不同国家和不同工程而异,一般有:施工用水用电费,施工机具费,临时设施费,脚手架费,驻地工程师的办公室及家具、设备仪器费,现场材料试验室及设备仪器费,工人的现场福利安全费,职工交通费,日常气候报告及其他报表费等。开办费约占总价的 $10\% \sim 20\%$,有的甚至高达 25% 左右,一般与工程的大小成反比例,这些费用每笔只需列出总额,但具体估算则应根据具体情况分别计算,其内容往往涉及施工组织和施工方法,范围较广,要有比较丰富的经验才便于估算。

5. 标价的汇总及测算

各分部的标价初步确定并汇总成总造价后,应进行一次全面的分析测算,从总体造价上权衡一下是否得当合理,单位造价指标是否与工程的设计标准大致相符,与当地当时同类型建筑的单位造价是否有偏高或偏低情况,是否有竞争能力,最后结合投标决策作策略性调整。

6. 投标、开标及定标

标价确定后应密封,按规定的手续在指定的时间和地点送给业主。业主在预定时间当众开标,公开宣布各投标商所报的标价,开标后一般要经过 3~6 个月的定标期,在这段时间内业主要多方面分析研究各家造价,并全面考虑承包商的资金、设备、技术力量及施工水平等综合因素,最后才确定由哪家中标。

▷ 12.4.3 国际工程招标投标程序

国际招标投标办法,基本上已形成相对固定的招标投标程序,见图 12-3。

1. 业主确定项目和设计

国外确定某建设工程项目一般要经过

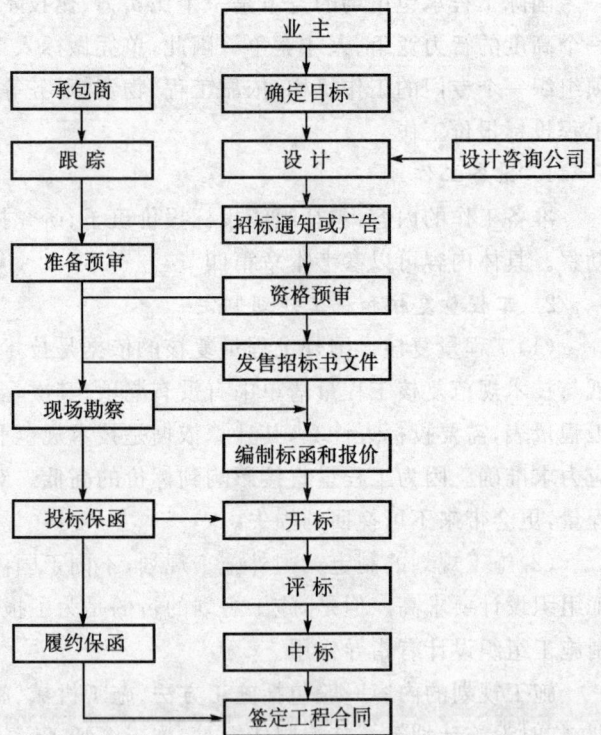

图 12-3 国际工程项目招标投标程序

分析研究、可行性研究和规划设计几个阶段。这些都由业主委托设计咨询公司进行,并由咨询公司负责招标文件的编制,然后再由业主发出招标广告或招标邀请书进行招标。

2. 承包商的资格预审

业主对愿意参加投标的承包商,在投标前就某公司组织机构、能力、经验、财务状况等方面事先进行审查,以确保参加投标者均系具有承包能力的最合适的承包商。

3. 发售招标文件

国际招标文件一般是由资格预审合格的承包商向招标单位(或机构)购买。根据招标工程规模、技术复杂程度以及标书资料的多少、购买标书的金额而不同。一般招标文件的金额在600~3 000美元左右,但是大型工程则需上万美元。

4. 现场勘察

招标人在招标文件中,已经告诉投标人在某月某天到工地现场勘察,业主或其委托人有义务组织和陪同投标人参观现场,并给予必要的介绍和解答问题。

5. 编制标函和报价

见上节内容。

6. 开标

目前国外工程的开标方式有两种,以招标邀请(或广告)为准。

(1)公开开标。即由招标机构按规定的时间、地点通知所有的投标人参加。招标机构一般除主席外,应至少有两名成员参加,否则,开标在法律上无效。这种方式经常被采用,尤其是政府或公营的工程常用。

(2)秘密开标。即在招标机构内部进行,投标人和其他人员概不介入,招标机构将开标的结果通知参加投标的承包商。

开标时,主持开标的业主和咨询工程师当众检查并展示每份标书的密封情况是否完好无损,然后逐件启封,当场宣布以下内容:①投标人姓名;②收到标书的日期、时间;③标书标价总值。

业主或咨询工程师要根据招标文件清单,检查每份投标文件的完整性。在对标书的初步审查中,要征求投标人在不更改报价或标书重要内容前提下有否要当众说明或进行澄清的地方。如有上述情况,均应记入开标纪要,所有招标机构成员和投标人签字。签字后的开标纪要,作为开标正式文件。

对于未按时递交投标书的投标人,原则上取消投标资格。

7. 评标

一般工程项目不采用当众开标、当众定标的做法,而是采取评标的办法确定中标人。评标一般以标价、工期、技术、管理、商务和工程风险等方面综合评定。评标过程,实际上是投标人进行最后竞争的过程,但招标人与投标人私下商议降低标价的个别现象也存在。

8. 中标

招标人或招标机构经过评标后,最后选定承包商,并以书面形式通知中标人,这时承包商才成为真正的竞争胜利者,即中标人。一般来说,中标人的选择是在报价最低的前三名承包商中选定。

➤ 12.4.4 国际工程投标报价的程序

投标报价作为国际工程投标过程中的关键环节,其工作内容繁多,工作量大,而时间往往十分紧迫,因而必须周密考虑,统筹安排,遵照一定的工作程序,使投标报价工作有条不紊、紧张而有序地进行。国际工程投标报价工作在投标者通过资格预审并获得招标文件后开始,工作程序见图 12 - 4。

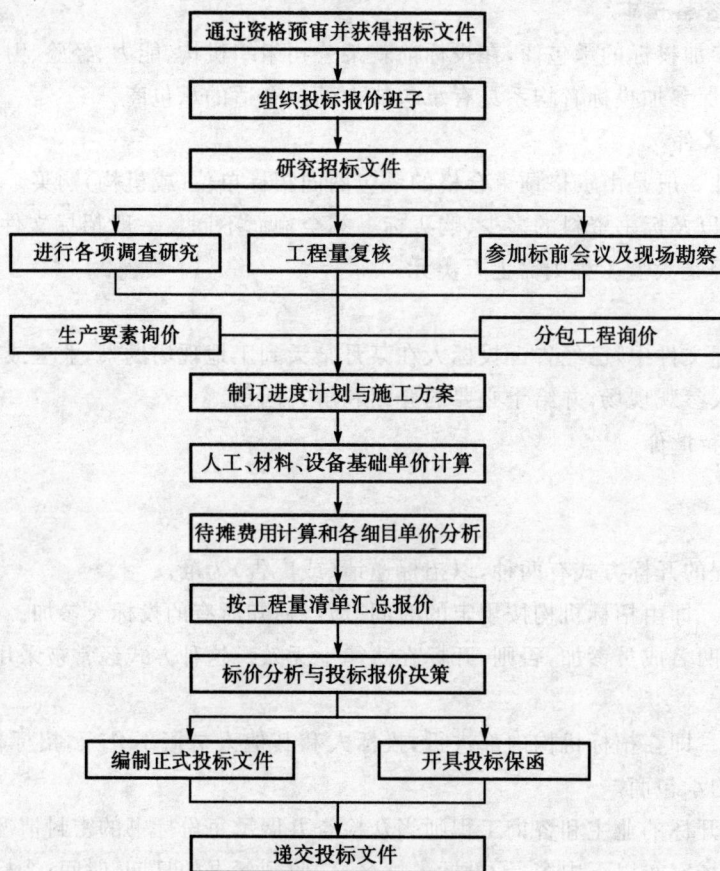

```
      ┌──────────────────────────────┐
      │   通过资格预审并获得招标文件    │
      └──────────────────────────────┘
                    │
      ┌──────────────────────────────┐
      │       组织投标报价班子         │
      └──────────────────────────────┘
                    │
      ┌──────────────────────────────┐
      │        研究招标文件            │
      └──────────────────────────────┘
         │          │          │
┌────────────┐ ┌──────────┐ ┌──────────────────┐
│进行各项调查研究│ │工程量复核│ │参加标前会议及现场勘察│
└────────────┘ └──────────┘ └──────────────────┘
┌────────────┐              ┌──────────────────┐
│ 生产要素询价 │              │   分包工程询价    │
└────────────┘              └──────────────────┘
      ┌──────────────────────────────┐
      │    制订进度计划与施工方案       │
      └──────────────────────────────┘
                    │
      ┌──────────────────────────────┐
      │  人工、材料、设备基础单价计算   │
      └──────────────────────────────┘
                    │
      ┌──────────────────────────────┐
      │  待摊费用计算和各细目单价分析   │
      └──────────────────────────────┘
                    │
      ┌──────────────────────────────┐
      │    按工程量清单汇总报价         │
      └──────────────────────────────┘
                    │
      ┌──────────────────────────────┐
      │   标价分析与投标报价决策        │
      └──────────────────────────────┘
         │                    │
┌────────────────┐      ┌──────────────┐
│  编制正式投标文件 │      │  开具投标保函  │
└────────────────┘      └──────────────┘
      ┌──────────────────────────────┐
      │      递交投标文件              │
      └──────────────────────────────┘
```

图 12 - 4 国际工程投标报价程序

1. 组织投标报价班子

国际工程投标报价,不论承包方式和工程范围如何,都必然涉及承包市场竞争态势、生产要素市场行情、工程技术规范和标准、施工组织和技术、工料消耗标准或定额、合同形式和条款以及金融、税务、保险以及当地的政治、经济状况等方面的问题。因此,需要有专门的机构和人员对报价的全部活动加以组织和管理,组织一个业务水平高、经验丰富、精力充沛的投标报价班子是投标获得成功的基本保证。投标报价的人员不仅应具有广博的知识和丰富的经验,还必须熟悉国际工程施工和投标报价的规范和操作程序,只有这样,投标报价人员才能参与激烈的国际工程市场的竞争。

一个好的投标报价班子的成员应由经济管理类人才、专业技术类人才、商务金融类人才、合同管理类人才组成,最好是懂技术、懂经济、懂商务、懂法律和会外语的复合型、外向型、开拓型人才。各类人员及其在报价编制过程中的作用,见表 12 - 2。

表 12 - 2　各类人员及其在报价编制过程中的作用

人　员	人员的作用
承包商高级管理人员	决定是否参加投标,商谈资金,标价调整
工程估价人员	负责人工、材料、设备基础单价的计算,分摊费用的计算,单价分析和标价汇总
公司内部设计人员	编制替代设计方案
临时工程设计人员	全部临时工程机构,模板工程,脚手架,围堰等
设备经理	对施工设备的适用性和新设备的购置提出建议,分析设备维修费用
现场人员	对施工方法、资源需求和各项施工作业的大概时间提出建议
计划人员	编制施工方法说明,按施工进度表配置资源
采购人员	获取材料报价和估算运输费用
法律合同人员	对合同条款和融资提出建议
工程测量员	估算实施项目的工程量
市场人员	寻找未来工程的机会,保证充分了解业主要求,协助估价人员校核资料
财务顾问	同金融机构商谈按最佳条件获取资金,商谈保函事宜
人事部门人员	向估价部门提出有关可用的职员和关键人员的建议,编制人员雇佣条件,协助计算现场管理费用

此外,报价编制过程也有一些外单位人员的参与,其作用见表 12 - 3。

表 12 - 3　外单位人员及其在报价编制过程中的作用

人　员	人员的作用
业主的顾问(设计师、工程师、工料测量员)	澄清承包商在详细检查招标条件后提出的疑问
材料供应商	向承包商提交工程所需材料的报价
分包商	向承包商提交指定项目的报价以及详细资料
海运、包装及运输公司	对物资从装运港运至现场提出建议及报价
联营公司	按商定的比例分享利润,进行联合施工以减少承包商的风险
当地代理及当地使馆人员	向估价人员提供工程所在国有关商务、社会、法律以及地理条件等方面的信息
银行及金融机构	为工程的实施提供资金和保函

2. 研究招标文件

招标文件规定了承包商的职责和权利,承包商在标前会议、现场勘察之前和投标报价期间,均应组织投标报价人员认真细致地阅读招标文件。为进一步制订施工进度计划、施工方案和计算标价,投标人应从以下几个主要方面研究招标文件。

(1)合同条件方面。研究内容包括:①要核准准确日期(投标截止日期和时间;投标有效期;招标文件中规定的由合同签订到开工的允许时间;总工期和分阶段验收的工期;缺陷通知期);②保函与担保的有关规定;③保险的要求;④误期赔偿费的金额和最高限额的规定及提前竣工奖励的有关规定;⑤付款条件;⑥物价调整条款;⑦商务条款中有关报价货币和支付货币的规定;⑧税收中的免税或部分免税;⑨不可抗力造成损害的补偿办法和规定、中途停工的处理办法和补救措施;⑩争端解决的有关规定;⑪承包商可能获得补偿的权利方面。

(2)承包商责任范围和报价要求方面。研究内容包括:①应当注意合同属于单价合同、总价合同还是成本加酬金合同等,对于不同的合同类型,承包商的责任和风险是不一样的,应根据具体情况分别核算报价。②认真落实需要报价的详细范围,不应有任何含糊不清之处。应将工程量清单与投标人须知、合同条件、技术规范、图纸等认真核对,以保证在投标报价中不错报、不漏报。

(3)技术规范和图纸方面。工程技术规范是按工程类型来描述工程技术和工艺的内容和特点,对设备、材料、施工和安装方法等所规定的技术要求,以及对工程质量进行检验、试验和验收所规定的方法和要求。研究工程技术规范,特别要注意研究该规范是参照或采用英国规范、美国规范或是其他国际技术规范,本公司对此技术规范的熟悉程度,有无特殊施工技术要求和有无特殊材料设备技术要求,有关选择代用材料、设备的规定,以便采用相应的定额,计算有特殊要求的项目价格。

图纸分析要注意平、立、剖面图之间尺寸、位置的一致性,结构图与设备安装图之间的一致性,当发现矛盾之处应及时提请招标人澄清并修正。

3. 进行各项调查研究

开展各项调查研究是标价计算之前的一项重要准备工作,是成功投标报价的基础,主要内容包括:

(1)市场、政治、经济环境调查。主要内容有:①工程所在国的政治形势;②工程所在国的经济状况;③与招标、投标、工程实施有关的法律法规;④项目所在国工程市场的情况。

(2)施工现场自然条件调查。主要包括气象资料、水文资料、地质情况、地震等自然灾害情况。

(3)现场施工条件调查。主要包括现场的公共基础设施、现场用地范围、地形、地貌、交通、通信、现场"三通一平"情况、附近各种服务设施、当地政府对施工现场管理的一般要求等情况。

(4)劳务规定、税费标准和进出口限额调查。工程所在国的劳务规定、税费标准和进出口限额等情况在很大程度上会影响工程的估价,甚至会制约工程的顺利实施。如有些国家禁止劳务输入,因此国外承包商只能派遣公司的管理人员进入该国,而施工所需的工人则必须在当地招募。

(5)工程项目业主的调查。主要包括本工程的资金来源情况、各项手续是否齐全、业主的工程建设经验、业主的信用水平及工程师的情况等。

(6)竞争对手的调查。主要包括调查获得本工程投标资格、购买投标文件的公司情况,以及有多少家公司参加了标前会议和现场勘察,从而分析可能参加投标的公司。了解参加投标竞争公司的有关情况,包括规模和实力、技术特长、管理水平、经营状况、在建工程情况以及联营体情况等。

4. 参加标前会议与现场勘察

(1)标前会议。标前会议是招标人给所有投标人提供的一次答疑机会,有利于加深对招标文件的理解。标前会议是投标人了解业主和竞争对手的最佳时机,应认真准备并积极参加标前会议。在标前会议之前应事先深入研究招标文件,并将研究过程中碰到的各类问题整理为书面文件,寄到招标单位要求给予书面答复,或在标前会议上提出并要求予以解释和澄清。

参加标前会议,应注意以下几点:

①对工程内容范围不清的问题应当提前说明,但不要表示或提出任何修改设计方案的要求。

②对招标文件中图纸与技术说明互相矛盾之处,可请求说明应以何者为准,但不要轻易提出修改技术要求。如果确实能提出对业主有利的修改方案,可在投标报价时提出,并作出相应的报价供业主选择。

③对含糊不清、容易产生歧义理解的合同条件,可以请求给予澄清、解释,但不要提出任何改变合同条件的要求。

④投标人应注意提问的技巧,不要批评或否定业主在招标文件中的有关规定,提问的问题应是招标文件中比较明显的错误或疏漏,不要将对己方有利的错误或疏漏提出来,也不要将己方机密的设计方案或施工方案透露给竞争对手,同时要仔细倾听业主和竞争对手的谈话,从中探察他们的态度、经验和管理水平。

(2)现场勘察。现场勘察是标前会议的一部分,由招标人组织所有投标人进行现场参观和说明。投标人应准备好现场勘察提纲,并积极参加,参加现场勘察的人员应认真地研究招标文件中的图纸和技术文件,同时派有丰富工程施工经验的工程技术人员参加,现场勘察中,除一般性调查外,还应结合工程专业特点有重点地进行勘察。由于能到现场参加勘察的人员毕竟有限,因此可对大型项目进行现场录像,以便给参与投标的全体人员和专家研究。

5. **工程量复核**

工程量复核不仅是为了便于准确计算投标价格,更是今后在实施工程中测量每项工程量的依据,同时也是安排施工进度计划、选定施工方案的重要依据。招标文件中通常情况下均附有工程量表,投标人应根据图纸,认真核对工程量清单中的各个分项,特别是工程量大的细目,力争做到这些分项中的工程量与实际工程中的施工部位能"对号入座",数量平衡。当发现遗漏或相差较大时,投标人不能随便改动工程量,应按招标文件的要求填报自己的报价,但可另在投标函中适当予以说明。

关于工程量表中细目的划分方法和工程量的计算方法,世界各国目前还没有设置统一的规定,通常由工程设计的咨询公司确定。比较常用的是参照英国制订的《建筑工程量计算原则(国际通用)》《建筑工程量标准计算方法》。两者的内容基本是一致的,后者较前者更为详尽和具体。

在核算完全部工程量表中的细目后,投标人可按大项分类汇总工程总量,使对这个工程项目的施工规模有一个全面和清楚的概念,并用以研究采用合适的施工方法和经济适用的施工机械设备。

6. **生产要素与分包工程询价**

(1)生产要素询价。国际工程项目的价格构成比例中,材料部分约占30%~50%左右的比重。因此材料价格确定的准确与否直接影响标价中成本的准确性,是影响投标成败的重要因素。生产要素询价主要包括以下四方面:①主要建筑材料的采购渠道、质量、价格、供应方式。②施工机械的采购与租赁渠道、型号、性能、价格以及零配件的供应情况。③当地劳务的技术水平、工作态度与工作效率、雇佣价格与手续。④当地的生活费用指数、食品及生活用品的价格、供应情况。

(2)分包工程询价。分包工程是指总承包商委托另一承包商为其实施部分合同标的的工程。分包商不是总承包商的雇佣人员,赚取的不只是工资还有利润。分包工程报价的高低,对投标报价必然有影响,因此总承包商在投标报价前应进行分包询价。

确定完分包工作内容后,承包商发出分包询价单,分包询价单实际上与工程招标文件基本一致,资料主要来源于招标文件和承包商的施工计划。当收到分包商的报价后,承包商应从分包保函是否完整、核实分项工程的单价、保证措施是否有力、确认工程质量及信誉、分包报价的合理性等方面进行分析。

▷ 12.4.5 国际工程投标报价组成

1. 投标报价的具体组成

国际工程投标报价的组成,应根据投标项目的内容和招标文件的要求进行划分。为了便于计算工程量清单中各个分项的价格,进而汇总整个工程报价,通常将国际工程投标报价分为直接费、间接费、利润、风险费及其他可单列项的费用,见表12-4。间接费、利润、风险费是在工程量清单中没有单独列项的费用项目,需要将其作为待摊费用分摊到工程量清单的各个报价分项中去。

目前国内外对国际工程投标报价的组成有着不同的划分,但主要有两种:第一,开办费单列的投标报价,其组成见表 12-4;第二,开办费未单列的投标报价,则开办费应列入待摊费用之中。

表 12-4　国际工程投标总报价组成

国际工程投标总报价组成	直接费	人工费
		材料费
		施工机械使用费
	间接费	工作人员费
		办公费
		差旅交通费
		文体宣教费
		固定资产使用费
	现场管理费	国外生活设施使用费
		工具用具使用费
		劳动保护费
		检验试验费
		其他费用
	临时设施工程费	
	保险费	
	税金	
	保函手续费	
	经营业务费	
	工程辅助费	
	贷款利息	
	总部管理费	
利润		
风险费		
开办费		
分包工程费	分包报价	
	总包管理费和利润	
暂定金额(招标人备用金)		

国际工程投标报价要准确划分报价项目和待摊费用项目。报价项目就是工程量清单上所列的项目,例如平整场地、土方工程、混凝土工程、钢筋工程等等,其具体项目随招标工程内容及招标文件规定的计算方法而异。待摊费用项目不在工程量清单上出现,而是作为报价项目的价格组成因素隐含在每项综合单价之内。

2. 人工、材料和施工机械基础单价计算

(1)人工工日基价的计算。工日基价是指国内派出的工人和在工程所在国招募的工人,每个工作日的平均工资。一般来说,在分别计算这两类工人的工资单价后,再考虑功效和其他一些有关因素以及人数,加权平均即可算出工日基价。

①出国工人工资单价的计算。我国出国工人工资单价一般按下式计算:

$$工人日工资单价 = 一名工人出国期间的费用 \div (工作年数 \times 年工作日) \qquad (12.1)$$

工人工资一般由下列费用组成:国内工资及派出工人企业收取的管理费;置装费;差旅费;国外零用费;人身保险费和税金;伙食费;奖金;加班工资;劳保福利费;卧具费;探亲及出国前后调遣工资;预涨工资。除上述费用之外,有些国家还需要包括按职工人数征收的费用。

②当地雇佣工人工资单价的确定。雇佣当地人员费用包括以下几方面:日基本工资;带薪法定假日工资、带薪休假日工资;夜间施工、冬雨季施工增加的工资;规定由承包商支付的福利费、所得税和保险费等;工人招募和解雇费用;工人上、下班交通费。此外,如招标文件或当地法令规定,雇主须为当地劳工支付个人所得税、雇员的社会保险费等,则也应计入工资单价之内。

(2)材料、半成品和设备预算价格的计算。应按当地采购、国内供应和从第三国采购分别确定。

①当地采购。在工程所在国当地采购的材料设备,其预算价格应为施工现场交货价格。按下式计算:

$$预算价格＝市场价＋运输费＋采购保管损耗 \tag{12.2}$$

②国内供应。通常按下式计算:

$$材料、设备价格＝到岸价＋海关税＋港口费＋运杂费＋保管费＋$$
$$运输保管损耗＋其他费用 \tag{12.3}$$

上述各项费用如果细算,包括海运费、海运保险费、港口装卸、提货、清关、商检、进口许可证、关税、其他附加税、港口到工地的运输装卸、保险和临时仓储费、银行信用证手续费,以及材料设备的采购费、样品费、试验费等。

③第三国采购。从第三国采购的材料、设备价格,其预算价格的计算方法类似于国内供应材料、设备价格的计算。如果同一种材料、设备来自不同的供应来源,则应按各自所占比重计算加权平均价格,作为预算价格。

(3)施工机械使用费的计算。施工机械使用费由基本折旧费、场外运输费、安装拆卸费、燃料动力费、机上人工费、维修保养费以及保险费等组成。

①基本折旧费。新购设备应考虑在本工程中摊销的折旧比率,一般折旧年限按不超过5年计算。计算公式如下:

$$基本折旧费＝(机械预算价格－残值)×折旧比率 \tag{12.4}$$

机械预算价格可根据施工方案提出的施工机械设备清单及其来源确定。

残值是工程结束时施工机械设备的残余价值,应按其可用程度和可能的去向考虑确定。除可转移到其他工程上继续使用或运回国内的贵重机械设备外,一般可不计残值。

②场外运输费。场外运输费的计算,可参照材料、设备运杂费的计算方法。

③安装拆卸费。可根据施工方案的安排,分别计算各种需拆装的机械设备在施工期间的拆装次数和每次拆装费用的总和。

④燃料动力费。按消耗定额乘以当地燃料、电力价格计算。

⑤机上人工费。按每一台机械上应配备的工人数乘以工资单价来确定。

⑥维修保养费。维修保养费指日常维护保养和中小修理的费用。

⑦保险费。保险费指施工期间机械设备的保险费。

3. **待摊费**

(1)现场管理费。现场管理费是指由于组织施工与管理工作而发生的各种费用,其涵盖费用项目较多,主要包括下列几方面:

①工作人员费。主要包括行政管理人员的国内工资、福利费、差旅费(国内外往返车船机票等)、服装费、卧具费、国外伙食费、国外零用费、人身保险费、奖金、加班费、探亲及出国前后所需

时间内的调遣工资等。如系雇用外国雇员,则包括工资、加班费、津贴(一般包括房租及交通津贴费等)、招聘及解雇费等。

②办公费。主要包括行政管理部门的文具、纸张、印刷、账册、报表、邮电、会议、水电、烧水、采暖或空调等费用。

③差旅交通费。主要包括国内外因公出差费(其中包括病员及陪送人员回国机票等路费,临时出国、回国人员路费等)、交通工具使用费、养路费、牌照税等。

④文体宣教费。主要包括学习资料、报纸、期刊、图书、电影、电视、录像设备的购置摊销、影片及录像带的租赁、放映开支(如租用场地、招待费等)、体育设施及文体活动费等。

⑤固定资产使用费。主要包括行政部门使用的房屋、设备、仪器、机动交通车辆等的折旧摊销、维修、租赁费、房地产税等。

⑥国外生活设施使用费。主要包括厨房设备(如电冰箱、电冰柜、灶具等)、由个人保管使用的食具、食堂家具、洗碗用热水器、洗涤盆、职工日常生活用的洗衣机、缝纫机、电熨斗、理发用具、职工宿舍内的家具、开水、洗澡等设备的购置费及摊销、维修等。

⑦工具用具使用费。主要包括:除中小型机械和模板以外的零星机具、工具、卡具,人力运输车辆,办公用的家具、器具、计算机、消防器材和办公环境的遮光、照明、计时、清洁等低值易耗品的购置、摊销、维修,生产工人自备工具的补助费和运杂费等。

⑧劳动保护费。主要包括:安全技术设备,用具的购置、摊销、维修费,发给职工个人保管使用的劳动保护用品的购置费,防暑降温费,对有害健康作业者(如沥青等)发给的保健津贴、营养品等费用。

⑨检验试验费。主要包括材料、半成品的检验、鉴定、试压、技术革新研究、试验等费用。

⑩其他费用。主要包括零星现场的图纸、摄影、现场材料保管等费用。

(2)其他待摊费用。其他待摊费用包括以下几方面:

①临时设施工程费。主要包括:生活用房、生产用房和室外工程等临时房屋的建设费,施工临时供水、供电、通信等设施费用。有的招标文件将一些临时设施作为独立的工程分列入工程量清单,则应按要求单独报价,这对承包商是有利的,可以较早得到这些设施的支付。

②保险费。承包工程中的保险项目一般有工程保险、第三方责任、雇员的人身意外保险、施工机械设备保险、材料设备运输保险等,其中后三项保险费已分别计入人工、材料、施工机械的单价,此处不再考虑。关于投保的公司,有的国家明确规定向政府指定的保险公司投保,也有的国家规定,允许选择较优惠的保险公司承保。

③税金。按照国家有关规定应交纳的各种税费和按当地政府规定的税费收取。

④保函手续费。主要包括投标保函、履约保函、预付款保函、维修保函等,可按估计的各项保证金数额乘以银行保函年费率,再乘以各种保函有效期(以年计)即可。

⑤经营业务费。主要包括为工程师提供现场工作和生活条件而开支的费用(如工程师的办公室、交通车辆等)为争取中标或加快收取工程款的代理人佣金、法律顾问费、广告宣传费、考察联络费、业务资料费、咨询费、礼品费、宴请及投标期间开支的费用(包括购买资格预审文件、招标文件、投标期间的差旅费、投标文件编制费等)。

⑥工程辅助费。主要包括成品的保护费、竣工清理费及工程维修费等。

⑦贷款利息。由于工程预付款的不足,承包商为启动和实施工程所垫付的流动资金。这笔资金大部分是承包商从银行借贷的,因此,应将流动资金的利息计入工程报价中。

⑧总部管理费。总部管理费是指上级管理部门或公司总部对现场施工项目经理部收取的管理费。

⑨利润。可按工程总价的某一个百分数计取。

⑩风险费。风险费是指工程承包过程中由于各种不可预见的风险因素发生而增加的费用。通常由投标人通过分析工程项目的风险因素后,确定工程总价的一个合理百分数作为风险费率。

4. 开办费

有些招标项目的报价单中单列有开办费(或称初期费用)一项,指正式工程开始之前的各项现场准备工作所需的费用。如果招标文件没有规定单列,则所有开办费都应与其他待摊费用一起摊入到工程量表的各计价分项价格中。开办费单列还是摊入工程量其他分项价格中,应根据招标文件的规定计算。

开办费在不同的招标项目中包括的内容可能不相同,一般包括以下内容:

①现场勘察费。业主移交现场后,应进行补充测量或勘探者,可根据工程场地的面积计算。

②现场清理费。主要包括清除树木、旧有建筑构筑物等,可根据现场考察实际情况估算。

③进场临时道路费。如果需要时,应考虑其长度、宽度、是否有小桥、涵洞及相应的排水设施等计算,并考虑其经常维护费用。

④业主代表和现场工程师设施费。如招标文件规定了承包商还应为业主代表以及现场办公提供设施和服务,如现场住房、交通车辆等,则应根据其要求计算报价。

⑤现场试验设施费。如招标文件有具体规定,应按其要求计算;可按工程规模考虑简易的试验设施,并计算其费用如混凝土配料试块、试验等。其他材料样品的试验可送往附近的研究试验机构鉴定,考虑一笔试验费用即可。

⑥施工用水电费。根据施工方案中计算的水电用量,结合现场考察调查,确定水电供应设施,例如水源地、供水设施、供水管网、外接电源或柴油发电机站、供电线路等,并考虑水费、电费或发电的燃料动力费用。

⑦脚手架及小型工具费。根据施工方案,考虑脚手架的需用量并计算总费用。

⑧承包商临时设施费。按施工方案中计算的施工人员数量,计算临时住房、办公用房、仓库和其他临时建筑物等,并按简易标准计算费用,另外还应考虑生活营地的水、电、道路、电话、卫生设施等费用。

⑨现场保卫设施和安装费用。按施工方案中规定的围墙和夜间照明等计算。

⑩职工交通费。根据生活营地远近和职工人数,计算交通车辆和职工由驻地到工地往返费用。

⑪其他杂项。如恶劣气候条件下施工设施、职工劳动保护和施工安全措施(如防护网)等,可按施工方案估算。

5. 暂定金额

暂定金额是业主在招标文件中明确规定数额的一笔资金,标明用于工程施工,或供应货物与材料,或提供服务,或以应付意外情况,也称待定金额或备用金。每个承包商在投标报价时均应将此暂定金额数计入工程总报价,但承包商无权做主使用此金额,这些项目的费用将按照业主工程师的指示与决定,全部或部分使用。

➢ 12.4.6 国际工程单价分析与标价汇总

1. 分项工程的单价分析

分项工程单价也叫工程量单价,是指工程量清单上所列项目的单价。分项工程单价通常为综合单价,包括直接费、间接费和利润等。分项工程单价的计算是工程估价中最重要的基础工作。

单价分析就是对工程量清单中所列分项单价进行分析和计算,确定出每一分项的单价和合价。单价分析之前,应首先计算出工程中拟使用的人工、材料、施工机械的基础单价,还要选择好适用的工程定额,然后对工程量清单中每一个分项进行分析与计算。单价分析通常列表进行,其步骤如下:

(1)计算分项工程的单位工程量直接费。单位工程量直接费的计算公式如下:

单位工程量直接费 a = 单位工程量人工费 + 单位工程量的材料费 + 单位工程量施工机械使用费

(12.5)

本分项工程直接费 A = 本分项工程的单位工程量直接费 a × 本分项工程量   (12.6)

分项工程直接费常用的估价方法有定额估价法、作业估价法和匡算估价法等。

使用定额估价法时,应具备较准确的人工、材料、机械台班的消耗定额以及人工、材料和机械台班的使用单价。一般拥有较可靠定额标准的企业,定额估价法应用较为广泛。

应用定额估价法是以定额消耗标准为依据,并不考虑作业的持续时间,因此当机械设备所占比重较大,适用均衡性较差,机械设备搁置时间过长而使其费用增大,而这种机械搁置而又无法在定额估价中给予恰当的考虑时,这时采用作业估价法计算更为合适。作业估价法是先估算出总工作量、分项工程的作业时间和正常条件下劳动人员、施工机械的配备,然后计算出各项作业持续时间内的人工和机械费用。为保证估价的正确和合理性,作业估价法应包括:制订施工计划,计算各项作业的资源费用等。

匡算估价法是指估价师根据以往的实际经验或有关资料,直接估算出分项工程中人工、材料的消耗量,从而估算出分项工程的直接费单价。采用这种方法,估价师的实际经验直接决定了估价的准确程度。因此,这种方法适用于工程量不大,所占费用比例较小的那部分分项工程。

(2)求整个工程项目的直接费。整个工程项目的直接费等于所有分项工程直接费之和,以 $\sum A$ 表示。

(3)求整个工程项目的待摊费用。整个工程项目的待摊费用 $\sum B$,应包含整个工程项目的间接费、利润和风险费。

(4)计算分摊系数和本分项工程分摊费。分摊系数 β 等于整个工程项目的待摊费用之和除以所有分项的直接费之和。

$$\beta = \frac{\sum B}{\sum A} \times 100\%$$

(12.7)

其中,

本分项工程分摊费 B = 本分项工程直接费用 A × 分摊系数 β (12.8)

本分项工程的单位工程量分摊费 b = 本分项工程的单位工程量直接费用 a × 分摊系数 β

(12.9)

(5)计算本分项工程的单价和合价。计算公式如下:

本分项工程单价 U = 本分项工程的单位工程量直接费 a + 本分项工程的单位工程量分摊费 b

= 本分项工程的单位工程量直接费 a × (1 + 分摊系数 β)   (12.10)

本分项工程合价 S = 本分项工程单价 U × 本分项工程量 Q (12.11)

对于单价分析,有的招标文件要求投标人对部分项目递交单价分析表,而一般招标文件不要求递交单价分析表。但是对于投标人自己来说,除了非常有经验和有把握的分项之外,都应进行单价分析。

2. 标价汇总

将工程量清单中所有分项工程的合价汇总,即可算出工程的总标价。

$$总标价＝分项工程合价＋分包工程总价＋暂定金额 \tag{12.12}$$

▷ 12.4.7 国际工程投标报价策略

1. 国际工程投标报价分析方法

在计算出分项工程综合单价,编出单价汇总表后,在工程估价人员算出的暂时标价的基础上,应对其进行全面的评估与分析,探讨投标报价的经济合理性,从而作出最终报价决策。

(1)国际工程投标报价的对比分析。标价的对比分析是依据在长期的工程实践中积累的大量的经验数据,用类比的方法,从宏观上判断计算标价的合理性,步骤如下:①分项统计计算书中的汇总数据,并计算其占标价的比例指标。②通过对上述各类指标及其比例关系的分析,从宏观上分析标价结构的合理性。③探讨平均人月产值和人年产值的合理性和实现的可能性。如果从本公司的实践经验角度判断这些指标过高或过低,就应当考虑所采用定额的合理性。④参照同类工程的经验,扣除不可比因素后,分析单位工程价格及用工、用料量的合理性。⑤从上述宏观分析得出初步印象后,对明显不合理的标价构成部分进行微观方面的分析检查。重点是在提高工效、改变施工方案、降低材料设备价格和节约管理费用等方面提出可行措施,并修正初步计算标价。

(2)国际工程投标报价的动态分析。标价的动态分析是假定某些因素发生变化,测算标价的变化幅度,特别是这些变化对目标利润的影响。该项分析类似于项目投资的敏感性分析,主要考虑工期延误、物价和工资上涨以及其他可变因素的影响,通过对于各项价格构成因素的浮动幅度进行综合分析,从而为选定投标报价的浮动方向和浮动幅度提供一个科学的、符合客观实际的范围,并为盈亏分析提供量化依据,明确投标项目预期利润的受影响水平。

①工期延误的影响。由于承包商自身的原因,如材料设备交货拖延、管理不善造成工程延误、质量问题造成返工等,承包商可能会增大管理费、劳务费、机械使用费以及占用的资金及利息,这些费用的增加不可能通过索赔得到补偿,而且还会导致误期赔偿损失。一般情况下,可以测算工期延长单位时间,上述各种费用增大的数额及其占总标价的比率。这种增大的开支部分只能用风险费和计划利润来弥补。因此,可以通过多次测算得知工期拖延多长,利润将全部丧失。

②物价和工资上涨的影响。通过调整标价计算中材料设备和工资的上涨系数,测算其对工程目标利润的影响。同时切实调查工程物资和工资的升降趋势和幅度,以便作出恰当判断。通过这一分析,可以得知目标利润对物价和工资上涨因素的承受能力。

③其他可变因素的影响。影响标价的可变因素很多,而有些是投标人无法控制的,如汇率、贷款利率的变化、政策法规的变化等。通过分析这些可变因素,可以了解投标项目目标利润受影响的程度。

2. 国际工程投标报价的技巧

投标报价的技巧是指在投标报价中采用适当的方法,在保证中标的前提下,尽可能多的获得更多的利润。报价技巧是各国际工程公司在长期的国际工程实践中总结出来的,具有一定的局限性,不可照抄照搬,应根据不同国家、不同地区、不同项目的实际情况灵活运用,诚信经营,从而提升公司的核心竞争力,实现可持续的发展。

（1）根据项目不同特点采用不同报价。国际工程投标报价时，既要考虑自身的优势和劣势，也要分析招标项目的特点。按照工程项目的不同特点、类别、施工条件等来选择报价策略。

①报价可高一些的工程。这类工程包括：施工条件差的工程；专业要求高的技术密集型工程，而本公司在这方面有专长，声望也较高；总价低的小型工程以及自己不愿做、又不方便不投标的工程；特殊的工程，如港口码头、地下开挖工程等；工期要求急的工程；竞争对手少的工程；支付条件不理想的工程。

②报价可低一些的工程。这类工程包括：施工条件好的工程；工作简单、工程量大而一般公司都可以做的工程；公司目前急于打入某一市场、某一地区，或在该地区面临工程结束，机械设备等无工地转移时；公司在附近有工程，而本项目又可利用该工地的设备、劳务，或有条件短期内突击完成的工程；竞争对手多，竞争激烈的工程；非急需工程；支付条件好的工程。

（2）不平衡报价法。不平衡报价法也叫前重后轻法。不平衡报价是指一个工程项目的投标报价，在总价基本确定后，调整内部各个项目的报价，以期既不提高总价从而影响中标，又能在结算时得到更理想的经济效益。一般可以从以下几个方面考虑采用不平衡报价法。

①能够早日结账收款的项目（如开办费、土石方工程、基础工程等）可以报得高一些，以利于资金周转，后期工程项目（如机电设备安装工程，装饰工程等）可适当降低。

②经过工程量核算，预计今后工程量会增加的项目，单价适当提高，这样在最终结算时可获得超额利润，而将工程量可能减少的项目单价降低，工程结算时损失不大。

上述两点要统筹考虑，针对工程量有错误的早期工程，如果不可能完成工程量表中的数量，则不能盲目抬高报价，要具体分析后再确定。

③设计图纸不明确，估计修改后工程量要增加的，可以提高单价，而工程内容说明不清的，则可降低一些单价。

不平衡报价要建立在对工程量表中工程量仔细核对分析的基础上，特别是对报低单价的项目。另外，一定要控制在合理幅度内，以免引起业主反对，甚至导致废标。如果不注意这一点，有时业主会挑选出报价过高的项目，要求投标者进行单价分析，而围绕单价分析中过高的内容进行压价，以致承包商得不偿失。

（3）多方案报价法。对一些招标文件，如果发现工程范围不很明确、条款不清楚或很不公正，或技术规范要求过于苛刻时，可在充分估计投标风险的基础上，按多方案报价法处理。即先按原招标文件报一个价，然后再提出："如某条款作某些变动，报价可降低……"，报一个较低的价。这样可以降低总价，吸引业主；或是对某些部分工程提出按"成本补偿合同"方式处理，其余部分报一个总价。

（4）突然降价法。报价是一件保密性很强的工作，但是对手往往通过各种渠道、手段来刺探情况，因此在报价时可以采取迷惑对方的方法。即先按一般情况报价或表现出自己对该工程兴趣不大，而到快投标截止时，再突然降价。

采用这种方法时，一定要在准备投标报价的过程中考虑好降价的幅度，在临近投标截止日期前，根据情报信息与分析判断，再作最后决策。另外如果由于采用突然降价法而中标，因为开标只降总价，那么就可以在签订合同后，再采用不平衡报价方法调整工程量表内的各项单价或价格，以期取得更好的效益。

（5）先亏后盈法。有的承包商为了打进某一地区，依靠国家、财团和自身的雄厚资本实力，采取一种不惜代价只求中标的低价报价方案。应用这种方法的承包商必须有较好的资信条件，并且提出的施工方案也先进可行，同时要加强对公司情况的宣传，否则即使标价低，业主也不一定选中。

(6)无利润算标法。缺乏竞争优势的承包商,在迫不得已的情况下,只好在投标中根本不考虑利润去夺标。这种办法一般是在以下条件时采用:

①有可能在得标后,将大部分工程分包给索价较低的一些分包商。

②对于分期建设的项目,先以低价获得首期工程,尔后赢得机会创造第二期工程中的竞争优势,并在以后的实施中赚得利润。

③较长时期内,承包商没有在建的工程项目,如果再不得标,就难以维持生存。因此,虽然本工程无利可图,只要能有一定的管理费维持公司的日常运转,就可设法度过暂时的困难,以图将来东山再起。

(7)关注计日工的报价。如果是单纯对计日工报价,可以报高一些,以便在日后业主用工或使用机械时可以多盈利。但如果招标文件中有一个假定的"名义工程量"时,则需要具体分析是否报高价,以免提高总报价。总之,要分析业主在开工后可能使用的计日工数量确定报价方针。

(8)使用"建议方案"报价。有时招标文件中规定,可以提出建议方案,即可以修改原设计方案,提出投标者的方案。投标者这时应组织一批有经验的设计和施工工程师,对原招标文件的设计方案仔细研究,提出更合理的方案以吸引业主,促成自己方案中标。这种新的建议方案一般要求能够降低总造价或提前竣工或使工程运用更合理。

增加建议方案时,不要将方案写得太具体,保留方案的技术关键,防止业主将此方案交给其他承包商,同时要强调的是,建议方案一定要比较成熟,或过去有这方面的实践经验。因为投标时间不长,如果仅为中标而匆忙提出一些没有把握的建议方案,可能引起很多后患。

(9)注意暂定工程量报价。暂定工程量有三种:

①业主规定了暂定工程量的分项内容和暂定总价款,并规定所有投标人都必须在总报价中加入这笔固定金额,但由于分项工程量不很准确,允许将来按投标人所报单价和实际完成的工程量付款。

②业主列出了暂定工程量的项目和数量,但并没有限制这些工程量的估价总价款,要求投标人既列出单价,也应按暂定项目的数量计算总价,当将来结算付款时可按实际完成的工程量和所报单价支付。

③只有暂定工程的一笔固定总金额,将来这笔金额做什么用,由业主确定。第一种情况,由于暂定总价款是固定的,对各投标人的总报价水平竞争力没有任何影响,因此,投标时应当对暂定工程量的单价适当提高,这样做,既不会因今后工程量变更而吃亏,也不会削弱投标报价的竞争力。第二种情况,投标人必须慎重考虑,如果单价定高了,同其他工程量计价一样,将会增大总报价,影响投标报价的竞争力,如果单价定低了,将来这类工程量增大,将会影响收益。一般来说,这类工程量可以采用正常价格。如果承包商估计今后实际工程量肯定会增大,则可适当提高单价,使将来可增加额外收益。第三种情况对投标竞争没有实际意义,按招标文件要求将规定的暂定款列入总报价即可。

3. 国际工程投标报价决策

所谓投标报价决策,就是标价经过上述一系列的计算、评估和分析后,由决策人应用有关决策理论和方法,根据自己的经验和判断,从既有利于中标而又能盈利这一基本目标出发,最后决定投标的具体报价。

(1)国际工程投标报价决策的影响因素。影响国际工程投标报价决策的因素主要有成本估算的准确性、期望利润、市场条件、竞争程度、公司的实力与规模。此外,在投标报价决策时,还应考虑风险偏好的影响。

①成本估算的准确性。成本估算的准确度如何,直接影响到公司领导层的决策。在估算标

价时,需要投标报价班子作出许多定量和定性的评估,这些评估可以依据已有记录的数据、经验、主要的市场条件和大量的其他因素。很明显,不同的估价人员对这些因素的权衡也各不相同。因此,对于特定的一项工程往往会有许多种估价。

估价人的施工经验十分重要,他们所制订的施工方案、技术措施、设备选型与配套、定额选用、人员及进度安排等,是否符合实际,直接影响标价。另一方面,估价人的责任心也很重要,决不能粗枝大叶发生漏项或计算错误,尤其对基础价格和各类税金的选定和计入,应对照招标文件的有关规定和询价的可靠程度,反复比较。

②期望利润。承包商可以事先提出一个预期利润的比率进行计算,它不受工程自身因素的影响。当前国际建筑市场竞争激烈,承包商只好降低预期利润率,有的不惜采用无利润算标以求成功。

③市场条件。从宏观角度来看,市场条件包括下列因素:当地的、全国的乃至国际的投资机会;竞争者的活动能力;在建工程的工程量;工程订单。

④竞争程度。竞争程度作为决定性的因素,对投标成功与否是一个极为关键的因素。承包商可以通过对竞争对手的 SWOT 分析来评价竞争程度。SWOT 分析是指分析企业优势(strength)、劣势(weakness)、机会(opportunity)和威胁(threats),其实际上是对企业内外部条件的各方面内容进行归纳和概括,进而分析组织的优劣势、面临的机会和威胁的一种方法。在投标报价前应对参加投标的潜在竞争对手进行调查,在作最后的投标决策时,可以针对已调查的资料进行重点分析,找出几家可能急于想获得此项工程的对手,对他们进行 SWOT 分析。

有时,还可以从工程的难易程度和心理因素方面对竞争对手进行分析,估计对手们的心态,找出真正的潜在对手,而后更有针对性地分析各方的优势和弱点,与之竞争。如果在竞争中做到知己知彼,承包商就有可能制定合适的投标策略,发挥自己的优势而取胜。

⑤风险偏好。国际工程事业本身就充满了风险与挑战,各种意外不测事件难以完全避免。为应付工程实施过程中偶然发生的事故而预留一笔风险金(或称不可预见费)是必要的。

另外,在中标后与业主谈判并商签合同过程中,业主可能还会施加压力,要求承包商适当降低价格。有的承包商事先在估价时考虑了一个降价系数,这样,当业主议标压价时,审时度势,可适当让步,也不致有大的影响。

(2)国际工程投标报价的策略。投标报价策略是指投标人在投标过程中从企业整体和长远利益出发,结合企业经营目标,并根据企业内部的各种资源和外部环境而进行的一系列谋划和策略。即投标人研究如何以最小的代价取得最大的经济效益。投标人在激烈的投标过程中,如何制定适当的投标报价策略是决定其投标成功的关键。

虽然国际工程市场上各个公司的最终目标都是盈利,但是由于投标人的经营能力和经营环境的不同,出于不同目的的需要,对同一招标项目,可以有不同投标报价目标的选择。

①生存策略。即投标报价是以克服企业生存危机为目标,争取中标可以不考虑种种利益原则。

②补偿策略。即投标报价是以补偿企业任务不足,以追求边际效益为目标。以亏损为代价的低报价,具有很强的竞争力。

③开发策略。即投标报价是以开拓市场,积累经验,向后续投标项目发展为目标。投标带有开发性,以资金、技术投入手段,进行技术经验储备,树立新的市场形象,以便争得后续投标的效益。其特点是不着眼一次投标效益,用低报价吸引投标人。

④竞争策略。即投标报价是以竞争为手段,以低盈利为目标,报价是在精确计算报价成本基

础上,充分估价各个竞争对手的报价目标,以有竞争力的报价达到中标的目的。

⑤盈利策略。即投标报价充分发挥自身优势,以实现最佳盈利为目标,投标人对效益无吸引力的项目热情不高,对盈利大的项目充满自信,也不太注重对竞争对手的动机分析和对策研究。

不同投标报价目标的选择是依据一定的条件进行分析后决定的。竞争性投标报价目标是投标人追求的普遍形式。

思考与练习

1. 我国工程项目招标的基本条件是什么?

2. 我国投标企业应具备的基本条件是什么?

3. 我国工程招标方式和方法有哪些?

4. 工程招标文件的组成内容有哪些?

5. 工程招标程序步骤有哪些?

6. 工程投标文件的内容是什么?

7. 工程投标程序步骤有哪些?

8. 国际工程招标文件的内容是哪些?

9. 国际工程招标投标程序步骤有哪些?

10. 国际工程投标报价程序有哪些?

11. 国际工程投标报价的组成有哪些?

12. 国际工程单价分析的步骤有哪些?

13. 国际工程投标报价的分析方法有哪些?

14. 国际工程投标报价的技巧有哪些?

15. 国际工程投标报价的策略有哪些?

第 13 章 建筑工程项目管理概述与项目融资

本章学习要点

1. 掌握项目管理与项目融资的概念、工程项目管理的类型、项目管理与企业管理的关系
2. 熟悉项目融资的结构、项目融资的参与者和项目融资模式
3. 了解项目管理与项目融资的特点、工程项目管理的方式和主要内容

"工程项目管理"是现代管理科学的一重要分支学科,于 1982 年被引入我国,1988 年在全国进行应用试点,1993 年正式推广,至今已经近 30 多年。在各级政府、建设主管部门的大力推动和全国工程界的努力实践下,改变了传统的以政府集中管理为中心的计划管理方式,极大地解放和提高了我国工程建设的生产力。

13.1 建筑工程项目管理概述

13.1.1 项目管理概述

1. 项目的特点及其类型

项目是一种一次性的复合任务,它具有明确的开始时间、明确的结束时间、明确的规模与预算,通常还有一个临时性的项目组。它具有一次性、目标明确性、约束性、系统性、相对独立性、生命周期性、相互依赖与冲突性等特点。一个项目生命周期可划分为启动、规划、实施和收尾四个阶段。

按不同的分类方法,可以将项目分为如下类别:

(1)按项目成果的实体形态,可以将项目分为工程项目和非工程项目。前者如建筑工程、水利工程、市政工程项目等,后者如软件开发、技术改造、文艺演出项目等。其中,工程项目按专业不同又可分为建筑工程、安装工程、桥梁工程、公路工程、铁路工程、水电工程、航道工程、隧道工程等。

(2)按项目的规模,可以将项目分为大型项目、中型项目和小型项目。

(3)按项目所处的行业领域,可以将项目分为国防项目、环保项目、农业项目、交通项目等。

(4)按项目所属主体不同,可以将项目分为政府项目、企业项目、私人项目。

(5)按项目生命周期不同,可以将项目分为长期项目和短期项目。

2. 项目管理的概念与特点

(1)项目管理的概念。项目管理是指项目管理主体在有限的资源约束条件下,为实现其目的,运用现代管理理论与方法,对项目活动进行系统化管理的过程。它最早是美国在二战时实施曼哈顿计划开始称呼的名称,20 世纪 50 年代由华罗庚教授引进我国(由于历史原因叫做统筹法和优选法),在台湾省叫做项目专案。

作为一门学科,项目管理是管理科学与工程学科的一个分支,是介于自然科学和社会科学之

间的一门边缘学科。

(2)项目管理的基本特征。

①一次性。一次性是项目与其他重复性运行或操作工作最大的区别。项目有明确的起点和终点,没有可以完全照搬的先例,也不会有完全相同的复制。项目的这种特征决定了项目管理也具有该特征。

②独特性。每个项目都是独特的。或者其提供的产品或服务有自身的特点,或者其提供的产品或服务与其他项目类似,然而其时间和地点、内部和外部的环境、自然和社会条件有别于其他项目,因此项目的过程及其管理总是独一无二的。

③目标的确定性。项目必须有确定的目标:时间性目标,如在规定的时段内或规定的时点之前完成;成果性目标,如提供某种规定的产品或服务;约束性目标,如不超过规定的资源限制;其他需满足的要求,包括必须满足的要求和尽量满足的要求。目标的确定性允许有一个变动幅度,也就是可以修改。不过一旦项目目标发生实质性变化,它就不再是原来的项目了,而将产生一个新的项目。

④活动的整体性。项目中的一切活动都是相关联的,构成一个整体。多余的活动是不必要的,但缺少某些活动也会损害项目目标的实现。

⑤组织的临时性和开放性。项目班子在项目的全过程中,其人数、成员、职责是在不断变化的。某些项目班子的成员是借调来的,项目终结时班子要解散,人员要转移,参与项目的组织往往有多个,甚至几十个或更多。他们通过协议或合同以及其他的社会关系组织到一起,在项目的不同时段不同程度的介入项目活动。可以说,项目组织没有严格的边界,是临时性的、开放性的。

⑥成果的不可挽回性。项目的一次性属性决定了项目不同于其他事情可以试做,做坏了可以重来,也不同于生产批量产品,合格率达 99.99% 是很好的了。项目在一定条件下启动,一旦失败就永远失去了重新进行原项目的机会。

➢ 13.1.2 工程项目管理的概念与类型

1. 工程项目管理的概念

工程项目管理有广义与狭义之分。

狭义的工程项目管理是指从事工程项目管理的企业(以下简称工程项目管理企业)受业主委托,按照合同约定,代表业主对工程项目的组织实施进行全过程或若干阶段的管理和服务。工程项目管理企业不直接与该工程项目的总承包企业或勘察、设计、供货、施工等企业签订合同,但可以按合同约定,协助业主与工程项目的总承包企业或勘察、设计、供货、施工等企业签订合同,并受业主委托监督合同的履行。

广义的工程项目管理,既本书所说工程项目管理,是以工程项目为对象,在有限的资源约束下,为最优地实现工程项目目标和达到规定的工程质量标准,根据工程项目建设的内在规律性,运用现代管理理论与方法,对工程项目从策划决策到竣工交付使用全过程进行计划、组织、协调和控制等系统化管理的过程。

2. 工程项目管理的类型

一个工程项目往往由许多参与单位承担不同的建设任务,而各参与单位的工作性质、工作任务和利益不同,因此就形成了不同类型的项目管理,主要有建设项目管理、设计项目管理、施工项目管理、咨询(监理)项目管理、供货方项目管理、工程总承包方项目管理、建设管理部门(政府)项目管理等。

(1)建设项目管理。建设项目管理是站在投资主体的立场对项目建设进行的综合性管理工作,既业主方的项目管理。狭义的建设项目管理只包括项目立项以后,对项目建设实施全过程的管理,广义的建设项目管理既包括狭义的建设项目管理,还包括投资决策的有关管理工作。

(2)设计项目管理。设计项目管理是由设计单位自身对参与的建设项目设计阶段的工作进行自我管理,即设计方的项目管理。设计项目管理的工作内容主要有:设计投标(或方案比选)、签订设计合同、设计条件准备、设计计划、设计实施阶段的目标控制、设计文件验收与归档、设计工作总结、建设实施中的设计控制与监督、竣工验收等。

(3)施工项目管理。施工项目管理即施工方的项目管理,是指施工单位通过投标取得工程施工承包合同,并以施工承包合同所界定的工程范围组织项目管理。

(4)咨询(监理)项目管理。咨询(监理)项目管理是指咨询监理工程师接收业主的委托,为保证项目的顺利实施,按照委托规定的工作内容,以执业标准和国家法律法规为尺度,对项目进行有效的组织、监督、协调、控制、检查与指导。

(5)政府对工程项目管理。目前政府管理的项目主要有两大类:一是对政府出资项目的管理;二是非政府出资,但政府控制规模与投资方向的项目。政府对工程项目管理的目的是:保证投资方向符合国家产业政策的要求,保证工程项目符合国家经济和社会发展规划和环境与生态等的要求,引导投资规模达到合理经济规模,保证国家整体投资规模与外债规模在合理的可控制的范围内进行。

➢ 13.1.3 项目管理与企业管理的关系

1. 概述

随着现代高科技技术的快速发展,产品的生命周期不断缩短,研发和创新活动日益增多,整个社会正变得越来越以项目为导向,企业的运作模式也是变得更加以项目为导向。比如咨询公司、施工企业,它们的日常运作就是由一个一个的项目构成的。从整个企业的运营与持续发展来看,咨询公司、施工企业是通过对单个项目的管理,来实现其日常运营。

所以,在越来越以项目为导向的社会中,项目管理和企业日常运营管理不是绝对的,只是相对的,二者存在既相互联系又相互区别的关系。其联系主要体现为:企业的很多工作都可以看成一个个子项目,按照项目来进行管理,在企业管理当中可以按照项目管理模式进行企业管理。

2. 工程项目管理与企业管理的区别

工程项目管理与企业管理相比较,二者之间的区别主要有以下几个方面:

(1)管理对象不同。工程项目管理的对象是一个具体的工程项目——一次性活动;企业管理的对象是企业,是一个持续稳定的经济实体。

(2)管理目标不同。工程项目管理是以具体项目的目标为目标;企业的目标是以持续稳定的利润为目标。

(3)运行规律不同。工程项目管理的规律性是以工程项目发展周期和项目内在规律为基础的;企业管理的规律性是以现代企业制度和企业经济活动内在的规律为基础的。

(4)管理内容不同。工程项目管理活动局限于一个具体项目从设想、决策、实施、总结后评价全过程;企业管理是一种职能管理和作用管理的综合,本质是一种实体型管理。

(5)实施的主体不同。工程项目管理实施的主体是多方面的;企业管理实施的主体是企业本身。

13.1.4 工程项目管理的内容

工程项目的参与者众多,既管理主体众多,不同管理主体的工程项目管理因其任务不同,对工程项目的管理内容和侧重点自然不同。而且,即使是同一个管理主体,由于不同项目的管理目的、对象和手段的不同,其管理内容也不完全相同。但是,根据我国《建设工程项目管理规范》的规定,工程项目管理主要应包括如下内容:

1. 项目进度管理

项目进度管理是指为确保项目按时完成所需要的一系列过程,包括建立进度管理制度、制订进度目标和进度计划、落实责任、实施进度控制、编制和报送进度报告等。

2. 项目质量管理

项目质量管理是指为确保项目达到其质量目标所进行的一系列活动,包括质量策划、质量控制与处置和质量改进等。管理组织应遵照《建设工程质量管理条例》和《质量管理体系》(GB/T19000)要求,建立持续改进质量管理体系。就工程项目的质量管理而言,其内容主要包括下列工作:

(1)对有关单位的资质审查。主要包括:对设计单位、监理单位和施工单位的资质审查,施工队伍的素质以及质量保证体系的认定,机电设备和主要建筑材料供应商的资质审查等。

(2)质量检查。主要包括:施工过程中的施工质量及安装质量的检查,是否按工艺标准、操作规程和规范施工,是否按设计图纸要求或洽商变更要求施工,工序衔接是否合理,是否会有隐患,进场原材料、成品、半成品、机电设备等的质量检查等。通过质量检查,符合要求的可进行下道工序,不符合要求的限期纠正。

(3)进行工程质量的评定。按建设工种质量检验评定标准的要求进行分项工程、分部工程和最终单位工程的质量评定,评出质量等级,发现主要存在的质量问题,采取相应的整改措施使工程质量满足使用功能的要求。

(4)建立质量管理制度。如原材料、成品、半成品、预制品的检查制度、隐蔽工程验收制度、班组自检和交接检制度、按质量管理层次实行分级验收制度、第三方认证制度以及质量事故处理办法等。

3. 项目职业健康安全管理

项目职业健康安全管理是指通过对项目实施过程中致力于满足职业健康和安全生产所进行的一系列管理活动。包括安全制度、技术措施、安全教育、安全检查、制定项目职业健康及安全生产事故应急预案、安全事故处理等。管理组织应遵照《建设工程安全生产管理条例》和《职业健康安全管理管理体系》(GB/T28000)要求,坚持安全第一、预防为主和防止结合的方针,建立并持续改进职业健康安全管理管理体系。

4. 工程项目的成本管理

工程项目的成本管理是工程项目实施过程中对所发生的成本费用支出有组织、有系统地进行预测、计划、控制、核算、考核、分析等一系列的科学管理工作,其主要工作内容如下:

(1)成本目标的分解,落实成本目标的控制者,明确工程项目的管理者对项目成本的职能分工。

(2)编制成本控制计划,以施工预算和项目预算成本同实际成本进行比较分析,使实际成本控制在预算成本之内。

(3)采取技术措施控制项目成本,主要从确定最佳施工方案、采取能降低成本的技术措施、提高交付使用率等方面着手进行。

(4)实行计划与资金的动态管理,随时了解和掌握实际成本和计划成本之间的动态关系,适时地调整计划与决策,使资金使用更加合理。

(5)认真审核组成工程成本的每一笔款项的支付,审核其内容是否为支付范围、数额是否计算正确、是否留有余地、支付时间是否合适、支付对象是否为合同当事方等。

(6)尽量减少索赔事项的发生,要求尽量减少指挥和决策的失误,将设计图中的问题提前发现并在施工前解决,平时多积累相关的原始资料,如往来文件、指令、施工日志、记录、气象资料、质量隐患记录、整改通知、人员配备和组织情况、政府的有关文件和法规等,所有这些都可作为索赔事件一旦发生时的依据。

(7)通过合理组织施工、提高施工质量、加快工期、减少质量事故的发生、减少返工、安全生产、文明施工等方面降低项目成本。

5. 项目环境管理

项目环境管理是指为合理使用和有效保护现场及周边地区而进行的管理活动,主要包括文明施工、环境保护和现场管理。管理组织应按《环境管理系列标准》(GB/T24000)要求,建立并持续改进环境管理体系。项目经理部应经常采用不同方式并通过不同的渠道,听取社会公众对现场管理的意见,及时抓好整改,维护企业的社会形象。

6. 项目合同管理

项目合同管理是项目管理的核心内容,是为保证项目合同的合理签订和顺利实施,旨在实现项目预期目标而采取的必要管理活动。项目合同管理包括合同订立、履行、变更、索赔、解除、终止、解决争议等过程。

订立合同的形式主要有书面形式、口头形式和其他形式。

根据《合同法》和《建筑法》的规定,合同的履行应当注意两方面的问题,即合同履行的原则和合同履行的规则。

(1)合同履行的原则包括:①全面履行原则,包括实际履行(标的的履行)和适当履行(按照合同约定的品种、数量、质量、价款或报酬等的履行);②诚实信用原则;③协作履行原则;④遵守法律、行政和法规,尊重社会公德,不得扰乱社会经济秩序,不得损害社会公共利益。

(2)合同履行的规则包括:①对约定不明条款的履行规则;②价格发生变化的履行规则;③合同履行担保规则;④抗辩权、代位权、撤销权的规则。

7. 项目信息管理

项目信息管理是指为确保及时、准确地获得和快捷、安全、可靠地使用项目信息所进行的一系列活动,包括建立信息管理体系、确定信息管理目标、信息管理策划、信息收集、信息处理、信息运用、信息安全及信息管理评价等。

8. 项目资源(生产要素)管理

项目资源(生产要素)管理包括人力资源管理、材料管理、机械设备管理、技术管理和资金管理。管理组织应建立并持续改进项目资源管理体系,完善管理制度、明确管理责任、规范管理程序。资源管理的全过程应包括资源计划、配置、控制和处置。

9. 项目沟通管理(组织协调)

组织协调的内容或对象包括人际关系、组织关系、供求关系、协作关系和约束关系,这些关系可分为内部关系、近外层关系和远外层关系。内部关系指企业内部(含项目经理部)的各种关系,近外层关系指企业与同发包人签有合同的单位的关系,远外层关系是指与企业及项目管理有关但无合同约束的单位的关系。具体涉及的组织和个人,包括建设单位和勘察设计、施工、监理、咨询服务等单位以及其他相关组织。

内部人际关系是指项目经理部各成员之间、项目经理部成员与班组之间、班组相互之间的人员工作关系的总称。

"组织关系"是指项目组织内部各部门之间、项目经理部与企业及劳务作业层之间的关系,具体指合理分工和有效协作。分工和协作同等重要,合理的分工能保证任务之间的平衡匹配,有效协作既避免了相互之间利益分割,又提高了工作效率。

供求关系主要是保证项目实施过程中所发生的人力、材料、机械设备、技术、资金等生产要素供应的优质、优价和适时、适量,避免相互之间的矛盾、保证项目目标的实现。

协作配合关系主要是指与近外层关系的协作配合协调和与内部各部门、各层次之间协作关系的协调。

约束关系包括法律法规的约束关系和合同约束关系。法律法规的约束关系主要是通过提示、教育等手段提高关系双方的法律法规意识,避免产生矛盾,及时、有效地解决矛盾。合同约束关系主要通过过程监督和适时检查以及教育等手段主动杜绝冲突和矛盾,或者依照合同及时、有效地解决矛盾。

对上述各种关系,项目管理组织应建立项目沟通管理体系,健全管理制度,采用适当的方法和手段与相关各方进行有效的沟通和协调。协调应坚持动态工作原则,在项目实施过程中,随着运行阶段的不同,所存在的关系和问题都有所不同,比如项目进行的初期主要是供求关系的协调,项目进行的后期主要是合同和法律、法规约束关系的协调。

13.2　项目融资

▶ 13.2.1　项目融资概述

1. 项目融资的含义和种类

(1)项目融资的含义。所谓项目融资是以项目的资产、预期收益或权益作抵押取得的一种无追索权或有限追索权的融资或贷款。一个工程项目是否可行、能否按计划顺利实施、规模多大,与企业(或称投资者)是否能够筹措到足够的资金密切相关。一个工程项目的实施,需要经过投资前、投资和生产三个时期(联合国工发组织把一个工程项目的实施称为项目发展周期,并划分为三个时期),而投资前这一时期最为关键。在这个时期,主要的工作是可行性研究。但根据国际惯例,在没有落实项目的资金来源之前,一般不能开展可行性研究工作(联合国工发组织和英国海外开发署都有这样的要求),可见,工程项目融资对项目的成功实施是非常重要的。

(2)工程项目融资的种类。

①按所融资金的性质不同,工程项目融资可分为权益资金和负债资金。权益资金是指企业依法筹集的、长期拥有并自主支配的资金。负债资金指的是过去的交易、事项形成的现有义务,履行该义务预期会导致经济利益流出企业的资金。

②按融资是否通过金融机构,工程项目融资可分为直接融资和间接融资。直接融资是没有金融机构作为中介的融通资金的方式。直接融资的形式有:买卖有价证券,预付定金和赊销商品,不通过银行等金融机构的货币借贷等。直接融资的种类主要有商业信用、国家信用、消费信用和民间个人信用。间接融资,是指拥有暂时闲置货币资金的单位通过存款的形式,或者购买银行、信托、保险等金融机构发行的有价证券,将其暂时闲置的资金先行提供给这些金融中介机构,然后再由这些金融机构以贷款、贴现等形式,或通过购买需要资金的单位发行的有价证券,把资

金提供给这些单位使用,从而实现资金融通的过程。间接融资的主要种类有银行信用和消费信用。

2. 项目融资的特点

项目融资的特点是指项目融资区别于其他融资方式的内在因素,一般而言,项目融资具有以下几个特点:

(1)项目导向性。所谓项目导向性,是指在项目融资中,主要依靠项目建成运营之后产生的现金流量和项目的资产价值而不是项目发起人的资信状况而安排融资。所以,项目因素直接影响整个融资、建设、经营的结构和进程。

项目导向性特点产生的另一个重要原因是,项目融资往往会涉及大量的负债资金。这是因为在以项目为融资导向后,必然会重视项目的建设和运营。而项目公司的资本金对整个项目所需资金而言无异于杯水车薪。在这一情况下,项目公司必然会大量借债以弥补中间的资金缺口。一般来说,项目融资的负债资金会占到资金总额的 65%～75%,借款期限最长可达 20 年。如果整个项目融资设计合理的话,负债资金占到资金总额的 100% 也是有可能的。

项目融资债务比例高的特点并不必然意味着项目公司自身资本金的数量对整个项目融资方案无关紧要。如果项目公司资本金较多的话,一方面可以降低公司的负债比例,另一方面也表明项目发起人较为重视该融资项目,能显示出项目发起人的积极态度,给贷款银行以充分的还款保证和信心。

(2)有限追索性。有限追索性表明项目发起人对项目所承担的责任和义务是有限的。这种追索的有限性表现在:①项目发起人对处于建设开发阶段的项目完工进行保证,若建设资金不足,则项目发起人进行追索。②若处于经营阶段项目的现金流量达不到协议规定的标准,则项目发起人有义务将差额部分补足,贷款人亦有权就此向项目发起人进行追索。当然,任何有关有限追索权利义务的设定都是通过项目融资协议来确定的,当事人各方可以在协商基础上加以调整。

项目融资有限追索性的特例是无追索性。最早进行的项目融资是无追索性的,所以无追索的项目融资又被称为传统项目融资。无追索的项目融资意味着在任何时候债权人都不可能对项目之外的财产主张权利,债权人的风险非常大。所以,债权人为了控制和降低风险会大量地调查项目发起人和项目公司的资信、项目的市场前景和预期收益、东道国的法律和政治风险等内容,成本较高。同样,高风险使得贷款的利率也较高,对项目发起人和项目公司而言融资的成本也加大了。目前,无追索的项目融资在实务中已经基本不存在了。

(3)风险分担性。项目融资风险分担的特性要求项目发起人、贷款人和其他参与者必须共同承担项目所涉及的风险和不确定因素,任何一方不能也不应该承担一切风险,并且融资结构一旦建立后,任何一方都要承担其所未能预料的各种风险。

项目融资风险分担的特点不仅仅是公平原则在这一领域的具体体现,还具有很强的现实意义。首先,风险分担后,降低了项目发起人、贷款人和其他参与者因为某一风险而招致生产经营困难甚至破产的可能性,提高了各方当事人参与项目融资的积极性。其次,风险分担后,迫使项目发起人、贷款人和其他参与者必须关注项目的建设和运营情况以预防和降低自身风险。这就使各方当事人对项目的注意力大大集中,提高了项目成功的可能性。

(4)表外融资。所谓表外融资是指若项目公司具有独立的法律人格地位且项目发起人在项目公司中的股份不超过一定的比例,则因项目融资所产生巨大数额的负债不会反映在项目发起人的资产负债表中。表外融资性的优点在于,由于该类负债不反映在作为项目实际主办者的项目发起人的资产负债表中,避免了项目发起人资产负债比例失衡,以至于资信下降,再融资成本增加。所以,表外融资性的存在,使得项目发起人可以同时进行多个项目而不至于发生筹资困难的情况,提高了融资效率。

(5)融资渠道多样性。以项目融资方式建设的项目多为能源、交通、运输等基础设施,这些项目对资金的需求量是非常大的,全依靠项目发起人是难以在有限的时间内筹措如此大量的资金的,完全依靠一类贷款也难以解决各式融资项目的资金需求问题。所以,当前,在项目融资中产生了多种融资途径。比如,在贷款问题上,建设项目既可以向商业银行贷款,也可以向世界银行、外国政府和国际金融组织等寻求贷款。在市场经济发达的国家,甚至可以通过在公开市场发行股票和债券的方式来筹集项目所需资金。

(6)高融资成本。项目融资涉及面广、结构复杂、技术性强以及法律关系众多的特点使得项目融资的成本较一般的融资方式要高得多,表现在:①项目融资的耗时较长,从准备阶段到最后融资计划的完成,少则数月多则数年,机会成本较高;②项目融资的前期工作量大、专业性强,为此需要支付一笔不菲的顾问咨询费用;③一个再完美的项目融资方案也会有巨大的不确定性和风险,加之其有限追索甚至无追索的特性,使得项目融资的贷款利息一般比同等的公司贷款利率要高 0.3 到 1.5 个百分点。

3. 项目融资的结构

在项目融资的结构中,最重要的是项目的投资结构、项目的融资结构、项目的资金结构、项目的信用保证结构。

(1)项目的投资结构。项目的投资结构,即项目的资产所有权结构,是指项目的投资者对项目资产权益的法律拥有形式和项目投资者之间的法律合作关系。目前,较为普遍采用的项目投资结构有四种基本的法律形式:

①公司型合资结构。公司型合资结构是目前世界上最简单有效的一种投资结构,这种投资结构历史悠久,使用广泛。在这种结构下,项目公司是与其投资者(公司股东)完全分离的独立法律实体,即公司法人。公司的权利和义务是由国家有关法律(或公司法)以及公司章程所赋予的。作为一个独立的法人,公司拥有一切公司资产和处置资产的权利,对于公司资产,公司股东既没有直接的法律权益也没有直接的受益人权益。公司承担一切有关的债权债务,在法律上具有起诉权也有被起诉的可能,并且除了在公司被解散的情况之外,公司对这些资产和权益有着永久性继承权,而不受到其股东变化的影响,投资者通过持股拥有公司,并通过选举任命董事会成员对公司的日常运作进行管理。由于公司型投资结构相对简单明了,国际上大多数的制造业和加工业项目采用的都是公司型合资结构,并且在 20 世纪 60 年代以前有很高比例的资源性开发项目也采用的是公司型合资结构。这种结构的优点是:公司股东承担有限责任;投资转让比较容易;融资安排比较容易;股东之间关系清楚;可以安排非公司负债型融资结构。缺点是:投资者对项目现金流量缺乏直接的控制;项目的税务结构灵活性差。

②合伙制结构。合伙制投资结构是至少两个以上合伙人之间以获取利润为目的,共同从事某项商业活动而建立起来的一种法律关系。合伙制结构不是一个独立的法律实体,其合伙人可以是自然人也可以是公司法人。合伙制结构通过合伙人之间的法律合约建立起来,没有法定的形式。其优点是:合伙人可以充分的利用税务优惠;合伙制结构管理比较灵活。缺点是:合伙人承担的风险增大;每个合伙人都具有约束合伙制的能力;合伙制融资安排比较复杂。

③契约型投资结构。契约型投资结构从严格的法律概念上说,不是一种法人实体,只是投资者之间所建立的一种契约性质的合作关系。依据合资协议,每个投资者都需要投入一定比例的资金,并且依据这个比例独自占有和销售项目最终产品。这种结构主要集中在石油天然气开发、

采矿及矿产加工、钢铁及有色金属等领域。其优点是：投资者在合资结构中承担有限责任；税务安排灵活；融资安排灵活；投资结构设计灵活。缺点是：结构设计存在一定的不确定性；投资转让程序比较复杂；管理程序比较复杂。

④信托基金投资结构。信托基金投资结构是一种投资基金的管理结构，形式上与公司型结构相似，也是将信托基金划分为类似于公司股票的信托单位，通过发行信托单位来筹集资金。这种结构的一个显著特点就是易于解散。其优点是：投资者承担有限责任；融资安排比较容易；项目现金流量的控制相对比较容易。缺点是：税务结构灵活性差；投资结构比较复杂。

（2）项目的融资结构。项目融资结构是项目融资中最为核心的部分，是对项目融资各要素的具体组合和构造，它包括项目的融资渠道和项目的融资模式两个方面。在此，只介绍项目的融资渠道，项目的融资模式在后面介绍。

根据项目融资后是否会形成项目债务，可将项目融资分为非负债性融资和负债融资。根据我国现行的法律法规，非负债性融资包括国家财政预算内投资、自筹投资和利用外资直接投资等筹措渠道；负债性融资一般包括银行贷款、发行债券、融资租赁和借入国外资金等筹措渠道。

①国家财政预算内投资。国家财政预算内投资简称国家投资，是指以国家预算资金为来源并列入国家计划的固定资产投资。

②自筹投资。目前，自筹资金是工程项目建设资金筹资的重要渠道，但是工程项目建设自筹资金来源必须正当，应上缴财政的各项资金和国家有指定用途的专款，以及银行贷款、信托投资、流动资金均不可用于自筹投资。自筹投资必须纳入国家计划，并控制在国家确定的投资总规模以内，符合一定时期国家确定的投资使用方向，投资去向合理，以提高自筹投资的经济效益。

③吸收外国资本直接投资。主要包括与外商合资经营、合作经营、合作开发及外商独资经营等形式。它的特点是不发生债权债务关系，但要让出一部分管理权，并且要支付一部分利润。

④银行贷款。银行贷款是指银行利用信贷资金所发放的投资性贷款。随着投资管理体制、财政体制和金融体制改革的推进，银行信贷资金有了较快的发展，成为项目建设资金的重要组成部分。

⑤发行债券。债券是借款单位为筹集资金而发行的一种信用凭证，它证明持券人有权按期取得固定利息并到期收回资本金。虽然债券筹资有支出固定、企业控制权不变、少交企业所得税等优点，但是由于债券的利息固定，使企业承受一定的风险，特别是企业盈利波动较大时，按期偿还本息较为困难，并且发行债券会提高企业的负债比率，降低企业的财务信誉。

⑥融资租赁。融资租赁将贷款、贸易与出租三者有机地结合在一起。其过程是先由承租人选择设备并选定设备生产厂家，再与租赁公司就租金等达成协议，签订租赁合同，然后由租赁公司通过向银行贷款等方式筹措资金，按照承租人与制造厂家商定的条件将设备买下，最后根据合同出租给承租人。可见，融资租赁是一种融资与融物相结合的筹资方式，有利于及时引进设备，加速技术改造，但是融资租赁比其他筹资方式（债券和银行贷款）的成本高。

⑦借入外国资金。借入外国资金大致有如下几种：

第一种是外国政府贷款，指外国政府通过财政预算每年拨出一定的款项，直接向我国政府提供的贷款。特点是利率较低（年利率一般为 2%～3%）、期限较长（一般为 20—30 年），但数额有限。

第二种是国际金融组织贷款（主要是世界银行贷款）和国外商业银行贷款。世行贷款手续较为复杂，资金量有限，外商银行贷款资金量大，借得资金可以自由支配，但利息和费用负担较重。

第三种是出口信贷，出口信贷是西方国家政府为了鼓励资本和商品输出而设置的专门信贷，这种信贷的利息较低，期限一般为 10—15 年，但借得款项只能用于购买出口信贷国的设备。根据贷款对象不同分为买方信贷和卖方信贷。

(3)项目的资金结构。项目融资的资金结构指的是项目中股本资金、准股本资金和债务资金的形式、相互之间比例关系以及相应的来源。资金结构是由项目的投资结构和融资结构决定的，但反过来又会影响到整体项目融资结构的设计。经常为项目融资所采用的资金结构有：股本金和准股本金、商业银行贷款和国际银行贷款、国际债券、租赁融资、发展中国家的债务资产转换。

①股本资金。股本资金比例越高，现金流量中用于偿还债务的比例就越小，项目的经济强度就越高，贷款人的风险就越小。

②准股本资金。准股本资金指项目发起人或与项目利益有关的第三方所提供的一种从属性债务。准股本资金的投入方式包括无担保贷款、可转换债券、附有认股权证的债券、零息债券和以贷款担保形式出现的准股本资金等。

③债务资金。在项目融资中被广泛应用的债务资金种类包括：商业银行贷款和国际辛迪加银团贷款；租赁；出口信贷、世界银行、地区开发银行的政策性信贷。

(4)项目的信用保证结构。对于银行和其他债权人而言，项目融资的安全性来自两个方面：一方面来自于项目本身的经济强度，另一方面来自于项目之外的各种直接或间接担保。项目本身的经济强度与信用保证结构相辅相成，项目的经济强度高，信用保证结构就相对简单，条件就相对宽松；反之，信用保证结构就要相对复杂和相对严格。

➤ 13.2.2 项目融资的参与者

由于项目融资结构的复杂性，在每个具体的项目融资中，参与者都是不同的。但是一般来说，项目融资的参与者主要有：项目发起人、项目公司、贷款人、承建商、供货商、承购商、项目管理公司、保险机构、东道国政府、中介机构等。

1. 项目发起人

项目发起人是那些为实现项目目标，而取得建设和经营项目所必需的许可，并通过设立项目公司及缔结相关协议将项目融资各方当事人联系起来的自然人、法人和其他实体。所以，项目发起人是项目的实际投资者和最终主办者，是一切项目融资方式的必然参与者。

项目发起人对项目的重视程度、对项目的出资比例以及对项目的管理能力是项目成功与否的关键因素。

在实际生活中，考虑到项目建设的复杂性和风险性，项目发起人往往不是一家实体。在项目发起人由众多实体组成的情况下，其内部的组成情况如下：首先，从成员构成上看，充当项目发起人的都是与项目的建设或运营有直接或间接利益关系的实体，如承建商、供货商、承购商等；其次，从成员的国籍上看，项目发起人既可以是东道国境内的本国企业和其他实体，也可以是东道国境外的外国企业和其他实体。

上述众多实体所构成的项目发起人只有在有效组织的前提下，才适合于对复杂而庞大的融资项目进行投资。要做到这一前提，必须解决好以下几个问题：

(1)确定各具体发起人在整个项目融资过程中承担的不同职责，如承建商、供货商、承购商等，并以合同的方式加以约束。

(2)确定项目顾问，尤其是法律、融资和税务顾问，以明确并尽可能地降低风险和成本。

(3)确定股本投入的比例和方式。项目融资是一种高负债的融资方式，其负债资金会占到资金总额的65%～75%，借款期限最长可达20年。在这种情况下，贷款人会更注重项目发起人最初所注入项目的资本金数额，以验证项目发起人对项目的态度，并以此决定提供贷款与否和贷款数额的多少。所以,项目发起人应当根据项目的经济强度和其他有效因素合理而谨慎地确定股本投入的比例和方式。

(4)确定收益的分配比例和方式。对于项目发起人而言,其希望能将项目收益尽早收回以实现投资目标,而对于贷款人而言,其希望能将项目收益尽早收回以偿还贷款,两者之间是一对矛盾。为了项目融资的顺利进行和共同利益,必须确定一个双赢的合适比例。

2. 项目公司

项目公司是由项目发起人设立的,独立地具体负责项目的开发、建设和融资的资产经营实体。项目公司并不一定必然会参与项目建成之后的运营活动。

项目公司作为一类资产经营实体,在绝大多数情况下都充当项目的直接借款人的角色。只是在极少数情况下,为了绕开某些融资的法律障碍,由专门设立的受托借款公司作为直接借款人借款后,再由受托借款公司作为中介将借款支付给项目公司。在这一情形中,项目公司仍是间接借款人。

3. 贷款人

项目融资中的贷款人主要是指提供贷款的商业银行,除此之外还由一些非银行金融机构和政府的出口信贷机构充当这一角色。由于项目建设所需的资金巨大并存在很大的商业和政治风险,在进行融资时一般都会有数家乃至数十家商业银行组成银团提供贷款。一般说来,银团的成员来自多个国家,以减少和避免东道国政府对项目和资金的不当干预。当然,完全由东道国银行组成银团对项目进行贷款,也是一种选择。比如,在2002年由上海市金茂律师事务所作为银团法律顾问参加的鞍钢新轧—蒂森克虏伯镀锌钢板有限公司10.8亿元人民币的项目融资中,银团就完全由中资银行——中国银行和上海浦东发展银行组成,体现了中资银行的雄厚实力和发展潜力。

由于银团由多家银行构成,所以在银行之间会就整个贷款事宜安排进行必要的分工,以利于项目融资的进行和银行间利益风险的确定。根据各个银行在贷款中起到的不同作用,可将银团中的银行划分为:

(1)安排行。安排行是最初与项目公司签订贷款协议并承担全部或大部分贷款的银行。安排行在与项目公司订立贷款协议后,再向银团中的其他银行销售贷款协议。所以,安排行会承担贷款协议未售出部分的风险。由于安排行的作用和风险都很大,所以安排行一般都会由少数大银行来担任。

(2)代理行。代理行是指负责项目贷款日常事务管理的一家或数家银行。通过这种管理行为,代理行从中收取一定的管理费用。代理行的管理活动包括有效地管理全部贷款,以及负责与项目公司进行一般性质的日常联系等。

(3)参与行。参与行是指参加银团,并按照各自先前的承诺份额向项目公司提供贷款的银行。参与行的数目众多,银团间通过以贷款数额比例为基础的内部协议来规范不同背景下的参与行,以期对外形成一致行动。

(4)技术行。技术行是指专门处理有关项目融资中技术问题的银行。在一个项目融资中,资金投放与工程进度和质量是密切相关的。而工程进度和质量的评判标准又依赖于技术和工程专家所作出的专门报告。在这种情况下,技术和工程专家由谁聘请又代表谁的利益就显得至关重要了。因此,在许多项目融资中,贷款行都会自行聘请代表自身利益且独立于项目发起人和项目公司的技术和工程专家。

(5)保险行。与技术行类似,保险行是指专门处理有关项目融资中保险问题的银行。项目融资具有高度的商业风险和政治风险,保险是必须要慎重考虑的事项。保险行的职责就是从贷款行的利益出发,不断地和专门聘请的保险顾问以及保险公司联系和商议,减少贷款行因商业和政治风险所产生的损失。

4. 承建商

承建商是指承担具体项目建设的当事人。与一般的工程承建商有所区别的是,项目融资承建商的工程技术水平和历史业绩不仅决定了所建项目工程的质量和工期,而且在很大程度上影响着贷款人对贷款风险的评估。所以,至少在项目的前期建设阶段,承建商是项目融资结构中必须重点考虑的当事人。

5. 供货商

供货商是指在项目融资中提供设备、能源和原材料的当事人。供货商在保证项目建设的按期竣工和正常运营方面的作用是显而易见的。因此,供货商的经济状况和自身信誉就成为项目融资贷款人在评估贷款风险时必须要加以谨慎考虑的问题。

项目融资的建设和运营周期长,对设备、能源和原材料的需求大,这些都为供货商提供了一个长期而稳定的市场,也是供货商非常感兴趣的。供货商为了抢占商机获取利润,往往愿意在一定条件下以长期优惠的价格为项目提供设备、能源和原材料。而这种供货安排不仅对供货商有利,对贷款人而言也能切实降低项目的贷款风险,减少不确定性。因此在实务中,供货与贷款经常是捆绑在一起进行的。

6. 承购商

能够并愿意充当承购商角色的一般是项目发起人、东道国政府部门和其他购买项目产品使用项目设施的第三方,合适的承购商可以大大降低项目的融资风险,是项目融资成功与否的关键之一。所以,承购商的实力也是贷款人评估贷款风险的一个重要因素。

项目公司为了保证在项目建成运营之后能有长期稳定的收益以获得偿还贷款的现金流量,同时承购商为了保证能够长期地使用项目产品和设施,双方一般都会签订一份长期的购买合同。与普通的长期购买合同有所不同的是,该合同中往往会有诸如"不论是否提货均需付款"的信用支持条款。这一条款的约定是承购商的一种让步,但以此为条件,他也获得了直接参与项目融资谈判以确定承购项目产品最小数量和计价方法的机会。

7. 项目管理公司

在某些需要高度专业化管理的项目中,项目在建成之后的经营运作并不交由项目公司负责,而是由另一独立的项目管理公司来负责。该项目管理公司的基本职责就是对项目的日常生产活动进行一系列的综合管理。因此,基于职责的需要,项目管理公司应当具备管理项目的专门知识和成功经验,并拥有足够的资金实力和人才储备。实践中,项目管理公司大多是东道国的法人,这样能减少管理项目的政治风险和法律障碍。此外,由于偿还贷款的现金流量主要产生在项目运营阶段,而项目运营的管理水平又直接影响着现金流量的大小。因此,贷款人从控制贷款风险的角度出发,也会格外注重项目管理公司的资质和实力。

8. 保险机构

项目融资的时间跨度长、资金数额大的特点使得其必然存在大量的不确定因素和风险。根据这一情况,参与项目融资的各方当事人在通过协议界定彼此风险的前提下,完全有必要向合适的保险机构投保以减少可能发生的损失。因此,保险机构就成为项目融资中重要的一方当事人,甚至可以这么说,没有保险机构的适时参与就不会有项目融资的成功。

需要指出的是,由于项目融资在许多场合具有涉外因素,因此其所包含的风险中既有常见的商业风险,也会有政治风险。项目融资的当事人既应向商业保险公司投保商业财产险,在必要的时候也应向其本国的官方保险机构投保政治险。

9. 东道国政府

东道国政府在每个具体的项目融资中所起的作用是多种多样的,比如它可以为项目提供支持函和保证函;比如它可以为项目提供必需的许可协议;比如它可以通过受其控制的项目发起人为项目公司间接注入资本金;比如它可以作为项目产品的承购商保证项目运营的现金流量等。由于发达国家的项目融资主要运用本国资金而发展中国家的项目融资更需要国外资金的注入,因此在对待项目融资问题上,发展中国家的政府往往会有更加积极的态度和行动。

这里需要特别明确的是,东道国政府为具体的项目融资所出具的支持函和保证函不具有任何为项目进行担保的法律性质。它所表明的仅仅是东道国政府对项目的一种支持和鼓励的态度。这类函件的出具,有利于项目融资当事人在评估项目风险时减少对东道国政治风险的预测,从而吸引国外投资者对东道国的投资。

10. 中介机构

项目融资中涉及的中介机构主要是指技术、法律、融资和税务顾问。这些中介机构受委托人的委托,运用各自的专业知识,为项目融资的顺利进行出谋划策,比如技术顾问主要解决项目建设中的技术标准和验收问题,法律顾问主要解决项目融资的协议拟定和谈判问题,融资顾问主要解决融资结构的设计问题,而税务顾问主要解决不同地区不同融资模式的合理税赋分担问题。正是在各个中介机构的共同努力下,才使项目融资中的各方当事人有可能联系在一起,进而完成融资项目。

➤ 13.2.3 项目融资模式

当前,世界各国已应用的项目融资模式大概有以下几种:

1. 产品支付

产品支付是针对项目贷款的还款方式而言的,在项目投产后直接用项目产品来还本付息,而不以项目产品的销售收入来偿还债务的一种融资租赁形式。在贷款得到偿还以前,贷款方拥有项目的部分或全部产品,借款人在清偿债务时把贷款方的贷款看做这些产品销售收入折现后的净值。产品支付这种形式在美国的石油、天然气和采矿项目融资中应用得最为普遍,其特点是:用来清偿债务本息的唯一来源是项目的产品;贷款的偿还期应该短于项目有效生产期;贷款方对项目经营费用不承担直接责任。

2. 融资租赁

在项目建设中如需要资金购买某设备,可以向某金融机构申请融资租赁。由该金融机构购入此设备,租借给项目建设单位,建设单位分期付给金融机构租借该设备的租金。融资租赁在资产抵押性融资中用得很普遍,特别是在购买飞机和轮船的融资中,以及在筹建大型电力项目中也可采用融资租赁。

3. BOT 融资

BOT 是"建设—经营—移交"的简称,既政府通过特许权协议,授权项目发起人联合其他公司为某个项目成立专门的项目公司,负责该项目的融资、设计、建造、运转和维护,在规定的特许期内向该项目(产品/服务)的使用者收取适当的费用,由此回收项目的投资、经营和维护等成本,并获得合理的回报;特许期满后,项目公司一般免费将项目移交给政府。BOT 方式在不同的国家有不同称谓,我国一般称其为"特许权"。BOT 方式主要用于建设收费公路、发电厂、铁路、废水处理设施和城市地铁等基础设施项目。

4. TOT 融资

TOT(transfer-operate-transfer)是"移交—经营—移交"的简称,指政府与投资者签订特许经营协议后,把已经投产运行的可收益公共设施项目移交给民间投资者经营,凭借该设施在未来若干年内的收益,一次性地从投资者手中融得一笔资金,用于建设新的基础设施项目;特许经营期满后,投资者再把该设施无偿移交给政府管理。

TOT 方式与 BOT 方式是有明显的区别的,它不需直接由投资者投资建设基础设施,因此避免了基础设施建设过程中产生的大量风险和矛盾,比较容易使政府与投资者达成一致。TOT 方式主要适用于交通基础设施的建设。

最近国外出现一种将 TOT 与 BOT 项目融资模式结合起来但以 BOT 为主的融资模式,叫做 TBT。在 TBT 模式中,TOT 的实施是辅助性的,采用它主要是为了促成 BOT。TBT 有两种方式:①公营机构通过 TOT 方式有偿转让已建设施的经营权,融得资金后将这笔资金入股 BOT 项目公司,参与新建 BOT 项目的建设与经营,直至最后收回经营权;②无偿转让,即公营机构将已建设施的经营权以 TOT 方式无偿转让给投资者,但条件是与 BOT 项目公司按一个递增的比例分享拟建项目建成后的经营收益。

5. PPP 融资模式

PPP(public private partnership),其中文意思是:公共、民营、伙伴,即公共部门与私人企业合作模式,是公共基础设施的一种项目融资模式。在该模式下,鼓励私人企业与政府进行合作,参与公共基础设施的建设。

PPP 模式的构架是:从公共事业的需求出发,利用民营资源的产业化优势,通过政府与民营企业双方合作,共同开发、投资建设,并维护运营公共事业的合作模式,即政府与民营经济在公共领域的合作伙伴关系。通过这种合作形式,合作各方可以达到与预期单独行动相比更为有利的结果。合作各方参与某个项目时,政府并不是把项目的责任全部转移给私人企业,而是由参与合作的各方共同承担责任和融资风险。

6. ABS 融资

ABS 融资即资产收益证券化融资。它是以项目资产可以带来的预期收益为保证,通过一套提高信用等级计划在资本市场发行债券来募集资金的一种项目融资方式。具体运作过程如下:①组建一个特别目标公司。②目标公司选择能进行资产证券化融资的对象。③以合同、协议等方式将政府项目未来现金收入的权利转让给目标公司。④目标公司直接在资本市场发行债券募集资金或者由目标公司信用担保,由其他机构组织发行,并将募集到的资金用于项目建设。⑤目标公司通过项目资产的现金流入清偿债券本息。

▶ 13.2.4 项目融资案例

1. 融资租赁

2006 年 2 月,工行完成国内首例境外飞机经营租赁融资项目,其与法国巴黎银行共同为中国国际航空股份有限公司引进 1 架波音 737-700 客机,安排了 3 400 万美元境外经营租赁融资。这是国内由中国商业银行安排实施的首笔境外飞机经营租赁融资项目。工商银行这次与法国巴黎银行合作,不仅打破了外资银行在境外飞机经营租赁融资项目领域的垄断地位,也是工商银行积极调整飞机融资业务品种的一次创新。

2. BOT 融资

我国第一个 BOT 项目是 1984 年由香港胡应湘旗下的合和集团投资建设的广东沙角 B 电厂,该项目总投资 42 亿港币,1987 年完工投产,1999 年 10 月移交还了当地政府。由于当时我国在这方面没有相关法规可参照,运作很不规范,合作双方在许多问题上长期纠缠不清。国内第一个应用规范的国际 BOT 融资模式建设的公共基础设施项目是 1994 年 8 月 3 日签约的北京京通高速公路。投资者是美国林同炎中国公司,投资额为 13 亿人民币,特需经营年限 20 年。该工程已于 1996 年 5 月 1 日竣工通车。

我国应用 BOT 模式融资建设的较有代表性的项目还有广西来宾电厂 B 厂、四川成都自来水厂六厂 B 厂、上海黄浦江延安东路隧道复线工程、海南东线高速公路等。

3. ABS 融资

1996 年珠海高速公路和 1997 年的广州深圳高速公路的资产证券化运作是我国基础设施收费证券化的有益尝试,为我国以后进行基础设施收费证券化融资积累了宝贵的经验。

思考与练习

1. 简述项目管理的概念及基本特征。
2. 简述工程项目管理的概念与分类。
3. 简述项目管理与企业管理的关系。
4. 简述工程项目管理的方式与内容。
5. 简述项目融资的特点。
6. 项目投资结构的基本形式有哪些?
7. 什么是项目的融资结构?常用的融资渠道有哪些?
8. 简述项目的资金结构。
9. 项目融资的参与者主要有哪些?
10. 常用的项目融资模式有哪些?

附录 复利因子表

表1 0.5%

n	$(F/P,i,n)$ $(1+i)^n$	$(P/F,i,n)$ $\dfrac{1}{(1+i)^n}$	$(F/A,i,n)$ $\dfrac{(1+i)^n-1}{i}$	$(A/F,i,n)$ $\dfrac{i}{(1+i)^n-1}$	$(A/P,i,n)$ $\dfrac{i(1+i)^n}{(1+i)^n-1}$	$(P/A,i,n)$ $\dfrac{(1+i)^n-1}{i(1+i)^n}$
1	1.005	0.9950	1.000	1.00000	1.00500	0.995
2	1.010	0.9901	2.005	0.49875	0.50375	1.985
3	1.015	0.9851	3.015	0.33167	0.33667	2.970
4	1.020	0.9802	4.030	0.24813	0.25313	3.950
5	1.025	0.9754	5.050	0.19801	0.20301	4.926
6	1.030	0.9705	6.076	0.16460	0.16960	5.896
7	1.036	0.9657	7.106	0.14073	0.14573	60862
8	1.041	0.9609	8.141	0.12283	0.12783	7.823
9	1.046	0.9561	9.182	0.10891	0.11391	8.779
10	1.051	0.9513	10.228	0.09777	0.10277	9.730
11	1.056	0.9466	11.279	0.08866	0.09366	10.677
12	1.062	0.9419	12.336	0.08107	0.08607	11.619
13	1.067	0.9372	13.397	0.07464	0.07964	12.556
14	1.072	0.9326	14.464	0.06914	0.07414	13.489
15	1.078	0.9279	15.537	0.06436	0.06936	14.417
16	1.083	0.9233	16.614	0.06019	0.06519	15.340
17	1.088	0.9187	17.697	0.05651	0.06151	16.259
18	1.094	0.9141	18.786	0.05323	0.05823	17.173
19	1.099	0.9096	19.880	0.05030	0.05530	18.082
20	1.105	0.9051	20.979	0.04767	0.05267	18.987
21	1.110	0.9006	22.084	0.04528	0.05028	19.888
22	1.116	0.8961	23.194	0.04311	0.04811	20.784
23	1.122	0.8916	24.310	0.04113	0.04613	21.676
24	1.127	0.8872	25.432	0.03932	0.04432	22.563
25	1.133	0.8828	26.559	0.03765	0.04265	23.446
26	1.138	0.8784	27.692	0.03611	0.04111	24.324
27	1.144	0.8740	28.830	0.03469	0.03969	25.198
28	1.150	0.8697	29.975	0.03336	0.03836	26.068
29	1.156	0.8653	31.124	0.03213	0.03713	26.933
30	1.161	0.8610	32.280	0.03098	0.03598	27.794
35	1.191	0.8398	38.145	0.02622	0.03122	32.035
40	1.221	0.8191	44.159	0.02265	0.02765	36.172
45	1.252	0.7990	50.324	0.01987	0.02487	40.207
50	1.283	0.7793	56.645	0.01765	0.02265	44.143
55	1.316	0.7601	63.126	0.01584	0.02084	47.981
60	1.349	0.7414	69.770	0.01433	0.01933	51.762
65	1.383	0.7231	76.582	0.01306	0.01806	55.377
70	1.418	0.7053	83.566	0.01197	0.01697	58.939
75	1.454	0.6879	90.727	0.01102	0.01602	62.414
80	1.490	0.6710	98.068	0.01020	0.01520	65.802

表2 1%

n	$(F/P,i,n)$ $(1+i)^n$	$(P/F,i,n)$ $\dfrac{1}{(1+i)^n}$	$(F/A,i,n)$ $\dfrac{(1+i)^n-1}{i}$	$(A/F,i,n)$ $\dfrac{i}{(1+i)^n-1}$	$(A/P,i,n)$ $\dfrac{i(1+i)^n}{(1+i)^n-1}$	$(P/A,i,n)$ $\dfrac{(1+i)^n-1}{i(1+i)^n}$
1	1.010	0.9901	1.000	1.00000	1.01000	0.990
2	1.020	0.9803	2.010	0.49751	0.50751	1.970
3	1.030	0.9706	3.030	0.33002	0.34002	2.941
4	1.041	0.9610	4.060	0.24628	0.25628	3.902
5	1.051	0.9515	5.101	0.19604	0.20604	4.853
6	1.062	0.9420	6.152	0.16225	0.17255	5.795
7	1.072	0.9327	7.214	0.13863	0.14863	6.728
8	1.083	0.9235	8.286	0.12069	0.13069	7.651
9	1.094	0.9143	9.369	0.10674	0.11674	8.566
10	1.105	0.9053	10.462	0.09558	0.10558	9.471
11	1.116	0.8963	11.567	0.08645	0.09645	10.368
12	1.127	0.8874	12.683	0.07885	0.08885	11.255
13	1.138	0.8787	13.809	0.07241	0.08241	12.134
14	1.149	0.8700	14.947	0.06690	0.07690	13.004
15	1.161	0.8613	16.097	0.06212	0.07212	13.865
16	1.173	0.8528	17.258	0.05794	0.06794	14.718
17	1.184	0.8444	18.430	0.05426	0.06426	15.562
18	1.196	0.8360	19.615	0.05098	0.06098	16.398
19	1.208	0.8277	20.811	0.04805	0.05805	17.226
20	1.220	0.8195	22.019	0.04542	0.05542	18.046
21	1.232	0.8114	23.239	0.04303	0.05303	18.857
22	1.245	0.8034	24.472	0.04086	0.05086	19.660
23	1.257	0.7954	25.716	0.03889	0.04889	20.456
24	1.270	0.7876	26.973	0.03707	0.04707	21.243
25	1.282	0.7798	28.243	0.03541	0.04541	22.023
26	1.295	0.7720	20.526	0.03387	0.04387	22.795
27	1.308	0.7644	30.821	0.03245	0.04245	23.560
28	1.321	0.7568	32.129	0.032112	0.04112	24.316
29	1.335	0.7493	33.450	0.02990	0.03990	25.066
30	1.348	0.7419	34.785	0.02875	0.03875	25.808
35	1.417	0.7059	41.660	0.02400	0.03400	29.409
40	1.489	0.6717	48.886	0.02046	0.03046	32.835
45	1.565	0.6391	56.481	0.01771	0.02771	36.095
50	1.645	0.6080	64.463	0.01551	0.02551	39.196
55	1.729	0.5785	72.852	0.01373	0.02373	42.147
60	1.817	0.5504	81.670	0.01224	0.02224	44.955
65	1.909	0.5237	90.937	0.01100	0.02100	47.627
70	2.007	0.4983	100.676	0.00993	0.01993	50.169
75	2.109	0.4741	110.913	0.00902	0.01902	52.587
80	2.217	0.4511	121.672	0.00822	0.01822	54.888

表3　1.5%

n	$(F/P,i,n)$ $(1+i)^n$	$(P/F,i,n)$ $\dfrac{1}{(1+i)^n}$	$(F/A,i,n)$ $\dfrac{(1+i)^n-1}{i}$	$(A/F,i,n)$ $\dfrac{i}{(1+i)^n-1}$	$(A/P,i,n)$ $\dfrac{i(1+i)^n}{(1+i)^n-1}$	$(P/A,i,n)$ $\dfrac{(1+i)^n-1}{i(1+i)^n}$
1	1.015	0.9582	1.000	1.0000	1.0150	0.985
2	1.030	0.9707	2.015	0.4963	0.5113	1.956
3	1.046	0.9563	3.045	0.3284	0.3434	2.912
4	1.061	0.9422	4.091	0.2444	0.2594	3.854
5	1.077	0.9283	5.152	0.1941	0.2091	4.783
6	1.093	0.9145	6.230	0.1605	0.1755	5.697
7	1.110	0.9010	7.323	0.1366	0.1516	6.598
8	1.126	0.8877	8.433	0.1186	0.1336	7.486
9	1.143	0.8746	9.559	0.1046	0.1196	8.361
10	1.161	0.8617	10.703	0.0934	0.1084	9.222
11	1.178	0.8489	11.863	0.0843	0.0993	10.071
12	1.196	0.8364	13.041	0.0767	0.0917	10.908
13	1.214	0.8240	14.237	0.0702	0.0852	11.732
14	1.232	0.8118	15.450	0.0647	0.0797	12.543
15	1.250	0.7999	16.682	0.0599	0.0749	13.343
16	1.269	0.7880	17.932	0.0558	0.0708	14.131
17	1.288	0.7764	19.201	0.0521	0.0671	14.908
18	1.307	0.7649	20.498	0.0488	0.0638	15.673
19	1.327	0.7536	21.797	0.0459	0.0609	16.426
20	1.347	0.7425	23.124	0.0432	0.0582	17.169
21	1.367	0.7315	24.471	0.0409	0.0559	17.900
22	1.388	0.7207	25.838	0.0387	0.0537	18.621
23	1.408	0.7100	27.225	0.0367	0.0517	19.331
24	1.430	0.6995	28.634	0.0349	0.0499	20.030
25	1.451	0.6892	30.063	0.0333	0.0483	20.720
26	1.473	0.6790	31.514	0.0317	0.0467	21.399
27	1.495	0.6690	32.987	0.0303	0.0453	22.068
28	1.517	0.6591	34.481	0.0290	0.0440	22.727
29	1.540	0.6494	35.999	0.0278	0.0428	23.376
30	1.563	0.6398	37.539	0.0266	0.0416	24.016
35	1.684	0.5939	45.592	0.0219	0.0369	27.076
40	1.814	0.5513	54.268	0.0184	0.0334	29.916
45	1.954	0.5117	63.614	0.0157	0.0307	32.552
50	2.105	0.4750	73.683	0.0136	0.0286	35.000
55	2.268	0.4409	84.529	0.0118	0.0268	37.271
60	2.443	0.4093	96.215	0.0104	0.0254	39.380
65	2.632	0.3799	108.803	0.0092	0.0242	41.338
70	2.836	0.3527	122.364	0.0082	0.0232	43.155
75	3.055	0.3274	136.973	0.0073	0.0223	44.842
80	3.291	0.3039	152.711	0.0065	0.0215	46.407

表4　2%

n	$(F/P,i,n)$ $(1+i)^n$	$(P/F,i,n)$ $\dfrac{1}{(1+i)^n}$	$(F/A,i,n)$ $\dfrac{(1+i)^n-1}{i}$	$(A/F,i,n)$ $\dfrac{i}{(1+i)^n-1}$	$(A/P,i,n)$ $\dfrac{i(1+i)^n}{(1+i)^n-1}$	$(P/A,i,n)$ $\dfrac{(1+i)^n-1}{i(1+i)^n}$
1	1.020	0.9804	1.000	1.00000	1.02000	0.980
2	1.040	0.9612	2.020	0.49505	0.51505	1.942
3	1.061	0.9423	3.060	0.32675	0.34675	2.884
4	1.082	0.9238	4.122	0.24262	0.26262	3.808
5	1.104	0.9057	5.204	0.19216	0.21216	4.713
6	1.126	0.8880	6.308	0.15853	0.17853	5.601
7	1.149	0.8706	7.434	0.13451	0.15451	6.472
8	1.172	0.8535	8.583	0.11651	0.13651	7.325
9	1.195	0.8368	9.755	0.10252	0.12252	8.162
10	1.219	0.8203	10.950	0.09133	0.11133	8.983
11	1.243	0.8043	12.169	0.08218	0.10218	9.787
12	1.268	0.7885	13.412	0.07456	0.09456	10.575
13	1.294	0.7730	14.680	0.06812	0.08812	11.348
14	1.319	0.7579	15.974	0.06260	0.08260	12.106
15	1.346	0.7430	17.293	0.05783	0.07783	12.849
16	1.373	0.7284	18.639	0.05365	0.07365	13.578
17	1.400	0.7142	20.012	0.04997	0.06997	14.292
18	1.428	0.7002	21.412	0.04670	0.06670	14.992
19	1.457	0.6864	22.841	0.04378	0.06378	15.678
20	1.486	0.6730	24.297	0.04116	0.06116	16.351
21	1.516	0.6598	25.783	0.03878	0.05878	17.011
22	1.546	0.6468	27.299	0.03663	0.05663	17.658
23	1.577	0.6342	28.845	0.03467	0.05467	18.292
24	1.608	0.6217	30.422	0.03287	0.05287	18.914
25	1.641	0.6095	32.030	0.03122	0.05122	19.523
26	1.673	0.5796	33.671	0.02970	0.04970	20.121
27	1.707	0.5859	35.344	0.02829	0.04829	20.707
28	1.741	0.5744	37.051	0.02699	0.04699	21.281
29	1.776	0.5631	38.792	0.02578	0.04578	21.844
30	1.811	0.5521	40.568	0.02465	0.04465	22.396
35	2.000	0.5000	49.994	0.02000	0.04000	24.999
40	2.208	0.4529	60.402	0.01656	0.03656	27.355
45	2.438	0.4102	71.893	0.01391	0.03391	29.490
50	2.692	0.3715	84.597	0.01182	0.03182	31.424
55	2.972	0.3365	98.587	0.01014	0.03014	33.175
60	30281	0.3048	114.052	0.00877	0.02877	34.761
65	3.623	0.2761	131.126	0.00763	0.02763	36.197
70	4.000	0.2500	149.978	0.00667	0.02667	37.499
75	4.416	0.2265	170.792	0.00586	0.02586	38.677
80	4.875	0.2051	193.772	0.00516	0.02516	39.745

表5 3%

n	$(F/P,i,n)$ $(1+i)^n$	$(P/F,i,n)$ $\dfrac{1}{(1+i)^n}$	$(F/A,i,n)$ $\dfrac{(1+i)^n-1}{i}$	$(A/F,i,n)$ $\dfrac{i}{(1+i)^n-1}$	$(A/P,i,n)$ $\dfrac{i(1+i)^n}{(1+i)^n-1}$	$(P/A,i,n)$ $\dfrac{(1+i)^n-1}{i(1+i)^n}$
1	1.030	0.9709	1.000	1.00000	1.03000	0.971
2	1.061	0.9426	2.030	0.49261	0.52261	1.913
3	1.093	0.9151	3.091	0.32353	0.35353	2.829
4	1.126	0.8885	4.184	0.23903	0.26903	3.717
5	1.159	0.8626	5.309	0.18835	0.21835	4.580
6	1.194	0.8375	6.486	0.15460	0.18460	5.417
7	1.230	0.8131	7.662	0.13051	0.16051	6.230
8	1.267	0.7894	8.892	0.11246	0.14246	7.020
9	1.305	0.7664	10.159	0.09843	0.12843	7.786
10	1.344	0.7441	11.464	0.08723	0.11723	8.530
11	1.384	0.7224	12.808	0.07808	0.10808	9.253
12	1.426	0.7014	14.192	0.07046	0.10046	9.954
13	1.469	0.6810	15.618	0.06403	0.09403	10.635
14	1.513	0.6611	17.086	0.05853	0.08853	11.296
15	1.558	0.6419	18.599	0.05377	0.08377	11.938
16	1.605	0.6232	20.157	0.04961	0.07961	12.561
17	1.653	0.6050	21.762	0.04595	0.07595	13.166
18	1.702	0.5874	23.414	0.04271	0.07271	13.754
19	1.754	0.5703	25.117	0.03981	0.06981	14.324
20	1.806	0.5537	26.870	0.03722	0.06722	14.877
21	1.860	0.5375	28.676	0.03487	0.06487	15.415
22	1.916	0.5219	30.537	0.03275	0.06275	15.937
23	1.974	0.5067	32.453	0.03081	0.06081	16.444
24	2.033	0.4919	34.426	0.02905	0.05905	16.936
25	2.094	0.4776	36.459	0.02743	0.05743	17.413
26	2.157	0.4637	38.553	0.02594	0.05594	17.877
27	2.221	0.4502	40.710	0.02456	0.05456	18.327
28	2.288	0.4371	42.931	0.02329	0.05329	18.764
29	2.357	0.4243	45.219	0.02211	0.05211	19.188
30	2.427	0.4120	47.575	0.02102	0.05102	19.600
35	2.814	0.3554	60.462	0.01654	0.04654	21.487
40	3.262	0.3066	75.401	0.01326	0.04326	23.115
45	3.782	0.2644	92.720	0.01079	0.04079	24.519
50	4.384	0.2281	112.797	0.00887	0.03887	25.730
55	5.082	0.1968	136.072	0.00735	0.03735	26.774
60	5.892	0.1697	163.053	0.00613	0.03613	27.676
65	6.830	0.1464	194.333	0.00515	0.03515	28.453
70	7.918	0.1263	230.594	0.00434	0.03434	29.123
75	9.179	0.1089	272.631	0.00367	0.03367	29.702
80	10.641	0.0940	321.363	0.00311	0.03311	30.201

表6 4%

n	$(F/P,i,n)$ $(1+i)^n$	$(P/F,i,n)$ $\dfrac{1}{(1+i)^n}$	$(F/A,i,n)$ $\dfrac{(1+i)^n-1}{i}$	$(A/F,i,n)$ $\dfrac{i}{(1+i)^n-1}$	$(A/P,i,n)$ $\dfrac{i(1+i)^n}{(1+i)^n-1}$	$(P/A,i,n)$ $\dfrac{(1+i)^n-1}{i(1+i)^n}$
1	1.040	0.9615	1.000	1.00000	1.04000	0.962
2	1.082	0.9246	2.040	0.49020	0.53020	1.886
3	1.125	0.8890	3.122	0.32035	0.36035	2.775
4	1.170	0.8548	4.246	0.23549	0.27549	3.630
5	1.217	0.8219	5.416	0.18463	0.22463	4.452
6	1.265	0.7903	6.633	0.15076	0.19076	5.242
7	1.316	0.7599	7.898	0.12661	0.16661	6.002
8	1.369	0.7307	9.214	0.10853	0.14853	6.733
9	1.423	0.7026	10.583	0.09449	0.13449	7.435
10	1.480	0.6756	12.006	0.07329	0.12329	8.111
11	1.539	0.6496	13.486	0.07415	0.11415	8.760
12	1.601	0.6246	15.026	0.06655	0.10655	9.385
13	1.665	0.6006	16.627	0.06014	0.10014	9.986
14	1.732	0.5775	18.292	0.05467	0.09467	10.563
15	1.801	0.5553	20.024	0.04994	0.08994	11.118
16	1.873	0.5339	21.825	0.04582	0.08582	11.652
17	1.948	0.5134	23.698	0.04220	0.08220	12.166
18	2.026	0.4936	25.645	0.03889	0.07899	12.659
19	2.107	0.4746	27.671	0.03614	0.07614	13.134
20	2.191	0.4564	29.778	0.03358	0.07358	13.590
21	2.279	0.4388	31.969	0.03128	0.07128	14.029
22	2.370	0.4220	34.248	0.02920	0.06920	14.451
23	2.465	0.4057	36.618	0.02731	0.06731	14.857
24	2.563	0.3901	39.083	0.02559	0.06559	15.247
25	2.666	0.3751	41.646	0.02401	0.06401	15.622
26	2.772	0.3607	44.312	0.02257	0.06257	15.983
27	2.883	0.3468	47.084	0.02124	0.06124	16.330
28	2.999	0.3335	49.968	0.02001	0.06001	16.663
29	3.119	0.3207	52.966	0.01888	0.05888	16.984
30	3.243	0.3083	56.085	0.01783	0.05783	17.292
35	3.946	0.2534	73.652	0.01358	0.05358	18.665
40	4.801	0.2083	95.026	0.01052	0.05052	19.793
45	5.841	0.1712	121.029	0.00826	0.04826	20.720
50	7.107	0.1407	152.667	0.00655	0.04655	21.482
55	8.646	0.1157	191.159	0.00523	0.04523	22.109
60	10.520	0.0951	237.991	0.00420	0.04420	22.623
65	12.799	0.0781	294.968	0.00339	0.04339	23.047
70	15.572	0.0642	364.290	0.00275	0.04275	23.395
75	18.945	0.0528	448.631	0.00223	0.04223	23.680
80	23.050	0.0434	551.245	0.00181	0.04181	23.915

表7 5%

n	$(F/P,i,n)$ $(1+i)^n$	$(P/F,i,n)$ $\dfrac{1}{(1+i)^n}$	$(F/A,i,n)$ $\dfrac{(1+i)^n-1}{i}$	$(A/F,i,n)$ $\dfrac{i}{(1+i)^n-1}$	$(A/P,i,n)$ $\dfrac{i(1+i)^n}{(1+i)^n-1}$	$(P/A,i,n)$ $\dfrac{(1+i)^n-1}{i(1+i)^n}$
1	1.050	0.9524	1.000	1.00000	1.05000	0.952
2	1.103	0.9070	2.050	0.48780	0.53780	1.859
3	1.158	0.8638	3.153	0.31721	0.36721	2.723
4	1.216	0.8227	4.310	0.23201	0.28201	3.546
5	1.276	0.7835	5.526	0.18097	0.23097	4.329
6	1.340	0.7462	6.802	0.14702	0.19702	5.076
7	1.407	0.7107	8.142	0.12282	0.17282	5.786
8	1.477	0.6768	9.549	0.10472	0.15472	6.463
9	1.551	0.6446	11.027	0.09069	0.14069	7.108
10	1.629	0.6139	12.578	0.07950	0.12950	7.722
11	1.710	0.5847	14.207	0.07039	0.12039	8.306
12	1.769	0.5568	15.917	0.06283	0.11283	8.863
13	1.886	0.5303	17.713	0.05646	0.10646	9.394
14	1.980	0.5051	19.599	0.05102	0.10102	9.899
15	2.079	0.4810	21.579	0.04634	0.09634	10.380
16	2.183	0.4581	23.657	0.04227	0.09227	10.838
17	2.292	0.4363	25.840	0.03870	0.08870	11.274
18	2.407	0.4155	25.132	0.03555	0.08555	11.690
19	2.527	0.3957	30.539	0.03275	0.08275	12.085
20	2.653	0.3769	33.066	0.03024	0.08024	12.462
21	2.786	0.3589	35.719	0.02800	0.07800	12.821
22	2.925	0.3418	38.505	0.02597	0.07597	13.163
23	3.072	0.3256	41.430	0.02414	0.07414	13.489
24	3.225	0.3101	44.502	0.02247	0.07247	13.799
25	3.386	0.2953	47.727	0.02095	0.07095	14.094
26	3.556	0.2812	51.113	0.01956	0.06956	14.375
27	3.733	0.2678	54.669	0.01829	0.06829	14.643
28	3.920	0.2551	58.403	0.01712	0.06712	14.898
29	4.116	0.2429	62.323	0.01605	0.06605	15.141
30	4.322	0.2314	66.139	0.01505	0.06505	15.372
35	5.516	0.1813	90.320	0.01107	0.06107	16.374
40	7.040	0.1420	120.800	0.00828	0.05828	17.159
45	8.985	0.1113	159.700	0.00626	0.05626	17.774
50	11.467	0.0872	209.348	0.00478	0.05478	18.256
55	14.636	0.0683	272.713	0.00367	0.05367	18.633
60	18.679	0.0535	353.584	0.00283	0.05283	18.929
65	23.840	0.0419	456.798	0.00219	0.05219	19.161
70	30.426	0.0329	588.529	0.00170	0.05170	19.343
75	38.833	0.0258	756.654	0.00132	0.05132	19.485
80	49.561	0.0200	971.229	0.00103	0.05103	19.596

表8　6%

n	$(F/P,i,n)$ $(1+i)^n$	$(P/F,i,n)$ $\dfrac{1}{(1+i)^n}$	$(F/A,i,n)$ $\dfrac{(1+i)^n-1}{i}$	$(A/F,i,n)$ $\dfrac{i}{(1+i)^n-1}$	$(A/P,i,n)$ $\dfrac{i\,(1+i)^n}{(1+i)^n-1}$	$(P/A,i,n)$ $\dfrac{(1+i)^n-1}{i\,(1+i)^n}$
1	1.060	0.9434	1.000	1.00000	1.06000	0.943
2	1.124	0.8900	2.060	0.48544	0.54544	1.833
3	1.191	0.8396	3.184	0.31411	0.37411	2.673
4	1.262	0.7921	4.375	0.22859	0.28859	3.465
5	1.338	0.7473	5.637	0.17740	0.23740	4.212
6	1.419	0.7050	6.975	0.14336	0.20336	4.917
7	1.504	0.6651	8.394	0.11914	0.17914	5.582
8	1.594	0.6274	9.897	0.10104	0.16104	6.210
9	1.689	0.5919	11.491	0.08702	0.14702	6.802
10	1.791	0.5584	13.181	0.07587	0.13587	7.360
11	1.898	0.5268	14.972	0.06679	0.12679	7.887
12	2.012	0.4970	16.870	0.05928	0.11928	8.384
13	2.133	0.4688	18.882	0.05296	0.11296	8.853
14	2.261	0.4423	21.015	0.04758	0.10758	9.295
15	2.397	0.4173	23.276	0.04296	0.10296	9.712
16	2.540	0.3936	25.673	0.03895	0.09895	10.106
17	2.693	0.3714	28.213	0.03544	0.09544	10.477
18	2.854	0.3503	30.906	0.03236	0.09236	10.828
19	3.026	0.3305	33.760	0.02962	0.08962	11.158
20	3.207	0.3118	36.786	0.02718	0.08718	11.470
21	3.400	0.2942	39.993	0.02500	0.08500	11.764
22	3.604	0.2775	43.392	0.02305	0.08305	12.042
23	3.820	0.2618	46.996	0.02128	0.08128	12.303
24	4.049	0.2470	50.816	0.01968	0.07968	12.550
25	4.292	0.2330	54.865	0.01823	0.07823	12.783
26	4.549	0.2198	59.156	0.01690	0.07690	13.003
27	4.822	0.2074	63.706	0.01570	0.07570	13.211
28	5.112	0.1956	68.528	0.01459	0.07459	13.406
29	5.418	0.1846	73.640	0.01358	0.07358	13.591
30	5.743	0.1741	79.058	0.01265	0.07265	13.765
35	7.686	0.1301	111.435	0.00897	0.06897	14.498
40	10.286	0.0972	154.762	0.00646	0.06646	15.046
45	13.765	0.0727	212.744	0.00470	0.06470	15.456
50	18.420	0.0543	290.336	0.00344	0.06344	15.762
55	24.650	0.0406	394.172	0.00254	0.06254	15.991
60	32.988	0.0303	533.128	0.00188	0.06188	16.161
65	44.145	0.0227	719.083	0.00139	0.06139	16.289
70	59.076	0.0169	967.932	0.00103	0.06103	16.385
75	79.057	0.0126	1300.949	0.00077	0.06077	16.456
80	105.796	0.0095	1746.600	0.00057	0.06057	16.509

表9 7%

n	$(F/P,i,n)$ $(1+i)^n$	$(P/F,i,n)$ $\dfrac{1}{(1+i)^n}$	$(F/A,i,n)$ $\dfrac{(1+i)^n-1}{i}$	$(A/F,i,n)$ $\dfrac{i}{(1+i)^n-1}$	$(A/P,i,n)$ $\dfrac{i(1+i)^n}{(1+i)^n-1}$	$(P/A,i,n)$ $\dfrac{(1+i)^n-1}{i(1+i)^n}$
1	1.070	0.9346	1.000	1.0000	1.0700	0.935
2	1.145	0.8734	2.070	0.4831	0.5531	1.808
3	1.225	0.8163	3.215	0.3111	0.3811	2.624
4	1.311	0.7629	4.440	0.2252	0.2952	3.387
5	1.403	0.7130	5.751	0.1739	0.2439	4.100
6	1.501	0.6663	7.153	0.1398	0.2098	4.767
7	1.606	0.6227	8.654	0.1156	0.1856	5.389
8	1.718	0.5820	10.260	0.0975	0.1675	5.971
9	1.838	0.5439	11.978	0.0835	0.1535	6.515
10	1.967	0.5083	13.816	0.0724	0.1424	7.024
11	2.105	0.4751	15.784	0.0634	0.1334	7.499
12	2.252	0.4440	17.888	0.0559	0.1259	7.943
13	2.410	0.4150	20.141	0.0497	0.1197	8.358
14	2.579	0.3878	22.550	0.0443	0.1143	8.745
15	2.759	0.3624	25.129	0.0398	0.1098	9.108
16	2.952	0.3387	27.888	0.0359	0.1059	9.447
17	3.159	0.3166	30.840	0.0324	0.1024	9.763
18	3.380	0.2959	33.999	0.0294	0.0994	10.059
19	3.617	0.2765	37.379	0.0268	0.0968	10.336
20	3.870	0.2584	40.996	0.0244	0.0944	10.336
21	4.141	0.2415	44.865	0.0223	0.0923	10.836
22	4.430	0.2257	49.006	0.0204	0.0904	11.061
23	4.741	0.2109	53.436	0.0187	0.0887	11.272
24	5.072	0.1971	58.177	0.0172	0.0872	11.469
25	5.427	0.1842	63.249	0.0158	0.0858	11.654
26	5.807	0.1722	68.676	0.0146	0.0846	11.826
27	6.214	0.1609	74.484	0.0134	0.0834	11.987
28	6.649	0.1504	80.698	0.0124	0.0824	12.137
29	7.114	0.1406	870347	0.0114	0.0814	12.278
30	7.612	0.1314	94.461	0.0106	0.0806	12.409
35	10.677	0.0937	138.237	0.0072	0.0772	12.948
40	14.974	0.0668	199.635	0.0050	0.0750	13.332
45	21.007	0.0476	285.749	0.0035	0.0735	13.606
50	29.457	0.0339	406.259	0.0025	0.0725	13.801
55	41.315	0.0242	5750929	0.0017	0.0717	13.940
60	57.946	0.0173	813.520	0.0012	0.0712	14.039
65	81.273	0.0123	1146.755	0.0009	0.0709	14.110
70	113.989	0.0088	1614.134	0.0006	0.0706	140160
75	159.876	0.0063	2269.657	0.0004	0.0704	140196
80	224.234	0.0045	3189.063	0.0003	0.0703	14.222

表 10　8%

n	$(F/P,i,n)$ $(1+i)^n$	$(P/F,i,n)$ $\dfrac{1}{(1+i)^n}$	$(F/A,i,n)$ $\dfrac{(1+i)^n-1}{i}$	$(A/F,i,n)$ $\dfrac{i}{(1+i)^n-1}$	$(A/P,i,n)$ $\dfrac{i(1+i)^n}{(1+i)^n-1}$	$(P/A,i,n)$ $\dfrac{(1+i)^n-1}{i(1+i)^n}$
1	1.080	0.9259	1.000	1.00000	1.08000	0.926
2	1.166	0.8573	2.080	0.48077	0.56077	1.783
3	1.260	0.7938	3.246	0.30803	0.38803	2.577
4	1.360	0.7350	4.506	0.22192	0.30192	3.312
5	1.469	0.6806	5.867	0.17046	0.25046	3.993
6	1.587	0.6302	7.336	0.13632	0.21632	4.623
7	1.714	0.5835	8.932	0.11207	0.19207	5.206
8	1.851	0.5403	10.637	0.09401	0.17401	5.747
9	1.999	0.5002	12.488	0.08008	0.16008	6.247
10	2.159	0.4632	14.487	0.06930	0.14903	6.710
11	2.332	0.4289	16.645	0.06008	0.14008	7.139
12	2.518	0.3971	18.977	0.05270	0.13270	7.536
13	2.720	0.3677	21.495	0.04652	0.12652	7.904
14	2.937	0.3405	24.215	0.04130	0.12130	8.244
15	3.172	0.3152	27.152	0.03683	0.11683	8.559
16	3.426	0.2919	30.324	0.03298	0.11298	8.851
17	3.700	0.2703	33.750	0.02963	0.10963	9.122
18	3.996	0.2502	37.450	0.02670	0.10670	9.372
19	4.316	0.2317	41.446	0.02413	0.10413	9.604
20	4.661	0.2145	45.762	0.02185	0.10185	9.818
21	5.034	0.1937	50.423	0.01983	0.09983	10.017
22	5.437	0.1839	55.457	0.01803	0.09803	10.201
23	5.871	0.1703	60.893	0.01642	0.09642	10.371
24	6.341	0.1577	66.765	0.01498	0.09498	10.529
25	6.848	0.1460	73.106	0.01368	0.09368	10.675
26	7.396	0.1352	79.954	0.01251	0.09251	10.810
27	7.988	0.1252	87.351	0.01145	0.09145	10.935
28	8.627	0.1159	95.339	0.01049	0.09049	11.051
29	9.317	0.1073	103.966	0.00962	0.08962	11.158
30	10.063	0.0994	113.283	0.00883	0.08883	11.258
35	14.785	0.0676	172.317	0.00580	0.08580	11.655
40	21.725	0.0460	259.057	0.00386	0.08386	11.925
45	31.920	0.0313	386.506	0.00259	0.08259	12.108
50	46.902	0.0213	573.770	0.00174	0.08174	12.233
55	68.914	0.0145	848.923	0.00118	0.08118	12.319
60	101.257	0.0099	1253.213	0.00800	0.08080	12.377
65	148.780	0.0067	1847.248	0.00054	0.08054	12.416
70	218.606	0.0046	2720.080	0.00037	0.08037	12.433
75	321.205	0.0031	4002.557	0.00025	0.08025	12.461
80	471.955	0.0021	5886.935	0.00017	0.08017	12.474

表 11　10%

n	$(F/P,i,n)$ $(1+i)^n$	$(P/F,i,n)$ $\dfrac{1}{(1+i)^n}$	$(F/A,i,n)$ $\dfrac{(1+i)^n-1}{i}$	$(A/F,i,n)$ $\dfrac{i}{(1+i)^n-1}$	$(A/P,i,n)$ $\dfrac{i(1+i)^n}{(1+i)^n-1}$	$(P/A,i,n)$ $\dfrac{(1+i)^n-1}{i(1+i)^n}$
1	1.100	0.9091	1.000	1.00000	1.10000	0.909
2	1.210	0.8264	2.100	0.47619	0.57619	1.736
3	1.331	0.7513	3.310	0.30211	0.40211	2.487
4	1.464	0.6830	4.641	0.21547	0.31547	3.170
5	1.611	0.6209	6.105	0.16380	0.26380	3.791
6	1.772	0.5645	7.716	0.12961	0.22961	4.355
7	1.949	0.5132	9.487	0.10541	0.20541	4.868
8	2.144	0.4665	11.436	0.08744	0.18744	5.335
9	2.358	0.4241	13.579	0.07364	0.17364	5.759
10	2.594	0.3855	15.937	0.06275	0.16275	6.144
11	2.853	0.3505	18.531	0.05396	0.15396	6.459
12	3.138	0.3186	21.384	0.04676	0.14676	6.814
13	3.452	0.2897	24.523	0.04078	0.14078	7.103
14	3.797	0.2633	27.975	0.03575	0.13575	7.367
15	4.177	0.2394	31.722	0.03147	0.13147	7.606
16	4.595	0.2176	35.950	0.02782	0.12782	7.824
17	5.054	0.1978	40.545	0.02644	0.12466	8.022
18	5.560	0.1799	45.599	0.02193	0.12193	8.201
19	6.116	0.1635	51.159	0.01955	0.11955	8.365
20	6.727	0.1486	57.275	0.01746	0.11746	8.514
21	7.400	0.1351	64.002	0.01562	0.11562	8.649
22	8.140	0.1228	71.403	0.01401	0.11401	8.772
23	8.954	0.1117	79.543	0.01257	0.11257	8.883
24	9.850	0.1015	88.497	0.01130	0.11130	8.985
25	10.835	0.0923	98.347	0.01017	0.11017	9.077
26	11.918	0.0839	109.182	0.00916	0.10916	9.161
27	13.110	0.0763	121.100	0.00826	0.10826	9.237
28	14.421	0.0693	134.210	0.00745	0.10745	9.307
29	15.863	0.0630	148.631	0.00673	0.10673	9.370
30	17.449	0.0573	164.494	0.00608	0.10608	9.427
35	28.102	0.0356	271.024	0.00369	0.10369	9.644
40	45.259	0.0221	442.593	0.00226	0.10226	9.779
45	72.890	0.0137	718.905	0.00139	0.10139	9.863
50	117.391	0.0085	1163.909	0.00086	0.10086	9.915
55	189.059	0.0053	1880.591	0.00053	0.10053	9.947
60	304.482	0.0033	3034.816	0.00033	0.10033	9.967
65	490.371	0.0020	4893.707	0.00020	0.10020	9.980
70	789.747	0.0013	7887.470	0.00013	0.10013	9.987
75	1271.895	0.0008	12708.954	0.00008	0.10008	9.992
80	2048.400	0.0005	20474.002	0.00005	0.10005	9.995

表 12　12%

n	$(F/P,i,n)$ $(1+i)^n$	$(P/F,i,n)$ $\dfrac{1}{(1+i)^n}$	$(F/A,i,n)$ $\dfrac{(1+i)^n-1}{i}$	$(A/F,i,n)$ $\dfrac{i}{(1+i)^n-1}$	$(A/P,i,n)$ $\dfrac{i(1+i)^n}{(1+i)^n-1}$	$(P/A,i,n)$ $\dfrac{(1+i)^n-1}{i(1+i)^n}$
1	1.120	0.8929	1.000	1.00000	1.12000	0.893
2	1.254	0.7972	2.120	0.47170	0.59170	1.690
3	1.405	0.7118	3.374	0.29635	0.41635	2.402
4	1.574	0.6355	4.779	0.20923	0.32923	3.037
5	1.762	0.5674	6.353	0.15741	0.27741	3.605
6	1.974	0.5066	8.115	0.12323	0.24323	4.111
7	2.211	0.4523	10.089	0.09912	0.21912	4.564
8	2.476	0.4039	12.300	0.08130	0.20130	4.968
9	2.773	0.3606	14.776	0.06768	0.18768	5.328
10	3.106	0.3220	17.549	0.05698	0.17698	5.650
11	3.479	0.2875	20.655	0.04842	0.16842	5.938
12	3.896	0.2567	24.133	0.04144	0.16144	6.194
13	4.363	0.2292	28.029	0.03568	0.15568	6.424
14	4.887	0.2046	32.393	0.03087	0.15087	6.628
15	5.474	0.1827	37.280	0.02682	0.14682	6.811
16	6.130	0.1631	42.753	0.02339	0.14339	6.974
17	6.866	0.1456	48.884	0.02046	0.14046	7.120
18	73690	0.1300	55.750	0.01794	0.13794	7.250
19	8.613	0.1161	630440	0.01576	0.13576	7.366
20	9.646	0.1037	72.052	0.01388	0.13388	7.469
21	10.804	0.0926	81.699	0.01224	0.13224	7.562
22	12.100	0.0826	92.503	0.01081	0.13081	7.645
23	13.552	0.0738	104.603	0.00956	0.12956	7.718
24	15.179	0.0659	118.115	0.00846	0.12846	7.784
25	17.000	0.0588	133.334	0.00750	0.12750	7.843
26	19.040	0.0525	150.334	0.00665	0.12665	7.896
27	21.325	0.0469	169.374	0.00590	0.12590	7.943
28	23.884	0.0419	190.699	0.00524	0.12524	7.984
29	26.750	0.0374	214.583	0.00466	0.12466	8.022
30	29.960	0.0334	241.333	0.00414	0.12414	8.055
35	52.800	0.0189	431.663	0.00232	0.12232	8.176
40	93.051	0.0107	767.091	0.00130	0.12130	8.244
45	163.988	0.0061	1358.230	0.00074	0.12074	8.283
50	289.002	0.0035	2400.018	0.00042	0.12042	8.304
55	509.321	0.0020	4236.005	0.00024	0.12024	8.317
60	897.597	0.0011	7471.641	0.00013	0.12013	8.324
65	1581.872	0.0006	13173.937	0.00008	0.12008	8.328
70	2787.800	0.0004	23223.332	0.00004	0.12004	8.330
75	4913.056	0.0002	40933.799	0.00002	0.12002	8.332
80	8658.483	0.0001	72145.692	0.00001	0.12001	8.332

表 13　15%

n	$(F/P,i,n)$ $(1+i)^n$	$(P/F,i,n)$ $\dfrac{1}{(1+i)^n}$	$(F/A,i,n)$ $\dfrac{(1+i)^n-1}{i}$	$(A/F,i,n)$ $\dfrac{i}{(1+i)^n-1}$	$(A/P,i,n)$ $\dfrac{i(1+i)^n}{(1+i)^n-1}$	$(P/A,i,n)$ $\dfrac{(1+i)^n-1}{i(1+i)^n}$
1	1.150	0.8696	1.000	1.00000	1.15000	0.870
2	1.322	0.7561	2.150	0.46512	0.61512	1.626
3	1.521	0.6575	3.472	0.28798	0.43798	2.283
4	1.749	0.5718	4.993	0.20027	0.35027	2.855
5	2.011	0.4972	6.742	0.14832	0.29832	3.352
6	2.313	0.4323	8.754	0.11424	0.26424	3.784
7	2.660	0.3759	11.067	0.09036	0.24036	4.160
8	3.059	0.3269	13.727	0.07285	0.22285	4.487
9	3.518	0.2843	16.786	0.05957	0.20957	4.772
10	4.046	0.2472	20.304	0.04925	0.19930	5.019
11	4.652	0.2149	24.349	0.04107	0.19107	5.234
12	5.350	0.1869	29.002	0.03448	0.18448	5.421
13	6.153	0.1625	34.352	0.02911	0.17911	5.583
14	7.076	0.1413	40.505	0.02469	0.17469	5.724
15	8.137	0.1229	47.580	0.02102	0.17102	5.847
16	9.358	0.1069	55.717	0.01795	0.16795	5.954
17	10.761	0.0929	65.075	0.01537	0.16537	6.047
18	12.375	0.0808	75.836	0.01319	0.16319	6.128
19	14.232	0.0703	88.212	0.01134	0.16134	6.198
20	16.367	0.0611	102.444	0.00976	0.15976	6.259
21	18.822	0.0531	118.810	0.00842	0.15842	6.312
22	21.645	0.0462	137.632	0.00727	0.15727	6.359
23	24.891	0.0402	159.276	0.00628	0.15628	6.399
24	28.625	0.0349	184.168	0.00543	0.15543	6.434
25	32.919	0.0304	212.793	0.00470	0.15470	6.464
26	37.857	0.0264	245.712	0.00407	0.15407	6.491
27	43.535	0.0230	283.569	0.00353	0.15353	6.514
28	50.066	0.0200	327.104	0.00306	0.15306	6.534
29	57.575	0.0174	377.170	0.00265	0.15265	6.551
30	66.212	0.0151	434.745	0.00230	0.15230	6.566
35	133.176	0.0075	881.170	0.00113	0.15113	6.617
40	267.864	0.0037	1779.090	0.00056	0.15056	6.642
45	538.769	0.0019	3585.128	0.00028	0.15028	6.654
50	1083.657	0.0009	7217.716	0.00014	0.15014	6.661
55	2179.622	0.0005	14524.148	0.00007	0.15007	6.664
60	4383.999	0.0002	29219.992	0.00003	0.15003	6.665

表 14　20%

n	$(F/P,i,n)$ $(1+i)^n$	$(P/F,i,n)$ $\dfrac{1}{(1+i)^n}$	$(F/A,i,n)$ $\dfrac{(1+i)^n-1}{i}$	$(A/F,i,n)$ $\dfrac{i}{(1+i)^n-1}$	$(A/P,i,n)$ $\dfrac{i(1+i)^n}{(1+i)^n-1}$	$(P/A,i,n)$ $\dfrac{(1+i)^n-1}{i(1+i)^n}$
1	1.200	0.8333	1.000	1.00000	1.20000	0.833
2	1.440	0.6944	2.200	0.45455	0.65455	1.528
3	1.728	0.5787	3.640	0.27473	0.47473	2.106
4	2.074	0.4823	5.368	0.18629	0.38629	2.589
5	2.488	0.4019	7.442	0.13438	0.33438	2.991
6	2.986	0.3349	9.930	0.10071	0.30071	3.326
7	3.583	0.2791	12.916	0.07742	0.27742	3.605
8	4.300	0.2326	16.499	0.06061	0.26061	3.837
9	5.160	0.1938	20.799	0.04808	0.24808	4.031
10	6.192	0.1615	25.959	0.03852	0.23852	4.192
11	7.430	0.1346	32.150	0.03110	0.23110	4.327
12	8.916	0.1122	39.581	0.02528	0.22526	4.439
13	10.699	0.0935	48.497	0.02062	0.22062	4.533
14	12.839	0.0779	59.196	0.01689	0.21689	4.611
15	15.407	0.0649	72.035	0.01388	0.21388	4.675
16	18.488	0.0541	87.442	0.01144	0.21144	4.730
17	22.186	0.0451	105.931	0.00944	0.20944	4.775
18	26.263	0.0376	128.117	0.00781	0.20781	4.812
19	31.948	0.0313	154.740	0.00646	0.20646	4.843
20	38.338	0.0261	186.688	0.00538	0.20536	4.870
21	46.005	0.0217	225.026	0.00444	0.20444	4.891
22	55.206	0.0181	271.031	0.00369	0.20369	4.909
23	66.247	0.0151	326.237	0.00307	0.20307	4.925
24	79.497	0.0126	392.484	0.00255	0.20255	4.937
25	95.396	0.0105	471.981	0.00212	0.20212	4.948
26	114.475	0.0087	567.377	0.00176	0.20176	4.956
27	137.371	0.0073	681.853	0.00147	0.20147	4.964
28	164.845	0.0061	819.223	0.00122	0.20122	4.970
29	197.814	0.0051	984.068	0.00102	0.20102	4.975
30	237.376	0.0042	1181.882	0.00085	0.20085	4.979
35	590.668	0.0017	2948.341	0.00034	0.20034	4.992
40	1469.772	0.0007	7343.858	0.00014	0.20014	4.997
45	3657.262	0.0003	18281.310	0.00005	0.20005	4.999
50	9100.438	0.0001	45497.191	0.00002	0.20002	4.999

表15 25%

n	$(F/P,i,n)$ $(1+i)^n$	$(P/F,i,n)$ $\dfrac{1}{(1+i)^n}$	$(F/A,i,n)$ $\dfrac{(1+i)^n-1}{i}$	$(A/F,i,n)$ $\dfrac{i}{(1+i)^n-1}$	$(A/P,i,n)$ $\dfrac{i(1+i)^n}{(1+i)^n-1}$	$(P/A,i,n)$ $\dfrac{(1+i)^n-1}{i(1+i)^n}$
1	1.250	0.8000	1.000	1.00000	1.25000	0.800
2	1.562	0.6400	2.250	0.44444	0.69444	1.440
3	1.953	0.5120	3.812	0.26230	0.51230	1.952
4	2.441	0.4096	5.766	0.17344	0.42344	2.362
5	3.052	0.3277	8.207	0.12185	0.37185	2.689
6	3.815	0.2621	11.259	0.08882	0.33882	2.951
7	4.768	0.2097	15.073	0.06634	0.31634	3.161
8	5.960	0.1678	19.842	0.05040	0.30040	3.329
9	7.451	0.1342	25.802	0.03876	0.28876	3.463
10	9.313	0.1074	33.253	0.03007	0.28007	3.571
11	11.642	0.0859	42.566	0.02349	0.27349	3.656
12	14.552	0.0687	54.208	0.01845	0.26845	3.725
13	18.190	0.0550	68.760	0.01454	0.26454	3.780
14	22.737	0.0440	86.949	0.01150	0.26150	3.824
15	28.422	0.0352	109.687	0.00912	0.25912	3.859
16	35.527	0.0281	138.109	0.00724	0.25724	3.887
17	44.409	0.0225	173.636	0.00576	0.25576	3.910
18	55.511	0.0180	218.045	0.00459	0.25459	3.928
19	69.389	0.0144	273.556	0.00366	0.25366	3.942
20	86.736	0.0115	342.945	0.00292	0.25292	3.954
21	108.420	0.0092	429.681	0.00233	0.25233	3.963
22	135.525	0.0074	538.101	0.00186	0.25186	3.970
23	169.407	0.0059	673.626	0.00148	0.25148	3.976
24	211.758	0.0047	843.033	0.00119	0.25119	3.981
25	264.698	0.0038	1054.791	0.00095	0.25095	3.985
26	330.872	0.0030	1319.489	0.00076	0.25076	3.988
27	413.590	0.0024	1650.361	0.00061	0.25061	3.990
28	516.988	0.0019	2063.952	0.00048	0.25048	3.992
29	646.235	0.0015	2580.939	0.00039	0.25039	3.994
30	807.794	0.0012	3227.174	0.00031	0.25031	3.995
35	2465.190	0.0004	9856.761	0.00010	0.25010	3.998
40	7523.164	0.0001	30088.655	0.00003	0.25003	3.999

表 16　30%

n	$(F/P,i,n)$ $(1+i)^n$	$(P/F,i,n)$ $\dfrac{1}{(1+i)^n}$	$(F/A,i,n)$ $\dfrac{(1+i)^n-1}{i}$	$(A/F,i,n)$ $\dfrac{i}{(1+i)^n-1}$	$(A/P,i,n)$ $\dfrac{i(1+i)^n}{(1+i)^n-1}$	$(P/A,i,n)$ $\dfrac{(1+i)^n-1}{i(1+i)^n}$
1	1.300	0.7692	1.000	1.00000	1.3000	0.769
2	1.690	0.5917	2.300	0.43478	0.73478	1.361
3	2.197	0.4552	3.990	0.25063	0.55063	1.816
4	2.856	0.3501	6.187	0.16163	0.46163	2.166
5	3.713	0.2693	9.043	0.11058	0.41058	2.436
6	4.827	0.2072	12.756	0.07839	0.37839	2.643
7	6.275	0.1594	17.583	0.05687	0.35687	2.802
8	8.157	0.1226	23.858	0.04192	0.34192	2.925
9	10.604	0.0943	32.015	0.03124	0.33124	3.019
10	13.786	0.0725	42.619	0.02346	0.32346	3.092
11	17.922	0.0558	56.405	0.01773	0.31773	3.147
12	23.298	0.0429	74.327	0.01345	0.31345	3.190
13	30.288	0.0330	97.625	0.01024	0.31024	3.223
14	39.374	0.0254	127.913	0.00782	0.30782	3.249
15	51.186	0.0195	167.286	0.00598	0.30598	3.268
16	66.542	0.0150	218.472	0.00458	0.30458	3.283
17	86.504	0.0116	285.014	0.00351	0.30351	3.295
18	112.455	0.0089	371.518	0.00269	0.30269	3.304
19	146.192	0.0068	483.973	0.00207	0.30207	3.311
20	190.050	0.0053	630.165	0.00159	0.30159	3.316
21	247.065	0.0040	820.215	0.00122	0.30122	3.320
22	321.184	0.0031	1067.280	0.00094	0.30094	3.323
23	417.539	0.0024	1388.464	0.00072	0.30072	3.325
24	542.801	0.0018	1806.003	0.00055	0.30055	3.327
25	705.641	0.0014	2348.803	0.00043	0.30043	3.329
26	917.333	0.0011	3054.444	0.00033	0.30033	3.330
27	1192.533	0.0008	3971.778	0.00025	0.30025	3.331
28	1550.293	0.0006	5164.311	0.00019	0.30019	3.331
29	2015.381	0.0005	6714.604	0.00015	0.30015	3.332
30	2619.996	0.0004	8729.985	0.00011	0.30011	3.332

表 17 均匀梯度系列因子

$$(A/G,i,n)= \frac{1}{i} - \frac{n}{(1+i)^n -1}$$

n	i							
	1%	1.5%	2%	3%	4%	5%	6%	7%
1	0.0000	0.0000	0.0000	0.0000	0.0000	0.0000	0.0000	0.0000
2	0.4975	0.4963	0.4950	0.4926	0.4902	0.4878	0.4854	0.4831
3	0.9934	0.9901	0.9868	0.9803	0.9739	0.9675	0.9612	09549
4	1.4876	1.4814	1.4752	1.4631	1.4510	1.4391	1.4272	1.4155
5	1.9801	1.9702	1.9604	1.9409	1.9216	1.9025	1.8836	1.8650
6	2.4710	2.4566	2.4423	2.4138	2.3857	2.3579	2.3304	2.3032
7	2.9602	2.9405	2.9208	2.8819	2.8433	2.8052	2.7676	2.7304
8	3.4478	3.4219	3.3961	3.3450	3.2944	3.2445	3.1952	3.1465
9	3.9337	3.9008	3.8681	3.8032	3.7391	3.6758	3.6133	3.5517
10	4.4179	4.3772	4.3367	4.2565	4.1773	4.0991	4.0220	3.9461
11	4.9005	4.8512	4.8021	4.7049	4.6090	4.5144	4.4213	4.3296
12	5.3815	5.3227	5.2642	5.1485	5.0343	4.9219	4.8113	4.7025
13	5.8607	5.7917	5.7231	5.5872	5.4533	5.3215	5.1920	5.0648
14	6.3384	6.2582	6.1786	6.0210	5.8659	5.7133	5.5635	5.4167
15	6.8143	6.7223	6.6309	6.4500	6.2721	6.0973	5.9260	5.7583
16	7.2886	7.1839	7.0799	6.8742	6.6720	6.4736	6.2794	6.0897
17	7.7613	7.6431	7.5256	7.2936	7.0656	6.8423	6.6240	6.4110
18	8.2323	8.0997	7.9681	7.7081	7.4530	7.2034	6.9597	6.7225
19	8.7017	8.5539	8.4073	8.1179	7.8342	7.5569	7.2867	7.0242
20	9.1694	9.0057	8.8433	8.5229	8.2091	7.9030	7.6051	7.3163
21	9.6354	9.4550	9.2760	8.9231	8.5779	8.2416	7.9151	7.5990
22	10.0998	9.9018	9.7055	9.3186	8.9407	8.5730	8.2166	7.8725
23	10.5626	10.3462	10.1317	9.7093	9.2973	8.8971	8.5099	8.1369
24	11.0237	10.7881	10.5547	10.0954	9.6479	9.2140	8.7951	8.3923
25	11.4831	11.2276	10.9745	10.4768	9.9925	9.5238	9.0722	8.6391
26	11.9409	11.6646	11.3910	10.8535	10.3312	9.8266	9.3414	8.8773
27	12.3971	12.0392	11.8043	11.2255	10.6640	10.1224	9.6029	9.1072
28	12.8516	12.5313	12.2145	11.5930	10.9909	10.4114	9.8568	9.3289
29	13.3044	12.9610	12.6214	11.9558	11.3120	10.6936	10.1023	9.5427
30	13.7557	13.3883	13.0251	12.3141	11.6274	10.9691	10.3422	9.7487
31	14.2052	13.8131	13.4257	12.6678	11.9371	11.2381	10.5740	9.9471
32	14.6532	14.2355	13.8230	13.0169	12.2411	11.5005	10.7988	10.1381
33	15.0995	14.6555	14.2172	13.3616	12.5396	11.7566	11.0166	10.3219
34	15.5441	15.0731	14.0683	13.7018	12.8324	12.0063	11.2276	10.4987
35	15.8871	15.4882	14.9961	14.0375	13.1198	12.2498	11.4319	10.6687
40	18.1778	17.5277	16.8885	15.6502	14.4765	13.3775	12.3590	11.4233
45	20.3273	19.5074	18.7034	17.1556	15.7047	14.3844	13.1413	12.0360
50	22.4363	21.4277	20.4420	18.5575	16.8122	15.2233	13.7964	12.5287
55	24.5049	23.2894	22.1057	19.8600	17.8070	15.9664	14.3411	12.9215
60	26.5333	25.0930	23.6961	21.0674	18.6972	16.6062	14.7909	13.2321
65	28.5217	26.8393	25.2147	22.1841	19.4909	17.1541	15.1601	13.4760
70	30.4703	28.5290	26.6632	23.2145	20.1961	17.6212	15.4613	13.6662
75	32.3793	30.1631	28.0434	24.1634	20.8206	18.0176	15.7058	13.8136
80	34.2492	31.7423	29.3572	25.0353	21.3718	18.3526	15.0933	13.9273

表 18　均匀梯度系列因子

$$(A/G,i,n)= \frac{1}{i} - \frac{n}{(1+i)^n -1}$$

n	i							
	8%	9%	10%	12%	15%	20%	25%	30%
1	0.0000	0.0000	0.0000	0.0000	0.0000	0.0000	0.0000	0.0000
2	0.4808	0.4785	0.4762	0.4717	0.4651	0.4545	0.4444	0.4348
3	0.9487	0.9426	0.9366	0.9246	0.9071	0.8791	0.8525	0.8271
4	1.4040	1.3925	1.3812	1.3589	1.3263	1.2742	1.2249	1.1783
5	1.8465	1.8282	1.8101	1.7746	1.7228	1.6405	1.5631	1.4903
6	2.2763	2.2498	2.2236	2.1720	2.0972	1.9788	1.8683	1.7654
7	2.6937	2.6574	2.6216	2.5515	2.4498	2.2902	2.1424	2.0063
8	3.0985	3.0512	3.0045	2.9131	2.7813	2.5756	2.3872	2.2156
9	3.4910	3.4312	3.3724	3.2574	3.0922	2.8364	2.6048	2.3963
10	3.8713	3.7978	3.7255	3.5847	3.3832	3.0739	2.7971	2.5512
11	4.2395	4.1510	4.0641	3.8953	3.6549	3.2893	2.9663	2.6833
12	4.5957	4.4910	4.3884	4.1897	3.9082	3.4841	3.1145	2.7952
13	4.9402	4.8182	4.6988	4.4683	4.1438	3.6597	3.2437	2.8895
14	5.2731	5.1326	4.9955	4.7317	4.3624	3.8175	3.3559	2.9685
15	5.5945	5.4346	5.2789	4.9803	4.5650	3.9588	3.4530	3.0344
16	5.9046	5.7245	5.5493	5.2147	4.7522	4.0851	3.5366	3.0892
17	6.2037	6.0024	5.8071	5.4353	4.9251	4.1976	3.6084	3.1345
18	6.4920	6.2687	6.0526	5.6427	5.0843	4.2975	3.6698	3.1718
19	6.7697	6.5236	6.2861	5.8375	5.2307	4.3861	3.7222	3.2025
20	7.0369	6.7674	6.5081	6.0202	5.3651	4.4643	3.7667	3.2275
21	7.2940	7.0006	6.7189	6.1913	5.4883	4.5334	3.8045	3.2480
22	7.5412	7.2232	6.9189	6.3514	5.6010	4.5941	3.8365	3.2646
23	7.7786	7.4357	7.1085	6.5010	5.7040	4.6475	3.8634	3.2781
24	8.0066	7.6384	7.2881	6.6406	5.7979	4.6943	3.8861	3.2890
25	8.2254	7.8316	7.4580	6.7708	5.8834	4.7352	3.9052	3.2979
26	8.4352	8.0156	7.6186	6.8921	5.9612	4.7709	3.9212	3.3050
27	8.6363	8.1906	7.7704	7.0049	6.0319	4.8020	3.9346	3.3107
28	8.8289	8.3571	7.9137	7.1098	6.0906	4.8291	3.9457	3.3153
29	9.0133	8.5154	8.0489	7.2071	6.1541	4.8527	3.9551	3.3189
30	9.1897	8.6657	8.1762	7.2974	6.2066	4.8731	3.9628	3.3219
35	9.9611	9.3083	8.7086	7.6577	6.4019	4.9406	3.9858	3.3297
40	10.5699	9.7957	9.0962	7.8988	6.5168	4.9728	3.9947	3.3322
45	11.0447	10.1603	9.3740	8.0572	6.5830	4.9877	3.9980	3.3330
50	11.4107	10.4295	9.5704	8.1597	6.6205	4.9945	3.9993	3.3332
55	11.6902	10.6261	9.7075	8.2251	6.6315	4.9976	3.9997	3.3333
60	11.9015	10.7683	9.8023	8.2664	6.6528	4.9989		
65	12.0602	10.8702	9.8672	8.2922	6.6593	4.9995		
70	12.1783	10.9427	9.9113	8.3082	6.6628	4.9998		
75	12.2658	10.9940	9.9410	8.3180	6.6646			
80	12.3301	11.0299	9.9609	8.3241	6.6656			

参考文献

[1] 刘长滨. 建筑工程技术经济学[M]. 北京:中国建筑工业出版社,1992.

[2] 史震古. 建筑企业经营管理预测与决策[M]. 长沙:湖南大学出版社,1988.

[3] 姚滨. 论工程建设和建筑业管理[M]. 北京:中国建筑工业出版社,1995.

[4] 卢忠政. 建筑企业管理学[M]. 成都:四川科学技术出版社,1987.

[5] 何万钟. 建筑企业经营管理[M]. 北京:中国建筑工业出版社,1987.

[6] 赵彬. 工程技术经济[M]. 北京:高等教育出版社,2003.

[7] 邝守仁. 建筑工程技术经济学[M]. 北京:清华大学出版社,1991.

[8] 武育秦. 建筑工程经济与管理[M] 武汉:武汉理工大学出版社,2009.

[9] 全国一级建造师执业资格考试用书编写委员会. 建设工程经济[M]. 北京:中国建筑工业出版社,2010.

[10] 张宜松. 建筑工程经济与管理[M]. 北京:化学工业出版社,2009.

[11] 吴全利. 建筑工程经济[M]. 重庆:重庆大学出版社,2004.

[12] 渠晓伟. 建筑工程经济[M]. 北京:机械工业出版社,2007.

[13] 康峰. 建筑工程经济[M]. 北京:中国电力出版社,2009.

[14] 胡六星. 建筑工程经济[M]. 北京:中国计划出版社,2007.

[15] 郑连庆. 建筑工程经济与管理[M]. 广州:华南理工大学出版社,1996.

[16] 李新. 价值工程在建筑施工中的应用[J]. 科技创业月刊,2009.

[17] 陈国辉,迟旭升. 基础会计[M]. 大连:东北财经大学出版社,2007.

[18] 刘永泽,陈立军. 中级财务会计[M]. 大连:东北财经大学出版社,2009.

[19] 谷祺,刘淑莲. 财务管理[M]. 大连:东北财经大学出版社,2007.

[20] 张先治,陈友邦. 财务分析[M].5 版. 大连:东北财经大学出版社,2010.

[21] 刘荔娟. 现代项目管理[M]. 上海:上海财经大学出版社,2003.

[22] 张毅. 工程项目建设指南[M]. 北京:中国建筑工业出版社,2003.

[23] 梁世连. 工程项目管理学[M]. 大连:东北财经大学出版社,2003.

[24] 成虎. 工程项目管理[M]. 北京:中国建筑工业出版社,1997.

[25] 戚安邦. 项目管理学[M]. 北京:科学出版社,2007.

[26] 张毅. 工程项目建设指南[M]. 北京:中国建筑工业出版社,2003.

[27] 王延树. 建筑工程项目管理[M]. 北京:中国建筑工业出版社,2007.

[28] 马秀岩. 项目融资[M]. 大连:东北财经大学出版社,2003.

[29] 陈远志.中国直接融资体系的配置效率研究——理论框架与综合评估分析[M]. 北京:经济出版社, 2006.

[30] 郭松克,张效梅. 企业融资学[M]. 郑州:河南人民出版社,2002.

[31] 谢代银. 现代企业融资策略研究[M]. 成都:西南财经大学出版社,2004.

[32] 赵洪进,朱建国. 基础会计学[M]. 上海:上海财经大学出版社,2007.

[33] 钟汉华,李志. 建筑工程项目管理[M]. 北京:人民交通出版社,2007.

图书在版编目(CIP)数据

建筑工程经济与管理/姜波主编. —2版. —西安:西安交通大学
出版社,2014.8(2017.9重印)
高职高专"十二五"建筑及工程管理类专业系列规划教材
ISBN 978-7-5605-6622-1

Ⅰ.①建… Ⅱ.①姜… Ⅲ.①建筑经济学-高等职业教育-教材
②建筑企业-工业企业管理-高等职业教育-教材 Ⅳ.①F407.9

中国版本图书馆 CIP 数据核字(2014)第 194244 号

书　　名	建筑工程经济与管理(第2版)	
主　　编	姜　波	
责任编辑	祝翠华	

出版发行	西安交通大学出版社
	(西安市兴庆南路 10 号　邮政编码 710049)
网　　址	http://www.xjtupress.com
电　　话	(029)82668357　82667874(发行中心)
	(029)82668315(总编办)
传　　真	(029)82668280
印　　刷	陕西奇彩印务有限责任公司

开　　本	787mm×1092mm　1/16　　印张 20.625　　字数 500 千字
版次印次	2014 年 9 月第 2 版　　2017 年 9 月第 3 次印刷
书　　号	ISBN 978-7-5605-6622-1
定　　价	38.80 元